教育部哲学社会科学发展报告建设（培育）项目（11JBGP050）

中国民俗文化发展报告
（2018）

张士闪　主　编
李海云　副主编

山东大学出版社

图书在版编目(CIP)数据

中国民俗文化发展报告.2018/张士闪主编.
—济南:山东大学出版社,2020.12
ISBN 978-7-5607-6878-6

Ⅰ.①中… Ⅱ.①张… Ⅲ.①风俗习惯—研究报告—中国—2018 Ⅳ.①K892

中国版本图书馆 CIP 数据核字(2020)第 255383 号

责任编辑 肖淑辉
封面设计 张 荔

出版发行 山东大学出版社
社　　址 山东省济南市山大南路 20 号
邮政编码 250100
发行热线 (0531)88363008
经　　销 新华书店
印　　刷 济南巨丰印刷有限公司
规　　格 720 毫米×1000 毫米 1/16
　　　　 18 印张 350 千字
版　　次 2020 年 12 月第 1 版
印　　次 2020 年 12 月第 1 次印刷
定　　价 60.00 元

《中国民俗文化发展报告(2018)》学术委员会

目　录

总报告

分报告

专题报告

总报告

2017 年度中国民俗文化发展总报告

张士闪　李海云*

近年来，与民俗文化相关的社会话题长热不衰，大致与两方面因素有关：一方面，国家层面对于乡村问题持续关注，努力以多项政策、多种方式推进乡村社会发展，如“新农村建设”“城镇化建设”“留住乡愁”“美丽乡村建设”“全域旅游”等，由此民俗文化在整个社会发展中所扮演的角色引人注目；另一方面，近年来国际局势颇多动荡，国内改革进入深水区，民俗传统所具有的增强民族凝聚力、强化国家认同的文化力量不可忽视。以此为背景，民俗文化的政治功能较为凸显。与此同时，民俗文化毕竟扎根于鲜活生动的当下民众生活实践，不仅牵涉微观层面的社会变革，还与民众的生活福祉、精神安顿密切相关，因而民俗话题在当代中国是一种社会话语，与国计民生紧密联系在一起。作为传统延续、当下实践与未来社会的可能选择，民俗文化发展被当代中国赋予民族复兴、国情认知、社会管理、文化资源、民生改善等多重角色，也就并非偶然。

毋庸讳言，当下如火如荼的城镇化进程为整个社会带来的是全方位的“生活革命”，人们在享受各种现代福祉的同时，也会出现种种不适应，各种不和谐的社会现象不时显现，并隐含着一定的社会危机。特别是在广大乡村地区及其所承载的人群（农民），在整个 20 世纪的国家现代化进程中，因为长期的资源输出和文化振荡，在为民族国家的建立和发展做出巨大贡献的同时，在当下逐渐成为国家社会发展的短板，需要整个社会的“帮扶”和“反哺”，这是不争的事实。2017 年 10 月，习近平总书记在党的十九大报告中提出实施乡村振兴战略；2017 年年底，他又在中央乡村工作会议中就实施乡村振兴战略做出全面部署，特别是进一步将

---

* 张士闪，山东大学儒学高等研究院民俗学研究所所长、教授、博士生导师；李海云，山东大学儒学高等研究院讲师。

文化建设纳入建设现代化经济体系中。事实上,要想真正落实乡村振兴战略,就必须重新认识和发现乡村的价值,精准认知乡村社会发展的内在运行规律,按照产业兴旺、生态宜居、乡风文明、治理有效、生活富裕的总要求,从夯实基层社会的基础性工作入手,从乡村社会文化建设问题着眼,推动乡村社会整体的可持续发展。以此为基础,将弘扬传统文化与服务社会现实有机结合起来,推动中国城乡社会和谐发展,才是实现中华民族伟大复兴的重要途径。

大致看来,2017 年度的民俗文化发展,其主要特征是乡村振兴战略背景下民俗文化的政治运用与自洽性发展。因此,对于 2017 年民俗文化年度发展态势的观察与理解,需要在当代社会的总体发展中揆理度势,重点关注乡村振兴战略实施过程中民俗文化的政治功能发挥与自我调适能力。在具体操作层面,本报告依然沿用已有模式中的"三个注重"[①]原则,并将"民俗传统与乡村振兴战略实施"作为观察 2017 年度中国民俗文化发展的主要视角,梳理脉络,发现问题,建言献策。

一、2017:民俗文化发展的界别特征

乡村振兴战略,是在当代中国社会急剧转型的过程中,在国家政治层面采取的应对之策,这在 2017 年度有着突出显现。随着新型城镇化建设向纵深推进,乡村振兴战略的综合政策效应明显。如果说城镇化建设并不是城市生活模式简单地在乡村落地,那么乡村振兴战略也并不仅仅是为城镇化建设保驾护航,而是更具有根本性的意义,即因应全球化、都市化发展的大势所趋,对于乡村文明价值的认同与乡村内涵式发展的倡导。在此背景下,乡村地区乃至整个社会民众都面对社会转型与日常生活的急剧变革等现实问题,既在不断更新的诸多业态中谋求生存和发展,又会从民俗传统中寻找文化认同,因而经常处于迁徙与安居、生计与梦想、个人自由与群体规约等的多种考量中,自觉不自觉地参与整个社会的生活建构与文化创造。上述社会现象虽然纷纭多变,但也自有脉络可循。

总体来说,2017 年度民俗文化发展中有如下方面值得注意:

---

① "三个注重"包括:一是注重考察年度民俗活动的现场性与创生性特征;二是注重把握年度民俗活动的"节点"事件,通过对"节点"事件的深入阐释,连"点"成"线",连"线"成"片",呈现年度民俗文化发展的内在纹理与发展脉络;三是注重树立"大民俗观",不仅考察年度民俗发展中传统民俗在当代文化语境中的创生,以及现代性活动中的新生民俗,更要关注民俗传统在当代中国社会发展宏大格局中的"再嵌入"问题。参见张士闪、李松主编:《中国民俗文化发展报告(2013)》,北京大学出版社 2014 年版。

(一)在当下社会急剧转型的过程中,乡贤理事会、老人会等民间组织普遍兴起,在稳定乡村社会秩序、强化群体文化认同、维系民众情感归属等方面发挥着重要作用

城镇化进程使得乡村社区的劳作模式发生现代性转变,促使人们的文化认同发生重构。当代乡村生活日益原子化,许多老人基于“留住村庄记忆”的文化自觉,以乡贤理事会、老人会等为依托,兴起编村志、修家谱、建民俗博物馆等热潮,形成了全民性的文化实践,这一新动向值得注意。对于这些长居乡村的老人来说,面对日常生活的急剧变化,积极采取行动努力留住村落记忆,不仅是为子孙后代留下一份地方文化资源,也试图为这块土地留存至为珍贵的传统伦理与人文精神。在当下民俗文化日益受到重视的社会语境中,官媒、学者与民间汇聚成村史编纂的不小的潮流,在多元互动中使得村落记忆获得立体化的表达,而村民对村庄的认同感借此而有所加强。

(二)以乡村振兴战略为背景,国家支持乡村发展的下行资金不菲,在政府合理施政与民众自发行动之间,迫切需要加强交流与磋商,搭建以地方社会发展为中心的公共话语平台

基于乡村传统而构建的多元共治的乡村治理体系,是连接基层与各级政府的重要桥梁,也为这一治理体系提供长期有效的保障。在乡村振兴战略的实施过程中,国家政策向乡村发展倾斜,需要较完善的乡村组织平台进行承接和消化。我们在调研中发现,凡是村干部与民俗精英合作较好的村落,社会动员能力较强,村民在乡村生活中广泛参与,民意能够通畅表达,国家各项涉农政策措施能够得到比较精准高效的落实。与此同时,以文化共享为核心价值的乡村传统,天然地具有国家认同倾向,以恰当的方式激活这一共享机制,有利于国家乡村振兴战略的统筹推进与精准落实。

(三)国家乡村振兴战略实施的关键在于村民个体的广泛参与

在乡村振兴战略实施的过程中,村民的个体参与是最重要的一环。当村民脱离原来的村落居住环境,搬进了社区楼房,特别是当他们的生活方式与文化交流方式发生明显变化,需要经历地方公共机制的传承与重组,这是一个艰难的磨合与探索的过程。处于社会转型与生活方式变革的当代村民,原有的生活习惯并不会马上转变,而会将习惯的交流方式带入新的生活环境。在不断地试错纠错的生活实践中,原有的民俗传统或被选择性保留,也会有新的生活规则移植而来,老熟人之间面对着"新关系"的搭建问题。调查发现,许多新兴城镇地区的原住居民与迁入居民都一致地意识到,人的精神生活的提升离不开所在地域社会再认同的日常交流实践,他们通过传承和发展具有地域特色的民俗传统,搭起既尊重传统又与时俱进的公共文化活动平台,包括建立各种文艺团体、活动制度和表演场地等。可以说,包括城乡社区的文化建设和城乡居民自发兴起的趣缘组织与民俗活动,其在促进群体交往和文化认同方面有着重要意义。

我们认为,乡村振兴战略是符合当代中国乡村实际情况的有效政策,国家在现阶段对于乡村的扶持性、输血式的支持必不可少,但与此同时,促进乡土价值回归,激活乡村共享传统,构建以乡村为单元的多元共治体系,激发乡村集体经济造血功能,提升乡村社会整体活力,则是乡村发展的重要社会基础,而且是最终决定振兴乡村战略成败的关键。

二、2017年度中国民俗文化发展考察的八个发现

(一)随着民俗文化在当代中国社会发展宏大格局中所扮演角色的日益凸显,民俗学与国家文化建设的关系问题越来越为学界所重视

有关民俗学与国家文化建设问题,引起了学界的广泛重视,学者从多维度展开持续讨论。其一,从社会转型与生活方式改变视角的讨论,侧重于探讨民俗文化与国家文化建设的关系。如周星从改革开放40年来"生活革命"的视角切入,高度评价民俗文化在民族国家文化建设中的重要作用,认为还应警惕可能导致的文化民族主义、民粹主义等倾向。其二,从礼俗互动视角理解中国社会的运行机制,认为当代中国的社会化程度日益成熟,乡村自治传统正在发生着重构与复兴,礼俗互动的现代重构面临重要契机。特别是随着"非遗"保护运动在全社会的广泛展开,民间社会在更加重视自身民俗传统的同时,面向国家政治寻求文化认同的趋向更加鲜明。国家注意提倡和化用传统民俗规约以优化社会秩序,以"引俗入礼"的方式探索民俗文化相结合的社会治理策略,将是乡村振兴战略有效实施的重要保障,也有望成为中国现代化进程中诸多问题与矛盾的解决之道。

(二)非物质文化遗产传承保护与当代城乡社区发展如何相得益彰的问题，受到社会广泛关注

随着全球化、城市化进程的加快，人们的生计模式与生活方式的改变，非物质文化遗产传承保护与当代城乡社区发展如何协调并行，成为社会广泛关注的问题。如在民间葬礼活动改革、乡村庙宇拆除、信仰仪式活动管理等方面，许多地方在政府施政与民众意愿之间发生纠纷，引发了不小的争议。其实，无论是联合国教科文组织对《保护非物质文化遗产公约》操作指南的多次修订，还是《中华人民共和国非物质文化遗产法》的核心精神，均强调以尊重社区和确保社区参与“非遗”保护工作为基本前提。张士闪通过对鲁中地区两个“非遗”保护与社区实践的分析，认为“非遗”传承保护工作应以促进当代城乡社区发展为目标，当代“非遗”保护的前景在于融入乡村社区的可持续发展。这种融入和发展，不仅与国家基层社会治理是一种互益互补的关系，而且对于促进“城乡民俗连续体”的合理重构具有重大意义。

(三)在西南边疆地区兴边富民、文化扶贫的发展战略，民族民间文化事业稳步推进，成为重要支撑

2017年，西南六省(区、市)全面建成小康社会，“全面脱贫”进入倒计时。民族地区是脱贫攻坚的主战场，尤其是西南民族地区，因大多聚居在高地或深山一带，交通不便，土地贫瘠，可资利用的资源相对较少。相形之下，其丰富多彩的民族民间文化则是一份珍稀宝贵的资源，大有可为。他们在具体实践中逐渐摸索出一套行之有效的工作模式：(1)通过持续举行“民族文化进校园”活动，不仅建立其“非遗”基地的校园网络，而且使得“非遗”传承人师资建立起一支稳定可靠的队伍。(2)通过对“中国传统村落”“中国少数民族特色村寨”等命名工作的持续推进，西南六省(区、市)古村落保护初具规模，人口较少民族的农耕文明得到有效保护。(3)下大力气推进民族古籍整理与保护工作，大批民族经籍得以整理出版，培育了一批民族古籍保护的专业人才。由此，西南六省(区、市)民族民间文化内涵不断被挖掘，民族民间文化事业稳步推进，人口较少民族文化在世界上的影响力不断增强，既成为西南边疆地区兴边富民、文化扶贫发展战略的重要支撑，也成为面向国际舞台讲好中国故事、塑造中国形象的重要路径。

(四)乡贤理事会、红白理事会等乡村自治组织在开展“移风易俗”、推进“美丽乡村”建设的过程中正在发挥重要作用

2017年,国家和政府继续对婚俗进行积极健康的引导,采取多项措施,如发挥村规民约的导向作用,制定彩礼指导标准,成立红白理事会,举行移风易俗动员会等,加强对婚俗等传统礼俗的移风易俗工作,取得了明显的成效,特别是对我国婚俗的文明健康发展发挥了积极的作用。2017年中央一号文件提出:“加强农村移风易俗工作,引导群众抵制婚丧嫁娶大操大办、人情债等陈规陋习。”[①]各地方政府响应国家号召,开展移风易俗活动,尝试着设立各种标准,并在实践工作中予以贯彻。

当然,这些移风易俗工作虽是出于善意而为之,但都具有程度不同的强制或管控色彩,稍有不慎就会导致权力的越位与过界。因此,在操作过程中指导可能变成强制,违背了“指导标准”的初衷。总的说来,国家和政府机关积极关注婚俗问题,试图在遵循婚俗传统及发展历史的基础上加以引导,这本身是一件好事,只是“彩礼指导标准”之类的规章规定在操作过程中很容易出现权力越界,因此需要在执行中努力约束好相关机构的施政权力,注意阶段性目标与实施分寸,才能使得婚俗改革发展顺畅进行。

此外,为推动移风易俗,树立文明乡风,引导广大党员干部和群众更新思想观念,革除陈规陋习,推动社会风气向善向上向好转变,很多地区成立了红白理事会、移风易俗动员会等组织,在婚丧事简办方面效果良好。目前,多地已修订村规民约,采取试点先行的模式,实现村规民约的导向作用。

(五)殡葬改革工作采取“一刀切”的模式推行,忽视地方民众的主体诉求,容易引发多种社会问题

近年来,我国殡葬改革工作持续推进,已经取得一系列的良好成效,但也面临诸多问题。这主要表现在,缺乏对地方民俗传统和乡村生活现状、民众心理诉求的真切了解,脱离社会生活实际,而对殡葬改革政策实施从上到下的强制性执行。丧葬是传统民俗礼仪,深度涉及民生和民心,应通过磋商方式解决,目前采取的

① 《中共中央国务院关于深入推进农业供给侧结构性改革加快培育农业农村发展新动能的若干意见》,人民出版社2017年版,第29页。

“一刀切”模式弊大于利。应深入挖掘传统葬俗的文化内涵，充分尊重各地葬俗的地方性、公益性、社交性、多元化等特点，采取因地制宜、因俗制宜的殡葬改革引导工作。移风易俗、丧事简办等与传统文化复兴并行不悖，葬俗改革既要尊重历史人文传统，又要符合时代社会精神，二者的链接点是如何促进当今民生和民心的关怀与服务。只要在实际工作中尊重民情，“因俗制法”，把握尺度，相关的移风易俗不仅能顺利被民众主动接受，而且能净化乡风民风，助推当下的“美丽乡村建设”“精准扶贫战略”“振兴乡村战略”等国家工程，切勿操之过急或采取简单粗暴的手段。

(六)在振兴东北战略方面，传统民俗文化的重要意义日益凸显

文化建设在振兴东北战略中占有重要地位，民俗文化又在东北地区文化建设事业中具有重要意义。中华人民共和国成立至今，因受地理条件、自然条件及历史条件等限制，东北地区的经济与文化发展相对滞后，民俗文化呈现出多元交融的状态。近年来，国家加大了对东北地区的扶持力度，东北地区正进入一个经济振兴、文化共享的重要发展阶段，东北地区政府部门组织开展的“非遗”保护工作取得了长足的发展。如在 2017 年 1 月 23 日，黑龙江省文化厅发布《关于开展黑龙江省非物质文化遗产教育基地申报工作的通知》，决定在全省高校、中等职业技术学校和中小学中，命名一批省级非物质文化遗产教育基地，以便更好地发挥各级各类学校在非物质文化遗产传承中的积极作用。

(七)随着中国全球化进程的加快，我国节日文化日趋丰富与多元

当下，随着我国整体社会经济文化变迁与全球化的迅速发展，与传统时期相比，节日文化出现了诸多新的变化，并获得学界的高度关注，如节日内容与形式的日渐多元化、节日实践的官方参与化、传统节日的遗产化，以及节日发展中日渐凸显的消费化倾向等。与此同时，因为传统节日获得的日渐式微，而被认定为不同层级的非物质文化遗产项目获得一定保护。如何看待当下节日文化的发展与变化，构建符合时代发展与需要的现代节日体系，仍然是政府、社会与民众所面临的重要现实问题。

(八)随着中国人生活水平的普遍提升,健康问题日益重要,与健康有关的谣言广泛传播。网络监管部门在加强舆论管控的同时,也应加大对民间辟谣活动的支持

21世纪以来,中国人的生活水平普遍得到较大提升,健康问题日益上升为民众日常生活中的重要话题。也正因如此,健康信息成为一种有利可图的商业资源。当正当渠道的正规信息资源难以有效抵挡自媒体信息轰炸之时,经过虚构、整合、拼造而生产的诸多伪健康信息,借助网络工具大行其道,吸引眼球,牟取利益。在当今信息技术手段持续升级的时代,谣言传播的成本越来越低,速度越来越快,影响越来越大。许多微信公众号为了吸纳粉丝,不惜大量炮制谣言,丝毫不顾及社会影响。谣言制作者往往会利用人们关心食品安全、同情弱者等心理,获取较大的传播效果。近年来,网络监管部门在加强舆论管控的同时,也加大了民间辟谣力量的扶植力度,许多主流媒体和民间科普团队的力量纷纷加入了网络辟谣的大部队当中。诸多民间辟谣机构,不断适时地推出"十大谣言榜""十大科技谣言榜""医疗健康十大谣言榜""葡萄酒十大谣言榜""最新十大谣言榜"之类的辟谣微信,对于安定民心、稳定社会秩序的作用是不可低估的。

三、2017年度中国民俗文化发展四项建议

(一)借助国家乡村振兴战略,将国家善政传统与乡村善治智慧结合起来,促进国家主流价值与乡土价值观的互融,引导乡村社会的发展方向

国家治理与乡村以公共文化传统为表征的民间自治是一种共生关系,在我国有着长期互动的过程。一方面,乡村自治传统本是在民间自发形成的,具有多样性、地方化、生活化的特征,而国家社会治理则属于顶层设计与宏观管理,具有统一性、标准化、制度化的特征。另一方面,国家社会治理又是以丰富多元的乡村公共文化传承实践为支撑的,离开了在乡村公共文化生活层面的认同与贯彻,国家社会治理便无从谈起。以此观之,国家精准扶贫战略绝不仅仅是在经济层面的目标设定,还同时寓含着社会和文化层面的建设指向,这在当下国家政治改革持续向社会生活落实的过程中,乡村公共文化的保护传承运用就具有特别重要的意义。

在学术理念上，我们不应将国家乡村振兴战略作为孤立实施的应急之策，而是作为国家面向乡村社会发展长期贯彻、综合施政的基本制度，因而必须将乡村共享性传统的历史传承与当代重构视为国家善政传统与乡村善治智慧的有机结合，以促进国家主流价值与乡土价值观的互融，在民生的持续改善中最终实现国家的长治久安。因此，激活、健全完善乡村共享性传统体系，使其服务于乡村振兴战略，就需要采用自上而下和自下而上相结合的研究视角，将乡村生活运行的基本视角与国家行政视野下的公共制度运作的视角予以综合分析，探索在政府施政与乡村自治的共同合力下，构建乡村社区的文化共同性、利益共同性与社会共同性。

特别是在我国多民族地区，民族村寨生活是我国传统文化的存储器，是保存中华民族基因的重要载体。在全球化、信息化与旅游化的时代大潮中，应更加重视挖掘与保护民族村寨中的乡土生活价值，将之视为建设创新型国家和现代生态社会的一笔宝贵财富，是推进城镇化进程与整体社会进步的内驱力。只有城市与乡村之间形成良好的互动，未来的生活才能更加美好。

（二）作为村支“两委”工作的补充，应强化乡村共议机制，引导乡村宗族、信仰活动向乡村集体公共服务传统回归，强化村民的民主建设精神，探索建立符合国情、多元共治、完善有效的村级乡贤理事会，推动乡村文化传承创新体系和乡村治理体系建设，提升乡村内生式发展能力

中国地域广袤，民族多元，应充分重视基层社会的组织传统，探索其在当代社会中的创新转化方式。移风易俗是传统中国社会治理的重要方式，但在实践过程中从来都离不开民间组织的作用发挥，留下“礼俗相交”“以礼化俗”“因俗成礼”等宝贵经验。由国家层面主导的社会治理，毕竟要广泛牵涉到民众生活，并最终通过民众生活实践才能真正落实，因而积聚民意的民间组织可以与国家行政形成优势互补，以承接部分政府职能的方式“移风易俗”。在当代社会中，村落乡贤理事会、红白理事会等民间组织就代表了乡村组织传统的延续与传承。其成员多是老党员、老干部、老教师等，他们最了解地方民众生活，在当地拥有较高的声望，如果给予充分信任与适当引导，必将在当代社会发展中发挥重要作用。

(三)倡导村落自治中的精英参与,重视村落建设主力军的培养,充分利用好乡村自身的社会组织基础和共享文化机制,有效对接国家乡村振兴战略

应特别注重村落新乡贤、女性留守群体与回乡大学生、打工返乡者、退伍军人等“城归”人员在乡村建设中的重要角色和意义,创新制度,使“城归”人员顺畅落地,加强村落建设志愿者队伍的培养与输入。制定相应政策,鼓励乡村引进外地学者和外出致富农民、回乡退休干部和退休知识分子等,组织村民开展经济发展、社会培育和文化建设等具体实践工作。

(四)推行城镇化进程,建设“美丽乡村”,切勿采取“一刀切”模式,尤需注重民众主体的物质与精神需求,因时制宜,因地制宜

“美丽乡村”建设不应是政府的硬性介入,也不应是外部力量的强行干预,而应建立在乡村社会自我良性发育的基础之上。因此,充分尊重农民主体,挖掘农村本土组织资源,真正使农民民主决策和民主管理自身生活,才能充分激活乡村社会的内生活力,重塑农民的社区认同感和文化创造精神。要想切实推进乡村社会发展,就必须调动村民主体的主动参与和创造精神,形成与村落原有的公共性传统及组织资源的有效对接,构建国家与乡村社会的良性互动格局,争取以最低的社会风险成本实现最佳的整体发展效果。

分报告

2017 年度中国民俗文化研究综述

赵世瑜　龙　圣　李海云　任雅萱*

一、理论探讨

2017 年，我国民俗学界主要围绕研究对象、学科属性、研究方法等方面进行了相关理论探讨。其中有部分学者的讨论延续和强调了以往的看法，但也有些学者结合新的形势展开了进一步的思考，体现出我国民俗学界在理论探讨方面的新进展。

（一）关于民俗学研究对象的讨论

民俗学研究对象是民俗学学科最基本、最核心的问题之一，我国民俗学界对此已有较多的讨论。2017 年，部分学者仍然围绕民俗学研究对象问题展开了论述。

周星通过两篇文章，围绕中国社会已经、正在和即将发生的“生活革命”，探讨了民俗学研究对象问题。他在其中一篇文章中指出，随着我国改革开放 40 年来经济高速增长、都市化进程和社会结构的巨变，当代中国普通国民在衣、食、住、用、行等方面发生了大规模和大面积的变化，形成了一场“生活革命”。生活革命导致在中国正日渐形成新的现代“都市型日常生活方式”。我国民俗学家虽然注意到这一背景下诸多民俗事象的变迁，并且做了一些必要的记录和研究，但倾向

* 赵世瑜，北京大学历史系教授；龙圣，山东大学儒学高等研究院民俗学研究所副教授；李海云，山东大学儒学高等研究院讲师；任雅萱，山东大学儒学高等研究院副教授。本文撰写分工如下：龙圣负责撰写第一节“理论探讨”，李海云负责撰写第二节“田野研究”，任雅萱负责撰写第三节“民俗文化发展策略”，赵世瑜负责全文归纳、补充、文字润色等统稿工作。

于在现代社会中寻找“民俗文化”或“传统”作为研究对象,而对于生活者而言更为基本、日常和重要的事实或现象却熟视无睹。揆其原因,在于我国民俗学家无视一般民众日常生活中的“现代性”,而总是致力于寻找其中的“传统”要素或可被称为“民俗”之类的事物和现象,亦即总是用“乡土性”事先定义了乡民的日常。事实上,当下不论是我国民俗学家还是所有普通的城乡民众,均生活在现代社会里,人们的日常已是现代的日常,而不是乡土或“传统”的日常,更不是民俗学家通过“传统”“民俗”或“非物质文化遗产”所想象与描述的那些“过往”的生活。因此,他认为,在“生活革命”的影响下,我国民俗学的研究对象应从“民俗”向“日常生活”转变,从关注过去往日的“传统”朝向当下、眼前之现代日常转变。[①] 在另一篇文章中,他进一步阐明了在“生活革命”影响下民俗学的研究对象问题。文章指出,当代中国社会已经并且正在发生着极其深刻的“生活革命”,当下弥漫全国的乡愁情绪正是由不可逆转的“生活革命”所引发。这为一直以来始终是以乡村的传统与民俗作为对象的民俗学提出了全新的课题:我们有必要对中国知识界过度礼赞传统、耽溺乡愁,以及在抢救、保护和传承等话语表象之中将乡愁审美化的趋势进行一定批评,以促请民俗学界同仁明确自身更为重要的学术使命与可能性,亦即直面现代中国社会的日常生活及其变革的历程,记录和研究无数普通的生活者是如何建构各自全新的现代日常生活并在其中获得人生的意义。中国的现代民俗学应该超越朝向过去的乡愁,对当下正在发生并已成为现代中国社会之基本事实的生活革命予以高度关注。[②]

除周星外,本年度还有多位学者围绕作为民俗学研究对象的“日常生活”进行了讨论。尹虎彬指出,晚近人文社会科学研究出现了理性回归生活世界的趋向,关注日常生活成为一种趋势。在这一背景下,民俗学亦发生了从研究“民俗”到“生活世界”的转向。[③] 徐赣丽也认为,中国民俗学应该改变单纯以“民俗”为研究对象,而转向对更为通用的“生活方式”的研究。换言之,民俗学强调要关心人的生活研究,而不是对静止的凝固的“俗”的描述。在新时期,随着城市化的快速推进,民俗学的研究对象也需要都市化,都市民俗学有广阔的发展空间,并推动着民

① 参见周星:《“生活革命”与中国民俗学的方向》,《民俗研究》2017 年第 1 期。

② 参见周星:《生活革命、乡愁与中国民俗学》,《民间文化论坛》2017 年第 2 期。

③ 参见尹虎彬:《从“科学的民俗研究”到“实践的民俗学”》,《中央民族大学学报》(哲学社会科学版)2017 年第 2 期。

俗学学科的转型。关注都市就必然关注不同于以往的以农民为主的群体生活。与此同时，中产阶级在当代中国逐渐崛起，并且日益成为都市人口的主体部分，可以视为民俗学所研究之“民”。中产阶级的生活方式成为在我国社会转型时期区别于传统社会人们的生活方式。因此，中产阶级及其生活方式均是民俗学研究的对象，对此的研究可以更好地关照我们对传统民俗及其传承路径的变迁，具有重要的意义。民俗学对中产阶级甚或生活方式的研究，虽然与以往研究范围有很大区别，偏离了传统民俗学研究路径，但任何学科要有创新，都不得不重新思考其研究对象。都市民俗学若能致力于对新中产阶级的生活方式进行深入研究，则更有利于实现民俗学研究方法和理论的发展。① 王杰文指出，普通民众的日常生活渐渐成为中国民俗学关注的对象，普通生活者如何运用自己的民俗传统以适应现代社会生活，正在成为一部分民俗研究者考察的重点。民俗学强调以普通生活者的“日常生活”“日常生活实践”为研究对象，首先是要努力与传统民俗学指向“过去”的方式相区别。其次是要与其指向“事象”的研究传统相区别。与之不同，“普通生活者”指向了当下日常生活中任何一个群体；而“日常生活实践”则指向了这些群体或个体在具体的生活世界中如何借用传统来处理生活事件的过程。因此，他强调研究者必须认识到民俗学的研究对象——普通生活者的日常生活实践，是动态的、变化的存在。尤其是在当下这样一个新媒介无所不在、无孔不入的时代，民俗学研究对象处于不断建构当中。民俗学所关注的那个“民”是被“新媒介”潜移默化建构出来的“新民”；而民俗学所关注的那个“俗”正在成为“新媒介”中自由生产与消费的“时尚”。②

作为新媒介之一，互联网深刻影响到当下人们的日常生活，因此，李向振指出：“以草根文化和传统民俗事象为主要研究对象的民俗学正在发生改变。”他认为，在互联网时代，人们虽然仍旧活在特定的区域之中，但借有网络与世界各地建立起广泛的联系，包括知识和文化交流与互动。这种突破具体时空限制的交流，使人们的日常行为和文化生活相互影响的程度大为加深。一方面，某种地方性文化可通过网络快速为外部世界所知。另一方面，各地方性文化也会相互影响并逐渐渗透到人们的日常生活中。这使过去以奇特民俗文化为旨趣的研究陷入无民俗事象可选的尴尬局面。民俗学者必须转变研究思路，从文化猎奇转向关注日常

---

① 参见徐赣丽：《中产阶级生活方式：都市民俗学新课题》，《民俗研究》2017 年第 4 期。

② 参见王杰文：《新媒介环境下的日常生活：兼论数码时代的民俗学》，《现代传播》2017 年第 8 期。

生活,不再以“新奇”为主要切入点和关注点,而是在日常生活中发现民俗文化的现实意义。[①] 王卫华认为,民俗学就是一门研究民众生活世界的学科,它始终把本土的民俗生活作为研究对象,不仅关注民众生活诸种表象,还探讨民众生活的心理世界、情感世界和意义世界。[②]

民俗学研究对象从“民俗事象”转向“日常生活”越来越成为学界的一种共识。本年度除了上面的几位学者外,高丙中还就民俗学研究对象转变的意义进行了总结。他认为,民俗学的对象从“民俗”扩大到或转变到民俗背后的“日常生活”,体现了民俗学学科发展的两大成就:一是民俗学不断与现当代哲学思想相结合,在哲学上超越了关于民俗学的研究对象的朴素观念;二是民俗学向基于实地调查的社会科学的转变。如果设定以“民俗”为对象,我们可以满足于现成的资料;如果设定以民俗背后的日常生活为对象,我们就必须去现实生活中开展科学的调查研究。关于民俗学对象的新说法隐含着民俗学的新定位、新理论、新方法、新伦理,甚至意味着一种全新的民俗学。[③]

在我国大多数民俗学者积极转向“日常生活”研究的同时,也有一些学者对“日常生活”作为研究对象提出质疑或者作进一步的思考。刘宗迪认为,我们离日常生活太近,也太过于熟悉,加之日常生活深不可测且漫无边际,因此不能也不应该将日常生活对象化。[④] 与强调民俗学“日常生活”研究转向的学者相同,程波涛亦赞同民俗学的研究对象不是传统的民俗事象,但不同的是,他认为“日常生活”亦不足以成为民俗学的研究对象。他从反思高丙中引入的“生活世界”概念出发,认为其中包括两大支柱:一是日常生活,一是民间主体(公民)。“主体”和“日常生活”不足以参与当代社会科学对话,因此围绕“生活世界”研究而强调的“主体”和“日常生活”并不足以成为民俗学的研究对象。那么,民俗学的研究对象是什么?程波涛认为:“民俗学的复杂问题不在于哲学式的生活哲学思辨,而在于务实致用的社会现实关切,不是传统的民俗事象研究,而是现实地包含着当代人的社会文化生活研究,这才是民俗学的研究对象和学术取向,舍此别无他途。”可见,“当代人的社会文化生活”才是民俗学的研究对象,而不是“日常生活”。据他的解释:

① 参见李向振:《拓展互联网时代民俗学研究视域》,《中国社会科学报》2017年8月31日。

② 参见王卫华:《何谓民俗学》,《中国艺术报》2017年6月7日。

③ 参见高丙中:《日常生活的未来民俗学论纲》,《民俗研究》2017年第1期。

④ 参见刘晓春、崔若男:《以“日常生活”为方法的民俗学研究——“民俗学‘日常生活’转向的可能性论坛”综述》,《文化遗产》2017年第1期。

“社会文化生活是民俗学的研究对象，民俗学所需要回应时代的核心问题，借助社会结构和社会功能理论等丰富社会科学理论，民俗学最有话语解释力的地方就是：国民的思想精神，国民的语言行为，也即包含了人的丰富主体性及社会性的文化生活。”①

（二）对民俗学学科属性的探讨

民俗学学科属性问题，一直是我国民俗学界热烈讨论的问题。本年度，部分学者继续对这一话题进行了讨论。高丙中曾提出，民俗学是一门“文化科学”，试图以此包容民俗学的“人文学科”与“社会科学”的双重性质。本年度，程波涛撰文指出，用“文化科学”来界定民俗学的学科属性，存在大而化之的危险，并不能切实地从主体的社会性出发研究主体的丰富性和群体的多样性。② 程波涛虽然在文中没有明确提出民俗学的学科属性，但在行文过程中常用“社会人文科学”来加以叙述，可见他坚持民俗学具有社会科学与人文学科两种属性，反对以“文化科学”界定民俗学属性，认为这可能导致民俗学社会科学研究范式的缺失。同样，王卫华也强调民俗学的社会科学性。他认为，长期以来，西方的民俗学家把“民俗”视为濒临消失的传统，民俗学一度面临着现实发展的困境，其研究常常徘徊在人文科学与社会科学之间。民俗学者最近 30 多年的摸索和实践证明，民俗学不是在寻找过去的遗留物，而是一门适应现代化发展的“当下”的学问。③

在民俗学作为“当下”之学日益为学界所认同的背景下，近年来民俗学的实践属性日益成为我国民俗学界讨论的热点问题。2016 年，中山大学中国非物质文化遗产研究中心举办了一次学术会议，与会学者对作为实践之学的民俗学相关问题进行了讨论，讨论部分内容于 2017 年发表。④ 其中，陈进国认为，实践民俗学主要指在日常生活中“民”的自由意志如何可能，或在民俗生活中“民”的自由选择与自由权利如何可能，暗含一种发展的民俗学。户晓辉指出，“实践民俗学”的“实

① 程波涛：《“主体”与“生活”能否撬开民俗学研究对象之门——略评〈民俗文化与民俗生活〉》，《学术界》2017 年第 5 期。

② 参见程波涛：《“主体”与“生活”能否撬开民俗学研究对象之门——略评〈民俗文化与民俗生活〉》，《学术界》2017 年第 5 期。

③ 参见王卫华：《何谓民俗学》，《中国艺术报》2017 年 6 月 7 日。

④ 参见刘晓春、崔若男：《以“日常生活”为方法的民俗学研究——“民俗学‘日常生活’转向的可能性论坛”综述》，《文化遗产》2017 年第 1 期。

践”不是一个泛指概念,而是一个特指概念,它指的是实践理性。所谓“实践”指的不是一般的行为或行动,而是人作为理性存在者具有的一种按照法则的表象来行动的能力。“实践民俗学”之“实践”不同于中国传统的“知行合一”的“行”,因为它可能只是合乎实践理性,但不一定出于实践理性。刘晓春、王杰文、宣炳善对实践民俗学进行了高度评价,认为它提出了尊重人之自由权利的发展方向。

此外,与会学者也提出了实践民俗学存在的一些问题。陈进国表示,实践民俗学提出的根基是西方的,缺少中国自身的学术传统,需要加强自身的话语建构。周星则指出,要警惕实践民俗学的危险性,因为即便是拥有所谓“实践理性”,也未必能够担保实践在现场就一定正确,因此他更倾向于将实践民俗学理解为“日常生活”研究的一种观点或派别。岳永逸认为,“实践”口号下的民俗学容易激发出文人言大于行还自以为是,或沾沾自喜或哭哭啼啼的老毛病。刘宗迪进一步提出疑问,实践民俗学如何从理论和实践上区分真正的实践与功利的实践,并认为仅仅从定义上来讨论则没有意义。王霄冰也认为,实践民俗学还需要一套可以直接应用于研究实践的话语体系,需要更加细化和具体化的概念、理论和方法。

以上讨论,说明学界对于民俗学是一门实践之学的认识正在逐步形成,并日益明晰化,但在这个过程中仍然存在不少问题,值得作进一步的探索。

(三)有关民俗学研究方法的探讨

随着时代以及民俗学研究对象的变化,民俗学研究方法的探讨一直是我国民俗学界的热门话题。本年度,仍有不少学者在这方面发表自己的看法,体现出民俗学者与时俱进、不断创新的学术追求。

在越来越多的学者将“日常生活”作为民俗学研究对象的同时,学界所关心的另一个相关问题也随之产生,即怎样研究或者说要用什么样的方法来研究日常生活。在中山大学中国非物质文化遗产研究中心举办的会议上,与会学者集中探讨了这一问题。[①] 周星、宣炳善等提出将“事件”作为研究日常生活的途径之一。周星认为,可以从事件来研究日常生活。他将“事件”定义为一种负面的“日常”,与节日狂欢之类的正面的“日常”区分开来。事件包括事故、灾难、死亡、冲突等,它们是来源于日常生活的“危机”,却也可能成为日常生活的“转机”。宣炳善则认

① 以下相关总结可参见刘晓春、崔若男的《以“日常生活”为方法的民俗学研究——“民俗学‘日常生活’转向的可能性论坛”综述》(《文化遗产》2017年第1期)一文。

为，事件是沟通日常生活与媒介的桥梁，将新闻事件还原为日常生活应该是民俗学努力的方向。华东师范大学民俗学研究所博士后中村贵认为，民俗学者可以以“异常事件”介入，描写出现代人活生生的姿态，这是民俗学未来应该有的转向。他在另一篇文章还提到，日常生活是物质与精神生活的总体，内容极其复杂，因此学者难以把握日常生活的整体面貌，只能了解某个群体日常生活的一个侧面，而异常事件便是其中的一个重要线索。通过异常事件为切入点，可以阐明受访者生活中的意义世界以及该事件的社会意义。[①]

王晓葵、黄静华提出将“叙事”作为日常生活研究的路径之一。王晓葵以地震灾害为例，认为灾害民俗学关注的并非灾害本身，而是灾害作为记忆存储下来的空间构造、仪式性行为及相关的口头传承。因此，“记忆”便成为将事件转换成“传承”的重要媒介和方法。黄静华指出，生活叙事能关注到研究中多方的“协商”，同时顾及情感的建构。情感建构使得研究者和叙事者能够实现“共通”，这种“共通”有助于告别“寡情”的民俗写作，让研究者在日常生活中更加有力地书写个体的生命感觉和生活情感。

此外，还有部分与会学者从其他角度阐述了关于日常生活研究的方法。如李向振提出日常生活整体研究的视角，即既有关注生活的具体面向，又要关注民众行动选择与文化实践背后的逻辑。具体而言，他借助日本学者岩本通弥提出的“通过民俗”的研究理念，阐述了日常生活整体研究的可行性和方法论意义，由此阐释了迈向日常生活的村落研究作为现代民俗学贴近现实社会路径的可能性。[②]张敦福认为，消费本质上是社会关系的表达，即消费体现的是自我、人与物之间的关系，因此消费也是研究日常生活的重要路径之一。[③]

在以上会议讨论之外，还有部分学者亦撰文探讨了“日常生活”研究的方法问题。李向振指出，在社会转型的时代背景下，民俗学研究从事象转向日常生活，为研究者进一步理解村落社会与生活提供了极大的理论拓展空间，但在学术实践层面上来看，日常生活转向还处于学理上的呼吁和论证阶段，远未形成具有可操作

---

① 参见［日］中村贵：《探究普通人日常生活及其背后的心意——兼论现代民俗学研究中口述史方法的目的与意义》，《郑州大学学报》（哲学社会科学版）2017年第1期。

② 参见李向振：《迈向日常生活的村落研究——当代民俗学贴近现实社会的一种路径》，《民俗研究》2017年第2期。

③ 参见刘晓春、崔若男：《以“日常生活”为方法的民俗学研究——“民俗学‘日常生活’转向的可能性论坛”综述》，《文化遗产》2017年第1期。

性的理论范式和知识体系。他认为,在村落日常生活研究层面,民众借由民俗事象或民俗事件将日常生活的意义表达出来,主要包括身体表达和口头叙事表达两类,因此研究者需要重视田野中的感受和经验,并对普通村民日常琐碎的生活世界进行深挖和叙事学分析,才能深刻理解村民的生活逻辑和意义,从而迈向日常生活的整体性研究。① 程波涛认为,文化取向上的公民日常生活研究,存在社会科学范式的缺位,没有参与到社会科学的话语讨论之中。换言之,将研究对象定位到生活世界,强调民俗主体,并没有最终解决民俗学的研究对象和方法问题。民俗学要想发展,必须加入社会科学问题探讨,用社会科学的学术话语来对现实进行有力的揭示,由此推动民俗学学科实现更大的转向,把握现代意义上社会各阶层民众思想精神、行为方式、话语逻辑、生活状态,等等。② 中村贵指出,对于现代民俗学来说,口述史方法与记忆论是探究"当下的日常"或"日常生活"的有效研究方法。作为"跨学科方法"的口述史,其主要关注普通人对历史及历史事件的经历与记忆,从而揭示历史及事件背后的社会意义。通过这一方法,我们能了解到普通人的日常生活及其背后的生活观念,了解到心意的形成过程、亲身经历及其背后的复杂心态,从而实现有温度的、贴心的民俗学研究。总之,口述史方法从自下而上的视角和关注普通人的经历与记忆等特征,在方法论上为民俗学日常生活研究提供了新的视角,有助于在相关研究领域开拓出新的空间。③

除探讨如何研究"日常生活"外,本年度还有部分学者就民俗学的研究方法问题进行了论述。时代和形势的变化,要求民俗学在研究方法上进行不断更新。当下,民俗学遇到的一个显著变化即随着数字时代和网络时代的到来,中国乃至全球范围内的民俗数字资源急剧增加,当代民俗学者所能接触和获得的资料数量巨大。在这一背景下,以往的一些民俗学研究方法遭遇到了困难,比如手工制作的索引卡片跟不上资料的急剧增长,简单的民俗学分类和索引难以呈现多样性和个性化的民俗样态,传统的"文本细读"方法难以应对海量资料,等等。为更新民俗学者的研究方法来应对这些变化,郭翠潇介绍并探讨了一种新民俗学研究方

---

① 参见李向振:《迈向日常生活的村落研究——当代民俗学贴近现实社会的一种路径》,《民俗研究》2017 年第 2 期。

② 参见程波涛:《"主体"与"生活"能否撬开民俗学研究对象之门——略评〈民俗文化与民俗生活〉》,《学术界》2017 年第 5 期。

③ 参见[日]中村贵:《探究普通人日常生活及其背后的心意——兼论现代民俗学研究中口述史方法的目的与意义》,《郑州大学学报》(哲学社会科学版)2017 年第 1 期。

法——计算机算法,即"计算民俗学"。她指出,"计算民俗学"主要侧重运用计算机算法来开展研究性分析,或者对现有数据库进行研究,或利用更先进的计算机技术改进现有数据库,民俗学研究正步入"算法时代"。此外,她还介绍了欧美国家在这方面具有代表性的学者及其研究成果。她认为,"计算民俗学"本质上是方法论的革新,是将信息技术与传统民俗学研究相结合以实现学术创新,其方法论层面涉及民俗研究全过程和民俗档案的全生命周期,每一步都可以运用计算机和信息传播技术来实现。这一新的研究方法,将对未来的民俗学研究产生重要的影响。[①] 此外,李向振也认识到互联网时代对民俗学研究的影响。他指出,互联网已经深刻地影响人们生活的方方面面,它提供了更为便捷的知识和信息获取平台,在社会文化领域也极大地改变了民俗文化的存在样态和传承方式。基于互联网时代民俗文化的新变化,民俗学需要调整和改变既有的研究范式和研究方向,重视网络环境下日常生活的民俗特征,以便更好地研究互联网时代民俗学产生的新议题。就具体研究方法而言,在互联网时代,民俗学需要在过去文本分析、田野调查的基础上增加网络调查及网络资料分析的研究路径。民俗学研究者要广泛开展网络田野作业,认真书写网络民俗志,深入研究新民俗的网络传播特点,不断拓展和丰富互联网时代民俗学的研究视域。[②]

(四)关于"神话主义"的讨论

"神话主义"是近年来我国民俗学和神话学界热烈探讨的问题之一。神话主义,概指人们对神话的挪用和再造的现象,古已有之。近年,杨利慧对神话主义的概念和视角重新加以阐释,由此引起了我国民俗学界的关注。其所谓的"神话主义",是指"二十世纪后半叶以来,由于现代文化产业和电子媒介技术的广泛影响而产生的对神话的挪用和重新建构,神话被从其原本生存的社区日常生活的语境移入新的语境中,为不同的观众而展现,并被赋予了新的功能和意义"[③]。2017 年,杨利慧研究团队的祝鹏程、张多等,通过个案研究形式发表了一组关于"神话主义"研究的论文。[④] 为进一步推动学界对神话主义相关问题的讨论,本年度中杨

---

① 参见郭翠潇:《计算民俗学》,《民间文化论坛》2017 年第 6 期。

② 参见李向振:《拓展互联网时代民俗学研究视域》,《中国社会科学报》2017 年 8 月 31 日。

③ 杨利慧:《民俗生命的循环:神话与神话主义的互动》,《民俗研究》2017 年第 6 期。

④ 参见祝鹏程:《祛魅型传承:从神话主义看新媒体时代的神话讲述》,《民俗研究》2017 年第 6 期;张多:《遗产化与神话主义:红河哈尼梯田遗产地的神话重述》,《民俗研究》2017 年第 6 期。

利慧还主办了一场“当代中国的神话主义”研讨会，与会学者有施爱东、王杰文、谭佳、户晓辉、吕微、陈泳超等，就神话主义研究产生的学术背景、当代意义、拓展潜力、存在问题等进行了深入探讨。

对于杨利慧提出的“神话主义”研究的学术价值和贡献，与会学者纷纷发表了自己的看法。施爱东指出，传统的神话研究执着于源流考镜和土著语境，但对神话在当代社会尤其是在文化商品化、民俗旅游化、传播数字化进程中的传承、变异和意义的关注和研究不足。他认为，电子技术、数字传播、全球经济已彻底改变了我们的知识渠道和生活方式，倘若继续固守传统的神话观和理解模式，会导致神话研究与当代文化生活的距离越来越远。而神话主义可以弥补这一缺憾，它有利于拓宽神话研究的学术视野，将神话研究从原始思维、溯源研究中解放出来，直面当下的文化现实，由此打通神话研究的古今隔阂。[①] 王杰文认为，传统神话学研究格局是“向后看”，即将神话习惯性地理解为某种关于神灵、始祖、文化英雄及其他种种创造性事件的庄严叙事，忽视“神话主义”即人们围绕神话交流活动所产生的新现象，而中国民俗学在神话研究方面正开拓出一条“朝向当下”的新路径来。在他看来，“朝向当下”的神话研究意味着以下五个方面的特征：一是“朝向当下”意味着拒斥“本质主义”；二是“朝向当下”意味着强调“实践”以及实践主体的能动性；三是“朝向当下”意味着考察“实践”活动中的权力、历史与文化等重要维度；四是“朝向当下”意味着民俗学（包括神话学）把“实践（表演）”作为研究的框架；五是“朝向当下”意味着民俗学家有责任“演变”应然的未来。[②] 谭佳认为，中国学界对神话的研究重点在“古”而非“今”，鲜有“朝向当下”的、在后现代消费语境中进行研究的重量级成果。这种“头重脚轻”、不接地气的研究现状，是中国神话学界的一个遗憾。在此背景下，杨利慧提出重视朝向当下的“神话主义”赋予了神话研究最重要的时空属性——日常性及当代性，意义重大。一方面，“当代”视角以及对“旅游”和“电子媒介”的应景考察皆成为当下中国神话学不可或缺的组成部分。另一方面，“神话主义”一词也格外重要，颇有讨论空间。[③] 户晓辉表示，杨利慧“神话主义”研究创新之处体现在：对遗产旅游和电子媒介领域中的神话主义现象

---

① 参见施爱东：《“神话主义”的应用与“中国民俗学派”的建设》，《民间文化论坛》2017 年第 5 期。

② 参见王杰文：《“朝向当下”意味着什么？——简评“神话主义”的学术史价值》，《民间文化论坛》2017 年第 5 期。

③ 参见谭佳：《不可或缺的“朝向当下”》，《民间文化论坛》2017 年第 5 期。

作了细致的个案描述和初步的探索分析，一定程度上阐明了神话在当代社会通过新载体、新语境和新讲述人来进行挪用与改编的创作机制，开拓了神话研究的传统视野与既有领域，从某些方面澄清了神话在"非遗"时代和新媒体时代的功能延续与变异过程，因此有助于理解神话在当代日常生活中的完整生命史和连续生存过程，并在一定程度上促进学界对"神话"概念的重新反思和再认识，也有助于神话研究对当代中国社会公共领域建设和文化产业发展做出新的贡献。[①] 陈泳超认为，杨利慧的"神话主义"研究基于现实的实证主义，揭示了神话在当代社会中的运用，表现了鲜明的当下关怀。其成果在描述层面上做得比较到位，所开辟出的学术新天地是值得学界高度赞扬的。[②]

在肯定杨利慧"神话主义"研究的同时，与会学者也对目前其团队研究所存在的一些不足和问题进行了讨论。施爱东认为，"神话主义"现象也会造成一定的不良后果，认同"神话主义"的合理性、合法性，也就意味守卫神话"神圣性"伦理威力的丧失，对神话"本真性"和"原生态"产生冲击，导致神话传统的式微。[③] 谭佳指出，目前"神话主义"也存在一些问题值得我们进一步探讨，即当下的"神话主义"的分析如何更具现实批判性，"神话传统"是否能推进对"中国神话"(甚至对"中国文化大传统")的再认识，则是现有成就之外令读者仍有期待的地方。[④] 户晓辉表示，"神话主义"很重要，但它仍然没能真正变成一个实践概念。其中的实证研究立场不仅没有突显真正的主体性和普通人的自由意志，也未能彰显神话主义实践的本质特征与理性目的。只有在实践研究层面才能更直接地触及中国现实的根本问题，才能更好地彰显神话主义实践的当代意义与社会价值。[⑤] 在"神话"的判断标准上，吕微提出了与杨利慧不同的理解。他认为，杨利慧是神话内容优先论即神话经验论者，而他自己则是神话形式优先论或神话先验论者。在此基础上，他进一步阐释了他对神话的判断标准，认为：神话所讲述的是人(现象)与人自身(本体)的存在论关系的信仰故事。其本质及判断标准由叙事的信仰存在形式(道德形式)与其道德性、超越性、神圣性、真实性信仰对象(道德对象)之间的先验(纯粹)综合即人的信仰性(道德性)构成。实践神话学的根本目的是在日常叙事的信

---

① 参见户晓辉：《实践民俗学视野下的"神话主义"》，《民间文化论坛》2017 年第 5 期。

② 参见陈泳超：《神话的当代性》，《民间文化论坛》2017 年第 5 期。

③ 参见施爱东：《"神话主义"的应用与"中国民俗学派"的建设》，《民间文化论坛》2017 年第 5 期。

④ 参见谭佳：《不可或缺的"朝向当下"》，《民间文化论坛》2017 年第 5 期。

⑤ 参见户晓辉：《实践民俗学视野下的"神话主义"》，《民间文化论坛》2017 年第 5 期。

仰体裁中发现本原、本真的现代神话，重温人自身的道德性、超越性、神圣性的真实性存在。[①] 陈泳超则更为具体地提出了一些可改进的建议：一是神话的概念很宽泛，研究神话首先要进行概念的界定，以免引起不必要的误会。二是神话主义究竟是研究当代的神话，还是用神话来研究当代人的精神世界？他认为对神话新现象作概念的讨论没有太多的发展空间，更倾向于将神话作为工具来进行当代文化的研究和批评，这就需要我们思考民俗学、民间文学能不能比做当代文化批评的那些学者做得更好，如何才能通过神话主义的研究来彰显独特的学科价值，这些问题是值得进一步探索的。[②]

除以上会议讨论外，本年度中安德明、王宪昭亦有文章讨论“神话主义”问题。安德明认为，“神话主义”概念是在学术反思背景下提出的，是对以往相对僵化、偏执的神话研究进行重新纠正，以求积极参与当下，以包容的心态理解、认识现在出现的各种文化现象，因而有着十分积极的创新意义。它不仅能在一定程度上对神话研究的理论视角和研究范围加以推进、拓展，也能为解释当前社会文化领域内相关的复杂现象提供有益的分析工具。同时，他认为“神话主义”还存在一些有待发展和提升之处。比如，它把目光限定在当代，而没有将历史上多次出现的类似现象纳入考察，故在历史厚度上显得不足。另外，对于人们为何要将神话作为资源在当下进行文化再生产的内在心理机制探讨不够充分。为何神话会被不断用来作为建构新的社会关系的资源？那些被运用于现代大众文化当中的零碎的神话元素，是否还可能包含着完整神话所具有的内在属性？这种属性到底是什么？它又是如何在“神话碎片”或“去语境化”之后“再语境化”的神话母题当中稳定传承，进而被加以借用？这些问题不仅值得深入讨论，而且有益于进一步提升和完善有关“神话主义”概念的探讨。[③] 王宪昭认为，“神话主义”充分体现出由传统的神话文献研究转向田野的新介质的神话民族志研究的积极尝试，这一研究方法是开放、包容的，有很强的实践性和创新性。同时，这一概念也启发我们去进一步思考一些问题。比如，在当今现代化进程新语境下如何重新定位神话价值、神话重构与神话生产问题，如何对待“神话主义”中“神话”概念的再阐释，等等。[④]

---

① 参见吕微：《神话作为方法——再谈“神话是人的本原的存在”》，《民间文化论坛》2017 年第 5 期。

② 参见陈泳超：《神话的当代性》，《民间文化论坛》2017 年第 5 期。

③ 参见安德明：《民俗学的前提与“神话主义”的意义》，《长江大学学报》（社科版）2017 年第 5 期。

④ 参见王宪昭：《“神话主义”引发神话研究新思考》，《长江大学学报》（社科版）2017 年第 5 期。

2017 年度,我国民俗学界在理论探讨方面,既延续了以往的重要话题,同时又积极开拓新的面向,呈现出较为活跃的状态。尽管有些探讨还处于起步阶段,面临的问题也不少,但通过会议讨论、论文阐述等方式的交流和互动,推动了我国民俗学在理论研究方面的进步。

二、田野研究

时至今日,田野调查作为一种实证研究方法,被广泛应用于人文社科研究领域。不过,诸多学者往往基于自身学科理念而对“田野”有着不同的理解,即便是同一学科的学者也有所差异,这使得他们在具体研究操作中各具特色。纵观 2017 年度田野研究成果,依然是以大量个案研究为特色,关于田野理论方法探讨与反思的论著不多,却值得注意。以下分别从田野调查的理论探讨以及个案研究两个方面,对 2017 年的田野研究状况作一简要回顾。

(一)田野调查的理论与方法

2017 年,有关民俗学田野调查的理论研究的著述不多,但颇有亮点。赵世瑜《在空间中理解时间:从区域社会史到历史人类学》一书,是其近十年来的论文结集,贯穿了他对地方社会结构形成的历时性过程与机制的理解。虽则涉及多个个案,但作者意在以典型个案缀连其关于区域社会史方法论意义的论说,特别是田野调查之于重述历史的意义,在田野中“发现”历史。① 户晓辉的《日常生活的苦难与希望:实践民俗学田野笔记》一书,以“实践民俗学者”的姿态回望故乡,在看似理所当然的日常生活中潜心体悟,试图开拓一种实验民俗志的书写方式。② 由宋颖、陈进国主编的《鹤鸣九皋:民俗学人的村落故事》一书,包括了 87 位民俗学人的 88 篇田野故事,涉及民俗学者贴近民众日常生活时的种种感受,虽非关于田野理论的直接讨论,却颇具启发意义。③ 由张士闪、李松总主编的《山东村落田野研究丛书》(20 册),提倡一种“学者与民众视角融合的民俗志书写”,试图以此“深描村落生活,凸显村民主体,梳理乡土文脉,展现国情底色”,显示出学者在村落民

① 参见赵世瑜:《在空间中理解时间:从区域社会史到历史人类学》,北京大学出版社 2017 年版。

② 参见户晓辉:《日常生活的苦难与希望:实践民俗学田野笔记》,中国社会科学出版社 2017 年版。

③ 参见宋颖、陈进国主编:《鹤鸣九皋:民俗学人的村落故事》,商务印书馆 2017 年版。

俗志书写中贴近民众主体的积极努力,特别是对于民众生活史与心态史的意义分析。[①]

此外,还有多篇论文从不同维度展开对田野调查相关理论问题的探讨,如田野研究对象、田野调查方法、田野关系搭建,以及新媒体对于田野民俗志书写的影响、田野调查的多学科视野等。

众所周知,民俗的形成、传承与变迁本身是具有时间性的,而且在民众叙事中经常将之与特定的历史时刻联系起来,以凸显历史对于民俗塑造的特殊意义。但时至今日,仍有不少民俗学者将民俗等同于"古俗",视为"文化遗留物",习惯于在田野中捡拾往日的"民俗"。在周星看来,这种现象是基于学者先入为主的对"民俗"的偏狭定义而发生的,他们囿于对过往"传统"的偏爱,受限于乡愁、怀旧之类的情绪,唯独对眼前城乡居民的日常生活没有感觉,尤其对民众追求现代生活、致力于生活改善的热情不感兴趣,这一现象本身是值得分析的。[②] 菅丰注意到田野调查中的主观色彩,认为以田野作业为基础所描绘出的现实,并非田野本身所给予,而是经由学者理解而有所改装的现实,并具有与当地人共同重构现实的合作协同的特征,从而使得田野作业别具意义。[③] 向丽强调,作为一种有关差异的富于诗性的人类学书写,民族志的目的不在于田野的再现,而是对于田野意义的探寻。[④] 在孙庆忠看来,田野工作者背起行囊赶赴乡村,是对本土知识和民间智慧的问询,也是对自我生活世界的追问,在这个由经验和情感累积的过程中,充满了人与自然、人与人之间的交流与依存。[⑤]

在具体的田野调查中,研究者的性别会对田野关系的搭建有所影响。刁统菊基于对22位民俗学者的访谈和个人的田野经验,思索女性在田野作业中的优势与劣势问题,认为个体的性格特征、学术背景、兴趣爱好、身份特征等因素会影响

---

① 张士闪、李松总主编的《山东村落田野研究丛书》,以村落为单元,共计20册,由山东大学出版社出版,其中包括:张士闪、张帅、张佳《洼子村》,刁统菊《横顶村》,付来友《大寨村》,张帅《青石关村》,孙芳《黄巢村》,朱振华《三德范村》,韩朝建、杨莹《南下冶村》,郭俊红、王园《牛郎官庄》,郭凌燕《颜庄村》,孔军《青野村》,龙圣、俞理婷《韩家村》,张士闪《西小章村》,王加华《胡集村》,王加华、吴美云《禹王台村》,赵彦民《冷水沟村》,刘爱昕《刘庆洪村》,李然《徐家庄村》,李生柱、宫慧珉《孟家村》,张兴宇《鲁桥村》,李海云《东永安村》。

② 参见周星:《"生活革命"与中国民俗学的方向》,《民俗研究》2017年第1期。

③ 参见[日]菅丰:《民俗学者的田野介入与社会现实的再建构——通过田野调查构筑现实》,邢光大译,《民俗研究》2017年第3期。

④ 参见向丽:《艺术的民族志书写如何可能——艺术人类学的田野与意义再生产》,《民族艺术》2017年第3期。

⑤ 参见孙庆忠:《田野工作的信念与真情》,《民俗研究》2017年第5期。

到整个田野作业与后续分析的过程。[①] 王媖娴反思研究者对自身固有的身份及参与对田野关系造成的影响，认为绝不可忽视被研究者对研究者动机、行为的反应而造成的影响，田野调查的效果与此密切相关。[②]

随着新媒体的逐渐普及，微信民族志、网络民族志等日益受到学者关注，有多位学者由此反思传统的"田野"含义与民族志书写，并试图有所拓展。赵旭东发现，微信使人与人的关系呈现一种差序格局的颠倒，并通过使真实扭曲化来实现一种真实性，老百姓开始以自己的方式表达文化、创造语言，从而形成一种新的"群学"。微信民族志时代即将来临，那么田野在场对于民族志的书写是否还那么重要？在一个微信的时代里，作为一种人类共同体的"世界共同体"的场景想象很容易实现，今天的人类学民族志的书写或许可以变成一种拼插式的创新[③]，譬如将传统民族志书写方式转化植根于线索民族志的线索追溯方法之上。[④] 李赛可对一家新闻网站的民族志研究经历进行回顾，包括研究者如何入场、在田野场地中的身份与位置、如何通过观察与访谈等进行数据采集，以及时间对于民族志研究的意义等方面进行分析，提供了一些关于犯错与纠错、步步深入等的经验与反思。[⑤] 张媛、王丽霞对新媒体时代的网络民族志研究作了较为系统的梳理。[⑥] 李向振则认为，在互联网时代的民俗学，需要在过去文本分析、田野调查的基础上，增加网络调查及网络资料分析的研究路径，进行"网络田野作业"。[⑦]

作为一种重要的研究途径与方法，田野调查还在其他学科中获得广泛运用。杨雪冬等人将田野调查引入政治学研究，认为田野研究应该成为"理解中国政治"、推动当代中国政治研究本土化的重要途径，以中国经验本身为对象的研究，

---

① 参见刁统菊：《女性民俗学者、田野作业与社会性别制度——基于对22位民俗学者的访谈和个人的田野经验》，《民族文学研究》2017年第4期。

② 参见王媖娴：《"我看人看我"——田野调查初期的身份猜疑遭遇之反思》，《云南民族大学学报》(哲学社会科学版)2017年第2期。

③ 参见赵旭东：《微信民族志与写文化——基于文化转型人类学的新观察、新探索与新主张》，《民族学刊》2017年第2期；赵旭东：《微信民族志时代即将来临——人类学家对于文化转型的觉悟》，《探索与争鸣》2017年第5期。

④ 参见赵旭东：《线索民族志的线索追溯方法》，《民族研究》2017年第5期。

⑤ 参见李赛可：《在希望的田野上步步深入——基于地方新闻网站红网之民族志研究的反思》，《新闻记者》2017年第5期。

⑥ 参见张媛、王丽霞：《一种方法的反思：新媒体时代的网络民族志研究》，《民族论坛》2017年第4期。

⑦ 参见李向振：《拓展互联网时代民俗学研究视域》，《中国社会科学报》2017年8月31日。

不仅需要有中国本位的问题意识,还需要在扎根田野的基础上不断提升经验。① 孙信茹认为,媒介人类学的田野不仅要关注空间,还应聚焦"关系",以开拓媒介人类学田野工作的范围和深度。② 刘桂腾通过音乐学研究的研究实践,认为田野作业法除了普遍应用的"定点"田野方法外,还要有向"多点"扩容的实验。③ 王明珂则倾向于将"田野"作一种宽泛式理解,建议在田野中多收集人们的口述录音、官私出版资料、家谱等,并在这些文本里做"田野"。④

综上所述,田野调查的理论与方法探讨仍是当下学术研究的一个重要话题,且不止限于民俗学这一学科内部,而是广泛涉及政治学、人类学、历史学、民族学、艺术学等领域,这充分显示出"田野调查"作为一种实证研究的重要性。其中,赵世瑜所主张的"在田野中发现历史",户晓辉的关于实验民俗志的探索,以及张士闪对于"学者与民众视角融合的民俗志书写"的提倡与论证,是这方面值得注意的探索。另外,新媒体技术视野下的民族志书写日益受到学者关注,试图对传统"田野"含义与研究方法有所拓展,但到底影响多大,还有待于进一步的观察和验证。

(二)田野调查的实证与个案研究

综观 2017 年的田野实证与个案研究,大致以城镇化进程中的乡村社会发展为研究对象,对乡村治理、信仰仪式、岁时节日、人生仪礼、民间组织与村规民约、"非遗"保护传承等诸方面广有涉及,还有少量文章关注到灾难民俗、农村高危群体自杀现象、跨国婚姻等现实问题。

在当代乡村,随着民众日常生活的变迁,民俗传统对于社区秩序的调适意义受到广泛关注。郭剑平等人注意到民俗习惯在村民自治管理中的作用,认为应该合理利用社老、长老会等组织传统,扎实有效地推进新农村建设。⑤ 张帅以鲁中博山八陡庄老人群体为关注对象,探讨了该群体如何借助仪式活动、传说故事等历史记忆影响地方社会生活与秩序。⑥ 朱振华则以鲁中地区三德范村春节"扮

① 参见杨雪冬、王向民等:《中国政治研究:田野经验与理论范式(笔谈)》,《华东师范大学学报》(哲学社会科学版)2017 年第 1 期。

② 参见孙信茹:《田野作业的拓展与反思——媒介人类学的视角》,《新闻记者》2017 年第 12 期。

③ 参见刘桂腾:《以身试法:定点·追踪·个案——田野实践中音乐民族志方法》,《中国音乐》2017 年第 1 期。

④ 参见王明珂:《田野、文本与历史记忆——以滇西为例》,《思想战线》2017 年第 1 期。

⑤ 参见郭剑平等:《治理视野下民俗习惯与新农村建设研究》,中国政法大学出版社 2017 年版。

⑥ 参见张帅:《老人群体与地方社会的历史记忆》,山东大学博士学位论文,2017 年。

玩”为例，探讨了乡民艺术表演及其所交织的自治机制，认为民间自治不仅没有成为现代化的障碍或随着社会变革而消失，反而以互补互益的姿态成为新时期建构国家和地方关系最可借用的传统资源。[①] 陈秋注意到城镇化进程中的普通农村妇女，在参与村委选举、监督征地利益失衡、培育女性民间社会团体以及参与社区公共事务管理等方面，所开创的一种“村庄政治”参与模式。[②] 张祝平考察了一个异地城镇化村落的传统信仰重建实践，认为信仰的迁移对于农民的城镇化融入有着特殊意义，可成为有序城镇化的有效“策略”。[③] “他山之石，可以攻玉。”李晶关注当今管理日本乡村社会的“笃农家”，即村落中的“乡绅”。作为村落自治的主体，他们发挥着村民与政府沟通以及引领村民的作用，这对于中国新农村建设具有一定的启发意义。[④]

在节日的田野调查与研究方面，刘博关注广州迎春花市在地方认同建构中的作用和意义，虽然世居居民、父辈移居者和新来者等不同群体存有差异，但并不妨碍迎春花市对于地方认同的塑造。[⑤] 冯智明考察了广西临桂县（今临桂区）宛田乡瑶族禁风节，注意到其成因与瑶族“漂洋过海”的迁徙历史记忆、对风的自然崇拜以及遭受风灾的现实根源有关，体现出族群迁徙流动对区域文化建构的影响。[⑥] 宋颖探讨了节日的生成机制及文化意义，讨论了“文化空间”“民间”等说法，并在此基础上提出节日的六种空间机制和生成原理，旨在探讨节日发生的根源。[⑦] 林磊、朱静辉以武汉市郊区李庄元宵节习俗活动为关注对象，探讨村庄日常生活与集体记忆的再生产机制，认为在城市化语境下，村庄变迁的形式和路径并不单纯受社会转型影响，也取决于作为文化主体的村民对村庄功能和意义的建

---

① 参见朱振华：《乡民艺术与民间自治传统——以鲁中地区三德范村年节“扮玩”为个案》，山东大学博士学位论文，2017年。

② 参见陈秋：《女性民俗与农村妇女的村庄政治参与——以温州L村为个案》，《云南民族大学学报》（哲学社会科学版）2017年第3期。

③ 参见张祝平：《论民间信仰的城镇化空间——一个异地城镇化村落传统信仰重建的考察》，《民俗研究》2017年第6期。

④ 参见李晶：《乡村再建中的“乡绅”——日本东北地区乡村的田野调查经验对中国社会的启示》，《云南民族大学学报》（哲学社会科学版）2017年第2期。

⑤ 参见刘博：《民俗节庆与地方认同：源于广州的多案例比较研究》，商务印书馆2017年版。

⑥ 参见冯智明：《“禁风”灾难叙事与族群迁徙流动——基于广西临桂县宛田乡瑶族禁风节的考察》，《云南民族大学学报》（哲学社会科学版）2017年第3期。

⑦ 参见宋颖：《论节日空间的生成机制》，《民俗研究》2017年第5期。

构。[①] 值得注意的是,2017 年由文化部民族民间文艺中心所组织承担的国家社科基金特别委托项目“中国节日影像志”也有成果陆续发布,如刘广宇主持的《中国节日影像志·彝年》、武小林主持的《中国节日影像志·剪羊毛节》、李家伦主持的《中国节日影像志·瓦尔俄足节》、蔡富莲主持的《中国节日影像志·成都春节》等。

2017 年宗教信仰与仪式活动方面的田野研究成果大量涌现,如袁瑾以绍兴舜王巡会为田野个案,考察了民间艺术表演与虞舜信仰之间的互动关系。[②] 马昌仪从民俗学、人类学的视角对中国灵魂信仰观念和实践予以梳理,试图建构一种中国灵魂信仰的理论体系。[③] 陈进国在我国福建、广东、江西、台港澳,以及东南亚等国家和地区的长期田野调查基础上,紧扣现当代“济度宗教”的“救劫”母题及其衍化变异形态,探讨了道(教)门运动勃兴、复兴情况,并围绕济度宗教与地域崇拜、神启权威、神道设教等关系,探讨了济度宗教谱系的建构过程。[④] 钟晋兰对宁化普庵教的道坛、神图、法器、服饰等具体形态进行深描,探讨其与当地先天教、罗祖教等地方传统宗教仪式的区别与联系。[⑤] 王晓葵、雷天来关注“东方之星”事件后的“头七”公祭现象,认为灾害公祭作为一种公共社会活动和仪式象征体系的一部分,反映出国家意识形态与社会文化传统的复杂关系。[⑥] 李鹏以西南边陲的小镇中渡城隍巡街仪式为个案,探讨该地区被整合进入国家大一统的结构过程。[⑦] 韦光化、高崧耀在对广西田林县盘古瑶师公的研究中发现,师公作为盘古瑶的特殊群体,其社会威望和宗教影响力对维护盘古瑶内部稳定具有十分积极的意义。[⑧] 王铭铭等人通过考察惠东小岞从浮岛到半岛的自然—人文地理变迁过程

---

① 参见林磊、朱静辉:《城市化语境下村庄日常生活与集体记忆的再生产——以武汉市郊区李庄元宵节习俗为个案的分析》,《民俗研究》2017 年第 5 期。

② 参见袁瑾:《地域民间信仰与乡民艺术:以绍兴舜王巡会为个案》,中国社会科学出版社 2017 年版。

③ 参见马昌仪:《魂兮归来——中国灵魂信仰考察》,中国社会科学出版社 2017 年版。

④ 参见陈进国:《救劫:当代济度宗教的田野研究》,社会科学文献出版社 2017 年版。

⑤ 参见钟晋兰:《宁化县的普庵教与地方宗教仪式》,社会科学文献出版社 2017 年版。

⑥ 参见王晓葵、雷天来:《“祭祀”与“纪念”之间——对“东方之星”事件“头七”公祭的考察》,《民俗研究》2017 年第 4 期。

⑦ 参见李鹏:《中渡城隍“巡街”的人群与社会——兼论祭祀圈理论的解释力》,《云南民族大学学报》(哲学社会科学版)2017 年第 1 期。

⑧ 参见韦光化、高崧耀:《师公对维护瑶族内部稳定的作用探析——以广西田林县盘古瑶师公为例》,《云南民族大学学报》(哲学社会科学版)2017 年第 1 期。

发现，民间文化自身是有着强大的创造力的。[①] 马晓梅以哲赫忍耶的尔曼里仪式中的“果碟”为考察对象，发现“果碟”的象征意义源自哲赫忍耶门宦所崇尚的反对宗教世俗化，追求净化信仰的苏菲精神。当前，在尔曼里仪式中，“果碟”与“油香”“宰牲”等仪式食物作为沟通人神的媒介，发挥着增强门宦内部认同与整合的功能。[②] 岳永逸以乡镇之外的区域中心型的神山、圣地的庙会为关注对象，注意到圣山的景区化、景区的圣山化、红色圣地的传统化、传统信仰的红色化与现代化等当下演进，使朝山更加充分地体现了庙会的聚与散的多重混融的让渡关系。[③] 李浩发现，自魏晋南北朝以来，佛教和道教都在不约而同地对自己的宗教仪轨进行整理。到隋唐五代时期，这些仪轨已经以一种相当成熟与规范化的面目运用于各自的宗教活动中，同时也被普遍应用于民间的信仰活动中。过去仪式相对简单、粗陋的民间信仰活动出现了程式化的趋势。民间信仰在吸收、整合了佛道仪轨后，以一种十分复杂的面貌出现，深刻地影响着宋明以后民众的诸类信仰活动。[④] 金晶以湘西土家族八部大王传说为例，探讨了族群认同传说流布的边界特征。[⑤] 唐韶军、王美娟以梅花拳为例进行探讨，注意到梅花拳不仅仅是一个拳种，还是一种社会组织，更是一种民间信仰，而组织的广泛性和信仰的坚定性则是梅花拳能够扎根民间并繁荣昌盛的两大法宝。[⑥] 高有鹏对河南灵宝阳平“八大社”庙会与夸父神话进行考察，注意到文化叙事常常通过一定的方式形成社会的“合力”，消解矛盾与纠纷。[⑦] 魏乐博认为中国民间宗教研究要“接地气”，强调规范的田野实地考察方法的重要性。[⑧] 龙晓添和萧放将“白喜事”视为丧礼仪式的一种复合表述，从交往、饮食、表演、器物等入手，以切实的身体感受与创造，展现丧礼建构的

① 参见王铭铭、吴银玲、孙静、金婧怡：《地理与社会视野中的民间文化——惠东小岞考察》，《民俗研究》2017 年第 2 期。

② 参见马晓梅：《尔曼里仪式中的圣餐——“果碟”象征意义与功能的宗教人类学阐释》，《云南民族大学学报》(哲学社会科学版)2017 年第 2 期。

③ 参见岳永逸：《朝山：庙会的聚与散》，《原生态民族学刊》2017 年第 2 期。

④ 参见李浩：《论隋唐五代民间信仰仪式的整合》，《民俗研究》2017 年第 4 期。

⑤ 参见金晶：《族群认同传说流布的边界性——以湘西土家族八部大王传说为例》，《民俗研究》2017 年第 3 期。

⑥ 参见唐韶军、王美娟：《社会组织和民间信仰：梅花拳不仅仅是一种拳》，《民俗研究》2017 年第 4 期。

⑦ 参见高有鹏：《河南灵宝阳平“八大社”庙会与夸父神话考察》，《民俗研究》2017 年第 6 期。

⑧ 参见[美]魏乐博、张士闪：《当代中国民间宗教研究要“接地气”——波士顿大学魏乐博教授访谈录》，李生柱译，《民俗研究》2017 年第 5 期。

过程与方式,认为“热闹”是对丧礼的一种诉求,是最理性、最实际的民俗选择。[①] 陈华文考察了浙江金华地区黄大仙信仰的演变过程,认为黄大仙信仰既是道教的,同时也是民间的。它在内地尤其是在浙江金华的兴盛衰落,不仅缘于社会变革这一因素,也与时代过程中某个特殊因缘有关。[②] 周凯模等人将关注点聚焦于仪式中的音乐使用与功能,并对民俗音乐考察方法进行反思与探索。[③]

“非遗”保护传承也是许多学者关注的话题,并在近年来多有反思。张士闪梳理了中国“非遗”保护十年来从“抢救濒危遗产”到“融入社区发展”的理念转变及相关实践,认为若要让“非遗”传统真正回到民间、回归社区,政府应承担更加琐细的服务职能,使“非遗”与乡土社区发展紧密联系在一起。[④] 王加华以惠民胡集书会田野个案,重点关注作为传统文化承载者与传承主体的民间艺人在“非遗”保护传承过程中的重要作用,认为若要更好地保护与传承传统文化,就必须要充分倾听他们的声音并维护他们的意愿与权利。[⑤] 刘正爱考察了辽宁省级“非遗”岫岩烧香传承情况,主张非物质文化遗产保护最重要的是培育和养护文化遗产所滋生繁衍的土壤,这需要有相对宽松的文化政策环境、多元的价值体系以及对大众日常生活的尊重。[⑥]

在“礼俗互动”的阐释框架中理解民俗传统,关注在国家进程与地方社会发展中的民众作为,是近年来富有活力的田野研究方向。龙圣以四川冕宁白鹿营彝族为例,利用四川冕宁白鹿营彝族文书和《冕宁档案》资料,试图揭示明清“水田彝”的国家化进程及其族群性的生成。明清“水田彝”的国家化,既促进了边疆的稳固,同时又生成了其独特的族群性。[⑦] 任雅萱以明清鲁中地区的祈雨仪式为切入点,考察官方与民众借用庙宇神灵以控制水利资源现象,并注意到居住在同一水源系统的居民,往往透过将家族故事与神明显灵相结合的方式叙述雨神传说,并

① 参见龙晓添、萧放:《“热闹”的白喜事:复合的仪式过渡与身体表述》,《云南民族大学学报》(哲学社会科学版)2017 年第 1 期。

② 参见陈华文:《衰落与复兴:黄大仙信仰历程——以金华黄大仙信仰演变为例》,《民俗研究》2017 年第 3 期。

③ 参见周凯模等:《岭南民俗音乐的人类学阐释》,福建教育出版社 2017 年版。

④ 参见张士闪:《非物质文化遗产保护与当代乡村社区发展——以鲁中地区“惠民泥塑”“昌邑烧大牛”为实例》,《思想战线》2017 年第 1 期。

⑤ 参见王加华:《“你”怎么看:胡集书会保护与传承的艺人视角》,《民族艺术》2017 年第 3 期。

⑥ 参见刘正爱:《非物质文化遗产视野下的岫岩香卷及其传承》,《民间文化论坛》2017 年第 6 期。

⑦ 参见龙圣:《明清“水田彝”的国家化进程及其族群性的生成——以四川冕宁白鹿营彝族为例》,《社会》2017 年第 1 期。

且通过祈雨仪式结成超越姓氏的关系，从而在不同村落之间形成了界限分明的“泉域社会”。[①] 李海云以山东潍北地区瓦城大庙为田野个案，考察战国时期著名军事家孙膑经历了由历史人物进入神灵谱系的过程。明代以前在国家正祀中的边缘状态与进退的反复，以及明清以来沉降民间的地方化表达，反映了中国历代王朝的政治策略和地方社会发展之间的互动关系。[②]

同时，还有一些聚焦个案的研究，是对于当今社会现象的观察与针对性分析。如李善峰在对农村高危群体考察后认为，在中国人传统的观念中，自杀是公共领域之外的私人事务。但事实上，自杀并不仅仅是一种个人行为，它还指向复杂的社会伦理和文化逻辑，与乡风民俗、价值观念、家庭功能、社会认知等“地方性知识”密切相关。忽视自杀者的日常生活及其意义世界，并不能有效解释急剧社会变迁中的自杀现象。[③] 游自荧以 2013 年山西临汾洪洞的水灾为田野个案，研究洪水过后灾民对于水灾叙事的表述以及他们利用灾难叙事反映并构建现实以及重建社区的过程。[④] 武艳华、王毅杰关注福建永春地区通过婚介实现迁移的越南女性婚姻移民活动，认为情感性关系是她们迁移决策的主导，工具性关系与混合性关系是她们迁移行动的核心驱动力，而不同关系网络所蕴含的资源配置方式是决定关系逻辑与模式的关键因素。[⑤] 还有一些学者秉持“文化整体观”的学术理念进行地域民俗志写作，如刘晓春通过考察、描述民俗事象与自然、社会、超自然世界的关系，以此呈现番禺地方的人民如何在长期的历史发展过程中形成一整套应对自然、社会、超自然世界的模式化生活。[⑥]

以上对 2017 年有关田野调查的个案与实证研究所作的简要回顾，我们可以发现，尽管多数成果还缺乏深度田野访谈，贴近民众的情感、意志、心理以及对于所处社会的认知，但毕竟从不同的维度对于当代民众日常生活予以关注，在个案

---

① 参见任雅萱：《明清鲁中地区的祈雨传统与“泉域社会”》，《文化遗产》2017 年第 3 期。

② 参见李海云：《孙膑崇拜的正统化脉络与地方化过程——以山东潍北地区瓦城大庙为个案》，《华中师范大学学报》(人文社会科学版) 2017 年第 1 期。

③ 参见李善峰：《“地方性知识”与农村高危人群自杀行为的社会环境——一个基于田野调查的研究报告》，《民俗研究》2017 年第 6 期。

④ 参见游自荧：《从洪水神话到洪水叙事——以山西洪洞灾民为中心的灾难叙事和社区重建》，《民俗研究》2017 年第 4 期。

⑤ 参见武艳华、王毅杰：《关系网络与越南女性的跨国迁移——基于福建永春的田野研究》，《南京社会科学》2017 年第 11 期。

⑥ 参见刘晓春：《番禺民俗》，中山大学出版社 2017 年版。

累积的意义上对于我们更准确地认知国情、理解基层社会具有重要意义。或许今后的田野调查在继续承担积累资料的同时,还应该将田野访谈视为一种特定的人际交往方式,并将田野调查过程本身视作学者与民众合作进行的地方文化建设。以此为基础,庶可在方法论的意义上对田野研究有更大的贡献。

三、民俗文化发展策略

2017 年 10 月 18 日,中国共产党第十九次全国代表大会在北京隆重召开,习近平总书记在总结过去五年的工作和历史性变革时,指出“思想文化建设取得重大进展”,其中肯定了社会主义核心价值观和中华优秀传统文化广泛弘扬,文化视野和文化产业蓬勃发展,文化自信得到彰显,国家文化软实力和中华文化影响力大幅提升。在文化事业方面取得这些成就的基础上,习近平总书记提出面对新时代的历史使命,确立了中国特色社会主义理论体系、中国特色社会主义制度、中国特色社会主义文化在党和人民实现民族伟大复兴进程中的重要作用,以“五位一体”的总体布局、“四个全面”的战略布局的方针和道路自信、理论自信、制度自信、文化自信的面貌,坚定推进中国特色社会主义建设。在建设现代化经济体系中,着重提出了实施乡村振兴战略,并且提出产业兴旺、生态宜居、乡风文明、治理有效、生活富裕五点总要求。在推动社会主义文化繁荣兴盛的目标下,要以马克思主义为指导,坚守中华文化立场,立足当代中国现实,着重强调推动文化事业和文化产业的发展,尤其是加强文物保护利用和文化遗产保护传承,完善文化经济政策,培育新型文化业态。

从上可以看出,党的十九大以来,国家进一步加大了文化建设的力度,并将其纳入建设现代化经济体系中。文化越来越成为民族凝聚力和创造力的重要源泉,民俗作为文化建设的重要内容,如何使民俗为国家文化建设发挥其应有的作用,是现今民俗学科及相关领域关注和讨论的重要议题。在 2017 年,在民俗学这一领域关于文化发展的策略有哪些探讨,以下将从民俗文化发展研究的现状、民俗文化与非物质文化遗产、民俗资源与文化产业、民俗文化的传承与保护四个方面,对相关研究成果进行梳理与归纳。

(一)民俗文化发展研究的现状

在 2017 年度已刊行的研究成果中,在探讨民俗文化发展的问题上,可以大致归纳为以下两个方面：

1.民俗学与国家文化建设的探讨

在探讨民俗学与国家文化建设问题上，学者们往往从当今的社会转型和生活方式的改变出发，以此讨论在新的变化之下民俗学的研究转向与国家文化建设的关系。周星从改革开放40年的“生活革命”视角切入，重新反思中国民俗学的研究方向，并且提出了未来中国民俗学的三个面向，其中之一即积极参与民族国家的文化建设。他认为，在改革开放以来所取得的各方面成就基础上，民俗学家和所有普通城乡民众均生活在现代社会中，人们的日常已经是现代的日常。在此基础上，他提出中国民俗学未来的首要发展面向是发挥民俗学的公共性，积极地参与(多)民族国家的文化建设。作者发现，对于国家文化政策过程的积极参与并施加影响，一直是“一国民俗学”(国家的民俗学)的学术传统，同时也体现了它的应用性或实践性。尤其在当今民俗学对国家非物质文化遗产保护运动的积极介入，学者应警惕可能导致的文化民族主义、民粹主义等，以高度的公共性自持，而不能单方面地依附文化行政的权力。其次，他认为中国民俗学未来发展的第二个面向，是围绕民俗的研究对象“民”展开研究。在这一面向中，他认为关键是要探索市(公)民社会的成长轨迹，把(民俗)文化的创造者视为是有尊严感、有主体性和有创造力的“民”。第三个面向，则是围绕民俗的研究对象“俗”的学术研究，从而进一步扩展到对于生活革命和现代日常生活的研究。这一面向的关键是如何理解在国家文化建设背景下的“民生”问题。[①]

高丙中以反思民俗学的时间意识为出发点，提出在长期以“过去”为中心的研究取向中，虽然也有“现在”的时间意识，但往往只是表现在有选择性的研究方法，几乎没有“未来”的时间意识，从而存在民俗学在时间意识上的割裂。他认为：“民俗复兴不仅是民俗现象，而且是社会历史现象，必须置于整个社会过程来认识。”[②]对于今天民俗学的发展，要在民俗学的历史取向中加上现实取向，认识到民俗学的实践关怀，其中重要的一点即突出普通人的主体性。在论及日常生活的未来民俗学时，他着重以非物质文化遗产保护为切入点，认为这是一项可以被称作“社会运动”的行为，把民间文化认定为国家的公共文化，并且强调民间文化的活态传承。这就理顺了国家公共文化生活中“过去”与“未来”的关系，从而为中国

① 参见周星：《“生活革命”与中国民俗学的方向》，《民俗研究》2017年第1期。

② 高丙中：《日常生活的未来民俗学论纲》，《民俗研究》2017年第1期。

带来了社会政策和文化理念的较大转变,即民间文化既是过去存在的,更是未来要传承的。

王欣则以奥地利著名哲学家胡塞尔的“生活世界”理论切入,重新反思了中国民俗学对民众生活的研究指向。他认为:“此前对生活世界的理解仅仅是将其扩大到整个生活层面上,并没有接触到一个更加深刻的主观层次上。”[①]在此基础上,他提出民俗学应该将生活世界视为研究的基点或者一种态度,而并非研究对象或研究领域。有鉴于此,民俗学要从当前的社会现实出发,关注具体的、历史的“生活”状态,关注传统与个性以及具体的身体感受,进而才能使民俗学或民间文学更加接近现实生活目的,更新民俗学的社会价值。

田兆元以当下的东海海岛信仰为例,论述了民俗研究的谱系观念与国家文化认同的关系。他认为,民俗学所关注的核心是认同性问题,而谱系就是一种基本的认同框架,民俗学可以在时间谱系、空间谱系、结构谱系等中找到自己的话语空间。拥有谱系的文化,才会有认同的文化,对通过谱系联结在一起的社区进行研究,才可能了解一个区域的文化联系性及文化特质。[②] 除上述研究以外,也有学者从乡村民俗文化等视角来探讨其在休闲农业发展中的作用及应用等。[③]

2. 民俗文化策略的探讨

在民俗文化策略的问题上,学者们一般以当今社会生活所发生的转变为基础,探讨民俗文化的现状、发展、传播以及策略问题。其中,有从民俗学学科问题出发进行的反思,也有以地域为中心探讨本地域民俗文化发展问题的讨论,还有在“一带一路”建设背景下讨论中国与其他国家地区民俗文化交流的特点和路径等。

近些年,在中国知识界弥漫着乡愁情绪,并且存在将乡愁审美化的趋势。周星对此进行了批评,并重新反思了民俗文化的研究策略。他认为,这种乡愁审美化的趋势,主要是在抢救、保护和传承等话语表象中构建出来的,而这种倾向,正是由不可逆转的生活革命所引发。周星敏锐地指出,民俗学应该超越和克服乡愁,“中国民俗学的现代转型并非只是把研究对象从乡村转向都市那么简单,而是

① 王欣:《论“生活世界”与民俗学——从胡塞尔的“生活世界”谈起》,《民俗研究》2017年第1期。

② 参见田兆元:《民俗研究的谱系观念与研究实践——以东海海岛信仰为例》,《华东师范大学学报》(哲学社会科学版)2017年第3期。

③ 参见李占旗:《乡村民俗文化在休闲农业发展中的作用及应用研究——以河南省为例》,《中国农业资源与区划》2017年第8期。

要关注城乡民众最为基本的现代日常生活”，在此基础上，对于普通生活者对各自全新的现代日常生活的建构进行记录和研究，应是了解当下民俗文化的途径之一。[①] 宋颖以福建外碧村的民俗生活实践为例，注意到在文化复兴的当下，传统村落在建设过程中所表现的民俗主义倾向，比如怀有家乡情感的知识人重修村落庙宇，乡贤收集村落族谱，兴建乡村记忆文化馆和博物馆，采用“三套集成”中的民歌和童谣来重新讲述村落的历史故事等。她认为，这些实践是基于“情感”而非工具理性，是学术反哺过程中的情感与知识的回馈。在这些新的转变中，进一步反思民俗学应如何更好地参与到乡村文化的建设中，以达到“学术反哺”的目的。[②] 杨巧南、蔡国英、李德宽等人则从跨文化交流视角审视穆斯林民俗文化在历史发展过程中的传承与传播状态，他们认为这种传承和传播大多是以穆斯林内在相通的文化特质和情感基因为根基的，进而探讨在“一带一路”建设进程中如何创造积极条件搭建中国与中亚民俗文化深度交流的平台，以构架“为己”和“为他”的跨文化交流双向驱动模式。[③] 此外，还有学者在跨文化视角、全媒体时代背景下进行的民俗文化传播策略研究。[④]

（二）民俗文化与非物质文化遗产

近年，随着联合国教科文组织《保护非物质文化遗产公约》的通过，非物质文化遗产保护成为当今世界性热点话题之一。与此相连动，我国《非物质文化遗产法》颁布，非物质文化遗产成为各个相关领域内关注的问题，与此相关的研究也相继出现，以下将 2017 年度的相关研究从三个方面进行梳理和归纳。

1. 非物质文化遗产与社区发展研究

在联合国教科文组织《保护非物质文化遗产公约》的订立过程中，“社区”一词成为日益凸显的关键词，尊重社区和确保社区参与甚至被视为实施这项公约以及在地方、国家和国际层面开展非物质文化遗产保护工作的重要前提。在此基础

---

① 参见周星：《生活革命、乡愁与中国民俗学》，《民间文化论坛》2017 年第 2 期。

② 参见宋颖：《民俗主义与学术反哺——以福建外碧村的民俗生活实践为例》，《民间文化论坛》2017 年第 3 期。

③ 参见杨巧南、蔡国英、李德宽：《论中国与中亚地区穆斯林民俗文化交流的特质与路径——基于“一带一路”战略背景的分析研究》，《西南民族大学学报》（人文社会科学版）2017 年第 4 期；刘斯琴高娃：《蒙古族民俗文化与“中俄蒙经济走廊”建设的关系》，《内蒙古民族大学学报》（社会科学版）2017 年第 1 期。

④ 参见王青：《跨文化视角下的青岛民俗文化对外传播策略的研究》，《青岛农业大学学报》（社会科学版）2017 年第 2 期；王建娜：《全媒体时代民俗文化对外传播的策略研究》，《经济研究导刊》2017 年第 30 期。

上,有学者将目光投向如何将非物质文化遗产保护融入社区发展,以找寻中国非物质文化遗产保护的路径和生存土壤。

张士闪以山东中部地区两个非物质文化遗产社区实践为个案,在借鉴和反思"东亚经验"的基础上,通过对大量田野调查资料进行阐释,非物质文化遗产保护应如何融入当代乡村社区的发展。他指出"社区"以及生活在其中的群体和个人的重要性:"非物质文化遗产的持有权和使用权在于所属社区,'非遗'的主人是社区民众,国家'非遗'保护工作的服务对象,首先就应是社区中的群体和个人,包括其文化发展自主权和以文化发展改善生存的权利,这是首先需要明确的。"他认为,当代非物质文化遗产保护的前景在于融入乡村社区的可持续发展。这种融入和发展,不仅与国家基层社会治理是一种互益互补的关系,而且对于促进"城乡民俗连续体"的合理重构具有重大意义。[①] 马千里则在讨论非物质文化遗产清单制作中的社区参与问题时指出,联合国教科文组织在编制非物质文化遗产清单时,无论是以政府公共部门为主导,还是以社区或非政府组织为主导,均需要社区的参与。他在探讨社区参与的深度和广度问题之后认为,以社区为主导的清单编制模式有利于社区保护自身的文化实践权益,有利于清单编制的成果更有效地为社区成员共享。原住民社区和移民社区参与清单编制是对一国文化生态的客观反映,有利于促进文化多样性和人类创造力,同时为改善民生、促进族群间和谐共处、改善政府社会治理方式提供了契机。[②]

田兆元、游红霞以华东师范大学的传统节日文化传承为例,研究高校社区节日文化的构建与民俗学学科发展。他们认为,作为现代重要社区的高校,在过去整体缺少中国传统文化氛围的情况下,又远离非物质文化遗产的熏陶,更没有自己的民俗生活传统。在《保护非物质文化遗产公约》强调"非遗"保护社区的基本方针下,华东师范大学民俗学学科以校园社区为单位,开展了"传统节日文化校园传承"的实践,旨在建设高校社区的传统文化品格,推进"非遗"资源的高校社区传承。在此基础上,他们指出,高校社区、城市市区构成了节日文化遗产保护与传承的共同体,不仅有利于构建高校社区与节日文化空间体系,而且使民俗学学科在实践中得到社会以及人文社会科学学科群中的认同,实现了传统民俗学向现代民

---

① 参见张士闪:《非物质文化遗产保护与当代乡村社区发展——以鲁中地区"惠民泥塑""昌邑烧大牛"为例》,《思想战线》2017 年第 1 期。

② 参见马千里:《非物质文化遗产清单编制中的社区参与问题》,《民族艺术》2017 年第 3 期。

俗学的转型。[①] 同样关注非物质文化遗产与高校社区的，还有张冬萍、邹丰阳。他们在解读文化部、教育部推行的“中国非物质文化遗产“非遗”传承人群研修研习培训计划”的基础上，提出大学与社区之间的交流互动是一个文化互益的过程，通过对中青年“非遗”传承人的回访发现，“非遗”传承人走进校园，是高校与社区互动共生的过程，这种互动模式有助于促进“非遗”教育传承，是连接“非遗”与现代生活的桥梁。[②] 此外，也有学者从城市社区博物馆、社区参与、社区传播等视角对县级政府非物质文化遗产的保护实践、传播路径等进行分析，讨论“非遗”社区发展等问题。[③]

2. 非物质文化遗产名录、机制探讨

2003 年，联合国教科文组织通过了《保护非物质文化遗产公约》。2011 年，作为我国首部文化领域的法律《中华人民共和国非物质文化遗产法》颁布，标志着我国“非遗”保护实现了国家层面的法制化。2015 年，联合国教科文组织保护非物质文化遗产政府间委员会在其第十届常会上(纳米比亚温得和克市)审议并通过了《保护非物质文化遗产伦理原则》。有学者从解读联合国教科文组织制定的公约规则切入，为全球范围内的文化遗产保护和理论实践提供可资拓展和发展的多向化路径。

马千里通过反思教科文组织的“非遗”名录机制认为，在申报过程中出现的政治化、商业化倾向，问题根源在于代表作名录机制下的“代表性”这一关键词在释义上存在模糊状态，这就在很大程度上导致了《保护非物质文化遗产公约》缔约国利用该机制实现其政治、外交和商业等方面的利益诉求。在此背景下，教科文组织的相关负责人和一些国外学者对此已经从“去政治化”和“去利益化”的思路出发，构想对这一名录机制进行改革。作者认为，其中有益且具有可操作性的思路之一，是由缔约国将各自国家的“非遗”清单翻译为法文或英文后提交到教科文组

① 参见田兆元、游红霞：《高校社区节日文化的构建与民俗学学科发展研究——以华东师范大学的传统节日传承为例》，《文化遗产》2017 年第 2 期。

② 参见张冬萍、邹丰阳：《大学与社区——对中青年“非遗”传承人群培训回访调研的思考》，《文化遗产》2017 年第 1 期。

③ 参见黄永林、孙佳：《非物质文化遗产保护视域下的城市社区博物馆研究》，《文化遗产》2017 年第 4 期；钱永平：《社区参与视角下的县级政府非物质文化遗产保护实践——以山西祁县文化局为例》，《西北民族研究》2017 年第 2 期；王亮：《反思与再造：非物质文化遗产的社区传播》，《内蒙古大学艺术学院学报》2017 年第 1 期。

织“非遗”领域的网络公共平台,并定期更新。[①] 除此之外,马千里还就教科文组织“非遗”项目申报中的若干共性问题进行了探讨,比如不当用词、“本真性”问题、保护儿童权益及动物使用等问题,他认为要解决这些问题,需要申报国在国际层面的“公认”和地方或国家层面的“自认”之间谋求平衡与和解。[②]

熊晓辉认为非物质文化遗产名录除了具有方便识别类型之外,其内在机制所带来的新方法、新理论也产生了不可忽略的影响,并且体现了保护者一定的观念和价值判断。在具体的非物质文化遗产保护工作中,需要厘清保护机制的基本理念和过程,侧重对传承人口述资料进行收集和整理,同时对非物质文化遗产名录的内在特点、学术适用以及社会适用等进行探析。[③] 王巨山则提出要深刻领会和理解《保护非物质文化遗产公约》精神和旨向,从五个维度入手,即“文本”是根本,“文字”是重点,“文献”是基础,“文化”是前提。同时,对社会文化思潮的了解也是必要补充。[④] 张龙、粟卫梅在对中国非物质文化遗产行政法的立法现状进行考察之后,指出在加快制定地方性配套法规的同时,还应引入知识产权法和民间法来填补空白,他们建议以完善地方法规来促进上、下位阶法律之间的衔接,强化保护监督机制,挖掘社会组织作为保护主体的潜力。[⑤] 黄玉婧、刘为通过实地调研发现,傈僳族国家级非物质文化遗产的建档保护目前存在着针对性政策法规缺位、传承人档案缺失、相关档案部门被边缘化等现实问题。他们认为,应从政策法规、建档保护机制以及对传承人档案地位的重视等方面解决问题。[⑥]

3. 民俗学与非物质文化遗产关系分析

当非物质文化遗产成为当下热门议题之时,民俗学作为参与其中的重要学科之一,既迎来了机遇,又充满挑战。尤其是在非物质文化遗产保护的概念与民俗学的研究相互契合时,应如何厘清二者的关系,又怎样从中找寻到一条有利于双方共同发展和促进的途径,是近年来民俗学学者们开始思考的问题。邢莉认为,二者的要旨均在传承。研究民俗学的意义和价值与非物质文化遗产保护的意义

---

① 参见马千里:《代表性、政治化与商业开发导向:关于教科文组织“非遗”名录机制的若干思考》,《文化遗产》2017 年第 6 期。

② 参见马千里:《教科文组织“非遗”项目申报中的若干共性问题》,《民俗研究》2017 年第 6 期。

③ 参见熊晓辉:《非物质文化遗产名录内在机制及保护实践的反思》,《文化遗产》2017 年第 4 期。

④ 参见王巨山:《理解〈保护非物质文化遗产公约〉精神的五个维度》,《文化遗产》2017 年第 4 期。

⑤ 参见张龙、粟卫梅:《论当前我国非物质文化遗产行政法的立法现状及完善》,《东莞理工学院学报》2017 年第 4 期。

⑥ 参见黄玉婧、刘为:《傈僳族国家级非物质文化遗产建档保护研究》,《档案管理》2017 年第 2 期。

是一致的。民俗学的学科理论为非物质文化遗产打下了坚实的基础。同时,非物质文化遗产的保护也将促进民俗学学科的发展,并且有利于中国今后的文化发展战略。① 岳永逸、蔡加琪则通过总结近 30 年范庄龙牌会的研究,揭开了庙会非遗化、学术界书写以及中国民俗学演进的历程。他们认为,在主流意识形态及其话语的渗透下,与龙牌会相关的行为主体或隐藏或公开的价值取向与欲望共谋促成了龙牌会叠合的符号体系与叙事修辞。当龙牌会从民间行为到建庙及晋级"非遗"名录之后,集中呈现出作为乡土宗教的龙牌会的疲软,实际上反映的是富于地方性的乡土中国向全球化进程中的都市中国整体转型时所要经历的瓶颈。他们采用了"叠加的龙牌会"来解释 30 年的研究历程,也成为中国民俗学演进的一个隐喻。② 彭兆荣在对民俗与"非遗"的关系进行梳理后认为,在我国的遗产运动中,不仅要在"名录"上表现民俗学的成色,更要在脉理上体现民俗与遗产的学理逻辑,知识产权可以作为历史的切入口。在遗产研究的历史中,民俗与非物质文化遗产的关系是历史性叠加在一起的。③ 刘倩则对国内非物质文化遗产以及民俗学的发展历程进行概述,分析非物质文化遗产理论与民俗学学科之间的联系。她认为从民俗学视角来看,对民俗学与非物质文化遗产保护重叠的部分进行研究和讨论,可以使本土文化中的优秀作品成为全人类的宝贵财富,同时有利于向更多人开展关于"非遗"保护的教育。④

如上,以地域、村落或民族为载体,对该地区的非物质文化遗产而展开的研究相对较多,涉及面也比较广泛,这里不再逐一介绍。⑤

(三)民俗资源与文化产业

在党的十九大报告中,明确了新时代文化建设的基本方略。其中,确定了文

① 参见邢莉:《民俗学的研究发展与非物质文化遗产的保护》,《民族艺术》2017 年第 2 期。

② 参见岳永逸、蔡加琪:《庙会的非遗化、学界书写及中国民俗学:龙牌会研究三十年》,《民族文学研究》2017 年第 6 期。

③ 参见彭兆荣:《另一份遗产:民俗与"非遗"的历史交情》,《重庆文理学院学报》(社会科学版)2017 年第 1 期。

④ 参见刘倩:《试论民俗学与非物质文化遗产保护》,《长春师范大学学报》2017 年第 8 期。

⑤ 该类研究数量较多,现列举一二以供参考,李刚:《非物质文化"申遗"与文化重构——以云南弥渡花灯为例》,《大理大学学报》2017 年第 7 期;战戈:《漳州非物质文化遗产保护与遗产利用之探索》,《文物鉴定与鉴赏》2017 年第 11 期;张冬菜:《作为非物质文化空间的闽西上杭傀儡戏"田公会"——兼谈行业信仰与非物质文化遗产保护》,《福建艺术》2017 年第 4 期;于春梅、季诗洋:《达斡尔族非物质文化传承与保护论略》,《齐齐哈尔大学学报》(哲学社会科学版)2017 年第 11 期。

化建设在中国特色社会主义建设总体布局中的定位是要满足人民的精神需求;提出了新时代文化建设的目标是坚持中国特色社会主义文化发展道路,激发全民族文化创新创造活力;指出了新时代文化建设的着力点是秉承中国的文化价值理念,坚持中国的文化立场,立足于当代中国的文化发展现状,思考和解决当代中国人关心的文化问题,提出中国的文化方案。新时代文化建设的基本要求,则是坚持为人民服务、为社会主义服务,坚持"百花齐放、百家争鸣",坚持创造性转化、创新性发展。坚持文化自信和创新是核心。在此基础上,着重强调推动文化事业和文化产业的发展,尤其是加强文物保护利用和文化遗产保护传承,完善文化经济政策,培育新型文化业态。在这样的背景下,民俗文化作为开发文化产业重要资源的一部分,得到了越来越多的讨论。文化产业的分类较多,这里主要以突出地方性特征的旅游观光产业和以民俗文化为依托的商业化开发的两个层面来进行介绍。

1. 民俗文化与旅游产业

田兆元、程鹏在民俗旅游产业日益发展的当下,提出旅游民俗学的学科视角和建设问题。他们认为,旅游民俗学应该作为一门学科,以民俗学的视角对民俗旅游与旅游民俗进行科学研究,并对民俗旅游产业和旅游民俗文化事业开展社会服务。随后,他们指出旅游民俗学的四点研究内容,分别是可用于旅游的民俗资源及其转化研究、对于民俗旅游的经济研究与服务、对于旅游者与从业者的研究与服务、对于旅游与民俗文化传承及其社会发展问题的研究。其中,大叙事学说和民俗认同学说,可以为构建旅游民俗学研究的话语体系提供基础。① 龙祖坤、李绪茂、孔祥婧运用数据包络分析方法,通过建立民俗旅游发展效率的投入产出指标,对2007~2015年北京市12个区的民俗旅游综合效率进行评估,得出北京市民俗旅游整体效率处于中等水平的结论。根据对规模报酬与规模密度的进一步分析,他们发现,北京市民俗旅游总体发展规模仍存在扩大空间,需要针对北京市各区的民俗旅游发展规模数量作出适当调整。② 王天鹏、靳松则在分析了目前多数古村落处于高度空心化、古建筑破坏严重的状况之后,讨论了保护和开发二者的关系。他们认为,破解古村落民俗旅游发展中的诸多困境,需要多元主体的

① 参见田兆元、程鹏:《旅游民俗学的学科基础与民俗叙事问题研究》,《赣南师范大学学报》2017年第1期。

② 参见龙祖坤、李绪茂、孔祥婧:《民俗旅游发展效率与规模研究——以北京市为例》,《华侨大学学报》(哲学社会科学版)2017年第4期。

共同参与。[①] 樊国静、陈春梅以赣南民俗旅游为例，探讨民俗旅游在开发过程中存在文化内涵挖掘不够、产品单一、民俗保护意识不够、科学性差、旅游商品种类较少等问题，并且针对这些问题基于钻石模式理论从文化保护方面提出解决建议。[②]

不仅如此，在党的十九大报告提出要“实施乡村振兴战略，推进农业农村现代化”的举措之后，有学者开始阐释乡村振兴战略背景下特定区域内民俗资源开发的发现、原则与路径。蒋星梅以贵州黔东南苗侗聚居区为例，探讨在乡村振兴战略背景下，游艺民俗如何作为民俗文化资源融入现代民族村寨生活的公共文化新产品。作者提出了开发的三个方向，即公益性、适用性和推广性。在这一过程中，要遵循保护性原则、特色性原则、多样性原则、持续性原则、以人为本原则，合理利用各种游艺民俗资源，为村寨公共文化产品的创新开发和多元化提供良好的平台。[③]

2. 民俗文化的产业化、商品化

对地区的民俗特色文化进行发掘开发，以此来增加地方经济的收入，目前是民俗文化资源进行产业化的一个途径。黄珊珊、李明飞在对少数民族民俗文化的区域品牌构建研究中认为，必须通过文化品牌打造形成地方民俗文化的共同意象和符号，才能增加地方民俗文化的识别度，扩大地方民俗文化的影响力。结合文化品牌的本质和功能，对于民俗文化的区域品牌构建需要经过民俗文化选择、文化内涵提炼、文化品牌市场定位、文化精英引领、促进多元文化主体参与等程序。[④] 张芳燕、梁浩则在少数民族地区民俗旅游纪念品开发策略的讨论中认为，在发展民俗旅游的过程中，旅游纪念品对于发扬少数民族地区的文化传统至关重要。与此同时，旅游纪念品也是少数民族地区民众重要的收入来源之一。作者在对目前我国各地区少数民族旅游纪念品开发现状做出简要分析之后，提出了民俗旅游纪念品开发的具体策略，主要有：梳理地区品牌意识，打造旅游纪念品精品；突出地方特色，提升纪念品文化内涵；加快旅游纪念品创新，满足社会

---

① 参见王天鹏、靳松：《古村落民俗旅游发展的困境与反思》，《赣南师范大学学报》2017 年第 1 期。

② 参见樊国静、陈春梅：《文化保护视角下民俗旅游开发的反思——以赣南民俗旅游为例》，《赣南师范大学学报》2017 年第 1 期。

③ 参见蒋星梅：《乡村振兴战略背景下民族地区村寨游艺民俗资源开发的方向、原则与路径——以贵州黔东南苗侗聚居区为例》，《贵州师范大学学报》（社会科学版）2017 年第 6 期。

④ 参见黄珊珊、李明飞：《少数民族民俗文化的区域品牌构建》，《贵州民族研究》2017 年第 3 期。

发展需求;依据少数民族民俗文化价值核心设计旅游纪念品等。[①] 此外,还有不少学者从智慧旅游、景观可视化表达手法等角度对民俗旅游资源的产业化开发和利用进行了探讨。[②]

(四)民俗文化的保护与传承

随着全球化、城市化进程的加快以及人民生产及生活方式的改变,民俗文化及非物质文化遗产在保护与传承方面遇到一系列的问题。对此,如何保护和传承民俗文化与非物质文化遗产等问题得到了广泛的关注。

1. 民俗文化及非物质文化遗产的保护

在“非遗”语境下,被列入或即将列入名录的非物质文化遗产及民俗文化应该如何被理解和定义,成为学者们关注的问题。围绕民俗文化及非物质文化遗产的保护问题,有诸多不同事象及研究视角上的探讨。

2016 年 11 月 30 日,中国二十四节气被正式列入联合国教科文组织人类非物质文化遗产代表作名录。2017 年 5 月 5 日,二十四节气保护联盟在浙江杭州拱墅区成立。民俗学者们围绕中国古代时间制度和民俗文化展开了关于二十四节气“非遗”保护的探讨。刘晓峰根据考古学、历史学、文献学等相关资料,对古代二十四节气观念的形成过程进行了讨论。[③] 王加华则认为,二十四节气不单单是一种历法体系或者时间制度,更是一个包含丰富民俗事象的民俗系统。要想更好地保护和传承二十四节气,就要充分发挥其作为民俗系统的特性,并且介入现代民众的社会生活。[④] 张勃指出二十四节气在当代所面临的生存危机,而入选非物质文化遗产代表作名录,则是其生命史上迎来的一次重要转机。要促成二十四节气生机重振,需要加强宣传,采取多种保护措施,尤其要解决好保护的正当性问题,厘清保护主体及其担责问题。[⑤] 刘宗迪认为,二十四节气来源于物候历,节气

---

① 参见张芳燕、梁浩:《少数民族地区民俗旅游纪念品的开发策略》,《贵州民族研究》2017 年第 12 期。

② 参见罗勇:《智慧旅游背景下兰州民俗旅游资源开发研究》,《赤峰学院学报》(自然科学版)2017 年第 3 期(下);张贝贝:《陕西关中民俗旅游景观可视化表达手法研究——以“马嵬驿民俗文化体验园”为例》,《中国园艺文摘》2017 年第 1 期;黎玲、刘勇:《四川省乡村民俗旅游资源开发利用及良性互动机制研究》,《中国农业资源与区划》2017 年第 3 期。

③ 参见刘晓峰:《二十四节气的形成过程》,《文化遗产》2017 年第 2 期。

④ 参见王加华:《节点性与生活化:作为民俗系统的二十四节气》,《文化遗产》2017 年第 2 期。

⑤ 参见张勃:《危机·转机·生机:二十四节气保护及其需要解决的两个重要问题》,《文化遗产》2017 年第 2 期。

制度在漫长的历史演变过程中被赋予了丰富的文化内涵，体现了中国人尊重自然秩序、追求天人和谐的古老智慧，这为它在现代化条件下的继续传承和文化创造提供了契机。[①] 陈连山则认为二十四节气是精英与民众共同创造的简明物候历。[②] 龙晓添、方云、祝鹏程等也围绕二十四节气探讨了非物质文化遗产保护机制与传播路径。[③]

苑利、顾军将多年来对非物质文化遗产保护的思考和研究集合编纂成书，多角度阐释了什么是非物质文化遗产以及如何保护“非遗”。全书分为五编，共 48 篇文章。他们首先从“非遗”保护的逻辑起点开始讲起，对“非遗”概念的界定、“非遗”保护的当代意义、“非遗”保护中的五大关系等进行阐述。随后对目前非物质文化遗产中面临的问题进行剖析，提出了类似“重申报”“轻保护”的弱点。在第三部分，他们则把目光转向具体的传承人研究，将“非遗”传承人比喻为中华文明的“二传手”。最后两部分则从政府定位和非物质文化遗产的开发、利用方面进行深入分析，可谓是近年来“非遗”保护方面的力作。[④] 段超、孙炜在剖析了非物质文化遗产名录制度、代表性传承人制度以及文化生态保护区制度的基础上，对现阶段各项制度在实施过程中暴露出的一些问题进行反思，论证了非物质文化遗产保护制度的价值和实施保障的建议。[⑤] 此外，还有学者从文化治理、企业与非物质文化遗产保护、多元主体等视角对“非遗”保护进行论述。[⑥]

2. 民俗文化及非物质文化遗产的传承

关于民俗文化及非物质文化遗产如何传承的问题，学者们多从传承途径、传承技艺、传承人等方面进行讨论。2013 年，“红河哈尼梯田文化景观”被列入世界

---

① 参见刘宗迪：《二十四节气制度的历史及其现代传承》，《文化遗产》2017 年第 2 期。

② 参见陈连山：《二十四节气：精英与民众共同创造的简明物候历》，《文化遗产》2017 年第 2 期。

③ 参见龙晓添：《多样的风土，共享的时序：广西二十四节气文化》，《民间文化论坛》2017 年第 1 期；方云：《自媒体环境中的非物质文化遗产保护与传播——以二十四节气为例》，《民间文化论坛》2017 年第 1 期；祝鹏程：《迎接新的驿程：构筑多元行动方的“非遗”保护机制——中国民俗学会学者畅谈二十四节气保护》，《民间文化论坛》2017 年第 1 期。

④ 参见苑利、顾军：《非物质文化遗产保护前沿话题》，文化艺术出版社 2017 年版。

⑤ 参见段超、孙炜：《关于完善非物质文化遗产保护政策的思考》，《中南民族大学学报》（人文社会科学版）2017 年第 6 期。

⑥ 参见刘辉、张蕴甜：《文化治理视域中的非物质文化遗产保护研究》，《东南文化》2017 年第 2 期；田振江、郭海燕：《企业参与非物质文化遗产保护：经验、困境与反思——以新疆吐鲁番旅游企业为个案》，《中华文化论坛》2017 年第 7 期；原森：《多元主体视角下的非物质文化遗产保护》，《商丘职业技术学院学报》2017 年第 1 期。

遗产名录。张多认为,在30年的遗产化进程中,哈尼族口承神话的传承方式发生了剧烈变迁,歌手演唱的起源叙事被重述为族群的遗产。在遗产化运动中,传统的"哈巴"演唱逐渐走出仪式预警,转而在神话主义的逻辑下改变其叙事场域,成为文化政治的显在符号。① 荣红智以鲁西北黑陶制作技术传承为例,探讨传统手工艺在非物质文化遗产语境下的复兴问题。他认为,作为"传统"表现形式的手工艺被社会各种力量构建和塑造出来,并在生活中被赋予更多的文化价值和象征意义。② 冯云通过分析西藏非物质文化遗产传承人口述史的学术价值、文化价值、历史价值和社会价值,对传承人口述史的收集、整理与数字化开发及利用等具体方法进行探讨。他认为口述史为非物质文化遗产的传承提供了新视角。③ 杨静、王凯则运用文献资料法、调查法、描述性研究法,以传统武术非物质文化遗产传承人为研究视角,分析与阐述部分传统武术非物质文化遗产传承人的传承现状及在传承中所遇到的问题,并探索其有效保护途径及对策。他们认为,有效的保护途径与对策主要包括:正视传承人的实际困难,建立有效的激励机制;以传统武术申报"非遗"为契机,完善武术传承人的保障机制;完善武术传承人的认定机制,加快精细化管理制度的建立。④ 与上述民俗文化具有相似问题意识的讨论还有很多,这里不进行逐一介绍。

以上是对2017年中国民俗文化发展策略这一层面进行的梳理与归纳,2017年度虽然相关的学术探讨较多、涉及面较广,但总体来说精品学术分析、考察力作不足。在关注的民俗事象上,出现了对非物质文化遗产的更多探讨,尤其出现了以社区为单位的考察,以及分析民俗学学科本身与非物质文化遗产之间的关系等研究,而对除此以外的民俗文化的关注有减少的倾向。总体上来说,理论研究与成果的积淀还相对薄弱,在我国大力推进乡村振兴战略的当下,期待明年有更多的力作出现。

---

① 参见张多:《遗产化与神话主义:红河哈尼梯田遗产地的神话重述》,《民俗研究》2017年第6期。

② 参见荣红智:《"非遗"保护与手工艺类民俗的生活化特质——以鲁西北黑陶制作技艺传承为例》,《民俗研究》2017年第4期。

③ 参见冯云:《西藏非物质文化遗产传承人口述史的价值与方法研究》,《西藏民族大学学报》(哲学社会科学版)2017年第6期。

④ 参见杨静、王凯:《传统武术非物质文化遗产传承人的现状、问题及对策》,《首都体育学院学报》2017年第5期。

2017年度城镇化与民俗文化发展报告

刘铁梁　毛晓帅　魏甜甜　朱　鹏　谭一帆*

2017年是我国新型城镇化建设持续向纵深推进的重要一年,“各地区各部门认真落实党中央国务院决策部署,围绕《加快推进新型城镇化建设行动方案》5个方面25项重点任务,持续提升城镇化质量,城镇化红利惠及更多城乡居民”①。在这种背景下,民众的日常生活和民俗文化都在随之发生日新月异的变化。然而,城镇化并非只是从农村到城市的社会空间转移,也并非只是经济指标的提升、户籍身份的转变,更重要的是“人”的城镇化,也是农民认同城市文化与认同城里人身份的社会融入过程。在本报告中,我们将针对城镇化进程中村落劳作模式的转变与身份认同,城镇化进程中的村史编纂,城镇化进程中的民间艺术交流实践等三个具体的问题展开讨论。本报告所采用的资料,主要来源于我们在北京市石景山区的民俗调查。

一、2017年城镇化与民俗发展总体情况

(一)中国城镇化建设概况

自2013年召开了第一次中央城镇化工作会议以来,在过去的五年时间里,我国的城镇化建设取得了很大成效。2017年中国城镇化建设取得的成效主要体现在以下四个方面:

第一,农业转移人口的市民化更加便利,户籍人口城镇化率提高1个百分点。

---

* 作者简介:刘铁梁,山东大学人文社科一级教授;毛晓帅,山东工艺美术学院讲师;魏甜甜、朱鹏,均为山东大学儒学高等研究院博士研究生;谭一帆,北京师范大学民俗学硕士研究生。

① 何立峰主编:《国家新型城镇化报告·2017》,中国计划出版社2018年版,第3页。

户籍制度改革在重点区域重点人群取得突破，中西部地区除省会城市外基本实现零门槛或低门槛落户，东部地区落户门槛普遍降低，2017 年落户 1600 万人。居住证制度全面落实，截至 2017 年 11 月，全国已发放居住证 5021 万张。常住人口公共服务保障更加健全。大多数公办学校已向随迁子女开放，在公办学校就读随迁子女比例提高到 80%以上，超过 15 万名随迁子女在流入地参加高考。2017 年 1～10 月，全国公租房新增分配 168 万套。①

第二，城市群规划基本编制完成，以城市群为主体的城镇格局持续优化。城市群规划实施成效明显，集聚人口经济的能力持续提升，城市群内要素自由流动通道加快畅通，长三角等城市群部分城市基本公共服务共享初步实现，长江中游、北部湾等城市群部分区域居民户籍跨城通迁取得突破。城市体系不断完善，重庆、成都、武汉、郑州等国家中心城市建设有序推进。特色小镇建设规范推进。②

第三，新型城市建设质量提高，城市基础设施和生态环境短板加快补齐。城市绿色化发展步伐加快，开展 3 批 58 个生态修复试点，海绵城市建设面积增至 600 多平方公里，地级及以上城市 2100 个黑臭水体已整治完成过半，天津、石家庄等 12 个城市列入中央财政支持北方地区清洁取暖首批试点城市，完成京津冀及周边省份以电代煤、以气代煤 600 多万户。棚户区改造和去库存联动推进。2017 年，开工棚户区改造 609 万套，下达中央补助资金 2243 亿元。房地产去库存有序推进，截至 2017 年 11 月底，全国商品房待售面积 5.96 亿平方米，比去年同期下降 0.95 亿平方米。城市基础设施水平不断提高，截至 2017 年底，城市轨道交通规划总里程约 9900 公里，其中 70%以上里程集中在 500 万人口以上大城市，新增城市轨道交通运营里程约 500 公里。③

第四，城镇化体制机制改革协同推进，重点领域有所突破。城镇化综合试点取得新进展，城乡土地制度改革稳步推进。农村产权制度改革加速，承包地“三权分置”办法加快落地，13 个省出台具体实施方案，29 个农村集体资产股份权能改革试点如期完成。城镇化投融资机制不断健全，社会资本更多参与新型城镇化建设，基本公共服务领域入库项目投资额同比增长 30%。城市住房制

① 参见何立峰主编:《国家新型城镇化报告・2017》，中国计划出版社 2018 年版，第 3～4 页。

② 参见何立峰主编:《国家新型城镇化报告・2017》，中国计划出版社 2018 年版，第 5 页。

③ 参见何立峰主编:《国家新型城镇化报告・2017》，中国计划出版社 2018 年版，第 6～7 页。

度不断完善。[①]

2017 年中国的城镇化建设取得了明显的成效，但也存在许多问题。例如，市民化激励机制还不健全，城镇格局构建仍存短板，部分城市经济质量不高，城乡融合发展推进缓慢，城镇化建设资金保障不足等。[②] 尤其是外来人口的社会融入问题始终存在。影响市民身份认同的主要因素，主要有户籍制度等制度性排斥、社会歧视、社会差异导致的交流困难等方面。王亮指出，影响失地转制居民身份认同的主要因素是二元的城乡管理制度和大众传媒的话语建构。[③] 赵春苗认为，失地农民身份认同障碍的成因主要有：城乡二元体制的制约，城市化快速发展的影响，农业文明与工业文明的差异等。[④] 李强指出："外来人口社会融入困难的一个突出表现是人际交往断裂和社会网络的'孤岛化'，也就是说，他们与周边的市民基本上是没有交集的。这一状态使得当他们遇到困难的时候，可以求助的社会网络基本上局限于现有的亲缘和地缘关系。"[⑤]针对这些问题，许多城市采取了具体的措施，取得了一定的成效。

例如，浙江省德清县坚持以"人的城镇化"为核心，破除了农村居民进城落户的政策障碍，取消了农业户口与非农业户口的划分，统一登记为"浙江居民户口"，打破了城乡人口的身份差异标识。另外，通过拉平差别、"赋权增利"等措施，基本消除了城乡户籍待遇差异，提升了人民群众的获得感，促进了农业转移人口的市民化。[⑥] 湖北省宜城市深化户籍制度改革，全面开放了落户限制，本地人口与外来人口享受同等待遇，扩大了公共服务覆盖面，提高了公共服务质量。[⑦]

（二）城镇化过程中民俗文化的传续与新生

从上文的相关数据可以看出，2017 年中国的城镇化建设取得了明显的成效，在这种背景下，民众的日常生活和民俗文化也随之发生了巨大的变化。

第一，许多民俗传统依然生机勃勃，在区域社会中发挥着重要的作用。例如，

① 参见何立峰主编：《国家新型城镇化报告・2017》，中国计划出版社 2018 年版，第 7～8 页。

② 参见何立峰主编：《国家新型城镇化报告・2017》，中国计划出版社 2018 年版，第 7～8 页。

③ 参见王亮：《制度的建构与媒体的共谋——失地转制居民身份认同的影响因素分析》，《理论月刊》2010 年第 10 期。

④ 参见赵春苗：《探析城市化进程中失地农民身份认同问题》，《黑龙江史志》2011 年第 9 期。

⑤ 李强：《中国城市化进程中的"半融入"与"不融入"》，《河北学刊》2011 年第 5 期。

⑥ 参见何立峰主编：《国家新型城镇化报告・2017》，中国计划出版社 2018 年版，第 102～105 页。

⑦ 参见何立峰主编：《国家新型城镇化报告・2017》，中国计划出版社 2018 年版，第 105～108 页。

浦江县杭坪镇杭坪村的摆祭活动始于清朝康熙年间,“文化大革命”期间曾短暂中断,1979年恢复,2017年杭坪摆祭活动继续进行,吸引了众多游客驻足观看。[①]河南省浚县的正月古庙会历史悠久,活动贯穿于整个正月。每到庙会期间,方圆几十里内的民众都会到此朝顶进香,附近许多村落中的舞龙、舞狮、扭秧歌等民间艺术表演团队都会到此表演,热闹非凡。2017年2月12日元宵佳节,在浚县举行的正月古庙会上,几十支由当地群众组成的社火表演团队轮番表演舞龙、舞狮、踩高跷、跑竹马、武术、划旱船等社火演出。[②] 这些古老的民俗传统,历经数百年依然保持着旺盛的生命活力。

第二,伴随着城市化进程的推进,一些村落民俗传统逐渐式微甚至消失。例如,北京市石景山区模式口村,在20世纪80年代之前主要是以生产、加工磨刀石为主要的劳作模式。然而,1983年首钢征用了模式口的耕地,村民全部成为市民,生产和加工磨刀石也成了村民的历史记忆,与之相关的许多生产与生活民俗也逐渐式微。

第三,民众在适应城市化进程中主动创造出许多新的民俗事象。例如,德江县堰塘乡高家湾村自2016年开始筹建乡愁馆,“高家湾乡愁馆于2016年开始筹建2017年完工,以凝聚乡村历史记忆,反映乡村本质特征,寻求乡愁情感的安放为出发点,以展馆的形式收藏、研究、保管、展示乡土文物,讲述乡土的故事,记录乡村的历史,传承民族的文化。除了极具有土家族民族特色的展示,乡愁馆里还还原了饭盒子课堂、露天电影等场景,希望唤起更多人的共同记忆”[③]。北京市石景山区是我国较早发生城市化的地区之一,早在20世纪80年代前后,就有许多村民搬迁上楼。为了适应劳作模式和生活方式的剧烈变化,石景山区于1984年5月开始举办“古城之春”艺术节,现在已经成为当地最具代表性的群众文化活动节。北京市平谷区王辛庄镇太后村自2003年开始发展民俗旅游产业,到2017年已经“累计发展民俗接待户56家,日餐饮接待能力2000余人次,住宿接待能力300余人”。为了适应快速的城市化进程,吸引更多的游客到此旅游,2017年4月,太后村举行了第二届太后民俗美食季活动,北京电视台、腾讯网和北京时间

① 参见石磊、时补法:《金华浦江杭坪村800年古村落民居民俗激活乡愁》,《浙江在线》2017年3月24日。

② 参见李刚:《河南浚县:古庙会民俗表演精彩纷呈》,新华网,2017年2月13日,http://www.ha.xinhuanet.com/newsphoto/20170213/3652570_c.html。

③ 梁晶晶:《德江高家湾乡愁馆　传承民俗文化　留住乡愁记忆》,《德江报》2018年9月27日。

对活动进行了直播。[①]

第四,受“非遗”保护的影响,一些民俗传统得以发明或焕发活力。例如,江西省余干县的“开港”渔俗就是这样。余干县的渔民自古就依靠在鄱阳湖打鱼为生,为了保护鄱阳湖的生态,渔民在 500 多年前就有了“禁渔”与“开港”的习俗,后来随着城市化进程的发展,“开港”习俗逐渐被人们遗忘。2016 年 6 月,余干民间成立了非物质文化遗产保护协会,本着尊重历史、顺应时代的原则,将传统“开港”活动进行还原,同时兼有创新。2017 年,“鄱阳湖开港习俗”入选江西省第五批“非遗”保护项目推荐名录。借着“非遗”保护的助力,余干县举办了“中国·鄱阳湖”开湖民俗文化旅游节,把文化和旅游相结合,使得传统的渔业民俗焕发出新的生命力。[②] 永定河流经石景山区西部,是石景山人的母亲河。因此,石景山区流传着许多与永定河有关的民间传说,例如王老汉栽柳的传说、河挡挡河的传说、庞村铁牛的传说、河兵的传说等。20 世纪末,随着降水量的减少和环境污染日益严重,永定河石景山区段开始断流。因此,当地居民与永定河的联系不再紧密,永定河的传说也逐渐失去活力。2008 年,北京市石景山区申报的永定河传说经国务院批准列入第二批国家级非物质文化遗产保护名录。石景山区文化馆十分重视永定河传说的推广宣传,不仅出版多部图书,而且贯彻落实“‘非遗’进校园”的政策,将永定河传说编成动画片,为幼儿和小学生免费放映,使得永定河的传说因而重新焕发出生命活力。

(三)城镇化进程中社会融入与身份认同的文化实践

城市化的关键在“人”,关键在于迁入城市居住的人的身份认同和文化认同。通过近年来的田野调查,我们发现我国的城市化进程具有一定的阶段性和地域等级性。在不同的城市化发展阶段,因与城市发展的关联程度不同,“城市人”的身份感与归属感也就呈现出一定的地域等级差别。

1. 城市化的阶段性

城市化本质上就是从农村到城市的发展过程,然而这一现象并非是最近几十

① 参见陈一诺、高星:《北京平谷太后村民俗户竞技饼王称号》,人民网,2017 年 4 月 24 日,http://bj.people.com.cn/n2/2017/0424/c82838-30083324.html。

② 参见曹汉衍:《多彩“非遗”点亮水乡旅游——第二届余干开湖民俗文化旅游节记事》,《上饶日报》2018 年 6 月 28 日。

年才产生的新生事物,城市化进程也不是一个始于当下的过程,而是一个早已有之、不断递进、循序渐进的动态发展过程。很多距离城市较近的地区,在历史上很早就开始了城市化的进程。早期的城市化现象,往往是由地区工业化的发展促成的。随着社会的进步和经济的发展,城市化也会呈现出不同的发展模式,呈现出动态发展的阶段性特点。石景山区的城市化进程就很好地反映出城市化的阶段性特点。

自20世纪初以来,我国许多距离城市较近的地区就逐渐开始了城镇化的进程。一开始,我国的城镇化与工业化是紧密联系在一起的。在相当长的一段时期内,工业是衡量一个国家经济发展的最重要的指标之一。新中国成立后,我国曾重点发展钢铁冶炼等工业,而工业化需要大量的产业工人和产业用地,因此许多农村人因耕地被征用而来到工厂,成为早期的产业工人,也是较早的市民,促成了这一阶段的城镇化。北京的石景山区,就是较早进行工业化和较早开始城市化进程的典型代表。

作为京城的西大门,石景山区西临永定河,地势平坦开阔,并能凭借优越的交通地理位置获得附近大量煤炭、石灰石等矿产资源,这为重工业基地的建立打下了坚实可靠的基础。因此,自1918年开始,北洋政府就在这里建立了铁矿公司,日产矿石500吨。抗日战争期间,日本人在石景山大量征地,扩大了石景山炼厂的规模。1948年,石景山钢铁厂获得解放,迎来了新的发展机遇。1966年,石景山钢铁公司改称“首都钢铁公司”,简称“首钢”。此后,有数以万计的钢铁工人来到这里,为北京钢铁工业的发展以及北京这座城市的发展做出了贡献。与此同时,首钢的辉煌也为整个石景山区创造了宝贵的发展机遇。众多石景山人来到首钢,成为产业工人,成为较早城镇化的市民。今天,首钢职工及其家属遍布金顶街、苹果园、八角、老山等街道和居民小区,已经成为石景山区人口的主要组成部分。

随着工业的发展,产能过剩、环境污染等问题制约了工业的可持续发展,一些资源集约型的重污染工业逐渐被淘汰,我国的工业化逐渐向绿色、环保、低碳的新型工业化迈进。2001年北京申奥成功,为了向全世界展示一个绿色、环保的北京形象,首钢自2003年开始压缩钢铁产业规模,此后首钢陆续迁往河北省秦皇岛和曹妃甸办厂,2010年石景山厂区的钢铁业全部停产。

与工业的发展相适应,我国的城镇化也向着新型城镇化转变。“新型城镇化在经济发展方面体现为产业结构优化、经济发展集约高效;在资源环境方面体现为资源节约、环境友好;在社会文化方面体现为人口素质优化、城乡统筹、文化繁荣、社会和谐;在城镇体系发展方面体现为大中小城镇协调发展、空间结构优化、功能完善、多元化发展模式。"[①]目前,石景山区正处于经济加速转型阶段,金融、旅游、互联网科技成为石景山新的发展经济增长点。北京保险产业园落户,建立全市第一个互联网金融产业基地;吸引光大信用卡中心、中保信、天安人寿等一批优质金融企业入驻,成为全区税收贡献的龙头;发起设立爱心人寿保险公司,实现了石景山区参股持牌金融机构零的突破;2016年现代金融产业实现收入812亿元,同比增长34.6%。文化创意和高新技术产业融合发展,落实"互联网+"行动计划,打造科技成果转化应用平台,被认定为国家级文化和科技融合示范基地、北京市国际科技合作基地。2016年惯性技术产业实现收入1250亿元,同比增长4.2%;文化创意产业实现收入372.3亿元,同比增长8.7%。商务服务产业创新发展,扎实推进全市首个商业保理试点,集聚商业保理企业50余家,获批"国家电子商务示范基地"。旅游休闲产业特色发展,世界旅游城市体验中心、莲石湖旅游项目投入运营,首钢工业文化旅游区获批3A级旅游景区,2016年旅游休闲产业实现收入41亿元。"一轴三园"重点功能区建设加速推进,"长安金轴"影响力不断扩大,京西商务中心主体完工,现代金融产业基地成为金融创新发展的要素集聚区,二期建设全面启动。[②] 在保险、金融、休闲旅游等新兴产业的带动下,石景山区的城市化进程进入了新的发展阶段。

2."城市人"社会融入与身份认同的等级差异

需要指出的是,城市化不仅是从农村到城市的物理空间的位移,也不只是从"农民"到"市民"的身份转变,而是向城市人的生活靠拢、与城市人的文化相融合的过程,最重要的是"人"的社会融入问题。也就是那些从农村到城市的"居民"是否认同自己的身份和角色,是否能真正融入、认同城市社会的问题。正如崔岩所指出的:"社会融入在个体层面体现出个人的社会身份认同感和归属感,在宏观层面体现出社会各群体的融合程度。因此,真正意义的社会融入必然是建立在外来

① 刘静玉、刘玉振、邵宁宁等:《河南省新型城镇化的空间格局演变研究》,《地域研究与开发》2012年第5期。

② 参见北京市石景山区地方志办公室编:《北京石景山年鉴2017》,中华书局2016年版,第2页。

人口对迁入地高度的心理认同之上的。”[①]“只有实现了心理层面的社会认同，外来人口的‘本地化’过程才能得以实现，从而使社会融合和社会参与成为可能。”[②]如果出现了身份认同的模糊或者认同危机，将有可能导致迁入城市的农民群体与市民群体之间的社会隔离、社会矛盾，影响社会和谐。

伴随着城市化进程，农民失去的不仅是土地，其原有的生产和生活方式都将发生改变，具体说来就是其原有的劳作模式和交流方式都随之发生了巨大的变化。因此，他们的身份认同也是一个动态化的适应过程。不同地域民众的身份认同、文化认同具有一定程度上的等级差异，这与他们距离城市的远近以及其与城市的相融程度有关。

一般来说，距离城市越近的地区，当地民众与城市人的融合程度就越高，受城市文化的影响越深，与城市人的交流和联系越紧密，相互依赖的程度越高，他们对城市人的身份、城市文化的认同度就越高。反之，距离城市越远的区域，与城市的融合程度就越低，受城市文化的影响相对较弱，他们与城市人的联系也比较松散，相互依赖程度不高。因此，在文化和身份认同感上，人们就会逐渐形成以靠近城市的地方为上，以距离城市较远的地方为下的等级差异感。

北京市石景山区的农民，自古以来就与北京城里人有着密切的联系。石景山作为北京城的西大门，自古就是联系北京城区与永定河、西山的必经之地和重要通道。三国时期的车箱渠是北京城历史上第一次大规模引永定河水灌溉工程，对于北京城的农业及此后的发展有着重要的意义。西山的煤炭、木石等资源，经过石景山区源源不断地供应北京城。模式口村是京西军事重地，也是山西、塞北的商旅行人进京必走的捷径。村内贯穿东西的模式口大街是京西古道的重要部分，村落民居依山邻街而建，形成狭长的村落聚居形态，也形成了为商旅、驼队、大车队服务的繁荣商业。八宝山的矿产、首钢的钢铁、模式口的磨刀石及北京广泛使用的建筑材料等，都是北京城里人的日常生活中所不可或缺的。因此，自古石景山人就与北京城里人有着紧密的联系，相互依赖的程度很高。城里人的生活方式、文化要素，也深深影响了石景山人。例如，喝面茶是北京城里人特有的一种饮食习俗。由于石景山与北京城里人的紧密联系，这种饮食习俗也传到了石景山。早在1899年，李真就开始在模式口村卖面茶。薛家台、石香炉的村民，石景山钢

① 崔岩:《流动人口心理层面的社会融入和身份认同问题研究》,《社会学研究》2012年第5期。

② 崔岩:《流动人口心理层面的社会融入和身份认同问题研究》,《社会学研究》2012年第5期。

铁厂的工人，以及京西古道上拉骆驼的来往客商都是“李记面茶”的常客。李真父子每天早晨挑着面茶担子，首先在模式口村的薛家台、石香炉卖面茶，再到龙王庙，最后去石景山钢铁厂（现为首都钢铁公司）的东门。此后，面茶就成了石景山模式口一带居民日常生活中的重要组成部分。

得益于优越的区位条件和独特的地理位置，石景山与北京城的联系如此紧密，石景山人就特别认同城里人的文化和身份。在石景山人看来，他们就是“京门脸子”，是城里人，而不是郊区人。近年来，我们在北京各区县进行民俗文化普查时发现，当地人在与北京城区关联的身份认同上存在着地域等级感。例如，门头沟区永定河西岸平原上的人，习惯上将山里的人称作“山背子”，而山里人又将张家口地区的人称作“臭板儿”。再如，顺义区由于城市化程度相对较高，与北京城里人的交往也较多，所以顺义居民普遍认同自己是北京人。顺义居民吕顺河就说：“我们是北京人，我们不像平谷、密云这些远郊区，他们几个远郊区的产值加一块儿也抵不过我们顺义呢。平谷连个地铁都没有。北京市的好多重要的企业都在我们这儿，汇源、北京汽车、首农集团都是我们的。十号线、十四号线都修到顺义了，好多在北京城里上班的都在这里买房了，上班很方便。”① 距离北京城里较远的平谷区，与北京城的相融度就相对不高，平谷人普遍觉得自己不是北京人。然而，这里的居民又比与之毗邻的河北三河更有优越感。平谷人刘福春告诉笔者：“我们这儿不是北京，没有啥大事儿轻易不去北京城里。可是你要说吧，我们是北京户口，享受市民待遇，这比三河强多了。我们村里的老人，60岁以上的每个人每月都能领好几百块钱的补贴，镇上、村里、区里、市里都给，我们老两口儿加一块儿一个月能领1000多呢。你看我们挨着，三河就是河北，我们就是北京，全国哪个省的农民也不如北京的待遇好。有的省老人一个月才几十块钱。”②

总之，在城市化进程中，与城市距离的远近、融入城市的程度高低、受城市文化要素影响的深浅等因素，决定了一个区域内的民众对城市人身份与城市文化认同的地域等级感，而这种地域等级感又是在城市化过程中可以发生变化的。与这种认识相关，本报告将重点从村落劳作模式的转变、个人叙事与村志的编写、民间艺术的交流实践等三个方面，考察在城市人新的生活方式逐渐向农村地区扩展的过程中，迫使农村地区居民正在进行的社会再融入与身份再认同的文化实践，从

① 访谈对象：吕顺河；访谈人：毛晓帅；访谈时间：2014年7月9日；访谈地点：顺义区文联办公室。

② 访谈对象：刘福春；访谈人：毛晓帅；访谈时间：2013年8月4日；访谈地点：平谷区刘家店镇。

而加深我们对于当前民俗文化转型变化的意义的理解。

二、城市化过程中村落劳作模式的转变与身份认同

近代以来,受华北地区工业化的影响,北京等大城市周边的农村率先发生城市化过程。历史上,从地理条件、开放程度上来说,京畿地区的村落按照距离北京城中心地带的远近,形成阶梯状的地域等级,距离城市近的村镇等级最高,反之则等级趋低。不同等级的村镇与城市居民日常生活联系的密切程度不同,所承担的供给城市消费的职能也不同,这些都直接影响着村民集体在城乡关系中的认同感与地位感。随着工业化和城市空间的不断向外围拓展,一些京郊村落与城市中心地带的距离逐渐拉近,甚至被纳入城市范围内,村落的劳作模式也会随之转变。村落劳作模式的转变,也形塑着村落生活和村落空间结构,影响着乡民的身份认同感。刘铁梁认为,民俗的根本变化是自身劳作模式的变化,这种劳作模式的变化,并非意味着村落丧失自身的文化传统,相反可能会带来传统的新生、文化传统的再造,同时,劳作模式的转变也会重新建构起村庄的认同感。①

北京石景山区西邻盛产煤炭的门头沟,是北京的西大门。明清时期,石景山境内的京西古道西通门头沟、张家口等地,东至北京城区,是山西、塞北的商旅行人以及西山的煤炭、木石进京的必经之路。京西古道的沿途村镇形成了服务于过往客商、驼队、大车队的以商业为主的村落发展模式。清末以来,石景山成为重工业区,大量的土地被征用成工业用地,许多农民进入工厂成为工人,逐渐被纳入城市范围内,石景山的劳作模式随之发生改变,石景山人的身份认同感也发生了改变。下面将以北京石景山区模式口村为例,论述在城市化进程中,京郊村落怎样逐步成为城边村,其劳作模式发生了怎样的变化,乡民们如何重新建构起村庄的认同感的。

(一)劳作模式的转变

村落共同的劳作模式,尤其是副业劳作模式,形成了该村区别于其他村落的特点,也使村民们在劳作中感受到村落的存在。随着城市化不断向郊区推进,一

① 参见刘铁梁:《村庄记忆——民俗学参与文化发展的一种学术路径》,《温州大学学报》(社会科学版)2013年第5期。

些村落的土地从农业用地转变为城市建设用地，村民变成居民，劳作模式也随之集体发生了改变，在新的劳作模式下，村落成员形成了新的身份认同。这种劳作模式的转变是与时代紧密相连的，具有集体性、实践性和阶段性的特点。北京石景山区模式口村的劳作模式转变，与其城市化、工业化进程紧密相关。其城市化进程可分为1955年之前、1955～1983年、1983年至今三个阶段。

1. 1955年之前驼铃古道上的服务业与开采业

模式口，曾名磨石口，位于石景山区中部，因村西隘口和盛产磨刀石而得名。模式口村北枕蟠龙山，南倚黑头山，这两座山上都曾蕴涵着优质的煤炭资源和磨刀石原料砂岩、页岩。受益于该村得天独厚的地质条件，磨刀石生产曾是模式口村的特色产业。山下村南土地平整，是模式口的耕地，曾种植小麦等农作物。两山之间形成隘口，村内贯穿东西的大街与隘口相连，是京西古道的咽喉之地。1955年以前，模式口村以农业耕种为主，又依靠京西古道，形成了独具特色的大车店等副业劳作模式。

早在辽代，就已经有人在此处开采磨刀石，据考在明代成村。这里出产的磨刀石坚韧度适中，出浆好，磨制刀具非常快，深受大众的喜爱。据明人沈榜在《宛署杂记》中的记载，磨石口是集商道、军道、香道于一体的“西山大路”的必经之地。[①] 模式口大街是京西古道的重要组成部分，村落民居沿大街两侧修建，村落空间呈狭长形态。20世纪50年代之前，模式口村的繁荣得益于京西古道，每日驮满煤炭、木石的骆驼队和大车队由门头沟出发，经由模式口进入京城，来自山西、塞北等地的客商也沿着京西古道进京。每日，模式口大街上，驼铃阵阵，熙攘热闹，是名副其实的驼铃古道。

模式口村的繁荣得益于驼铃古道，村民在务农之余做起了小生意，既服务了来往客商，也增加了收入。模式口村的村民，在自家院落里经营起小生意，像大车店、大车铺、皮子铺、铁匠铺、药铺、杂货铺等，供给来往客商和大车队、驼队，也有一些村民走街串巷挑担经营。清朝中后期，刘德旺在模式口村开了一家铁匠铺，以钉马掌为主，偶尔也打些农具。驮运煤炭、木石的大车队，都是靠骡子等畜力拉动，铁掌磨损后需要更换，刘德旺及他的后人一直靠钉马掌为生。

20世纪50年代，公私合营以后，他们继续在生产队打制农具。民国时期，每

① 参见石景山区文化委员会编:《磨石口传说》第二辑，同心出版社2015年版，第7页。

天天未亮,李真和儿子李庭汉挑着扁担出门,在薛家台、石香炉、九王庙、石景山钢铁厂附近,流动着出售面茶给骆驼队。骆驼队的人来到面茶摊前,也不下骆驼,一手握着缰绳,一手托着碗,转着碗沿"吸溜吸溜",一碗面茶就下了肚。喝完面茶后,骆驼队有时候卸下一袋煤抵面茶钱,有时候根据李真父子的需要,从北京城里为他们捎来生活用品。大车队、商队经过模式口时,偶尔会停下来吃饭或者休息一晚,村中有人在院落里开设了大车店,专供大车队饮食、休息。老西儿店曾是模式口村非常有名的大车店,位于村东头,老板姓张,山西人,因此人称"老西儿店"。老西儿店是沿街商铺,但没有沿街的门面,店内有 20 多间棚房,有的放牲口,有的住人,大车队吃住休息都在院子里。

模式口村得天独厚的地质条件和便利的交通条件,也促进了村内煤炭的开采。模式口村的煤炭分布在蟠龙山和黑头山上,呈狭长带状分布,储量不大,但是质量非常好,出烟少、火力大、升温快,受到附近金银匠的欢迎。清末,北京城内人口膨胀,煤炭需求量急剧增长,门头沟的煤炭被源源不断地运送进北京,模式口村的采煤业也在这个时期开始,村里陆续出现了多家煤窑,如范家东窑、仲家西窑等。1850 年前后,模式口村民范占禄[①]的先祖来到该村,在蟠龙山的西段开窑采煤,称为"东窑"。20 世纪初,仲桂芳与慈祥庵的和尚、村里的地主以及乡绅李雅轩共同筹股,在蟠龙山东段开采煤炭,称为"西窑"。清朝末年至民国时期,模式口的煤窑红火了一段时期,仲家迅速积攒起资本,在村东蟠龙山脚下,盖起精雕细琢的三进院。1949 年之前,模式口村的煤窑陆续因出水量大无法采煤而关闭。

模式口村最繁荣的时期是清朝中晚期。当时,北京城的人口迅速增加,是典型的消费型城市,西山的煤炭被源源不断地运输进城内,京西古道上每日车马驼队来往络绎不绝,模式口村的商业、煤炭开采业,也达到巅峰。20 世纪初,京张铁路建成后,自张家口等北京以西的地区物资、人口进京有了新的渠道,京西古道的繁荣开始回落。1947 年,中华民国冀热平津公署主持整修平门公路,隘口加宽至 6 米,当时的平门公路是从复兴门(含阜成门)至黑头山东麓向西北斜坡而上,不再穿过模式口村,该村的交通优势不再,从此,模式口大街逐渐冷落下来。20 世纪 50 年代之前,模式口村凭借着独特的副业劳作模式,与北京城区的联系非常密切,直接受到北京城市发展的影响。近几年,模式口村发展旅游,在模式口大街的

① 访谈对象:范占禄,1951 年生,北京石景山人;访谈人:魏甜甜、王刚、陈岑;访谈时间:2018 年 7 月 20 日;访谈地点:模式口村。

两端竖起简易的大门，上书“驼铃古道”，可见曾经的繁荣仍然是模式口村落认同的重要资本。

在村民的记忆里，乔凤泉是近代开采磨刀石的第一人。乔凤泉是 1910 年生人，他们家族曾有开采磨刀石的历史。乔凤泉年轻时，除种地之外，也到石景山发电厂推炉灰。由于收入微薄，他便萌生了上山采石头的念头。1937 年，乔凤泉从下庄学会石匠手艺后，回到模式口村，在黑头山的磨刀石塘开采磨刀石，然后把磨刀石原石运到村西头的家中，在家里打制磨刀石，出售给村里过往的骆驼队，骆驼队再将磨刀石带到各地。每年春天，骆驼都要到张家口及其以北等“口外”地区过夏天。拉骆驼的人经过模式口时，会购入一些磨刀石，带到“口外”。在“口外”，一块磨刀石能够换一张羊皮，也可以换土豆等物资。在其他地区，一块磨刀石可以换同等重量的玉米、小米等粮食。因此，磨刀石是拉骆驼的人在“口外”换取生活补贴的重要物资。模式口村便利的交通条件，也促进了磨刀石的开采和销售。20 世纪40 年代，乔凤泉的磨刀石生意逐渐有了起色，他的磨刀石不仅销售给过往的骆驼队，还销售到北京城区。一些村民在农闲之时也会跟随他开采、加工磨刀石。20 世纪 50 年代，乔凤泉的侄子乔广惠和乔广振，在蟠龙山另开石塘，被称为“惠振石塘”。在 20 世纪 50 年代至 80 年代初，这里的磨刀石就远销全国了。

2. 1955～1983 年的半工半农生活

20 世纪 50 年代之后，模式口村的交通优势逐渐消失，该村并未因此被城市边缘化，而是随着城市规模不断拓展，凭借着丰富的磨刀石资源和紧靠首都钢铁公司（简称“首钢”），村落的地域等级不断地提高。

1983 年之前，模式口村一直是半工半农的村庄，村民以种地为主，但不仅限于种地，他们也经营小生意，或者到磨刀石塘、煤窑、附近的石景山发电厂、石景山钢铁厂做工。1955 年，模式口村社成立，该村开始了集体化的道路。模式口村的磨刀石生产和销售归属于集体。1958 年，石景山成立了石景山人民公社，模式口村分为三个生产队，磨刀石塘改名为“三队石塘”，惠振石塘改名为“二队石塘”。乔凤泉入社以后，成为磨刀石生产加工技术的带头人，开始带徒弟。1955 年至 1985 年，先后有梁永安、王德江、乔广福、胡百岁、胡瑞起等人跟随乔凤泉在生产队学习磨刀石采集与加工技术。磨刀石的销量不断增加，开始销往韩国、日本等地，磨刀石也成为模式口村的重要经济来源。

模式口村的磨刀石生产是集体化时代非常特色的副业，但该村的劳作模式仍以农业耕种为主。在国家的号召下，这里曾经种植小麦、果树等作物，甚至在1968年至1969年，该村尝试过水稻种植。模式口村紧靠首钢，一些村民被选到首钢工作，成为首钢的正式工人。磨刀石石匠梁永安在1970年被选入首钢工作，从石匠和农民，变成了工人。梁永安等村内老人曾骄傲地说，模式口人的脑子活络，掌握多种谋生技能，不会被生活难倒。可见，村落独特的资源和交通孕育出了模式口特色的劳作模式，也塑造了模式口人的性格和身份认同感。

3. 1983年以来的住宅区和历史文化街区

1983年，首钢为了建设职工住宅区，征用模式口村的全部耕地，共计456余亩，村民全部转为城市户口，村内适龄的青年全部转到首钢成为工人。随之，首钢在村南黑头山上开山平坡，修建职工住宅。自此，黑头山的“磨刀石塘”成为模式口村人的回忆，磨刀石的产量锐减，不再是模式口村的标志性资源。模式口村失去耕地和磨刀石塘后，劳作模式发生了翻天覆地的变化，村民开始谋求新的生计。20世纪90年代初，部分首钢工人离开工厂，下海创业。李国是“李记面茶”李庭汉的儿子。1992年，李国离开首钢，开始了中断几十年的面茶生意，在法海寺旁租房开店，依然取名为“李记面茶”。

模式口的耕地虽然被征用了，但是村落聚居形态没有发生变化。北京作为首都，城市化的程度不断推进，大量的外来人口涌入北京，模式口居民开始在自家院落里加盖房屋，隔成若干个小单间，出租给在北京打工的外地人居住。

模式口历史悠久，古迹众多，其中法海寺和承恩寺是国家级文物保护单位，除此之外，模式口村曾是繁华的驼铃古道，是石景山区重要的文化名片。因此，2002年10月，北京市人民政府公布模式口为第二批历史文化保护区。模式口村是石景山区唯一的历史文化保护区，受到外界的关注。2017年，模式口街区的改造工程正式拉开帷幕，计划发展观光旅游业。模式口大街重新修整，两侧临街房屋翻新装修成商铺，村内重新开辟了一条南小街作为商业游览步行街，街头巷尾都印着“驼铃古道”的字样。

模式口村城市化的过程，也是工业化的过程。20世纪初到50年代，模式口靠近石景山钢铁厂和石景山发电厂，像乔凤泉等部分村民会到工厂当临时工，村民的生计是半工半农。20世纪50年代到80年代，首钢开始大规模地扩大生产，像梁永安等村民从生产队转到工厂当工人，个人身份实现了转变。1983年以来，模式口村传统的劳作模式发生了翻天覆地的转变，全体村民的户籍变成了居民，农民成为工人，新的劳作模式逐步形成，该村也逐渐成为外地人云集、出租房林立的城边村。城市化，不仅是农村到城市的空间移动，而且是“人”的城市化。相对于外地人，模式口人自我认同为北京人。在城市化过程中，城边村不仅在劳作模式转变中，形成了新的村落认同，而且也形成了作为城市人身份的认同。

进入 21 世纪，模式口村社区居委会积极利用模式口丰富的历史文化资源，开发观光旅游。观光旅游业是否能够成为村民们新的生计方式，目前还不得而知，然而新的历史文化街区建设，唤起了村民们关于古道商业、磨刀石生产、煤炭生产等村落曾经繁荣的记忆，范占禄、梁永安、高凤谦[①]等村落成员投身到村落记忆书写、磨刀石技艺恢复和申遗的工作中去，重新建构起村落认同。

北京昌平区姚村[②]也是与模式口村相类似的城边村，受到城市化和国家政策的影响，劳作模式多次发生转变，间接地形成了新的村落认同。姚村距离昌平县城不到 1 公里，集体农业时期大概有 1000 多亩耕地。自 20 世纪 70 年代末开始，姚村的耕地不断被征用，村里的年轻人也到北京市或者昌平县城打工。2007 年，北京“奥委会”决定把姚村附近的十三陵水库作为“铁人三项”比赛场所。为了方便比赛和观众观赛，北京市政府和昌平区共同建设了数条公交线路。交通的便利，加强了姚村和城区的联系，大量的外来务工人员涌入该村租房居住。于是有村民戏称：“我们这就是‘种房’，现在地没了，我们就只能‘种房’。”从“种地”到外出打工，再到“种房”，村落的劳作模式发生了极大的转变。村民从土地上解放出来，将自己的房子出租获得收入，出租房屋的村民有了大量的空闲时间，他们通过走门串户的闲聊或者打牌消磨时间。相比于过去村民们每日忙碌于打工和种地，现在村民聚在一起消磨空闲时间，也加强了邻里之间的社交联系，维系了村落共同体的延续和村落的认同。

(二)磨刀石申遗和村落记忆书写

1999 年，金顶街街道办事处计划写一本模式口村的历史文化书籍，街道办事

---

① 访谈对象：高凤谦，男，1945 年生，北京石景山人；访谈人：魏甜甜、王刚、陈岑；访谈时间：2018 年 7 月；访谈地点：模式口村高凤谦家。

② 姚村的资料来源于李向振：《城边村日常生活与生计策略的民俗志研究——京北姚村故事》，山东大学博士学位论文，2016 年。

处主任找到了城管科科员姚淑琴[①],说她曾经当过老师,适合书籍的编写。她答应之后,开始筹划《京西古道模式口》一书的撰写工作。姚淑琴和她组织的专家团队,多次到模式口村进行实地调查,访谈了大量的模式口老人,获得了丰富的资料。2001 年,《京西古道模式口》出版。这本书的问世,也在一定程度上促进了模式口村驼铃古道的保护。2002 年,北京市人民政府公布模式口为第二批历史文化保护区。

2016 年,石景山区城市文化艺术研究会受到石景山区文化委员会的委托,到模式口村进行历史文化调研。石景山区城市文化艺术研究会找到早已退休在家的姚淑琴,邀请她负责这次调研和调研报告写作。姚淑琴再次回到模式口村,在原有的基础上重新进行调查。在调查过程中,她结识了范家东窑的后人、曾在北京矿务局工作的范占禄,范占禄带她去看自己收藏的磨刀石,两人一见如故。

2016 年 4 月 6 日,由北京规划设计院、模式口村社区居委会组织的模式口历史文化街区调查正式启动。那天,范占禄突然被姚淑琴邀请到模式口村社区居委会开会,告知他成为调查组的成员。此次调查共分为四组,按照地区区域分配,他与高凤谦负责模式口村居委会以西区域的调查。会议结束以后,范占禄和高凤谦紧急联系了自己的老同学乔富、乔守恂[②]、乔广荣等人,向他们请求帮助。2016 年 4 月 8 日,这几位老同学回到模式口村,召开座谈会,共同商议模式口的历史文化调查。

此后,范占禄和高凤谦开始跟随姚淑琴在模式口村进行入户调查,聆听模式口人讲述模式口的故事。与此同时,由于范占禄是中国矿业大学毕业的,与矿产、地质打了一辈子交道,他发挥个人专长,开始将调查的范围拓展到模式口的灾害、分水岭和岩石地质。在这个过程中,他试图恢复磨刀石技艺。在他的带动下,村里开始了一次关于磨刀石分类的大讨论,街头巷尾,村民都在回忆当年开采加工磨刀石的情景和技艺。范占禄和高凤谦在村里调查的同时,也上山开始了解模式口的地质地貌、岩石矿产。这一期间,范占禄和乔守恂找到了加工磨刀石的砂岩,制作了砚台,期待有机会展出。

---

① 访谈对象:姚淑琴,女,1955 年生,北京石景山人;访谈人:魏甜甜、王刚、陈岑;访谈时间:2018 年 8 月 2 日;访谈地点:高井电厂宿舍。

② 访谈对象:乔守恂,男,1951 年生,北京石景山人;访谈人:魏甜甜、王刚、陈岑;访谈时间:2018 年 7 月 25 日;访谈地点:石景山区八角街道八角南里。

2016年10月9日，在模式口村社区重阳节“非遗”大会上，范占禄制作了磨刀石展板，展出了模式口附近山上开采的十一种岩石标本，引起了轰动。10月20日，第十届城市发展论坛在模式口村的中国第四纪冰川遗迹馆举办，范占禄激动万分地在论坛上讲解了模式口的岩石矿产，并建议发展磨刀石专业文化旅游。10月25日，石景山区文化馆副馆长何京江找到范占禄、姚淑琴和乔守恂，要求他们尽快找到曾经的磨刀石石匠。他们直接找到了老石匠梁永安、王德江等人，共同上山开采磨刀石，展示磨刀石加工技艺。11月30日，范占禄等人参加京津冀“非遗”文化调研时，萌生了将磨刀石申请为非物质文化遗产的念头。2017年2月，春节刚过，他们兴高采烈地写了“非遗”申报书，并拟成立磨刀石研究会。然而，这两件事都没能顺利进行。他们经历了一年休整和探索，在2018年春节，邀请北京市“非遗”专家前来模式口村授课，讲解“非遗”知识，并把磨刀石项目名称改为“磨石口石文化习俗”，重新进行走访调研，期待申遗成功。

与范占禄等人的磨刀石申遗工作同时进行的，是姚淑琴负责的模式口村历史文化调研。姚淑琴通过范占禄等人结识了梁永安。梁永安的记忆力极强，年轻时在村生产队当会计时，经常走家串户地与人聊天，因此他对模式口的故事烂熟于心。姚淑琴请梁永安出山书写模式口村的回忆录。2017年，梁永安强忍病痛，怀揣着一份浓浓的乡愁，投入模式口村庄记忆调研和写作工作中。2017～2018年，他撰写了大量的模式口回忆文章，有《模式口村清末、民国至解放初年各行各业统计一览表》《怪人李淘气》《模式口村解放前后文化教育办学及民风习俗情况》《模式口村的历史渊源》等几十篇，同时还绘制了清末至20世纪50年代模式口商铺民居地图、模式口村水井、排水沟、寺庙地图等十分珍贵的老地图。梁永安无偿将这些资料提供给了姚淑琴，帮助她书写调研报告。2018年，姚淑琴顺利完成《关于模式口街区传统文化挖掘提升与利用的调研报告》。

明清时期，北京是消费型都城，“北京城内与乡村之间一直保持着单方向流动的需求与供给关系，即郊区和近畿地区的农业、手工业、矿业、运输业等，皆为京城的庞大消费而组织生产和服务”[①]。西山的矿业经由京西古道流向京城，地处京西古道沿线的模式口村，凭借着丰富的煤矿、磨刀石资源和特殊的地理位置，形成了独具特色的劳作模式，也使这个西郊村落与京城紧密相连。村落成员正是在这

① 刘铁梁：《劳作模式与村落认同——以北京房山农村为案例》，《民俗研究》2013年第3期。

样的劳作模式下，拥有多种谋生技能，也形成了强烈的村落认同。随着城市化进程加速，城市规模逐渐扩大，模式口村的劳作模式也几经转变，成为城边村。模式口村居委会利用曾经的驼铃古道记忆和法海寺等历史文化遗迹，建设历史文化街区，发展观光旅游。曾经的身体记忆和生活实感被唤起，村民通过书写村落回忆录、挖掘磨刀石技艺、模式口石文化习俗以及积极推进磨刀石申遗工作，重新建构起村庄的认同感。

城市化的进程与村民的劳作模式紧密相连。在城市化过程中，城郊村落受到城市规模外拓和交通条件优化的影响，村落的地域等级逐渐提高。随之，服务城市的职能也会发生变化，村落的劳作模式也发生转变，并且这种转变是“一而再，再而三”的。劳作模式内化于村民共同的身体记忆，刘铁梁提出“劳作模式”的概念，“是为了将村落的物质生产活动、对外交易活动与其他民俗活动统一于村落认同的身体实践来加以理解”①。曾经共同的劳作模式，尤其是该村明显区别于他村的劳作模式，是村民村落认同和自我身份认同的重要基础。村落劳作模式的转变，必然会引起村落认同的转变，这种转变并不一定意味着认同感式微，反而会在某种情况下，激起村民们共同的身体记忆，重新唤起村落认同，也加强了新城市人的身份认同。

三、城镇化过程中的个人叙事和村史编纂

以农耕文明为主导的传统社会是熟人社会、礼俗社会，无论城乡，其底色都是费孝通所言的“乡土性”的。② 近代以来，在“乡土中国”开始了较具规模的城镇化发展，这不仅意味着大量农村人口的市民化，也意味着“乡土性”生活模式的失落或转型。城镇化的加速发展，一方面为人们带来了现代文明的福音，大大提高了原有教育、医疗、交通的水平；另一方面，正如岳永逸所总结的，“乡村空间的城镇化明显快于人口的城镇化，人口的城镇化快于人的城镇化，人的衣着举止言行的城镇化快于人的观念和思维模式的城镇化”③。城镇化发展的不均衡，尤其是城镇中心与城郊发展的不均衡，不仅在许多城郊地区催生了交通拥挤、住房紧张、环

---

① 刘铁梁：《劳作模式与村落认同——以北京房山农村为案例》，《民俗研究》2013 年第 3 期。

② 参见费孝通：《乡土中国》，三联书店 2013 年版，第 3 页。

③ 岳永逸：《城镇化的乡愁》，《民间文化论坛》2015 年第 2 期。

境污染、秩序混乱等一系列“城市病”，也引发了强烈的乡愁。在很大程度上，乡愁源于对城市刚性快速发展状态在心理上产生的不适感、无助感、疏离感及排斥感，对远逝的难以回归的故土、乡音、亲情等的怀念、惋惜及追忆。面对城市非良性的发展状态，它也是一种被压抑心境的良性宣泄。[①] 于是，在努力融入新生活、新身份的同时，许多古老的村落也通过“留住乡愁”的文化实践，激活乡土记忆，重构村落认同。下面，将以衙门口村的村史编纂为例来说明这一方面的文化现象。

（一）衙门口村历史的集体叙事与个人叙事

位于石景山区东南部的衙门口村，是一个历史悠久的京西大村，于 2017 年末开始被拆迁，到 2018 年年初，全村约 1180 个院落几乎都被拆除殆尽，意味着长安街西沿线上的最后一个自然村的消失。[②] 这里曾是影响力辐射河北、北京两省、市诸多地区的一大经济文化中心，20 世纪 60 年代以后，却经历了由“中心到边缘”的地域等级降级过程，逐步沦为“城市病”严重的“城中村”。

现有的地方文史资料，可以看作是属于村民集体记忆的历史叙事，即“集体叙事”。“衙门口”之名，据说源于明朝时期村旁一个很大的衙门。一方面，针对衙门旁人来车往的特性，上街人在衙门旁修建旅舍、商店，村子由此不断壮大，“衙门口”的名号也被叫响，逐渐形成了“前后八条街”的规模。另一方面，由于衙门口村地处永定河畔，南望卢沟桥，北面海淀、西城等区，是运煤进京的重要驼铃古道，依靠蓬勃的骆驼运输业，村落愈发繁荣，既有本村的药铺、大车铺、杂货铺、吹鼓手班子，也有外地来叫卖小金鱼儿的、修太平鼓的，五行八作，应有尽有，俨然一个小市镇。清朝同治年间，由驼捐局和本村大户集资，在村中小横街建立了一个骆驼会馆，由本村及附近村庄的驼户代表组成理事会，管理日益繁杂的驼户事宜。1912 年，衙门口村成立公立二级小学，后更名为“石景山区第三中心小学”，以原骆驼会馆作为校舍，成为石景山区东部生源的集中地。1950 年前后，由于人民解放军、志愿军的先后入驻，部队文工团的演出带动了村中文艺活动的繁荣，村里的大戏台好戏不断。每逢演出，本村邻村的倾巢出动，人山人海。

可以说，凭借浑厚的历史底蕴和“北京西大门”的地理位置，衙门口村大力发

① 参见刘爱华：《城镇化语境下的“乡愁”安放与民俗文化保护》，《民俗研究》2016 年第 6 期。

② 参见《石景山衙门口村拆迁签约率达 99%》，人民网，http://bj.people.com.cn/n2/2018/0202/c82840-31213169.html。

展骆驼运输业,并在20世纪初至20世纪50年代迎来了空前的繁荣。在20世纪50年代之后,由于交通运输业的发展,骆驼退出了历史舞台,衙门口村于是配合全国兴修水利、平整土地的高潮,转而大力发展农业。20世纪80年代以来,为响应北京市委、市政府提出的"服务首都,富裕农民,建设社会主义新农村"的方针,村中三个大队又由发展农业为主,转型向农、工、商业综合发展,蜕变为农工商公司。21世纪初,由于大批集体土地已被政府征占,也为使公司经济更加适应市场经济的要求和加快推进城市化进程,三个农工商公司又纷纷转型为投资管理公司,以经营宾馆、纸库,出租住宅楼等产业为主,农民也纷纷变为股东,拿着分红。

从骆驼运输业到农业,从农业到投资管理业,衙门口人在与时俱进,转变主导劳作模式的同时,也在一步步失去作为传统交通要道的优势,和作为商业重地的特色和文化凝聚力。随着本村人口的不断膨胀和外来人口的不断增加,村子面临的空间拥挤、管理混乱等问题也日益突出。颇富戏剧性的是,由于在衙门口村带动下的石景山东部地区远比西部地区富裕,为优先照顾不发达地区,东部的整改计划被放在了西部之后。[①] 2017年,政府终于正式启动了对衙门口村的棚改计划时,这个曾经繁荣的古村早已成了"脏、乱、差"的棚户重灾区,因私搭乱建严重、挤占公共交通等问题饱受诟病,再加上设施老旧、环境污染等隐患,更是让许多本村人天天盼着搬出去。[②]

然而,村里的许多老人虽然住进了新房,也拿到了丰厚的补偿金,却依然深情地怀念着往昔熟悉的风土人情。

纵观衙门口村近代的变化历程,可以说,它很早就因交通的便利和商业的繁荣开启了城市化进程,形成了城镇般的规模,催生了市民化的趣味。尽管如此,它依然保存着强烈的乡土气息,充满了人情味儿。面对来访者,东街人李荣庄常自豪地说:"我们村不排外,谁来都欢迎,包容性特别强。它不像有些地方,见你是外来的,不是老户,就区别对待。"[③]衙门口村有许多用以联络百家情感的民俗,比如"掰百岁儿",就是在小孩百日当天,给他穿上颜色不一的"阴阳裤",头上套一个中

---

① 访谈对象:李荣庄;访谈人:谭一帆;访谈时间:2018年7月28日;访谈地点:石景山区八角西街。

② 参见《京西古村的乱与治:20年拆迁7次 每次修路都征地拆迁》,"中国江苏网"微信公众号,https://baijiahao.baidu.com/s?id=1588449970286532368&wfr=spider&for=pc;《石景山衙门口:住了多年的平房 终于改成新楼房了!》,石景山区新媒体网,http://dy.163.com/v2/article/detail/D8PCBKC10514BJET.html。

③ 访谈对象:李荣庄;访谈人:谭一帆;访谈时间:2018年7月28日;访谈地点:石景山区八角西街。

空的“百岁儿饼”，由奶奶抱着孩子，并用胳膊托着饼，首先找姓刘的邻居掰一块，意味着孩子“留住了”。此后，再走街串巷，争取请百人掰饼吃，都为孩子献上祝福，博个好彩头。一来二去，街坊之间也就自然地经历了由“生”到“熟”的社会化。衙门口村有许多淳朴厚道、心系乡里的人，比如东街张家小铺儿的两任掌柜张永利和张士奇，做买卖讲一个“急人所急”。乡亲们到此，若要买铺里没有的东西，绝不说“没有”“不卖”，而是说一句“后天再来”，明天就进广安门，找遍全城也要买回来。张明华回忆道：“我的父亲（张士奇）以前常去长辛店打酒，有时甚至远到石门（今石家庄），要背一个大桐油篓子去赶火车，到目的地了，就把酒装在篓子里背回来，类似的事情还有很多，说不清去过多少地方，带过多少种货。一些小东西，比如补鞋用的水胶，便在家自制了卖给别人。”[①]也正是因此，张小铺店面不大，但货品繁杂，被乡亲们赋予“万宝全”的美称。

对于充满人文关怀的村民来说，留住古村落的记忆，不仅是给自己的乡愁一个交代，也是为传统文化的发扬做贡献，而通过讲述、交流个人经历的故事就成为保持村落认同的重要途径。这种个人叙事的交流与上述集体叙事的写作相互依托，最为鲜明地表现出当前城市化文化发展过程中广大居民的历史情怀。

衙门口村西街村村民刘宝才说：“2002 年，听说市里修五环路，要拆掉村里的小学校（原骆驼会馆），我急了，立刻拿起相机，去拍村里的老建筑、老街道。现在来看，这些照片都很珍贵了。城市变化太快，老东西越来越少。何况衙门口村是一个有千百年历史的大村，它好些个东西，像骆驼会馆，都是独一无二的。”[②]从故乡开始，他将目光投向石景山区乃至全北京市的老胡同、古村落、名胜古迹，以用镜头记录民俗为己任。除了影像，他也很注重实物资料的收集。在村子拆迁前，他抢救了一批门牌，用以珍藏，并将他家旧址上的“衙门口村西街 59 号”门牌挂在新家门口。直到现在，这个地址还印在他的名片上。

上街人樊崇德认为，衙门口村不仅拥有历史的辉煌，也为石景山区的城市化、现代化做出了巨大的贡献。他说：“1950 年代那会儿，整个石景山区段的京密饮水工程，衙门口村的人提供了一半的劳动力。扩修石卢水渠[③]的时候，作为水渠沿线村之一，衙门口村的人也有很多在水利委员会里，协助推进全区的水利工作。

① 访谈对象：张明华；访谈人：刘铁梁、朱鹏、谭一帆；访谈时间：2018 年 8 月 2 日；访谈地点：石景山区。

② 访谈对象：刘宝才；访谈人：谭一帆、朱鹏、尚小芳；访谈时间：2018 年 7 月 15 日；访谈地点：石景山区。

③ 以石景山、卢沟桥为起、讫点的石卢水渠，兴建于 20 世纪初期，完善于 20 世纪 50～60 年代。

我们村原本旱地多,以种粮食为主,随着水利技术的改善和社会需要的变化,转而发展水田农业,尤其是菜田,几乎年年都高产,还被国家认证为'菜区',为实现区里尤其是首钢工人的'粮菜平衡'做贡献。我们上街的翟广茂,初中一毕业,放弃了更好的工作,主动回乡支援农业。他后来被评为北京市劳动模范。区里第一个蔬菜大棚就是他搭的。""1970 年以后,我们顺应国家工业化的发展,发展干儿土厂。规模最大的干儿土厂属于三大队,产品大量供应首钢铸造厂,北京内燃机厂等单位,以此为基础,三大队发展态势一直良好,直到现在都是区里的纳税大户。"①

(二)村史编纂实践

随着城市化进程的不断发展,被拆迁的村落,被征用的乡村土地越来越多,村落空间日趋减少,意味着传承乡村记忆的空间场所,与之相系的民俗表象、行为、口头传统也随之日趋消亡。② 许多热心乡土文化的村民,于是积极地通过村史编纂的行为,激活集体记忆,挖掘濒临失传的传统,传承文化,留住乡愁。

自从 2012 年两会提出推进新型城镇化建设以来,许多地区积极响应号召,加快城乡一体化进程,城乡面貌变化巨大。比如,从 2012 年开始,河南省中牟县全力推进新型城镇化建设,在 2017 年,城镇化率由 36.1%提高到 48.3%。③ 有感于家乡的日新月异,河南省中牟县狼城岗镇北堤村村民花费 3 年完成了《北堤村志》,于 2017 年初定稿出版,为后代留下了珍贵的"历史教科书"。本书共 10 余万字,内容既包括当地的自然风貌、传统节日、游戏、集会等民俗,也记载了土地改革、公路村村通、免缴"皇粮"等近代事件。编纂村志的契机是在 2014 年夏天,村里老少爷们的一次聚会,说起村子的旧事、民俗,大部分人都只有模糊的记忆,或只是听说过,于是就有人提议搞清楚过去的事,详细记载下来,赢得大家一致赞同。随后,20 多位文化水平较高的村民自发成立了村志编委会和编辑部。在成书过程中,他们不仅密切地联系乡亲,进行口述史调查,内部也常就某一项模糊内

---

① 访谈对象:樊崇德;访谈人:谭一帆、朱鹏;访谈时间:2018 年 7 月 27 日;访谈地点:石景山区八角西街顺庭酒店。

② 参见王晓葵:《民俗学与现代社会》,上海文艺出版社 2011 年版,第 276 页。

③ 参见《中牟县 2017 年政府工作报告》,http://www.zhongmu.gov.cn/sitesources/zmxzf/page_pc/zwgk/zfgzbg/article91b011e17ff34b26b406f76d3a3f05a7.html。

容进行反复论证、讨论,唤醒了集体记忆。[①]

近年来,随着城镇化步伐的加快,农村许多人,尤其是年轻人都外出务工。相对来说,中部地区仍是外出务工人口大省,人群流向主要是向北上广深等沿海发达地区。数据显示,2017年,江西、湖南、河南、安徽、山东的外出务工人员比例居全国前五,其中,山东人占北京外来务工人员的20%。[②] 在这种大环境下,乡村传统文化与记忆面临着无人问津,乏人传承的困境。有感于此,乡村许多老人发起了整理村史的工作。山东省聊城市凤凰集,曾举行堂邑凤凰集抗日武装起义,又在解放战争时期积极组织起来,往前线运粮食支援共产党,留下许多可歌可泣的故事。现年85岁的解树菊,23岁入党,曾任凤凰集村党支部书记12年,为了让后代牢记革命老区荣光,两年多来以"抗日烽火"主题为核心,兼及村子的位置、面积、特色建筑,民俗文化等,走街串巷搜集材料、核实人名,经过四五次补充,写下了万余字的草稿,并于2017年春天定稿。[③] 广西融安县龙妙村融合了粤、闽、湘等地的客商文化,保留着完整的粤东会馆、百年老街和富有特色的岭南民居。2017年,由现年82岁的老人李鲜担任主编的《龙妙村史(1764～2015)》出版,记载了村落200余年来的变化。为收集材料,编委会的多名老人从2005年开始,10年来踏遍了村子的每一个角落,最终形成了这本共计40多万字、1000多幅图表的巨作,其中农具、炊具、家具、研磨工具等旧时家什器具的图,皆由李鲜手绘,藏于龙妙村里乡愁·乡贤示范点——李氏宗祠,村民没事便到宗祠里翻看,由此加深了对村落的理解。[④] 2017年4月,融安县档案馆将这本村史作为优秀的文化教育教材接收入馆。[⑤]

江苏省孟河镇颜村在2016年拆迁,村民有的到城里买房,有的就近安置,生活条件和生活环境的变化,让不少人思念曾经的时光,想念曾经的老朋友。于是,在韩尧勤等村民的建议和组织下,从2017年初开始,村民众筹自发编纂村志,记

---

① 参见《村民自发编写村志　留住乡土记忆》,http://zhengzhou.yuduxx.com/zhongmou/567955.html。

② 参见《2017年春节"空城指数"发布:山东人爱外出打拼》,http://sd.ifeng.com/a/20170203/5360198_0.shtml。

③ 参见《牢记革命老区村的荣光,凤凰集八旬老书记手写村史》,http://mini.eastday.com/mobile/171210204902798.html。

④ 参见《广西融安数名老人自发编写村史40万字讲述200多年变迁》,http://www.chinanews.com/cul/2017/08-11/8302183.shtml。

⑤ 参见《融安县档案馆接收村史丛书〈龙妙村史〉》,http://www.gxdaj.com.cn/index.php?m=content&c=index&a=show&catid=79&id=6587。

录颜村拆迁的人、事、物、情。为了编写此书,他们查阅档案资料2000多件,采访了数十位村民,并专门建立了微信群,一起组织活动,分享线索和资料。经过一年多的采访,2018年《颜村志》顺利出版。该书编辑韩锦忠说:"《颜村志》的出版使我们240多户村民又重新聚在了一起,这本书不仅为我们这一辈,还为下一辈人留下了乡村资料。"①

近年来,在与官方和学者的合作下,多地的村史编修呈现更为系统化的趋势。2010~2017年,浙江省宁波市鄞州区下应街道,共有8个村被陆续拆迁,为了传承各有特色的村庄文化,从2014年开始,下应街道党工委牵头在9个行政村各自成立编写小组,开启村史编纂工作。在村史编纂过程中,村民积极出钱出力:东升村村民陆春方自掏腰包,辗转各地追溯村民姓氏发展脉络;河西村、胜利村的编史者一有空就和村里老人聊天,寻找遗落的线索,收集有价值的族谱、碑刻、牌匾等遗存资料,整理村情世系、人物资料;史家码村和江六村更是全民参与,特意邀请了宁波大学历史学教授钱茂伟和他的研究生团队,历时1年多,对两村200余位村民进行了"海采",整理出约60万字的翔实史料,开启了宁波市"群众口述、专家记录"的全新村史编写体例。大部分村史都于2017年末定稿,截至2018年1月,下应街道已出版7本村史。②

民间自发的村史编纂,除了受到拆迁等现实压力的影响,有时也渗入了对官方修史、学者修史的反思,强调"本村人"自身的内部知识和主观感受。民间传承作为一种身体记忆和口头记忆再生产的过程和结果,实际上是在诸如祖先墓地、宗教活动、同业组织等被人民主观赋予感情、想象、记忆的"传承之场"中实现的。③ 当这种具有主观感受性的记忆被身处同一文化背景的人广泛采录、探讨,选编成文,实际上也就完成了一次"内部知识"的再生产和内部身份认同的固化,与官方话语形成互补。

北京市石景山区衙门口村村史主编张明华表示,他们编纂村史的两大目的,一是留住乡愁,一是以正视听。从2003年开始,各式铁路、公路在村旁或村中的修建,导致了村中许多古建筑被拆除。此外,村子要整体拆迁的消息也不时传来。

---

① 参见《孟河镇颜村村民众筹写村志 近10万字成书出版》,https://baijiahao.baidu.com/s?id=1601697997990456456&wfr=spider&for=pc。

② 参见《宁波这个地方陆续拆迁 村民自掏腰包编村史抢救乡愁》,http://news.cnnb.com.cn/system/2018/01/10/008716134.shtml。

③ 参见王晓葵:《民俗学与现代社会》,上海文艺出版社2011年版,第276页。

这些促使村子里像他一样热爱传统文化的许多村民萌生了修村史的念头。衙门口村历史悠久,文化辉煌,又是有名的京西大村,此前已有不少学者写过它的故事,但由于文化隔阂等原因,那些文章在村民看来存在许多问题。张明华说:"有一次,我看到一篇文章说衙门口村有十条街,很生气。我们村祖祖辈辈都说'上下六条街,前后八条街',从没有十条街的说法。外人不了解我们村的历史,学者又喜欢考证什么水文、矿产、遗迹,但这些村民都不爱看。在严谨的基础上,我们想写一本细节丰富、可读性强的村史。"

为了实现这个目标,从2004年开始,以张明华、樊崇德、李荣庄为首的村史编纂小组就开始走街串巷地搜集素材。在这个过程中,许多久远的集体记忆和个人记忆都被激活:曾任大队书记,管理财务的史禄,翻出自己珍藏多年的日记,找出1952～1972年村中农业合作化时期的土地数、人口数、粮食蔬菜产量变化等数据;颇费周折才找到的牛永海,拿筷子在桌上一边敲节拍,一边唱着几近失传的衙门口村太平神歌儿《四辈上工》;李荣庄从当事人儿子口中得知南街两人贩卖驼毛未能及时结账,结账时却赶上货币贬值,赔了血本的辛酸往事……为了让这本书顺利出版,编纂小组还动用了村中三个公司(原三大队)和三个居委会的力量,让他们帮忙提供经费,并将手写稿打成电子版。这一过程加深了村落内部的联系,主编张明华说:"村子太大,原本每条街的人,只跟本街和临近两条街的人比较熟,为了写村史,我们搜集了各条街的材料,互相交流,知道了很多原本不知道的事。"①这一过程也加强了人们对文化传统的了解和重视,促进了它的传承。衙门口村居委会书记陈福起说,他2008年领头将上街的翟广孝申报为市级"非遗"传承人,正是受到了张明华等人的启发。"在村史出版前,我是幕后负责跟进的人之一,看到他们挖掘到上街太平鼓,也开始留心起这块儿。衙东居委会管的刚好是两条上街,我那时发现翟老爷子很活跃,耍太平鼓耍得还不错,就开始组织起给他申遗的事儿。"②

经过多年努力,《故乡往事——衙门口村史料集锦》于2010年出版,大受好评,不少村民感谢它加深了他们对家乡的了解热爱,挖掘了发生在身边,却鲜为人

---

① 访谈对象:张明华;访谈人:刘铁梁、朱鹏、谭一帆;访谈时间:2018年8月2日;访谈地点:石景山区张明华家。

② 访谈对象:陈福起;访谈人:谭一帆;访谈时间:2018年8月6日;访谈地点:石景山区衙门口东居委会。

知的故事。可以说,这本村史也唤醒了村民的历史自豪感,强化了身份认同。他们通过这本书,不仅认识到了古村曾经的繁荣,也为前人通过自己的双手过上现代化的富足生活而骄傲。他们深情地说,衙门口人是"朴实的象征",是"坚强、上进的群体",无论走到哪里,他们都会牢记自己是衙门口人。

编纂者自身也非常骄傲,张明华说:"我一辈子就干这么一件事儿了。"因为这本村史,三位主编兼主笔也成了名人,原本不认识他们的一些村民,遇到他们也会热情地打招呼。在石景山区进行村落调查的本地、外地学者们,也纷纷找到村史编纂组的成员,想要获得这个京西名村的更多感性资料。就这样,通过村史的编纂,关于村落记忆的个人叙事,在对内、对外的不断交流、碰撞之中,越变越丰富。2017 年 7 月末,在原有内容上进行修改,扩充的第二版村史定稿,预计将于 2017 年末或 2018 年初出版,但这不会是最后一版,还有说不尽的乡情、乡愁正待变为铅字进入书中。

综上所述,在城镇化过程中,不少村民选择通过讲述个人叙事和村史编纂的方法传承乡土记忆,留住"乡愁",而这两者间又有相辅相成的关系:正是飞速变化的生活境遇,日益消失的乡土空间,激活了越来越多人自我倾诉,讲述个人叙事的冲动,这种冲动使他们团结在一起,进行村史编纂的文化实践。在村史编纂的过程中,资料的查证、口述史的访谈,又唤醒了更多人的民俗记忆,催生出更多个人叙事。值得注意的是,在当下民俗文化日益受到重视的语境中,官媒、学者与民间自发的村史编纂者,也有了越来越多的互动,在对外的交流中,编纂者自身也能吐露许多不便在书中言明的话语,从而丰满了村落记忆的维度。在这个过程中,无处安放的乡愁得到了良性的宣泄,那些珍贵的村史资料也为后人留下了宝贵的文化财富。

四、城镇化进程中的民间艺术实践

在城镇化的过程中,人的城镇化是尤为重要的一环。新型城镇化所追求的已经不再只局限于城市规模与空间的扩张,而是更加注重居民所能享有的文化娱乐等精神生活品质的提升。人的城镇化表现在人的生活方式与文化交流实践方式的变化。乡村居民脱离原来的村落居住环境,搬进了社区楼房,这是城镇化经济发展的客观必然结果。中国自改革开放以后经济的持续高速发展使人们的物质生活水平大幅度提高，物质条件得到极大改善，但在精神生活水平的提高上却未必能够同步，需要经历一个地方的公共社会重新组合与公共文化创新发展的艰难过程。在新兴城镇化地区的居民当中，那些随着城镇化进程而进入城市社区的原住的村民，不仅带着原有的生活习惯，而且还带着所熟悉的作为交流方式的民间艺术进入了新的生活环境。这些民间艺术也必然遭遇新的发展机遇与挑战，有的在人们的创新实践中适应新环境而继续传承；有的则在城镇化浪潮的冲击下遭遇困境，被边缘化甚至走向灭亡。

令人欣喜的是，许多新兴城镇地区的原住居民与迁入居民都一致地意识到，人的精神生活的提升是离不开所在地域社会再认同的日常交流实践的，他们通过传承和发展具有地域特色的民间文艺，搭起了既尊重传统又与时俱进的公共文化活动平台，包括建立各种文艺团体、活动制度和表演场地等。

（一）城镇化进程中民间艺术实践的转型

随着居住方式的转变，村民们的民间艺术实践方式表现出新的特点。这些民间艺术的新变，主要体现在实践中的物质基础、组织形式、展演空间、人际互动与社区互动等方面。北京市石景山区的民间艺术活动丰富多彩，有京剧、小车会、秧歌队、评书等。

以石景山区的太平鼓活动为例，它在200多年的传承中一直在不断地适应新的环境。1953年，政府鼓励发展民间文艺活动，要求有组织地进行比赛。石景山区衙门口村以上街的樊安为首的20余人组成的太平鼓队，在区级比赛荣获第一名。随后，更是多次在东交民巷、人民大剧场等地参加演出，并代表区里迎接外宾。如今，老一辈队员虽陆续退出舞台，但上街太平鼓薪火相传。在改革开放以后，尤其是在城镇化进程中，太平鼓表演发生了一些新的变化。2016年，石景山太平鼓协会成立，协会包括了五里坨村、衙门口村、麻裕村、模式口村、北辛安、刘娘府村、古城村、西井村等八支太平鼓队。

刘玉兴是北京市石景山区五里坨村民，在2000年退休之后，受当地居委会之邀组织太平鼓活动。她到废品站找了一些钢筋棍，让她的女婿帮忙焊成太平鼓的骨架，然后又到印刷厂要了一些马粪纸，再到居委会里糊制太平鼓。2013年，在五里坨民俗馆馆长李为民的支持下，她在馆里正式组建了五里坨太平鼓队。石景山区文化馆也为五里坨太平鼓队购置了40把太平鼓、40个腰鼓和统一的演出服。2013年6月8日的文化遗产日，五里坨太平鼓队正式入驻五里坨民俗馆，每周一、三、五上午在馆里练习。传统节日期间，刘玉兴就组织太平鼓队参加演出。刘玉兴说："我是个太平鼓的传承人，五里坨就我一个。我觉得我既然是个传承人了，就不应该让这个东西断了。"[①]北辛安太平鼓队一开始也没有资金支持。大家就买牛皮纸自己糊制太平鼓，"卖的太平鼓是羊皮的，造价太高了"[②]。后来，随着非物质文遗产保护的深入和地方政府对太平鼓活动支持力度的加大，北辛安太平鼓队开始得到资金等各方面的支持。至2017年拆迁之前，衙门口村的太平鼓活动依然活跃。不同的是，新的鼓队舞起了"非遗"的队旗，传承的主力也由男性变为女性，并在对外交流中发展自身。新鼓队继承了上街太平鼓的特色，据队长张立英介绍，自她2006年学习太平鼓以来，曾先后受到上街张金凤、上后街翟广孝的指导。在翟广孝的引荐下，她还跟随北辛安的老艺人学习套路。从最初的自娱自乐，到正式成立太平鼓队，她经历了10年：

> 过去，我们购买设备、服装都是自费。翟老爷子曾到珠市口为我们买了一回鼓，后来有些人的鼓坏了，有些人觉得鼓沉，压得胳膊疼，他又去买了一批新的。2016年开始，鲁谷社区重视起太平鼓队，给居委会下达了指令，我们所在的衙东居委会就派人跟我们对接，以后所有经费都能报销。以前，我们就在社区的元宵晚会表演。现在对外活动多了，跟区里其他七个太平鼓队一起，统一归文化馆组织，每隔一两个月上军区、小学之类的地方耍，有些新店开张，也会请我们去。我开始打鼓的时候，常来的有那么二十多个人，有老人，有新人，老人教新人打。后来老队员因为生病、搬迁等原因，散得差不多了。2016年底，居委会发通告帮我们招人，倒是报名了不少，现在队里还是二十几个人，但其中动作熟练的，加上我也就四五个，能算标准的只有一两个。没有男队员，大老爷们看队伍里都是女的，就不好意思来了。翟老爷子一直想招个男徒弟，没找着。不过等过几年大家都回迁了，又有一批人退休了，没准就多些男的报名了。[③]

直到2017年下半年，衙门口村居委会居民活动室被拆迁办征用以前，仍可时常见到衙门口村的妇女们练习太平鼓的身影。在衙门口村拆迁后，太平鼓的活动地点

① 访谈对象：刘玉兴；访谈人：朱鹏；访谈时间：2018年7月22日；访谈地点：五里坨民俗馆。

② 访谈对象：梁德凤；访谈人：贾志杰、张锎月；访谈时间：2018年7月30日；访谈地点：梁德凤家。

③ 访谈对象：张立英；访谈人：谭一帆；访谈时间：2018年8月8日；访谈地点：衙门口东居委会办公室。

改为了活动室北边的小公园。每逢活动前夕，鼓队成员都会聚集在此做准备。

可见，石景山的太平鼓活动随着社会发展在不断地调试。在现代化与城镇化的过程中，人们的生活水平不断提高，基层政府对居民文化活动的支持也在加大。如五里坨、北辛安和衙门口村等几支太平鼓队，由原来村民自己制作太平鼓到石景山区自上至下地给予支持，就是以地方经济发展为基础的。除了太平鼓表演的物质条件发生变化之外，其展演空间的变化也是城镇化背景下的重要一面。2009 年 7 月，石景山西部启动拆迁，五里坨村也在拆迁范围之内。为了保护五里坨地区的古老民居及民俗文化，在各方的共同努力下，五里坨人修缮翻新了历经 200 多年风霜的王家大院，与迁建于此的钱家大院一起改建成了如今的京西五里坨民俗陈列馆（简称五里坨民俗馆）。五里坨民俗馆里共有七个四合院，一个广场。以五里坨居民为主组成的太平鼓队、京剧社、小车会、秧歌队等民间艺术团体纷纷进驻馆内，使之成为整个五里坨地区重要的传统形式的文化娱乐场所。在这里，既有逢年过节举办的各式民间花会汇演活动，也有每周日在馆内 7 号院安排的说书演出，还有书法、民乐培训与京式旗袍制作等活动。五里坨民俗馆是五里坨村保护本村民俗文化和村落历史的产物，也是城镇化背景下为了解决城镇化过程中“一拆了之”的问题而新生的产物。五里坨民俗馆为当地居民的各种民间艺术提供了新的展演空间，并成为对外展示当地民俗文化的重要窗口。

2006 年，石景山区秉心圣会入选首批北京市非物质文化遗产保护名录。2009 年，古城村开始进行城中村改造。2011 年，老古城村变为一片瓦砾，秉心圣会的活动暂时消歇。2013 年，在村民整体回迁后的现代嘉园小区内，花会活动重新开始。每年正月初二，在高楼林立的街道上，欢乐的太平鼓、灵动的狮子舞，还有簇拥的人群，都在讲述着古城村的故事。秉心圣会已经在新时代扎下了根，使得村落的传统文化融入了城镇化之后古城人的生活当中。

秉心圣会之所以能够顽强地传承下来，一个很重要的原因就是它在时代的变化中不断地调适自己。2004 年复会之后，秉心圣会出现了新老“花十档”并存的局面。据马振才讲述，复会时的“新花十档”分别为秉心会（中军、四执）、钱粮筐会、石锁会、高跷秧歌会、狮子会、太平鼓会、少林武术会、腰鼓队、新秧歌会、舞龙队。[①] 经历了村落的拆迁之后，会中人员的构成和玩角儿们的兴趣也都发生了变

① 访谈对象：马振才；访谈人：贾志杰、王生林；访谈时间：2018 年 8 月 10 日；访谈地点：古城街道现代嘉园社区党委办公室。

化,“花十档”也做了相应的调整。表1是三个时间节点“花十档”的具体内容:

表1 “花十档”在不同时期的具体内容

	老花十档(1949年以前)	新花十档(2004年)	新花十档(2017年)
第一档	灵官旗	秉心会	秉心会
第二档	栊筐	钱粮筐会	钱粮筐会
第三档	钱粮筐会	石锁会	石锁会
第四档	石锁会	高跷秧歌会	小高跷
第五档	太平歌会	狮子会	狮子会
第六档	龙旗牌棍	太平鼓会	太平鼓会
第七档	中军	少林武术会	跑驴会
第八档	四执	腰鼓队	腰鼓队
第九档	娘娘驾	新秧歌会	小车会
第十档	督旗	男子舞龙队	女子舞龙队

新的“花十档”延续了老会中的秉心会、钱粮筐会、石锁会和太平鼓会,并吸收了新会档。虽名为新会,但它们的表演项目在古城村早已存在,例如太平鼓会和少林武术会。除新老“花十档”以外,秉心圣会在发展过程中还有过其他会档,例如20世纪60年代短暂出现过的爬杆会。

2014年农历正月初二,踩街活动又回到了村民的生活中。玩角儿们把村落中民间艺术带到了城镇化后的社区中,延续了村落的传统。为了留住乡愁,古城街道在现代嘉园小区内建立了古城民俗博物馆。2015年,人们在小区的街道上修建了两座牌楼。自2016年开始,两个牌楼之间几百米长的城兴街成为秉心圣会春节踩街的主要场所。马振才当时想着,牌楼两侧都是老古城的村民,牌楼南多是商品房。因此,春节走会主要集中在两座牌楼之间,就是为了让住在楼上的村民们能够在正月初二互相见个面、拜个年,增进村民们的情感联系。因为城市毕竟不像农村那样,有那么多街巷可供走会,所以能够稍微热闹热闹,每年有个响头就可以了。后来,大家走会的热情越来越高,2018年春节,踩街的队伍越过了南边的牌楼,到了古城中街10号院,秉心圣会的发展势头也愈来愈好。

当代民间文艺的转型,在各地都有表现。藏戏是藏族戏曲的泛称,是流行于青藏高原地区的传统民间艺术，于 2006 年被评为国家级非物质文化遗产，2009 年入选人类非物质文化遗产名录。在城镇化进程中，藏戏也在表演形式和表演场合上发生了调适过程。拉萨市城关区娘热民间艺术团将现代歌舞表演元素与传统藏戏表演艺术糅合在一起，并在民间演出中将藏戏与西藏各地的民间歌舞与民间说唱相结合，赢得了民众的喜爱。①

双槐善书是重庆市合川区一种以单人说唱、众人帮腔的劝人向善的民间说唱文学，当地民众将其称为劝善文、劝善书、劝世文等，主要在年节、庙会、婚丧嫁娶等时段演出。双槐善书在 2011 年入选重庆市非物质文化遗产名录后，开始向政府靠拢，承担宣扬文明社区等责任，当地政府也将其纳入了乡村建设中。在城镇化进程中，双槐善书这一在当地长久流传的民间艺术在内容与形式上都作了调整，适应了时代要求，丰富了当地民众的文化生活，助力了社区发展。②

（二）城镇化进程中民间艺术的交流实践功能与身份认同作用

城镇化的过程，不仅是乡村居民向城镇居民的表面的身份转变的过程，更是乡村居民与城镇居民日常生活的融合和内在的身份认同转变的过程。其中，民间艺术的交流实践就是人们增进不同群体情感联络，增强一个地域身份认同感的有效途径。人们在民间艺术的组织、展演等实践中，加强个体之间与群体之间的交流互动，通过交流互动形成地域性社会生活共同体。

20 世纪 90 年代，北辛安成立了北辛安健身队。2008 年，石景山太平鼓入选国家级非物质文化遗产名录。为了让更多人学习、传承太平鼓，北辛安健身队更名为北辛安太平鼓队。梁德凤担任北辛安太平鼓队队长，杨士珍和任玉兰为副队长。太平鼓队设委员会，由梁德凤、任玉兰、李玉凤、杨士珍、常乃霞、吉荣富等六人组成。梁德凤负责活动统筹，杨士珍、李玉凤负责太平鼓教学。任玉兰负责太平鼓队的后勤和财务。2016 年，北辛安拆迁后，北辛安太平鼓队的队员散居各地。有的住在在房山、门头沟、燕山水泥厂，有的住在古城、苹果园、金顶街。队员们聚在一起参加活动很不容易。梁德凤会在每次活动结束后组织大家聚餐，有时候也会带着大家去公园野炊。“找个餐馆，买些二锅头，把大家拢拢。大家一块聊

---

① 参见邵卉芳：《新型城镇化进程中西藏民间艺术的现状与发展》，《民族艺术》2017 年第 2 期。

② 参见郭凌燕：《乡民艺术与美丽乡村建设——以重庆合川双槐善书为例》，《中华文化与传播研究》2017 年第 1 期。

聊天,乐呵乐呵。还能一起想办法,看怎么能让北辛安太平鼓队越来好。"[①]在梁德凤的组织下,北辛安太平鼓队成了一支有凝聚力的队伍。虽然城镇化进程中的北辛安村民们在拆迁后散居各地,在回迁之前很难有机会聚在一起彼此交流。但太平鼓这一民间艺术形式的存在,不仅丰富了部分队员们的文化生活,更重要的是维系了彼此之间的情感和交流,以及同为北辛安太平鼓队员、同为北辛安人的认同感。

石景山区五里坨村是五里坨街道办事处的所在地,1949 年之后曾以此村为中心设立过乡政府。五里坨街道下辖五里坨村、隆恩寺村、高井村、石府村、黑石头村等十多个自然村。2009 年五里坨地区拆迁,三年之后各村村民回迁至新建的小区。原五里坨村所在地如今已经变成了天翠阳光社区,社区内不止有五里坨村原来的村民,还有迁来的黑石头村等村的村民。五里坨民俗馆里的小车会和秧歌队均由崔丽负责,演出时分两支队伍,平时排练则在一起。在五里坨地区拆迁之前,当地的许多村就有扭秧歌、打腰鼓、跑驴儿、跑旱船等民间艺术活动。五里坨民俗馆建成后,一些村民组成了现在的小车会与秧歌队。小车会的队长崔丽和队员牛凤芹都是由河北嫁到黑石头村,拆迁后搬到了五里坨的天翠阳光社区。已经退休的她们每周一到周五都会到五里坨民俗馆做义工,为游客做导游,并免费提供茶水等服务。

五里坨民俗馆的小车会和秧歌队各有 30 余人,每周二和周四的上午在馆里排练,逢有重要的传统节日,如元宵节、二月二龙头节、端午节、中秋节、腊月二十三等,就会组织花会演出。在各个传统节日的演出中,尤以腊月二十三和正月十五的活动最为盛大。在腊月二十三,五里坨村的老村长张振江主持祭灶。在五里坨民俗馆广场的墙上贴一张灶王爷的神像,摆上一个大条案,条案上摆满供品,有糖瓜和小刺猬、小兔子等各式花馍。祭灶时先敲钟,然后拿根木棍蘸着粥四处甩几下。祭灶的同时,馆里的小车会、秧歌队等也开始了表演活动。在五里坨民俗馆表演和观看的人数达上千人。

在元宵节灯会时,五里坨民俗馆会组织各个表演队伍到社区去走街。牛凤芹描述道:"在元宵节的时候,各个表演队伍先在馆里表演,然后去走街。光表演的就有几百人,包括小车会、秧歌队、太平鼓队、腰鼓队等。小车会里,崔丽扮演公

① 访谈对象:梁德凤;访谈人:贾志杰、张锎月;访谈时间:2018 年 7 月 30 日;访谈地点:梁德凤家。

子，我扮演媒婆。其他还有推小车的、坐轿子的、划旱船的、跑驴儿的，有扮傻柱子的、扮傻丫头的。”[①]除了祭灶、走街等活动，五里坨民俗馆还在传统节日时组织剪纸花、猜灯谜、画脸谱等活动。

搬进社区楼房的村民在日常生活中未必能够和许多人聚在一起彼此交流，但在传统节日等活动中，借助在五里坨民俗馆里举办的各种民间艺术活动，不仅丰富了居民们的文化娱乐生活，更重要的是居民们可以彼此交流互动，增进地方认同感，实现同一社区内来自不同村落，不同阶层，不同群体的融合。

2016年，在北辛安太平鼓队梁德凤等人的提议下，成立了石景山太平鼓民间协会。北辛安南北岔居委会主任陈永强担任协会会长，北辛安太平鼓队队长梁德凤和刘娘府太平鼓队队长徐胜利为副会长。这八支太平鼓队的队长为石景山太平鼓协会的分会长。石景山太平鼓协会还制作了协会会旗和分会会旗。北辛安的太平鼓队在梁德凤的带领下越来越好。同年，北辛安接受棚户区改造。在北辛安拆迁后，北辛安太平鼓的活动并没有因此而中断，队员们仍然会聚在一起排练节目，参加每隔两个月举办一次的石景山太平鼓交流大会。可见，北辛安太平鼓队的活动在城镇化的背景下仍然维系着当地人的情感和身份认同。

石景山太平鼓协会成立以后，开始举办石景山区太平鼓交流大会。交流大会每隔两个月举办一届，每届交流大会选在传统农历节日举办，八个石景山太平鼓队轮流主办。每次交流大会结束后，主办的太平鼓队会把石景山太平鼓民间协会会旗转交给下一届主办队伍。2017年3月20日即春分日，刘娘府太平鼓队承办了第一届石景山太平鼓交流大会。2017年5月28日即农历五月初三，端午节假期的第一天，北辛安太平鼓队在石景山滨河园社区主办了第二届石景山区太平鼓交流大会。参加了交流大会表演太平鼓队员达160名。在金顶街模式口太平鼓队队长王成祥的建议下，主办的太平鼓队增加了在表演前行大礼的环节。主办的太平鼓队队长要对表演节目的太平鼓队伍说欢迎辞。以北辛安太平鼓队为主办队，金顶街太平鼓队为表演队为例。在表演前，北辛安太平鼓队队长梁德凤就得拿着协会会旗说：“北辛安太平鼓队，恭迎金顶街太平鼓队，三参见礼了！”敲三下太平鼓以示欢迎。之后就可以开始表演了。

可见，石景山区太平鼓活动的深入开展，不仅维系着村落或社区内部的人际

① 访谈对象：牛凤芹；访谈人：朱鹏；访谈时间：2018年7月21日；访谈地点：五里坨民俗馆。

交往和认同感,也在石景山区这一文化和地理空间内维系着内部不同群体的彼此交流,增强着地方认同感。在石景山区太平鼓的传承实践中,不仅维系着群体情感,增强着地方认同,还紧密联系着时代发展,体现着国家意识。2016 年 3 月,石景山太平鼓传人李文学提议,按东北二人转曲调形式,试编新的北辛安太平鼓歌词。[①] 梁德凤负责撰写新的太平鼓歌词。在撰写歌词期间,不论吃饭睡觉,她都在想着歌词的事。在某一天做饭时,她突然来了灵感,想到了“以鼓会友”这句词。但由于没有及时记下,随后就忘记了内容。为了回忆起歌词,她在做饭时不停地找当时那个感觉,想了两天才想起来。“以鼓会友,添风采,幸福花开,红满园,红哇那个红哇;中国梦,来实现,中国精神是灵魂,高哇那个高哇。”梁德凤说:“歌词除了要歌颂祖国,也要体现时代感。”

冯金凤是石景山古城村的一名文艺骨干,生于 1953 年,曾是一名首钢工人,1998 年退休后回到村里。2004 年复会时,冯金凤组织起了腰鼓队和新秧歌会,这两档会曾因古城村拆迁而中断。2015 年,她加入了小车会,扮演婆子。2017 年下半年,社区领导委托她组建女子舞龙队,这下可把她愁坏了。冯金凤回忆道:

> 当时我就想着,年轻的都上小车会去了,剩下的都年龄大了。可那也没办法,既然让我组织,那我就来组织吧!我先看哪些老年人没在会里,就发动她们。我把组建舞龙队的消息发到群里,我说谁想来就跟我报名,完了以后我看你们身体怎么样,决定要不要收。后来她们就“我来我来!”都来报名了,当天 24 个人就都报满了。[②]

女子舞龙队队员们的平均年龄为 60 岁。队伍成立时,正值炎夏,队员举着 10 斤重的龙头,练完之后身上的衣服都已湿透。大家的积极热情和吃苦精神令冯金凤非常感动。她不禁感叹道:老人们的这种毅力,谁都比不了。刚开始练的时候没有龙,大家就每人拿一根棍子,棍子上绑着绳子,每天在小广场上练,特别辛苦。时任老古城东社区主任的郝殿诏一直关心着女子舞龙队,尽力为她们提供支持。因此,这支秉心圣会里最“年轻”的队伍在不到半年的时间内,完成了所有规定的动作。2018 年农历正月初二,秉心圣会女子舞龙队首次亮相,受到了领导和居民们的一致好评。冯金凤在平时训练时对玩角儿们十分严格,要求她们不能

---

① 参见《京西北辛安志》编委会编:《京西北辛安志》,北京日报出版社 2018 年版,第 138 页。

② 访谈对象:冯金凤;访谈人:贾志杰、王生林;访谈时间:2018 年 8 月 15 日;访谈地点:古城街道现代嘉园党委办公室。

迟到。这是一个集体项目,24 个人一个也不能少,不然就没法练习。大家对这样严格的训练没有一点怨言,也没人喊过累。身为会头,冯金凤的想法也很简单,她就是想要大家玩儿得好、玩儿得开心。用她的话来说,不管搬到哪儿去,老古城永远散不了,因为这个村的人是真的抱团,每个人都心往一处想,劲往一处使。要说有哪种力量让大家如此团结,冯金凤自豪地说:“那肯定是爱的力量!”

诚然,“新型城镇化不同于以往的城镇化,它更加关注人本身和人的发展。民间艺术等民俗文化作为一个民族的根性文化,理应在新型城镇化进程中发挥其凝聚社会的机能,因为民间艺术是广大民众智慧的结晶,其悠久的历史和独特的地域民族风格中饱含了强烈的民族情感,在族群认同建构和公民身份塑造的过程中具有重要作用”①。在城镇化持续推进的背景下,民间艺术受到冲击是不可回避的现实。但通过上述石景山区民众的民间艺术实践可以看出,民众自发的调适民间艺术以求得其在城市空间中的持续发展,乃是城镇化进程中民间艺术传统得以活态传承的基本表现。我国在推进城镇化的进程中,对于这些饱含着民众情感、群体凝聚力和身份认同的民间艺术实践,应该给予热情的倡导和鼓励。

① 邵卉芳:《新型城镇化进程中西藏民间艺术的现状与发展》,《民族艺术》2017 年第 2 期。

专题报告

2017年度中国节日文化发展报告

王加华*

节日是世界各民族所共有的一种社会文化现象。作为中华传统文化的重要组成部分,在长期的历史发展过程中,我国也形成了一套富有特色的传统节日体系。而所谓节日,也就是时间的"截点",是将一年划分为不同段落或阶段的日子,具有周期性、循环性等特点。一年之中,节日庆典及其相关仪式,有规则地穿插于民众日常生活之中,从而形成一种"非日常"与"日常"交替变换的节奏起伏,以使人在紧张忙碌的工作之余获得身心的愉悦与放松。与此同时,节日还是具有"神圣性"的时间节点,是民众精神信仰、伦理关系、娱乐休闲、审美情趣与物质消费等的集中展现,承载着丰富的精神文化内涵。事实上,正是诸节俗活动本身及其所承载的丰富精神文化内涵,才赋予了作为年度重要时间节点的节日具有了"神圣性",也由此奠定了其不同于"日常"的"非日常"性。[①] 就本质而言,我国传统节日体系是农耕文化的产物,因此其适应的主要是传统农耕时代的生产体系、社会交往与民众生活方式。但清末民国以后,尤其是20世纪80年代以来,随着我国工业化进程的迅速推进与急速的经济、社会、文化变迁,以及世界范围内全球化的快速发展,受此影响,我国的节日文化亦发生了多方面的变化。本报告即围绕这一问题,对2017年度中国节日文化的现状及其发展趋势等略作描述与分析。

一、节日形式与内容的日趋多元

我国节日文化的一大特点就是日趋丰富与多元,不仅节日形式日趋多样,内

---

* 王加华,山东大学儒学高等研究院副院长、教授、博士生导师。

① 参见王加华:《传统节日的时间节点性与坐标性重建——基于社会时间视角的考察》,《文化遗产》2016年第1期。

容也越来越丰富。概而言之,当下的中国节日,主要由三种类型所构成,即传统节日、现代节日纪念日与新兴节日,其中新兴节日又可分为外来节日、新兴民间节日、新兴地方节会、各种文化艺术节以及社区文化节等。[①]

传统节日,即在我国长期历史发展过程中所形成的节日体系,具体如春节、元宵节、二月二、清明、端午、中元节、中秋节、重阳、腊八、小年等以汉民族为主体的传统节日,立春、立夏、立秋、冬至等二十四节气,以及古尔邦节、泼水节、雪顿节、藏历新年等少数民族传统节日,另外就是各地以庙会等为代表的传统地方节会。至今,这些传统节日在民众生活中仍具有很大的影响力与号召力,2017 年春运期间累计超过 27 亿人次的全国旅客发送量就是一个典型体现。[②] 但就整体而言,传统节日的日渐衰微与变化却是当下的一个不争事实。如何正确认识与评价传统节日在当下的价值与意义,如何有效发挥传统节日在我们时下社会建设中的积极作用,如何在当下更好地保护与传承我们的传统节日,成为摆在政府、社会与普通大众面前的一个现实问题。

节日纪念日,又可称为政治性节日,是指国家为了纪念重大事件、伟人、先烈或彰显某种价值观及对特定人群的关爱与重视等而设置的特定节日,在这些特定的日子里,通常都会举行相关的仪式或纪念活动,其主要目的在于铭记历史、教化民众与巩固认同。早在民国时期,中央政府就曾设立过一系列的节日纪念日。[③] 中华人民共和国成立后,中央人民政府亦设定了一系列节日纪念日,如"三八"妇女节、"五一"劳动节、"五四"青年节、"六一"儿童节、"八一"建军节、"八一五"抗战胜利纪念日、"九一八"纪念日、"十一"国庆节以及护士节、教师节、记者节等。各节日纪念日,通常都会举行群体性或盛大的纪念活动,尤其是国庆节等具有特殊意义的重大纪念日。由于有政府的支持与参与,节日纪念日很容易扩大其社会参与度与影响力。除政治诉求外,"五一"劳动节、"十一"国庆节等法定假日,亦是普通民众旅游、购物、休闲的重要时日。如 2017 年国庆假期,适逢中国传统节日中秋节,在短短 8 天假期时间里,国内游客即超过 7.05 亿人次。[④]

---

① 此一分类方式,系参考张勃《建构时代的中国节日建设》(《民俗研究》2015 年第 1 期)。

② 参见《2017 年春运结束:约 27 亿人次出行　铁路公路是主力》,央视网,2017 年 2 月 21 日,http://news.cctv.com/2017/02/21/ARTIPyGVHAo19nxWc6qiKzXZ170221.shtml。

③ 参见武野春、阮荣:《民国时期的移风易俗》,《民俗研究》2000 年第 2 期。

④ 参见《国庆中秋假期国内游客超 7 亿人次》,中国政府网,2017 年 10 月 9 日,http://www.gov.cn/xinwen/2017-10/09/content_5230135.htm。

各新兴节日，首先是外来节日，即非我国原生、而由国外传入的节日，即我们俗称的“洋节”，具体如情人节、母亲节、父亲节、感恩节、万圣节、圣诞节等。外来节日入华，古代即已存在，只是在历史发展的长河中这些节日已逐渐被吸纳入传统中国节日体系中来，如七夕节中就有中亚“哭神儿节”的因素与影子。[①] 清末，随着沿海开埠与大量外国人涌入中国，圣诞节等“洋节”亦随之在中国“落地生根”，只是影响力还非常有限。20世纪80年代以后，随着改革开放的深入，“洋节”开始在我国呈现迅猛发展之势。对时下越来越火爆的“洋节”，国人忧虑者有之，赞同者亦有之。[②] 但不可否认的是，“洋节”确已成为今天我国节日体系的一个重要组成部分，因此我们必须要正视现状，加强引导和管理，合理处理好中西节日间及其与当下节日体系建设的关系。[③] 在诸外来节日中，影响力最大的又非情人节与圣诞节莫属，如今过情人节、圣诞节已越来越成为人们尤其是年轻人的一种时尚与潮流。

新兴民间节日，即近些年来在民众日常生活中兴起的节日，这其中比较具有代表性的是“双十一”（光棍节）与女生节。“双十一”，即11月11日，最初只是流行于年轻人中的一种带有调侃性的纯娱乐性节日。因4个阿拉伯数字“1”形似4根光滑的棍子，而光棍即单身的意思，故名“光棍节”。关于其起源，如今比较受认可的说法是源于20世纪90年代的南京高校，此后通过网络等媒介迅速传播开来，过节主体以青年人为主，主要活动为聚会、交友等。但从2009年开始，光棍节开始被商业文化所收编而逐渐变成了“双十一”网购狂欢节。[④] 如今，“双十一”已成为一个备受民众尤其是年轻人青睐的节日。2017年“双十一”，天猫、京东成交总额达到2953亿元，再创历史新高[⑤]，充分显示出人们对这一节日的狂热程度。女生节为每年的3月7日，起源于20世纪80年代末的山东大学，后扩散到中国各高校，是一个关爱女生、展现高校女生风采的节日，主要流行于高校校园内。如今，女生节的最主要活动就是悬挂各种脑洞大开的横幅，此外还有喊楼、送花、男

① 参见刘宗迪：《七夕》，三联书店2013年版。

② 具体如谷建：《莫让“洋节”过度消费传统节日》，《雷锋》2018年第2期；翁敏华：《“洋节”可以是我们的新节日》，《文汇报》2009年12月25日。

③ 参见耿波：《洋节现状及其对中国传统节日的影响与对策调查报告》，《艺术百家》2013年第4期。

④ 参见王璐：《11月11日：从文化建构到商业收编——对“光棍节”和“网购狂欢节”的分析》，《青年研究》2014年第3期。

⑤ 参见《2017“双十一”再次刷新纪录　阿里＋京东交易额达2953亿元》，东方网，2017年11月12日，http://sh.eastday.com/m/20171112/u1a13417243.html。

生跳舞等娱乐活动，深受高校在校生的崇尚与喜欢。如 2017 年 3 月 7 日一大早，在作为最早节日发起方的山东大学校园内，女生宿舍楼下就挂满了各种浪漫的表白横幅，诸如“不管男女几比几，我的心里只有你”“巧笑倩兮 美目盼兮 法院佳人寤寐思兮”等。①

新兴地方节会，指最近几十年来兴起的名之曰“文化节”“艺术节”“旅游节”“美食节”“嘉年华”甚或“桃花节”“杏花节”等地方性节会活动。这些节会活动，虽名称各异，但性质相类，其目的都在于依靠各类资源提高地方知名度，以促进地方经济、社会与文化发展，本质上都是“文化搭台，经济唱戏”的结果。这类活动，约兴起于改革开放后的 20 世纪 80 年代。如以“文化节”为主题和关键词在中国知网“文献”栏进行搜索，可以找到 3629 条结果(截至 2018 年 9 月 28 日 20 时)。这些搜索结果，以年度来看，呈逐年上升之势，从 1987 年的 1 条逐步上升到 2000 年的 52 条、2010 年的 870 条，2011 年后有所下降，但仍维持在四五百条。虽说这一结果并不代表真实的节会主办情况，但却能反映出这一现象的总体发展趋势。若单从数量上来看，今天这种新兴地方性节会，已成为我们节日的最主体存在。据 2009 年底的估计，全国各类型的地方节会活动在 8000 到 10000 个之间。② 而这些节会活动的主题，可谓是无奇不有：

> 桃花节、栗花节、槐花节、梨花节、茶花节、石榴节、核桃节、苹果节、山楂节、葡萄节、花生节、西瓜节、樱桃节、柿子节、柑橘节、白菜节、采摘节、石头节、山药节、鸡蛋节、饮食节、歌舞节……百花千草万物皆有节……不是揽尽历史名人，就是把一个土特产、一种植物、一类动物、一处风景拿出来叫阵。从相关报道来看，各地的节庆活动稀奇古怪、五花八门，举凡吃喝穿戴、花鸟虫鱼、山水人兽，无所不包。比如荷花节、小枣节、桂花节、啤酒节、西瓜节、葡萄酒节、豆腐节、大葱节、龙舟节、冰雪节、沙雕节、戏水节、裤子节、鱼王节、双胞胎节等。这些节庆活动，一般包括经贸、文化、体育、旅游等活动，有些还包含研讨会、论坛，时间短则一星期，长则将近一个月。③

各种文化艺术节，与上述更多只是单纯冠之一“文化节”的地方节会不同，是

① 参见《“女生节”来临 山大校园现大批浪漫表白横幅》，大众网，2017 年 3 月 8 日，http://www.dzwww.com/shandong/shandongtupian/201703/t20170308_15638539.htm。

② 参见《官办节庆，开刀消肿》，《南方周末》2010 年 7 月 15 日。

③ 《百花千草万物皆有节：节越来越多》，新华网时政频道，2012 年 7 月 1 日，http://www.xinhuanet.com/politics/2012jrht311/。

真正以“文化艺术”作为节日主题的现代新兴节日。这类节日活动，约兴起于20世纪90年代，大规模举办则是2010年以后的事。其举办目的，在于通过文艺表演、传统展演、集中宣传等方式，在丰富民众多样化精神生活需求的同时，向民众宣传、普及党和国家的各项政策，唤起民众在传统文化保护等方面的观念与意识，以促进社会的全面发展与进步。这一类节日，类型多样，如非物质文化遗产节、电影节、音乐节、戏剧节、图书节、体育文化节等，具体如中国成都国际非物质文化遗产节、世界非物质文化遗产节（北京）、北京国际电影节、上海国际艺术节、广州南国书香节、亚洲艺术节、北京国际图书节、乌镇戏剧节等。

社区文化节，即主要在城市社区内、由社区民众组织与参与的社区文化节会活动。近些年来，随着我国城镇化进程的迅速加快，越来越多的人涌入城市居住，城镇越来越成为我国人口的主要居住地。如据智研咨询发布的《2016～2022年中国人口市场深度调查及发展前景预测报告》显示，2015年我国城镇化人口为7.7亿人，城镇化率为56.1％，预计2020年将达到60％。[①] 在城市化过程中，相应地产生了大量的城市社区。与传统农村社区民众间关系紧密、以熟人为主的熟人社会模式不同的是，现代城市社区虽然居住更为集中，但由于居民背景不同、来源各异，基本是一种陌生人社会生活模式，相互之间来往很少，也没有多少社区共同体意识——这并不利于当下的社会治理与和谐社会建设。为此，加强城市社区居民间的社会联系、强化居民的社区共同体意识，成为当下城市社区建设的重要工作之一。在此大背景下，具有强大人群聚合能力的节日成为一个理想选择。于是从21世纪初开始，全国各地城市都举办了一系列丰富多彩的社区文化节活动，由此社区文化节也成为当下我国节日文化的新常态与重要组成部分之一。

不难看出，我们今天的节日文化，不论从形式还是内容来看，都在呈日益多元之势。不同种类、不同形式、不同内容的节日你方唱罢我登场，从全国整体来看，基本上可谓每天都会有不同的节日活动举办与发生。这些节日活动，在一定程度上消弭了传统节日与普通日子间那种“非日常”与“日常”的界限，表现出一种明显的“节日日常化与日常节日化”[②]趋向。

---

① 参见《2017年中国人口总量、城镇人口比重、城镇化率发展趋势预测》，中国产业信息网，2016年12月14日，http://www.chyxx.com/industry/201612/477303.html。

② 李松、张青仁、王学文：《节日日常化与日常节日化：2015年度中国节日文化发展报告》，张士闪、李松主编：《中国民俗文化发展报告（2016）》，山东大学出版社2018年版。

二、政府的深度介入与参与

长期以来,中国的节日基本上一直保持一种以民众为主、自然发展的态势。所谓自然发展,“指节日的变化及其功能发挥是自在的,不受人为干预的”[①]。当然,我们说节日保持一种以民众为主的自然发展态势,不是说就绝对没有官方力量的干预或参与其中,如唐代二月初一的中和节,就是在唐德宗授意下由官员们设计的一个节日。[②] 但总体言之,民国之前,在节日实践过程中,政府或者说官方参与的力度并不大,节日发展基本按照一种自然状态自在地发展着。中华民国成立之后采取了一系列措施,对传统节日进行了大力整饬,如改变历法与节期。同时参照国外节日又创办了一系列新兴节日,如童子军节(3月15日)、青年节(3月29日)、教师节(9月28日)等。[③] 而如今,官方参与甚或主导更是已成为节日发展中一个不容忽视的现象与趋势。当然,官方力量并非当下节日建设过程中的唯一主体。对应于当前节日形式与内容的日趋多元,节日建设主体亦呈多元之势,除政府力量外,普通大众、亚文化群体、商业资本、基层社区等,也都是节日建设的重要力量。[④] 另外,官方参与并非在所有节日类型中都有明显体现,相比之下,外来节日以及光棍节等现代新兴民间节日则很少有官方力量参与其中。

先看各种新兴地方节会,其完全就是政府操办与人为建构的结果。以举办政府机构行政级别的不同,这些新兴的官办地方节庆也就分为了不同的等级,具体如省级、地市级、县市级,甚至有的乡镇、学校、企业等也会主办各种节庆活动。这些节庆活动,少则一两天,多则一两个月,如2017年杭州西博会国际旅游节就从9月23日一直持续到11月30日,前后长达69天。[⑤] 在具体组织模式上,这些节会往往以某一政府机构为主,再联合各相关政府部门,成立一个某某节组委会,然后具体分工组织,各项活动都有严格的仪式流程,每一个活动或事项都有具体的

---

① 张勃:《建构时代的中国节日建设》,《民俗研究》2015年第1期。

② 参见张勃:《从官方建构到民间传统:中和节的故事》,《民俗研究》2008年第2期。

③ 参见武野春、阮荣:《民国时期的移风易俗》,《民俗研究》2000年第2期。

④ 参见李松、张青仁、王学文:《节日日常化与日常节日化:2015年度中国节日文化发展报告》,张士闪、李松主编:《中国民俗文化发展报告(2016)》,山东大学出版社2018年版。

⑤ 参见《2017杭州西博会国际旅游节活动方案》,看看浙江网,2017年9月20日,http://zj.kankancity.com/html/hangzhou/younaer/2017101613847.html。

负责人与责任人。为了营造声势，通常还会举行一个盛大的开幕式，邀请兄弟单位、明星大腕等前来捧场参加，此外可能还会有文艺活动、学术论坛或相关知识讲座等。以 2017 年江西会昌民俗文化旅游节为例，由会昌县委统战部牵头组织，由县文广新局、县教育局、团县委、县道教协会、县义工协会、翠竹祠管委会具体主办。为具体组织活动，成立了专门的领导小组，领导小组下又专设活动办公室及道教活动组、宗教知识讲座活动组、后勤保障组等 4 个工作组，以具体负责各项活动的协调联络、人员调配、现场指挥及统筹把关等。①

各地方节会的开展，对于提高地方知名度与影响力、促进经济与旅游事业发展、活跃群众文化生活、增强民众认同感与凝聚力等起到了诸多积极作用。许多节会由于举办得比较成功而成为重要的地方文化品牌，如青岛国际啤酒节、潍坊风筝节、洛阳牡丹花会、中国吴桥杂技节等。但与此同时，我们也不得不承认的是，诸多地方节会活动的举办，并非都能收到积极效果，诸多不好之势头亦随之出现，如节会活动日渐泛滥、许多活动只是昙花一现、大量人力物力与财力被消耗甚或被浪费等。2010 年 6 月 25 日，针对地方节会活动的日渐泛滥之势，中央纪委、监察部、财政部、国务院纠风办联合下发了《关于对党政机关举办庆典、研讨会、论坛活动开展清理摸底的通知》，要求各地区各部门按照“谁主管谁负责”的原则，认真开展清理摸底工作，减少过多过滥的庆典、研讨会、论坛活动。②《通知》的下发起到了一定的作用，但各地方节会的举办仍呈热闹之势。

各种类型的现代节日纪念日，是国家为了纪念重大事件、伟人、先烈等而设置的特定节日，因此本身即具有国家仪式与庆典的意义，故而政府力量参与其中也就是自然而然的事了。一方面，一些纪念日被设定为国家法定节假日，比如“五一”国际劳动节与“十一”国庆节——这一现代节假日制度已深刻影响了每一个人。另一方面，在这些特定的节日纪念日里，往往会有官方出面组织的各种相关活动。20 世纪 80 年代之前，通常会进行政治思想宣传与动员活动，而如今由政府组织或主办各种纪念与表彰活动则成为节日庆祝的主要形式之一。如 2017 年 4 月 27 日，庆祝“五一”国际劳动节暨全国五一劳动奖和全国工人先锋号表彰大

---

① 参见《2017 江西会昌民俗文化旅游节系列活动方案》，中国日报中文网，2017 年 8 月 10 日，http://jx.chinadaily.com.cn/2017-08/10/content_30410361_6.htm。

② 参见《中纪委等要求清理党政机关庆典、研讨会、论坛活动》，人民网，2010 年 7 月 6 日，http://politics.people.com.cn/GB/1027/12070637.html。

会在人民大会堂举行。中共中央政治局委员、中国全国总工会主席李建国出席大会并讲话。[①] 与此同时,各地方政府也会举行了一系列庆祝与表彰活动,如 2017 年 4 月 28 日山东省庆祝“五一”国际劳动节暨富民兴鲁劳动奖获得者表彰大会在济南召开,表彰了各行各业涌现出的先进集体和先进个人。[②] 2017 年 9 月 30 日,为庆祝中华人民共和国成立 68 周年,国务院特举行了国庆招待会,习近平总书记等党和国家领导人出席。[③] 中国驻外使领馆亦纷纷举办了庆祝中华人民共和国成立 68 周年招待会。[④]

传统节日主要是在长期历史发展过程中自然发展的结果,很少有官方力量参与其中,直到民国时期这种情形始发生改变。中华人民共和国成立后,除 20 世纪六七十年代曾出现的“革命化春节”[⑤]等节日形式外,总体言之,我国传统节日仍旧保持了一种以自我发展为主的态势。但自 20 世纪 80 年代尤其是进入 21 世纪以后,在节日的操办以及展演过程中,开始越来越多地出现官方的身影。具体来说,主要表现在以下几个方面:首先,节日时间的认定与建构,春节、清明节、端午节、中秋节被定为法定节假日就是一个典型体现。其次,通过举办晚会等形式参与节日的举办与建构,典型的即央视春晚(正式举办于 1983 年)、中秋晚会(始于 1991 年)以及各地方春晚和中秋晚会等。尤其是央视春晚,虽然近些年来总是被“吐槽”不断,但不得不说的是其已成为当下中国人春节生活中一个必不可少的组成部分,2014 年更是被正式定为国家项目。晚会的举办,除可唤起民众的传统节日意识外,还可凸显家国情怀与观念。再次,参与节日期间相关节俗活动的主办或直接成为整个节日活动的主办主体。如随着当下重阳节节日内涵由登高、祈福

---

① 参见《2017 年全国五一劳动奖表彰大会在京举行 李建国出席并讲话》,新华网,2017 年 4 月 27 日,http://www.xinhuanet.com/politics/2017-04/27/c_1120884560.htm。

② 参见刘庆、李侠、宋强:《山东省庆祝“五一”国际劳动节大会召开》,齐鲁网,2017 年 4 月 28 日,http://news.iqilu.com/shandong/yuanchuang/2017/0428/3520632.shtml。

③ 参见《国务院举行国庆招待会 庆祝中华人民共和国成立 68 周年》,中国政府网,2017 年 9 月 30 日,http://www.gov.cn/xinwen/2017-09/30/content_5228933.htm。

④ 参见《同贺中国国泰民安 共绘外交美好画卷——我驻外使领馆举办庆祝中华人民共和国成立 68 周年招待会》,中华人民共和国中央人民政府网,2017 年 10 月 2 日,http://www.gov.cn/xinwen/2017-10/02/content_5229296.htm。

⑤ 参见忻平、赵凤欣:《革命化春节:政治视野下的春节习俗变革——以上海为中心的研究》,《中共党史研究》2014 年第 8 期;刘福安:《难忘的“革命化”春节》,《江淮文史》2017 年第 4 期。

向敬老的转变[①]，节日期间对老人的官方慰问已成为当下重阳节必不可少的组成部分。若这还只是官方对传统节日习俗的有限参与的话，那近些年来一些传统地方节会活动的主办就完全以官方为主体了。如作为我国传统两大古书会的胡集书会（位于山东省惠民县胡集镇，2006 年入选第一批国家级非物质文化遗产名录），从 2008 年开始，就完全由胡集镇政府接管主办，每一个节日流程都被置于镇政府的控制之下。[②] 很大程度上，其已与各地举办的新兴地方节会没有多少本质区别：都是对地方文化资源的一种利用，官方成为绝对的举办主体。

各种新兴文化艺术节，由于需要动员庞大的人力、物力与财力，非普通民众所能自发举办，因此必须要以官方为举办主体。如 2017 年第六届中国成都国际非物质文化遗产节，即由联合国教科文组织、中华人民共和国文化部、四川省人民政府共同主办，成都市人民政府、四川省文化厅等单位共同承办的。[③] 各地如火如荼的社区文化节，虽然很多是由社区民众自发组织与参与的，但背后也往往有官方力量的组织与支持。比如"幸福鼓楼"2017 社区文化艺术节系列活动，就是由南京市鼓楼区宣传部、鼓楼区文化局主办，由鼓楼区文化馆、湖南路街道、马台街社区具体承办的。[④]

显然，官方参与已成为当下中国节日文化发展过程中一个不可忽视的现象与趋势。官方参与，如法定节假日制度的实施等，对于保护与传承传统节日、繁荣节日文化、促进社会经济发展、丰富民众生活等均起到了积极作用。[⑤] 但与此同时，一些因官方参与或主导而出现的问题也不能不引起我们的关注，而这在新兴地方节会中又表现得最为明显，诸如过多过滥、本该作为节日主体的民众成为被动的参与者等。

---

① 参见张勃、王改凌：《再次命名与传统节日的现代转换——基于重阳节当代变迁的思考》，《西北民族研究》2015 年第 4 期。

② 参见王加华主编：《中国节日志 · 胡集书会》，光明日报出版社 2014 年版。

③ 参见《第六届中国成都国际非物质文化遗产节举行》，四川省人民政府网站，2017 年 6 月 11 日，http://www.sc.gov.cn/10462/10464/10797/2017/6/11/10424991.shtml。

④ 参见《"幸福鼓楼"2017 社区文化艺术节系列活动》，南京市人民政府网站，2017 年 10 月 26 日，http://www.nanjing.gov.cn/xxgk/qzf/glq/glqrmzfhnlbsc/201710/t20171026_5102997.html。

⑤ 对当下文化保护过程中的政府参与或主导现象，学界基本以"社区参与"为关照点而对其持一种批评性的态度。对这一问题，可能要具体问题具体分析，如对那些已没有多少"生存土壤"、正日益远离民众生活需要的"非遗"项目来说，离开政府的主导作用可能是万万不行的。对这类项目来说，虽然政府主导存在这样那样的问题，不是最为理想的工作方式，但却是一种最为有效的保护方式。参见王加华：《政府主导"非遗"保护模式意义再探讨——以国家级非物质文化遗产胡集书会为个案的分析》，李松、张士闪主编：《节日研究》第十二辑，学苑出版社 2017 年版。

三、作为“优秀传统文化”与“非物质文化遗产”的传统节日

传统节日是传统时期我国节日体系的最主体部分,即使在今天,其仍旧是最为民众所关注与认同的节日体系。事实上,一提到“节日”这个词,我们绝大部分人的脑海中首先想到的肯定还是以春节等为代表的传统节日。作为民众年度时间生活中的“非日常”时段,传统节日曾在民众生活中扮演着极为重要的角色并深深融入民众生活之中。但20世纪80年代之后,受我国整体社会经济与文化变迁的影响,传统节日开始呈现日渐式微与变化之势。

首先,一些相对不太重要或整体影响力不太大的传统节日,如立春、二月二、腊八等,正在加速衰落并日渐退出民众的日常生活——虽然某个节日在个别地方可能仍具有很高的影响力与民众参与度,如山东莱芜的七月十五节(中元节)。[①] 其次,一些相对比较重要的传统节日,如春节、清明、端午与中秋,借助于国家法定节假日政策的实施,仍在民众中维持了极高的热情、认同感与参与度。但与此同时,随之法定节假日政策的实施,人们也越来越将这些时日看作“假日”而非“节日”,更倾向于旅游、购物、休闲等活动,致使传统节俗活动被日益冷落。即使是中华民族最为重要的传统节日春节,如今也面临着“年味”越来越淡、需要进行“保卫”的境地。[②] 再次,一些传统节日的整体内涵悄然发生改变,由此社会境遇亦出现了相应变化。比如七夕节,其传统节日主题为乞巧,但因其所依托的牛郎织女故事,今天的乞巧节正日益向中国情人节转变,爱情主题越来越得到宣扬与彰显。[③] 虽然有人出面呼吁,认为七夕节不是“中国情人节”[④],但这并没有阻止七夕节这一节日内涵的当下演变。再比如重阳节,其传统主题在于登高、祈福,但今天正日益向尊老、敬老转变。[⑤] 最后是传统庙会等地方节会,受政策形势及整体社

---

① 在山东莱芜,七月十五的重要性与神圣程度堪比春节,人们会如同春节一样举行隆重的请家堂祭祖仪式。但固然如此,这一节日在今天亦出现了衰落之势。山东大学民俗学研究所团队2018年农历七月十五期间于莱芜的调查发现,许多村庄已不再举行请家堂仪式,不论参与人群还是隆重程度都已大大降低。参见刁统菊等:《节日里的宗族——山东莱芜七月十五请家堂仪式考察》,《民俗研究》2010年第4期。

② 参见高有鹏:《保卫春节与守护民族传统文化》,《中国艺术报》2007年2月16日。

③ 参见张勃:《从乞巧节到中国情人节——七夕节的当代重构及意义》,《文化遗产》2014年第1期。

④ 李培、曾妍:《七夕节不是“中国情人节”》,《南方日报》2010年8月17日。

⑤ 参见张勃、王改凌:《再次命名与传统节日的现代转换——基于重阳节当代变迁的思考》,《西北民族研究》2015年第4期。

会发展的影响,在总体衰落的大趋势下,近些年来少数节会又以“新兴”地方节会的形式重又“复兴”。如胡集书会,20世纪90年代一度面临消失的境地,但2006年入选第一批国家级非物质文化遗产名录后,在胡集镇政府的主办下又再次走向了“复兴”。[①]

与此同时,一方面,随着传统在当下的日渐消逝及因此而兴的传统文化保护运动的日益高涨,作为传统文化的重要表现形式与载体的传统节日开始受到广泛关注;另一方面,随着当今时代全球化的日益推进及改革开放后我国对外交往的日益加深,“越是民族的,越是世界的”,传统节日之于中华民族文化与身份建构的重要性亦被日益凸显出来。在此背景下,今天,传统节日越来越被认定为一种“传统”,一种能体现中华民族文化特色的优秀传统。2017年1月25日,中共中央办公厅、国务院办公厅联合印发了《关于实施中华优秀传统文化传承发展工程的意见》(以下简称《意见》),其中对该如何实施中华传统节日的保护与传承工作即多有涉及,如:“深入开展‘我们的节日’主题活动,实施中国传统节日振兴工程,丰富春节、元宵、清明、端午、七夕、中秋、重阳等传统节日文化内涵,形成新的节日习俗。加强对传统历法、节气……的研究阐释、活态利用”,“鼓励港澳台艺术家参与国家在海外举办的感知中国、中国文化年(节)、欢乐春节等品牌活动,增强国家认同、民族认同、文化认同”,“加强对外文化交流合作……支持中华医药、中华烹饪、中华武术、中华典籍、中国文物、中国园林、中国节日等中华传统文化代表性项目走出去”。[②] 虽然《意见》重点关注的是该如何传承与发展优秀传统文化,但笔者首先注意到的是其中对何谓中华优秀传统文化的界定问题。这也是第一次以正式中央文件的形式,对中国传统节日是为一种“传统”、一种“优秀传统”所做的明确认定。

传统节日的形成,是一个民族或国家长期历史文化积淀的结果,蕴含着一个民族的集体意识与文化底色。传统节日之所以被认定为是一种中华民族的“优秀文化传统”,不仅因为其是传统时代民众生活的重要组成部分、发挥过多层面的积极效用,更因其所蕴含的价值内涵对今天社会所具有的巨大意义与作用。2005年6月17日,中宣部、中央文明办、教育部、民政部、文化部五部委联合下发了《关于运用传统节日弘扬民族文化的优秀传统的意见》(以下简称《意见》)。《意见》指

---

① 具体可参见王加华主编:《中国节日志·胡集书会》,光明日报出版社2014年版。

② 中共中央办公厅、国务院办公厅:《关于实施中华优秀传统文化传承发展工程的意见》,2017年。

出，中国传统节日，凝结着中华民族的民族精神和民族情感，承载着中华民族的文化血脉和思想精华，是维系国家统一、民族团结和社会和谐的重要精神纽带，是建设社会主义先进文化的宝贵资源。对于推动形成团结互助、融洽相处的人际关系和平等友爱、温馨和谐的社会环境，对于进一步增强中华民族的凝聚力和认同感、推进祖国统一和民族振兴，对于不断发展壮大中华文化、维护国家文化利益和文化安全，具有重要意义。今天，这一认知越来越得到广泛认同与讨论，诸如：传统节日可为构建社会主义核心价值观提供可借鉴的思想资源，是推进大学生思想政治教育的有效载体[①]；传统节日是滋养中国人精神的文化土壤，在思想熏陶和文化教育以及价值观的形成方面具有不可替代的作用[②]；传统节日是滋养文化自信的沃土[③]；传统节日在促进民族认同方面具有独特的作用，弘扬传统节日，有利于民族意识的提升[④]；等等。

中华传统节日具有多方面的价值与意义，因此我们必须要让其“活在当下”[⑤]。但不可否认的是，受多种因素之影响，传统节日在当下的传承与发展也确实遇到了一系列问题。于是，在今天非物质文化遗产保护运动的大背景下，传统节日也成了一种急需要保护的“非物质文化遗产”。2006 年 5 月 20 日，国务院公布了第一批 518 项国家级非物质文化遗产名录，在 70 个民俗类项目中，大部分为传统节日，包括春节、清明节、端午节、七夕节、中秋节、重阳节等 7 个以汉民族为主体的传统节日，京族哈节、傣族泼水节、锡伯族西迁节、彝族火把节等 26 个少数民族传统节日，农历二十四节气亦入选，此外还有马街书会、胡集书会、秦淮灯会、厂甸庙会、小榄菊花会等十几个传统地方节会。在此后公布的第二批(2008 年 6 月 14 日)、第三批(2011 年 6 月 10 日)、第四批(2014 年 7 月 16 日)国家级非物质文化遗产名录中，又先后有元宵节、畲族三月三、中元节、中和节、土家年、彝族年、望果节等 20 多个汉民族传统节日、少数民族节日及地方节会等入选。此外，还有大量节日入选省级、市级、县级“非遗”名录，此不赘述。2009 年与 2016 年，

① 参见李满营等:《传统节日在社会主义核心价值观建设中的作用》,《共产党员》2017 年第 24 期；胡培培:《传统节日何以成为思政教育的大舞台》,《人民论坛》2017 年第 34 期。

② 参见张志勇:《传统节日:滋养中国人精神的文化土壤》,《中国艺术报》2017 年 4 月 21 日。

③ 参见郭立场:《传统节日是滋养文化自信的沃土》,《中国教育部》2017 年 7 月 1 日。

④ 参见石书臣:《中国传统节日的民族认同功能》,《中国德育》2017 年第 2 期；高惠娟:《弘扬祖国传统节日　加强民族意识提升》,《学周刊》2017 年第 6 期。

⑤ 《让传统节日活在当下》,《光明日报》2018 年 8 月 18 日。

端午节与二十四节气又分别被列入联合国教科文组织人类非物质文化遗产代表作名录，即我们俗称的“世界级非物质文化遗产”[①]。

按照《中华人民共和国非物质文化遗产法》的规定：“非物质文化遗产，是指各族人民世代相传并视为其文化遗产组成部分的各种传统文化表现形式，以及与传统文化表现形式相关的实物和场所。”[②]但在一般理解中，凡入选“非遗”的即是“濒危的”、需要“保护”的，这也是当下非物质文化遗产保护运动的要义所在。因此，传统节日被列入各级非物质文化遗产名录，主要目的即在于对其进行更好地保护、传承与发展。为此，政府与社会各界采取了诸如设置法定节假日、举办展览等一系列相关措施，而这正是近些年来政府日益参与到传统节日运作中来的重要原因之一。

最近两年，围绕传统节日进行的相关保护活动中最“热闹”的非二十四节气莫属。虽然早在 2006 年二十四节气就入选了首批国家级非物质文化遗产名录，但保护热潮的真正掀起却是 2016 年 11 月 30 日其入选联合国教科文组织人类非物质文化遗产代表作名录之后，一定程度上我们将 2017 年称之为二十四节气的“保护元年”也不为过。为更好地保护与传承二十四节气，同时也为了更好地履约，从中央到地方、从政府到学界，均举行了一系列相关活动。中华人民共和国中央人民政府门户网站、教育部中国大学生在线网站、中国农业博物馆官方网站等都专辟了二十四节气专栏，对各个节气作了专门介绍。[③] 作为申报联合国教科文组织人类非物质文化遗产代表作名录的 10 个代表性传承社区所在地，即浙江衢州柯城、杭州拱墅、遂昌、三门，河南内乡、登封，贵州石阡，湖南安仁、花垣，广西天等，都在相应节气日时举行了隆重的庆典活动。如 2017 年 2 月 3 日，由中国农业博物馆、中国民俗学会主办，中共浙江省衢州市柯城区委、衢州市柯城区人民政府承

---

① “世界级非物质文化遗产”的说法其实是不确切的，因联合国教科文组织的人类非物质文化遗产代表作名录并没有级别之分；但受我国“非遗”保护四级分类与保护体系的影响，凡入选教科文组织人类非物质文化遗产代表名录的项目，在绝大多数人的心目中也即是“世界级”了。

② 中华人民共和国中央人民政府门户网站，2011 年 2 月 25 日，http://www.gov.cn/flfg/2011-02/25/content_1857449.htm。

③ 参见《中国政府网带你感知一年二十四节气》，中华人民共和国中央人民政府门户网站，http://www.gov.cn/zhuanti/2016jieqi/index.htm；《二十四节气》，中国大学生在线网站，http://www.univs.cn/class/special/jieqi/；《二十四节气》，全国农业展览馆、中国农业博物馆网站，http://www.ciae.com.cn/list/zh/solar.html。

办的九华立春祭在柯城区九华乡妙源村梧桐祖殿隆重举行。[①] 除此之外，江苏周庄、甘肃西河、福建连城等地，也都举行了诸如鞭春牛等节气习俗活动。展览方面，中国农业博物馆作为二十四节气全国"非遗"项目的申报保护单位，于2017年8月7日专门开幕举行了《人与自然相处的智慧——二十四节气专题展》。此外，浙江宁波、浙江省图书馆、北京北海公园、浙江衢州等也都举行了与二十四节气相关的展览活动，第九届浙江·中国"非遗"博览会也特别突出了二十四节气主题。学术研究方面，先后成立了中国民俗学会二十四节气研究中心、九华立春文化研究中心、三门冬至文化研究中心等机构。中国农业博物馆与中国民俗学会以及相关社区，召开"二十四节气"及其扩展项目的学术研讨会、学术交流会和论坛10多次，具体如"首届立春文化保护传承研讨会"(浙江衢州柯城，2017年2月3日)、"二十四节气"保护传承学术研讨会(安徽淮南，2017年3月28～30日)。此外，各地二十四节气进校园、二十四节气主题日等活动也时有开展。如2017年5月4日，南京农业大学农学院就举行了"以时间之书——二十四节气"为主题的"五四"主题团日活动；3月23日，中国农业博物馆组织的"二十四节气"展览走进北京密云北庄中学，开展巡展活动。

可以说，就当下的中国传统节日而言，可谓是挑战与机遇并存。一方面，受多种因素的影响，传统节日正面临着日渐式微的困境；另一方面，对传统节日中华优秀传统文化性质的认定及非物质文化遗产保护运动的开展，又为传统节日在当下的存续与发展提供了一个良好的机遇。但总体言之，可能挑战更大于机遇，如何真正重建民众对传统节日的内心认同与主体参与性、如何保持传统节日在当下的良好传承与发展并发挥其积极效用，仍旧是任重而道远。

四、作为"被消费品"的节日

节日具有天然的促进消费的功能，自古亦然。作为不同于平日的"非日常"日子，节日期间人们通常会一改平日"省吃俭用""节衣缩食"的做法，进行一系列的"大肆"消费活动，诸如：大吃大喝，饱尝口福；精心打扮，时髦穿戴；逸乐安身，休闲居住；潇洒行旅，赏心悦目；眷眷相思，欢欢团聚；礼尚往来，厚重馈赠；尽情玩乐，

---

① 参见《世界"非遗""九华立春祭"在浙江衢州举行》，人民网，2017年2月7日，http://society.people.com.cn/n1/2017/0207/c1008-29063699.html。

超凡享受;祭祀神祖,消灾祈福。[①] 在节日消费的刺激之下,到明清时期,在经济富庶的江南地区,节日消费品市场已初步形成,节日经济现象初露端倪,并在一定程度上拉动了日常消费品与节日消费品的生产和供应。[②] 不过,虽然如此,受传统时期生产方式、经济发展、交通运输、时间制度等因素的影响,节日消费与节日经济不论在地域范围还是整体规模上并不大,节日的"消费"特色相对并不明显。

20世纪90年代尤其是进入21世纪后,随着我们整体社会经济的发展,与传统节日呈现日渐式微态势不同的是,节日的"消费"特色日渐明显,节日经济现象日趋兴盛。而之所以如此,是由多种因素共同促成的。首先,如上所述,节日本身就有促进消费的功能,这是基础所在。其次,现代经济发展与节假日制度的实施,使人们变得越来越"有钱"与"有闲",由此节日期间的"疯狂"娱乐与消费成为可能。再次,现代工业生产方式使人们的劳作时间变得日益均质,不再有如传统时代那样的忙闲交替时间节奏,只能利用工作之余的节假日进行各种休闲娱乐与消费活动,虽然是"明知景区堵",也只能"硬往堵处行"。正因为如此,如今越来越多的人主张打破集中统一的休假模式,施行弹性休假制度。[③] 在节日消费与节日经济日趋兴盛的过程中,大众传媒又起到了非常重要的推动作用:利用连篇累牍地对节日主题(如圣诞节就该狂欢与激情)与消费类议题(如"大减价""让利"等)的报道,通过"替代"与"建构"两种方式对节日意义进行再生产,在不知不觉中实现了对节日"消费"主题的凸显。[④]

今天,节日消费与节日经济的兴盛主要表现在两个方面,即购物与休闲。首先,"买买买"已成为人们过节的一个重要方式,而各类商家也充分利用这一契机进行各种打折、促销与宣传活动,如七夕节时的"不一样的礼物,送给不一样的你""浪漫七夕节,情侣大优惠"等宣传口号,极大地刺激了人们的购物热情。其次,娱乐休闲,尤其是外出旅游成为当下节日的一大特色,小长假进行郊区或短距离的自驾游,国庆、春节长假则进行长距离的国内、国际游。总之,如今各类节日都已成为人们购物、休闲与各类商家及企业营销的高涨期,尤其是"十一"、春节黄金周

---

① 参见沈端民:《中国古代的节日消费》,《财经理论与实践》2000年第5期。

② 参见宋立中:《论明清江南节日消费及其经济文化意义》,《苏州大学学报》(哲学社会科学版)2006年第5期。

③ 参见张西流:《不妨施行弹性休假制度》,《陕西日报》2014年3月10日;罗芳:《基于旅游活动的我国现行休假制度的调整》,《忻州师范学院学报》2018年第2期。

④ 参见卞冬磊:《从仪式到消费:大众传媒与节日意义之生产》,《国际新闻界》2009年第7期。

以及“双十一”“情人节”“七夕”等节日。至于近些年“风起云涌”的各类新兴地方节会，作为“文化搭台，经济唱戏”的产物，活动举办的一大目的就是为提高地名知名度、促进地方经济发展，而活动举办期间的游客往来、产品销售等，更是会带来直接的经济收益。

节日消费市场的火爆，在此我们仅以2017年的几组相关节日数据为例以作说明。2017年春节，从1月27日到2月2日的黄金周，全国零售和餐饮企业共实现销售收入8400亿元。[①] 旅游市场方面，据国家旅游局发布的统计数字显示，国内旅游市场共接待3.44亿人次，实现旅游收入4233亿元，其中15个省份的旅游总收入均超过百亿元，广东更是以366.4亿元位列榜首。出境游人次超过600万，涉及全球85个国家和地区、1254个目的地城市，出境花费达1000亿元，这使中国春节成为全球黄金周。[②] “十一”国庆与中秋节8天假期，7.05亿人次的国内游，创造旅游收入5836亿元；出境游超600万人次，涉及全球88个国家和地区共1155个城市；8天的零售和餐饮销售额达1.5万亿元，使2017国庆和中秋黄金周成为名副其实的“超级黄金周”。[③] 2017年情人节，据携程网《2017情人节旅游消费报告》显示，情人节期间两人旅游消费平均超过6000元，其中55%的选择出境游，平均花费超过1.2万元，“旅游婚礼”游客量同比增长300%以上；玫瑰价格大幅度上升，北京、深圳、济南等地单支价格普遍达到数十元，进口玫瑰更是达到40～100元；华天、东方宾馆等酒店股票一度涨停，由此出现了“情人节概念股”这一名词。[④] 七夕亦是“浪漫经济”火爆，玫瑰价格大幅上涨、销量大增，仅饿了么平台的鲜花订单量即高达20万单，比平时增长了数千倍；餐厅订单量比平日增长了36%，主题餐厅日订单增长55%；电影票房上涨75%，且以两人观影为主，是单人看电影的8倍之多。[⑤] “双十一”期间，天猫、京东电商成交额再创新高。11月

① 参见《春节黄金周火热消费凸显中国经济潜力》，《人民日报》(海外版)2017年2月4日。

② 参见刘丽：《火爆！中国春节将成全球黄金周》，《经济参考报》2017年1月26日；李文：《中国游客春节境外花费将达千亿元》，《中国工商时报》2017年2月10日；《2017春节各省份旅游收入排行榜出炉15省收入超百亿》，央视网，2017年2月5日，http://jingji.cctv.com/2017/02/05/ARTIueuDmy3hluXM5O5gHiQp170205.shtml。

③ 参见《7.05亿人次出游零售和餐饮销售1.5万亿元——“超级黄金周”消费盘点》，中华人民共和国中央人民政府门户网站，2017年10月8日，http://www.gov.cn/xinwen/2017-10/08/content_5230129.htm。

④ 参见鄢光哲：《情人节旅游消费“虐狗大数据”》，《中国青年报》2017年2月16日；王阳等：《情人节花比肉贵　国产玫瑰假扮“进口”热销》，《经济参考报》2017年2月17日；钟恬：《华天酒店一度涨停　情人节又“浪漫一把”?》，《证券时报》2017年2月14日。

⑤ 参见陈婉：《七夕带火“浪漫经济”》，《环境经济》2017年第18期。

11日零点刚过,开场不到一分钟,海澜之家与耐克就几乎同时实现销售破亿元。短短24小时,成交额就达到了2953亿元,成为名副其实的购物狂欢节①,将当下节日的“消费”特性体现得淋漓尽致。

节日经济与节日消费热潮,对于促进整体国民经济及地方社会经济发展具有多方面的积极作用。1999年,国务院之所以修订《全国年节及纪念日放假办法》,对节假日放假制度进行改革,很大程度上就是为了扩大内需、刺激国内经济发展。从实际来看,很多节日也确实对地方经济发展起到了很大助力,如辽宁鞍山梨花节,就对拉动消费、促进旅游及相关第三产业发展、稳定就业、推动经济结构优化等起到了积极作用。② 正因为此,如今越来越多的人呼吁恢复“五一”黄金周。③从节日传承与发展的角度来说,商业化大大提高了民众对节日的参与度,因此在一定程度上有利于节日的传承,故有学者认为,在如今的全球化和现代化趋势下,节日文化与消费文化的结合,是让传统节日焕发新的生机的一个重要途径,能让节日在消费中实现节日与消费的双赢。④

不过,我们也必须要注意的是,节日消费的兴盛在促进经济发展和民众节日认同感与参与度的同时,也对节日产生了一定程度的影响与冲击。首先是过节方式的变化,这也是比较外显的一个层面。传统时期,除赶庙会等地方性节日活动外,在家中过节是最主要的方式,活动区域通常只限于村落社区或本乡本土,活动范围有限,群体规模也相对不大。如今受现代时间制度、生产方式与劳作模式⑤等因素的影响,“节日”越来越趋同于“假日”,成为人们外出旅游、购物休闲的重要契机——这也成为当下人们过节的最重要方式之一。尤其是外出旅游,使大量民众不再如传统时期那样集中于家庭所在之地,而往往会跨越几百几千公里,地域活动范围大为扩大。与此同时,大量的外出人群又会在短时间内在某个地方聚集

① 参见《2017“双十一”再次刷新纪录 阿里+京东交易额达2953亿元》,东方网,2017年11月12日,http://sh.eastday.com/m/20171112/u1a13417243.html。

② 参见李慧:《一个现代节日发明的经济意义——以辽宁省鞍山市千山梨花节为例》,《科技创新导报》2012年第25期。

③ 参见陈斌:《应恢复被消失的旅游购物热点“五一”黄金周》,《中国青年报》2015年9月17日;彭李科等:《基于全球化经济视角的恢复“五一”黄金周可行性探究》,《中国市场》2018年第17期。

④ 参见胡晓红:《传统节日:从民俗文化走向消费文化》,《中共杭州市委党校学报》2008年第5期。

⑤ 对于劳作模式于人们生产、生活等的影响,可参见刘铁梁:《劳作模式于村落认同——以北京房山农村为例》,《民俗研究》2013年第3期;蔡磊:《村落劳作模式:生产民俗研究的新视域》,《学海》2014年第4期;李向振:《劳作模式:民俗学关注村落生活的新视角》,《民俗研究》2018年第1期。

起庞大的“过节”人群，动辄上万甚或几十万，每逢清明、端午、中秋、国庆等节假日，高速拥堵与各旅游景点的游客爆满就是典型体现。如2017年中秋、国庆双假期，九寨沟不得不限制人群规模，额济纳旗的汽车根本开不动，丽江的一床难求，张家界的人流“团团转”，北京故宫的三大殿难见地面，鼓浪屿的一公里路程步行要花费数小时。[①]

娱乐化、休闲化等节日消费趋势的日益增强，还对节日产生了更为深层次的影响与冲击，即节日内涵与主题的变化。以传统节日为例，其不仅仅只是民众年度时间生活中的“节点”，还是具有“神圣性”[②]的时间节点，人们会在节日时进行诸多“神圣性”的活动。每个中国传统节日都有相应的代表性习俗活动，如春节的送旧迎新、迎神拜祖、亲友团聚、拜年贺正，清明节的扫墓祭祖、春游踏青，端午节的吃粽子、龙舟竞渡、避毒驱邪、祭拜屈原，中秋节的吃月饼、祭月拜月，与家人团聚等。在这些活动背后，又反映出传统中国人对自然时序、神灵信仰、先贤崇祀、祖先崇拜、亲情伦理、聚合团圆、家庭和睦、社会团结等的追求与尊崇，而这才是中国传统节日的最核心内涵。正是这些节日内涵与主题的存在，使节日成为中华优秀传统文化的重要载体，并在今天的社会文化建设中仍有积极作用的原因所在。正如中宣部等五部委在《关于运用传统节日弘扬民族文化的优秀传统的意见》中所说的那样：“传统节日，是中华民族文化的优秀传统的重要载体。要紧紧围绕节日主题，突出传统节日的文化内涵，充分展现和传承中华民族文化的优秀传统。在我国众多的传统节日中，春节、清明节、端午节、中秋节和重阳节最具广泛性和代表性，是我国最重要的民族传统节日。春节期间，要突出辞旧迎新、祝福团圆平安、兴旺发达的主题，营造家庭和睦、安定团结、欢乐祥和的喜庆氛围。清明节期间，要突出纪念先人、缅怀先烈的主题，引导人们正确认识和理解中华民族优良传统和革命传统，慎终追远，珍惜幸福生活。端午节期间，要突出人与自然和谐共处的主题，利用群众性文化娱乐、体育健身和科普宣传活动，增强人们的爱国情感，提高人们的科学意识。中秋节期间，要突出团结、团圆、庆丰收的主题，努力营造民族团结、国家统一、社会和谐、家庭幸福的节日氛围。重阳节期间，要突出敬老

---

① 参见《2017“十一”国内十大拥挤景区有哪些》，马蜂窝网站，2018年9月12日，http://www.mafengwo.cn/travel-news/218763.html?_t_t_t=0.8569360072724521。

② 在此，“神圣”不单是从神灵崇拜的角度而言的，而是形容崇高、尊贵、庄严与不可亵渎，表达的是人们对某事物、现象或行为的重视与尊崇之情。

孝亲的主题，大力弘扬尊老敬老的传统美德。”

如今，节日发展中消费性的日渐兴盛与娱乐至上观念的日益增强，正在使节日的原有内涵日渐消弭，其中的一个重要表现就是诸多“神圣性”的节日习俗不再被践行与遵从，随之附着于其上的精神内涵也就不复存在了。于是，2017年的法定节假日越来越由“节日”变为了“假日”。对很多人而言，清明、端午、中秋只是多了9天假期而已，而对这些传统节日有何节俗与精神文化内涵，人们则并不关注——购物、旅游等才他们所真正关注的。也就是说，当下传统节日的“神圣性”与精神文化内涵被大家忽视了。对传统节日的传承来说，这才是最致命的。如文军就认为，今天之所以“年味”越来越淡了，其中的一个重要原因就是无孔不入的消费主义意识形态，这使春节年俗在很大程度上演化成为“购物狂欢节”。[①] 传统节日外，其他节日亦面临着同样的问题。如外来节日母亲节，如今正越来越变成一个“送礼”的节日，各种打着“庆祝母亲节”的商业活动蓬勃发展，成为商业活动的极佳推销日。[②] 再比如现代节日纪念日“三八”妇女节，受消费主义的影响，今天被越来越冠之以“女神节”“女王节”等名号，诸多商家不断借势促销，使妇女节日益变为一个“消费节”。[③] 至于各种新兴地方节会，消费与经济基本上更是其唯一关注的主题了。

今天随着整体社会形势的变迁，节日的消费性特征得到了日益凸显，节日越来越成为商家推销各类物品与服务的最佳契机。与之相伴随，节日原有的内涵与主题被借用与挪用，成为商家宣传、销售的招牌与幌子，这使得今天节日的“神圣性”特性被日益消弭，不可避免出现了一种“异化”趋势。于是，节日本身也成了一种“被消费品”。

五、结语

以上，我们主要对2017年度中国节日文化当下发展与变化的几个面向做了简单的描述与讨论。从中我们可以发现，受多种因素的影响，当下的中国节日文

---

① 参见文军：《春节年俗变化的社会学反思》，中国社会科学网，2017年2月23日，http://ex.cssn.cn/sf/bwsf_sh/201702/t20170223_3427877.shtml。

② 参见邬维芸：《消费主义式的节日文化——以母亲节为例》，《美与时代》（城市版）2017年第2期。

③ 参见江德斌：《“妇女节”变“女神节”是消费时代的嬗变》，《证券时报》2017年3月9日；华智超：《不能消费“妇女节”》，《长江日报》2018年3月8日。

化确实正处于一个急速变化的时期。第一,节日的内容、形式日渐多元化,在传统节日之外,现代节日纪念日、外来节日、新兴民间节日、各种文化艺术节与社区文化节等,都成为当下节日文化的重要组成部分。第二,在节日主体日渐多元的同时,官方或者说政府日益成为节日建构的重要力量,并相应地对当下的节日传承与发展产生了不可忽视的影响。第三,在传统节日日渐式微的同时,"中华传统优秀文化"的性质认定与非物质文化遗产保护运动的兴起,亦为传统节日的保护与传承提供了良好契机。第四,消费特性的日益凸显,是为当下节日的一个重要方面,并进而对整体节日文化产生了影响与冲击。大体言之,对以上这四个方面的变化,我们可以用多元化、官方化、遗产化与消费化(商业化)来加以概括。值得注意的是,这四个方面之间也并非是孤立存在、毫无联系的,实际上它们是紧密相关与纠合的,或者在一定程度上来说是互为因果的。比如,正是出于对传统节日的保护与对地方经济利益的追求等原因,政府官方深度参与当下节日文化的建构。事实上,国家、社会与俗民大众的多方关注与参与,对于更好地传承与发展节日文化,具有重要的价值与意义。

2017 年度中国婚俗发展报告

刁统菊　邵凤丽*

统计数据显示："2017 年各级民政部门和婚姻登记机构共依法办理结婚登记 1063.1 万对，比上年下降 7.0%。"[①]依法办理离婚手续的共有 437.4 万对，比上年增长 5.2%。[②] 历年《社会服务发展统计公报》数据显示，结婚登记年龄在近几年也发生了变化，"晚婚"现象明显，如"2012 年之前，20～24 岁办理结婚登记的公民占结婚总人口比重最多。自 2012 年开始，25～29 岁办理结婚登记的公民呈逐年上升趋势。从 2013 年开始，25～29 岁办理结婚登记的公民占结婚总人口比重最多"，"85 后""90 后"人群成为适婚主力军。[③] 随着"85 后""90 后"追求个性化的一代人成为适婚主力军，中国婚礼习俗、婚尚趋势、筹婚花费等也发生了显著变化。

一、彩礼现状

早在周代，中国的婚俗文化中就有了"六礼"制度，包括纳彩、问名、纳吉、纳征、请期、亲迎。随着历史的发展，彩礼成为婚俗文化的重要组成部分，在人们的日常生活和习俗中产生深刻的影响。今天的彩礼就是由"纳征"演化而来，作为婚姻支付的一种形式，它被认为表达了男方求婚的意愿，同时又象征着双方婚姻关系的确立。近些年来，彩礼甚至成为传统婚俗中的陋俗的代名词，随着彩礼行情

---

* 刁统菊，山东大学儒学高等研究院民俗学研究所教授；邵凤丽，辽宁大学文学院副教授。

① 韩秉志：《晚婚现象或越来越常见》，《经济日报》2018 年 8 月 16 日。

② 参见《2017 年社会服务发展统计公报》，中华人民共和国民政部网，2018 年 8 月 2 日，http://www.mca.gov.cn/article/sj/tjgb/201808/20180800010446.shtml。

③ 参见定军、年可可：《"00 后"性别比例失衡加剧　男多女少或致结婚率继续下降》，《21 世纪经济报道》2018 年 9 月 5 日。

的不断上涨,出现了因婚致贫、高价彩礼引发的婚姻变故,甚至因索要高价彩礼导致的刑事案件。

天价彩礼与几种社会现象相关:第一个是“彩礼与光棍,彩礼比较高的地方,光棍相对比较少;反之彩礼较低的地方,光棍就比较多。第二个是彩礼与通婚圈,彩礼较高的地方一般还保留着传统的通婚圈。适龄男女多在本地找对象,只有少数人找外地对象。而彩礼较低的地方,传统通婚圈一般被打破,外地婚成为普遍的婚姻形式。第三个是彩礼与代际责任,父代对子代婚配责任较重的地方,一般彩礼也较重;而父代对子代婚配责任较轻的地方,彩礼也较轻。第四个是彩礼与外地婚,彩礼低的地方外地婚占主导,外地婚的特点是弥散性的,全国各地的都有,外地媳妇相互之间结不成团;而彩礼高的地方则会有集群性特征,一般是在本地结不了婚的男子娶我国云贵川或越南、缅甸等地的女子,这些媳妇被娶进来之后会聚集在一起结成类似娘家的一种结构。这就是说,彩礼与父代责任、通婚圈和光棍等现象相关。高彩礼与父代责任重、保留传统通婚圈及光棍少联系在一起,而低彩礼则与父代责任轻、通婚圈被打破及光棍较多相匹配”[①]。

(一)彩礼金额居高不下

2017年,婚姻彩礼方面,本已高昂的彩礼金额继续呈现居高不下之势。伴随着这一状况,高额彩礼所带来的婚姻、家庭以及经济、社会等各方面的问题也显露出来,各种由彩礼引发的负面新闻不断促使人们去正视与反思当今的高额彩礼问题。

先来回顾一下近70年来的彩礼变迁。20世纪50年代彩礼标准:“四个一工程”——床、脸盆、痰盂、热水壶,共14元,普通工人的一个月工资30~50元;60年代彩礼标准:“36条腿儿”——一个衣橱、一个柜子、一张桌子、四把椅子、一张床,共177元,60年代的工资与50年代的工资水平基本一致,但结婚成本却提高了10倍;70年代彩礼标准:“三转一响”——一台缝纫机、一块手表、一辆自行车、一台收音机,共500元,70年代的工资水平基本不变,结婚几乎要花掉一年的工资;80年代彩礼标准:“四大件儿”(老版)——一台冰箱、一台电视、一台洗衣机、一台录音机,共2300元,80年代工人的月工资在40~70元,个体户有时月收

① 中国呼唤大英雄:《“彩礼”南北有别的机制与逻辑》,新浪微博网,2017年2月22日,http://blog.sina.com.cn/s/blog_4c517a920102x086.html。

入上百元，然而结婚成本也在提高；90 年代彩礼标准："四大件儿"（新版）——一台彩电、一台冰箱、一台洗衣机、一台空调，共 15000 元，90 年代人们的工资差距拉大，有月收入几百元的，也有上千元的，然而结婚的成本却要 5～6 年的工资才可以；"到了 2014 年，彩礼标准变成了：'一万一'（万里挑一）；'三万一千八'（三家一起发）；'四万八'（四平八稳）；2015 年彩礼标准：'六万八'（顺发）；'八万八'（发发发）；'十万'（十全十美）；2016 年彩礼标准：'三斤三两'（由于人民币新旧程度不同，约合人民币 13.6 万～14.3 万）、'万紫千红一片绿'（'万紫'：10000 张 5 元的；'千红'：1000 张 100 元的；'一片绿'：600 张 50 元的，共计 18 万）、外加'一动不动'（'十八万'＋'一动'：10 万元以上的小轿车；'不动'：100 平方米以上的房子）"[①]。从近 70 年彩礼标准的变化可以明显看出，彩礼金额日趋上涨，对家庭经济产生重要影响，结婚逐渐成为一种经济负担。

海伦市位于黑龙江省中部地区，不到 30 年彩礼翻了 300 倍。"现在彩礼现钱就得 25 万～30 万，如果再买个车、在镇里买套房就得 50 万。"以海民村一位村民一家的年净收入 3 万元左右来说，攒上 10 年才可以把媳妇娶回家。"我们当年结婚时才 1000 多块彩礼钱，不到 30 年就翻了 300 倍。"彩礼不但逐年攀升，同时也引起了重排场、相互攀比的不良社会风气。尤其在一些贫困地区，彩礼严重超出居民所能承受和支付的经济范围，这一点甚至被视为较严重的社会问题，成为不少村民脱贫奔小康路上的"拦路虎"。调查数据显示，"近七成的东北农村居民表示当地彩礼在 10 万～20 万元，并且房子成为当地结婚的必需品"。与高昂的彩礼相比，东北农村地区家庭收入普遍偏低。在接受调查的东北农村居民中，"接近 70％的被调查者表示家庭年收入在 5 万元以下。而在黑龙江省某贫困县，当地的彩礼已高达 20 余万元，这其中不包含房子、首饰、家电等，全部加起来至少要 40 万元"。并且，还出现结婚"进城"的现象，甚至出现县城里的新楼盘被乡村居民集中购买的情况。[②]

世纪佳缘婚恋观调研报告显示，单身女性认为结婚时，男方应给的彩礼起步价金额平均为 69416 元。其中，华东与华北的单身女性对彩礼要求最高，分别平

---

① 半截皮带：《丈母娘你家女儿怎么"卖"？》，新浪博客网，2016 年 3 月 15 日，http://blog.sina.com.cn/s/blog_6e2ef5d60102w5z4.html。

② 参见惠金贷理财平台：《吃人的彩礼：30 年翻 500 倍，结婚"如同卖女儿"》，新浪博客网，2017 年 3 月 3 日，http://blog.sina.com.cn/s/blog_14d1728ae0102x4r7.html。

均为 80568 元与 80257 元，而云南省的彩礼平均水平则是 60000 元起。可见，彩礼金额也与经济发展水平有关，经济水平高的地区，彩礼金额也相对较高。

2017 年 9 月 24 日，江苏盐城市一女方家两度加价索 21 万彩礼事件引发热议。[①] 几次加价索要彩礼的行为，不仅增加了男方家庭的经济负担，也影响了缔结婚约两方的良好关系。

《时尚婚讯都市时报》走访调查了昆明市民对于彩礼的态度。张女士和丈夫王先生是老乡，“我们两家在同一个市场里做生意，各方面都很合适”。结婚前，男方家出钱买房，女方家买车，但在结婚前 1 个月，双方父母却因为彩礼给多少的事吵了起来。“我母亲说要 25 万元的彩礼。”张女士说，当时自己 25 岁，母亲认为 25 万元是一个有特殊意义的数字。但男方父母觉得，已经买了上百万的房子，房产证上也写了夫妻俩的名字，也算是给张女士的彩礼，结婚时再给个 8 万元意思一下就行。很快，双方父母就因为彩礼起了争执，张女士的母亲一怒之下要求女儿立刻与王先生断绝来往。[②] 中国自古结两姓之好，讲究门当户对，主要是指男女双方所在家庭的社会(经济)地位大致相当方适合缔结婚姻，因为婚姻并非单纯的男女两个新人结合，他们各自承袭了原生家庭的价值观念、生活习惯，新人门当户对才更容易产生共同语言、过上快乐的生活。案例中的新人在各方面都合适的情况下，仍然存在彩礼之争的问题，甚至因为彩礼问题影响结婚，可见彩礼问题已经成为目前中国婚俗中的不良风俗，产生了恶劣的社会影响，是亟待解决的社会问题。

(二)变相彩礼名目繁多

彩礼的收取方式花样繁多，并不仅仅局限于金钱这一种形式。从 20 世纪 50 年代的几尺花布，到改革开放后的“三转一响”(自行车、手表、缝纫机和收音机)，再到如今的房子、汽车，各种变相彩礼从未淡出人们的视野。尤其是近年来，房产、汽车等贵重财产越来越成为一种变相彩礼受到婚姻双方的重视。随着近十年来房价的持续走高，以房产作为彩礼给婚姻双方带来的负担也丝毫不亚于金钱彩礼。

---

① 参见《女方家两度加价索 21 万彩礼，男方：卖女儿？爱结不结》，《半岛晨报》2017 年 9 月 30 日，http://www.qzcns.com/qznews/2017/0930/500320.html。

② 参见《25 岁结婚要 25 万元彩礼，双方父母差点闹掰》，《时尚婚讯都市时报》2017 年 12 月 13 日，http://zj.qq.com/a/20171213/012029.htm。

如今的变相彩礼给农村娃娶媳妇施加了越来越沉重的负担。“爷爷娶奶奶用了半斗米，爸爸娶妈妈用了半头猪，我结婚却要了爹娘半条命!”在网络上，这样的段子虽是戏谑，却也道出了现实的无奈。在县城买一套房子，这在许多地方都成了女方嫁女的共同要求。这几年来汽车也成了安徽阜南县的一项变相彩礼，“很多家庭都要有汽车，而且是 10 万元以上的车，不然觉得没面子”。结婚之前，男方给女方买“三金”在阜南也是传统，但刘传国表示，除“三金”之外，苹果手机在当地似乎演变成了“第四金”。据介绍，当地很多女青年会要求男方购买价值五六千元的苹果手机，甚至平板电脑，花费过万十分正常。除了房子、车子外，安徽定远县炉桥镇的一位婚庆司仪曾在网上爆料称，当地曾出现男方结婚前必须给女方父母购买商业保险等现象。“一年保费在三四千元，要买 15 年甚至 20 年。”这位司仪认为，以此作为结婚前提，是一种变相彩礼。“因为现在多数人都会在婚约中提出男方要购房买车，所以如果男方没房，还会提供高达近百万的保证金给女方，作为买房的保证。”阜南县法院的一位法官表示，一些男方甚至借高利贷予以保证，并最终打起财产官司。[①] 变相彩礼，实际上是变着法子增加结婚负担，比现金彩礼更加折磨人。要房、车、流行产品等而不要现金的行为，显示出人们思想观念的变化，但事实上这也是一种攀比之风，不值得提倡。

河北衡水市也同样存在变相彩礼的问题。随着经济的发展、城镇化进程的不断加快，越来越多的农村青年选择进城务工，由此婚嫁消费也不断向城市看齐。到县城甚至衡水主城区买房，成了一部分农村女青年谈婚论嫁的首要条件，购买婚房成为男方最沉重的负担，占到结婚花费的 50%以上。一些老人在操办完儿子的婚事之后，喜庆之余带着满面愁容踏上了打工之路，目的是要挣钱去还为了娶媳所借的债。滨湖新区彭杜乡的一位村民跑了一辈子运输，早早给儿子在村里盖起了漂亮的二层楼，儿子的未婚妻却坚决要求到主城区买商品楼，并明确提出婚后不还贷款，否则就不结婚。没办法，老人只得用积攒了大半辈子的养老钱交了楼房首付。为了偿还每月 2500 元的房贷，50 多岁的老人开起了出租车，老伴儿当了保洁员。“汽车绝对是相亲的加分项”，即使没有驾驶证也要买一辆汽车，

① 参见《变相彩礼更可怕》，《安徽日报》2017 年 3 月 28 日，http://news.163.com/17/0328/11/CGK24 BAB00018AOP.html。

这成为结婚的标配。[①] 随着时代的发展,越来越多的人高呼结不起婚了。男方要给女方父母购买商业保险、给女方父母支付旅游的费用以及每个月的养老钱……这些变相彩礼,提高了结婚的成本,加剧了婚姻的压力,导致越来越多的适婚男女选择不婚或晚婚,长此以往,将导致出生率下降,劳动力人口减少等社会问题。

(三)“彩礼案”频发

近年来,随着高额彩礼问题的持续,高额彩礼所造成的各种社会问题和社会矛盾也越来越凸显出来。综观 2017 年度,因彩礼问题而发生的民事纠纷乃至刑事案件频发,继续引发着人们对彩礼问题的关注与反思。

根据专业法律裁判文书数据库的数据,2014 年 1 月 1 日至 2017 年 2 月 20 日,全国共有 9.8 万份提及“彩礼”的法律裁判文书,其中河南省以 1.8 万份裁判文书高居榜首。在彩礼案件中,离婚纠纷占比高达 54.5%,人们争执的焦点之一是彩礼返还问题,甚至还有因高额彩礼导致的刑事案件等。青岛市中级人民法院在 2017 年 3 月 3 日召开新闻发布会,通报了青岛法院近期“促进家庭文明十大典型案例”,“悔婚彩礼案”已是典型案例。[②]

彩礼问题已经严重威胁到男女双方的感情和婚姻关系的稳定,甚至也对社会稳定产生不良影响。2003 年 12 月 25 日,最高人民法院颁布了《关于适用〈中华人民共和国婚姻法〉若干问题的解释(二)》,其中第十条对彩礼的返还条件进行了法律规定:“(一)双方未办理结婚登记手续的;(二)双方办理结婚登记手续但确未共同生活的;(三)婚前给付并导致给付人生活困难的。”它的颁布为人民法院审理彩礼返还案件提供了法律依据。

返还彩礼所具备的条件有:“(1)必须是当地存在有缔结婚约时给付彩礼的社会风俗。如果当地没有此种社会习俗,所给付的钱物就不能认定是彩礼,因而也就谈不上返还的问题。属于男女之间交往中给付的钱物,法院在审理时具体情况区别对待。(2)彩礼的返还以是否缔结婚约为主要判断依据。给付彩礼后未缔结婚姻关系的,原则上应予返还彩礼;缔结婚姻关系的,原则上不予返还彩礼。

---

① 参见《衡水农村娃娶媳妇,楼房彩礼汽车压弯父母腰》,搜狐焦点网,2017 年 12 月 14 日,http://news.focus.cn/hs/2017-12-14/11691992.html。

② 参见《青岛法院公布十大家事案例“悔婚彩礼案”入围》,山东新闻网,2017 年 3 月 3 日,http://sd.dzwww.com/sdnews/201703/t20170303_15623973.htm。

(3)给付彩礼后,办理了结婚登记,双方并未在一起共同生活的,离婚时男方要求返还彩礼,应当支持。因为,双方登记结婚后,如没有共同生活,也就没有夫妻间相互扶养、共同生活的经历,实质意义上的夫妻生活并没有开始,在这种情况下不予返还彩礼有失公允。"[①]众所周知,伴随着经济的发展和生活水平的提高,彩礼金额也在逐年攀升,汽车和房产也成为彩礼的常见选择。由于彩礼涉及的金额太高,一旦双方在彩礼交付后不能缔结婚姻,那么彩礼的处置问题就会演变成经济纠纷甚至家族矛盾,最后导致越来越多的人选择将彩礼纠纷诉诸法院。彩礼案已经成为典型案件,由感情问题引发的社会问题,如果任由事态蔓延,会导致社会不稳定。因此,移风易俗,解决高额彩礼问题已迫在眉睫。

(四)"零彩礼"或将成为趋势

2017年,彩礼在总体上仍呈现出居高不下之势,由于彩礼的持续走高,其负面影响也越来越引起社会舆论与个人的注意。对于高彩礼的反思越来越成为一个社会性的议题。在这种形势下,一种不再重视彩礼甚至收取零彩礼的婚姻方式逐年呈现抬头之势,甚至可能成为新的彩礼趋势。

彩礼问题所引发的社会矛盾正日益受到关注,一些地区为此开展了多种行动进行整治。[②] 提到结婚,彩礼是永远绕不过的槛儿,"一动不动""三斤三两""万紫千红一点绿"……各种讨要"天价彩礼"的说法,动辄十几万二十万,让很多毫无积蓄的年轻人无法承受,因而这个负担直接转嫁给了父母。尤其是农村,有的家庭因为儿子结婚,可能倾家荡产,甚至还要借债。但是,我们在2017年陆陆续续从媒体报道中可以看到,从10月份开始,河北邯郸曲周、沧州河间、邯郸肥乡等地农村逐渐开始出现低彩礼甚至"零彩礼"结婚,引发社会关注和支持。越来越多的年轻人开始对高价彩礼极为反感,认为想要改变这种婚嫁陋习,就从结婚不收彩礼开始。有的新娘在婚礼前做的那个不同寻常的决定:不要男方一分钱彩礼,不要钻戒、轿车、"三金",不要高档电器、家具,自己要"零彩礼"嫁给新郎官儿!她最在意的是新郎对她的感情以及新郎的人品,"零彩礼"出嫁,并不意味着自我"贬值",

---

① 《彩礼返还之探究》,中国法院网,2014年2月17日,https://www.chinacourt.org/article/detail/2014/02/id/1215130.shtml。

② 参见《悔婚拒返彩礼被拘　这样的婚姻能幸福么?》,西陆网,2017年8月4日,http://www.xilu.com/news/huihunjufancailibeiju.html。

相反,越是独立的女人才越“值钱”。而且,“零彩礼”出嫁,可以减轻两个家庭的经济负担,何乐而不为?①

“零彩礼”也得到更广泛的社会支持。2017 年 5 月 7 日上午,在甘肃省陇南市西和县文化广场,汉源镇上山村的新娘正准备跟新郎参加一场特殊的集体婚礼。当日,陇南市首届“向高价彩礼说不”移风易俗新婚礼在陇南西和、礼县两地同时举行,50 对新人成为当地这场旨在倡导婚礼新风尚的第一批践行者。牛娜娜家以前是低保户,作为下岗职工的父母要抚养他们三个兄弟姐妹,经济上并不宽裕,“但父母从一开始就没想多要彩礼,正好村里开始宣传婚礼新风尚,父母随即决定积极响应”②。

11 月 4 日,河北河间一对夫妇的“零彩礼”婚礼之所以受外界关注,是因为这件事引发了很多人的共鸣,当前农村的结婚攀比之风不可取。河间市委书记尹卫江知道小夫妻移风易俗的事后,15 日下午来到他们的单位,送上新婚礼物和祝福。他表扬新娘在全市倡导的移风易俗文明活动中带了个好头,并号召全市青年向他们学习。③

12 月 16 日,在政府的倡议下,河北省 110 对来自农村的“90 后”青年身着传统礼服,携手走进婚姻殿堂,举行了一场以“新时代、新青年、新风尚”为主题的“零彩礼”集体婚礼,向“天价彩礼”说不。参加此次集体婚礼的一位新娘说:“对于节约俭朴的集体婚礼形式,我非常赞同,希望更多的青年能响应今天集体婚礼的号召,自觉抵制天价彩礼。”④

“零彩礼”得到更广泛的社会支持,一方面说明了高额彩礼确实对新家庭的建立造成了极大负担,另一方面这也与全国开展的移风易俗有关。但是,“零彩礼”

---

① 参见《河南这个地方彩礼只要 666 大家比谁家彩礼少》,《民生大参考》2017 年 7 月 21 日,https://www.henan100.com/news/2017/720712.shtml。《黄山:究溪一村民勇向婚嫁旧习挑战》,凤凰网安徽综合,2017 年 10 月 13 日,http://ah.ifeng.com/a/20171013/6063529_0.shtml。《“高彩礼”引关注,时代呼唤“零彩礼”》,《慈善公益报》2017 年 12 月 12 日,http://www.xinhuanet.com/gongyi/2017-12/12/c_129762710.htm。《曲周县“零彩礼”新娘火了》,《河北农民报》2017 年 10 月 19 日,http://nongmin.hebnews.cn/html/2017/toutiao_1019/25878.html。

② 《陇南:向农村高价彩礼说不》,中国农业新闻网,2017 年 5 月 8 日,http://country.cnr.cn/gundong/20170508/t20170508_523743845.shtml。

③ 参见《这位新娘结婚不要彩礼》,东快网,2017 年 11 月 21 日,http://digi.dnkb.com.cn/dnkb/html/2017-11/21/content_444373.htm。

④ 《不让喜事变“喜债”,河北百对新人“零彩礼”结婚》,央视网,2017 年 12 月 19 日,http://news.cctv.com/2017/12/19/ARTIy2FsEiBIWFKpK4HeS8Pi171219.shtml。

并非标志着农村已经移风易俗，而只能视为部分返乡青年对农村传统造成的冲击；这也反过来说明，要改变农村收彩礼现象，需要更多权利意识觉醒的年轻人。赵庆杰认为，现在随着社会转型发展的深入，男女平等意识更加深入人心，新的婚姻观念也必将到来，婚姻和彩礼也会慢慢回归本来面目，而不是过分地被物质所遮蔽。因此，“零彩礼”的出现也是一种必然，未来“零彩礼”、低彩礼或将成为一种趋势。①

综观 2017 年彩礼问题的发展趋势可以看出，虽然高额彩礼问题依然突出，但是随着高额彩礼引发的社会矛盾、社会问题越来越多地显露出来，人们对高额彩礼问题的深入思索和讨论也越来越频繁。在这样的大背景下，对高额彩礼采取新思维、新态度成为彩礼问题发展过程中的必然变化。但是，也应看到高额彩礼问题背后的深层的社会经济根源。只有标本兼治、管理与疏导并用，才能从根本上遏止高额彩礼的问题。

二、结婚花费日趋上升

近年来结婚花费始终呈上升趋势，虽然国家始终提倡节约、绿色的婚庆形式，呼吁减少铺张浪费，但结合社会总体经济发展状况、物价持续上涨、消费社会的形成及发展等因素来看，直至 2017 年，结婚花费情况依然表现为日渐上升的趋势。关于婚礼消费有这样一个顺口溜：“50 年代一张床，60 年代一包糖，70 年代红宝书，80 年代‘三转一响’，90 年代星级宾馆讲排场，新世纪特色婚宴讲个性。”可见，结婚花费节节攀升的问题仍然没有得到明显的改善。

（一）婚礼的花费逐年上涨

结婚花费的一个重要部分就是婚礼的花费。受到中国传统观念、攀比心理以及消费社会中商家的刺激等因素的影响，铺张浪费、大操大办等问题在 2017 年依然多见，婚礼花费自然是持续攀升。婚礼花费增加应该是每一个人都有的感受，即使没有举办婚礼，也可以从自己参加的婚礼或者各种权威数据调查中了解到。

中国婚博会结婚消费数据统计中心发布的各行业消费均价显示，对比 2012 年

① 参见段思平：《“零彩礼”婚姻折射个体权利觉醒》，《检察日报》2017 年 10 月 11 日。

和2017年的几项核心婚礼花费,婚纱摄影上浮了34%,婚宴酒店上浮了94%,婚庆上浮了33%,珠宝首饰上浮了22%,女士婚纱上浮了33%,男士礼服上浮了25%,婚礼百货上浮了19%。完成一场婚礼的平均花费(不含房、车、家装)更是达到了11.1万元,这一数字比2015年提升了19.8%。[①] 可以说,婚礼中名目不一的花费都在逐年上涨,这已经成为不争的事实。

根据中国婚博会机构的最新统计,目前"北京新人结婚花费平均约25万元,相当于处在平均月薪水平线(9791元)的北京年轻人两年多的工资总和。其中,婚宴酒店支出占比最大,达40.3%。'90后'对婚礼的日益个性化的需求催生了婚礼私人订制。中国婚博会在2016～2017年的订单显示,定制婚纱比例已从20%上升到45%"[②]。从婚博会的统计可以看出,婚礼的花费已经远远超过新人的经济承受能力;"90后"作为目前的适婚主体,更加追求个性化,这也同样增加了婚礼的花费。百合网市场调查数据显示,在云南,每年约30万对新人结婚,直接拉动结婚经济达200亿元。[③]

我国香港结婚信息媒体"生活易"公布《香港2017年结婚消费调查》,结果显示:2017年香港新人的结婚平均达33万港元,创下调查以来新高;"婚宴酒席"仍是结婚开支最大的部分,每对新人平均花费17万港元。该机构访问了1401位于2017～2019年结婚的新人,以了解准新人的总开支及消费模式。据统计,"今年每对新人平均开支33万港元,创下调查进行五年来的新高"。在婚礼开支中,首要消费仍然是"婚宴酒席",每对新人平均花费17万港元;第二是"戒指及首饰",平均消费6万港元;第三是"蜜月旅行",平均消费3.6万港元;第四是"婚纱摄影",平均消费2.3万港元。[④]

随着居民收入水平的不断提高,人们用在婚庆上的花费仍在持续增加。婚礼给年轻人带来的巨大压力,这些经济压力一方面是由传统的家庭观念导致的,父母由于各种原因,在儿女的婚礼上坚持"繁复的程序";除此之外,攀比、跟风等不

---

① 参见《婚嫁人数连续4年下滑但消费看涨　武汉结婚平均花费11.1万元》,网易新闻,2017年11月5日,http://news.163.com/17/1105/18/D2GEJN5Q000187VG.html。

② 《一场婚礼花费25万?!网友:我最近结不起婚了……》,浙江经视网,2017年12月4日,http://chuansong.me/n/2062245853123。

③ 参见《10万元许你一个浪漫婚礼,昆明半数婚礼花费为六位数》,云南网,2017年8月28日,http://yn.people.com.cn/n2/2017/0828/c378439-30662035.html。

④ 参见《香港调查:2017结婚总消费创新高　平均开支33万》,人民网,2017年12月5日,http://hm.people.com.cn/n1/2017/1205/c42272-29687866.html。

良心理也抬高了年轻人的结婚成本。把婚礼消费降到理性范畴，不仅是摆在消费者面前，更是摆在婚庆产业等相关行业面前的一道现实难题。

(二)婚宴浪费现象严重

在婚礼的种种花费中，婚宴的质量一直被人们所重视。婚宴的质量高低不仅关系到婚礼举办的顺利与否，而且也关系到婚姻双方家族的面子。因此，操办婚礼者往往会在婚宴上费一番心思，也甘心在婚宴上破费。但是，总体来看，婚宴的质量却往往并不让人满意，婚宴菜品酒水的浪费现象更是让人触目惊心。究其原因，一方面，婚宴之上亲友宾客往往应酬往来较多，许多菜品无暇及时食用，且婚宴人员流动性大，许多时候并不能保证每一桌都坐满，从而导致了浪费；另一方面，许多承办婚宴的酒店也因逐利心理等因素而忽视婚宴菜品的质量，甚至出现要价虚高等现象，这也导致了婚宴浪费的问题。从根本上看，婚宴操办方一味追求排场、追求攀比是婚宴浪费现象的重要根源之一。如何能够在婚姻双方家庭中树立文明得体、浪费可耻的新型婚宴观，是解决婚宴浪费问题的根本所在。

天津市烹饪协会提供的统计数字显示，有近八成的新人准备到酒店举办婚宴，酒店已成为举办婚宴的主流。虽然大家更愿意到酒店举办婚宴，但是数据显示，消费者对酒店婚宴的满意度不足 50%。不久前刚参加过朋友婚宴的王先生指出，虽说朋友婚宴是在星级酒店举办的，但感觉服务一般，菜品质量也一般，尤其是一些菜品上桌都凉了，菜品质量有的还不如中小餐馆。市民曹女士认为，从她参加过的婚宴来看，浪费现象很普遍，“一桌菜有的都没怎么吃就全扔了，太浪费了。这又跟平时家人到餐馆吃饭会主动打包不同，在婚宴上大家都不好意思去打包，但新郎新娘往往忙于迎来送往，顾不上打包就直接扔掉了”。一家酒店餐饮部门人士也表示，在婚宴上有不少浪费的现象，不仅是因为消费心理的原因，也有婚宴宾客数量变化大的原因，有的桌因为客人没有坐满，一桌菜没怎么动就直接浪费掉了。[①]

从一份“90 后”的婚姻花费总账上可以看到，“婚宴支出占整个婚礼的大头，占比是 40.3%。其他包括婚庆服务均消费 5 万元；蜜月旅游均消费 2.5 万元；珠宝首饰均消费 2.5 万元；婚纱礼服均消费 2 万元；婚礼用品均消费 2 万元；婚纱摄

① 参见《市民满意度不足 50%，酒店婚宴：光有面子远不够》，《今晚报》2017 年 8 月 11 日，http://www.dzwww.com/xinwen/guoneixinwen/201708/t20170811_16280763.htm。

影均消费0.8万元"[①]。婚礼的费用如果只依靠年轻人的收入远远不够,更多地需要依靠男方家庭的积蓄。但这种行为,不仅导致铺张浪费,还造成同学、同事、朋友之间在婚礼豪华程度上的盲目攀比。其结果往往是,一方面攀比风气盛行,奢靡之风愈刮愈烈,甚至导致因婚致贫;另一方面则造成了不必要的资源浪费。[②]

为什么"厉行节约,反对浪费"的呼声日益高涨,而婚宴价格却节节攀升,无度的浪费比比皆是?主要有三方面的原因:一是虚荣心作祟,要丰盛有余才显得隆重;二是错误的消费观念导致的,消费者认为奢靡和铺张意味着"成功"和"地位";三是酒店最低消费套餐所致,酒店向消费者提供的都是婚宴套餐,消费者只能对选中的套餐中的某些菜品进行更换,而不能改变菜品数及价格。

(三)份子钱被定义为"红色罚款单"

亲朋好友结婚本应是一件值得祝福和为其高兴的事情,但随着"份子钱""红包"金额越来越高,亲朋好友和邻居同事们的婚礼开始成为广大工薪阶层心中"避之不及"的负担。持续走高的份子钱,给人们造成不必要的经济负担的同时,也以赤裸的金钱往来不断消解着人们之间本已日渐虚弱的情感联系。

一份各地婚礼红包水平数据调查显示:"华东、华北地区红包规格普遍更高,浙江和上海当之无愧成了'最讲面子'地区,红包均价达到1000元,江苏、北京、山东等地区也高达800元。而以云南、广东为代表的西南部、南部地区,婚礼红包的规格相对较低,云南、广东只需要100元红包即可参加普通朋友的婚礼。西藏地区200元加上一条哈达,便是给新婚夫妇的礼物祝福了。"[③]从全国范围来看,整体上婚礼红包金额偏高,给普通工薪阶层带来较大的经济压力。

在结婚集中的日子,很多人都被贴满"红色罚款单"。例如,2017年10月5日被网友戏称为"近三年来结婚最好的日子",国庆撞上中秋,花好月圆人团圆,选择在国庆长假结婚的新人创历史新高,超长"黄金周"也成了"婚礼周"。但对很多人来说,这个假期钱包全被"红色炸弹"炸晕了,被领导、同事、好朋友的婚宴安排得满

① 《〈宁波日报〉:须知,婚姻幸福与婚礼是否豪华无关》,新浪博客网,2017年12月5日,http://blog.sina.com.cn/s/blog_4e9473da0102xzis.html。

② 参见《一场婚礼花费25万?! 网友:我最近结不起婚了……》,浙江经视网,2017年12月4日,http://chuansong.me/n/2062245853123。

③ 《全国"婚礼红包地图":浙江上海人均上千》,人民网,2017年10月4日,http://sh.people.com.cn/n2/2017/1004/c134768-30803057.html。

满的。"'红包炸弹'的确伤人,但份子钱还是要给,为的就是一份感情。"[①]有人奔波于不同的城市参加数场婚礼,"现在随份子的行情也涨了,两三百块钱也拿不出手啊","一个月的工资都不够随份子钱的",特别是没有什么积蓄的工薪阶层,不去参加婚礼又怕断了朋友感情,送少了又怕亲朋好友有想法,无奈只好咬牙送礼,这个月只得向父母伸手求援了。有的甚至只好向父母要钱随礼。[②] "红色罚款单"是一种变味的风俗,已成为人们的一种精神负担,成为全社会的一大难题,由此带来的负面影响值得警惕。

三、多样化的婚礼形式

近年来,婚礼形式越来越多样化。曾经单一的婚礼形式越来越无法满足年轻人追求新颖时髦的需求,另外,国家和社会对环保节约的新型婚庆观的不断提倡,也使得过去一味追求排场、铺张浪费的婚礼形式受到了冲击。此外,传统文化的逐渐升温,也使人们越来越乐于选择具有明显传统文化气息的传统婚礼形式。

(一)集体婚礼

集体婚礼作为一种新型婚礼形式,有着集中资源、节约环保、时尚浪漫的优点。此外,多对新人共同完成婚礼庆典,也很容易比普通的只有一对新人的婚礼更加庄严、更有喜庆的气氛,也更有仪式感。2017 年的集体婚礼,多以校园、社区、企事业单位及公司为单位,以同学校友、街坊邻居、同事工友关系为纽带进行,实际上也起到了加强社群情感联系、提升凝聚力的作用。

1. 校园集体婚礼

校友在大学校园举办集体婚礼,成了各所大学一道独特的风景线。

2017 年 5 月 20 日的南京大学鼓楼校园,学校庆祝 115 周年建校纪念,115 对

---

① 《赶婚宴、忙结婚"十一"长假忙"婚"了》,《辽沈晚报》(鞍山版)2017 年 10 月 9 日,http://liaoning.nen.com.cn/system/2017/10/09/020127124.shtml。

② 参见《"红色炸弹"让过节变过劫》,《长春晚报》2017 年 10 月 9 日,http://ccwb.1news.cc/html/2017-10/09/content_541524.htm。《花好月圆"婚礼周",你收到几张"红色罚款单"》,金羊网,2017 年 10 月 10 日,http://news.dayoo.com/guangdong/201710/10/139996_51850809.htm。《婚宴招待"红色罚款单"让市民钱包瘪一半》,千龙网,2017 年 10 月 9 日,http://m.sohu.com/a/196897244_161623。

南大校友也要在这一天共同许下相伴一生的誓约。[①] 2017 年 5 月 21 日,15 对均来自成都一所高校工程造价管理专业的大四毕业班学生情侣在重庆某景区举办了一场特别的集体婚礼。[②] “东北大学每年 5 月举行的校友集体婚礼甚至已成为该校的一张‘浪漫名片’。5 月 28 日,45 对校友回到校园,在母校师生的见证下完成了人生的重要仪式。45 对新人来自辽宁等 10 个省市,最远的是从英国赶回来参加婚礼的。”[③]10 月 21 日,福州大学举行“福聚旗山,大美汉韵”2017 年校友集体婚礼,22 对新人身着汉式服装在家人、老师和学弟学妹的见证下,举行了一场庄重的汉式集体婚礼。[④] 11 月 5 日,“缘梦华园”2017 华侨大学校友集体婚礼在泉州校区陈嘉庚纪念堂前的草坪举行,28 对华大校友,在众多师生、亲友的见证下,许下相伴一生的誓言,向彼此托付未来幸福的人生。[⑤] 回母校参加集体婚礼,逐渐成为浙江大学独具特色和魅力的校园文化。新人与师长分享人生最美好、最幸福的时刻,是心系母校的缘分,更是不忘初心的信念,充分体现了母校与校友的深情厚谊,体现了母校与校友对美好生活、美好事业的共同追求,象征着母校与校友事业欣欣向荣、兴旺发达。[⑥]

校园婚礼的形式有助于帮助青年学生树立正确的爱情观、婚姻观,也体现了母校对毕业生的悉心关怀,增强了同学们对于母校的怀念和感情。

2. 社区集体婚礼

除了校园集体婚礼,各社区也积极组织新人参加社区集体婚礼,同样有庄重的气氛、热烈的祝福,也能促使新人热爱地方文化、积极投身于社区建设和发展。

5 月 20 日上午,共青团郑州市委联合郑东新区团工委、博学路办事处在郑东

---

① 参见《从好到美好　2017 南京大学校园集体婚礼浪漫举行》,新华报业网,2017 年 5 月 23 日,http://js.xhby.net/system/2017/05/23/030680731.shtml。

② 参见《成都“最有爱”班级:43 人 15 对情侣,毕业旅行变集体婚礼》,成都晚报微博,2017 年 5 月 24 日,https://www.thepaper.cn/newsDetail_forward_1692500。

③ 《沈阳:45 对校友上演　浪漫校园婚礼》,东北新闻网,2017 年 5 月 31 日,http://liaoning.nen.com.cn/system/2017/05/31/019888024.shtml。

④ 参见《福州大学上演汉式集体婚礼》,中国新闻网,2017 年 10 月 21 日,http://chinanews.com/tp/2017/10-21/8357690.shtml。

⑤ 参见《华侨大学举办“缘梦华园”2017 校友集体婚礼》,中国高校之窗,2017 年 11 月 6 日,http://www.gx211.com/news/20171106/n15099460597812.html。

⑥ 参见《2017 浙大校友集体婚礼举行》,校友总会,2017 年 11 月 15 日,http://zuaa.zju.edu.cn/news/view?id=6698。

新区智慧岛龙子湖公园举办“美丽郑州牵手幸福”2018 郑州青年集体婚礼。[①]

7 月 23 日，一场主题为“军旅风 · 献给最可爱的人”集体婚礼在金昌盛大举行，来自兰州、武威、张掖、酒泉等地的 42 对驻地部队官兵、武警官兵和公安干警一起举行婚礼。[②]

9 月 23 日，在珠海市斗门区白蕉镇南澳区举办的斗门区第六届“水上婚嫁”集体婚礼，16 对新人共同开启了人生新篇章。集体婚礼中还有沙田民歌比赛以及水上婚嫁特有的“祭龙王”仪式。“沙田民歌赛场布置在河面上，歌手立于木船上开始对歌，南澳村瞬间歌声悠扬，呈现了疍家人水上对歌的原生态情境，为婚礼增添了浓浓的疍家风情。花船行经沙田民歌比赛现场，活动高潮呈现，水乡味十足的沙田民歌和婚庆歌曲交汇迂回，构成了亮丽动人的水上视听民俗文化盛宴。”[③]

12 月 16 日，由西安市妇联、市文明办等主办的“西安最美家庭评选”活动启动仪式暨“爱 · 西安”2017 城墙集体婚礼在南门瓮城隆重举行。参加活动的 99 对夫妻穿汉服、执古礼，在亲朋好友的见证和祝福下，庄严地许下爱情誓言。[④]

社区组织的集体婚礼，对发展当地文化，增强社区的凝聚力有重要的现实意义，既让社区的新人感受到了家的温暖，又加强了社区的文化建设。

3. 企事业单位集体婚礼

以节约和气氛更为肃穆的优势，集体婚礼也蔓延到企事业单位。单位自行组织集体婚礼，不但大大节约了员工置办婚礼的费用和精力，同时也减少了同事内部攀比等社会不良风气的发生，并以单位从业背景为基底，容易密切新人和单位之间的联系，增强单位的凝聚力，有助于提升单位的工作效率。

比如，徐工集团在具有特别含义的 5 月 20 日，为 19 对新人举办集体婚礼。[⑤]中原铁道则在特殊的地点——郑州的黄河岸边，以炎、黄二帝为鉴，以中原铁道为

① 参见《郑州青年集体婚礼举行：最深情的告白是陪伴》，《郑州晚报》，2017 年 5 月 20 日，http://hn.ifeng.com/a/20180521/6590676_0.shtml。

② 参见《2017 全国网络媒体甘肃行走进金昌 邂逅“军旅风”集体婚礼》，每日甘肃网，2017 年 7 月 26 日，http://jc.gansudaily.com.cn/system/2017/07/26/016772216.shtml。

③ 郑振华、张帆：《德国博士南澳抱得美人归》，《珠海特区报》2017 年 9 月 24 日。

④ 参见《2017 城墙集体婚礼在西安市南门举行 99 对夫妻许下爱情誓言》，西安新闻网，2017 年 12 月16 日，http://www.cnr.cn/sxpd/jd/20171216/t20171216_524064633.shtml#3。

⑤ 参见《徐工集团举办“情定徐工 · 相约百年”2017 年大型集体婚礼》，中国工程机械商贸网，2017 年 5 月 22 日，http://news.21-sun.com/detail/2017/05/2017052208192259.shtml。

证，为46对新人举行传统的中式婚礼。[1] 福州市总工会连续8年举办新福州人集体婚礼，为来自全国各地的百对新人举行集体婚礼，也寓意着他们成为福州的一分子，增强了新人的地域认同感。[2] 中建五局华东公司以16辆新能源共享汽车为新人举行集体婚礼，既节能环保，又满足了当代青年人追求个性化的心理。[3]

(二)回归传统的婚礼

中国传统婚礼不仅有独特的服饰，也传承着中国传统的婚姻、家庭、天人关系等价值观念。传统婚礼在观念寓意上，更加强调男女双方所在家族的整体和谐与结合，注重社会关系的重构与整合。从婚纱的流行到中式服装的复宠，我们就已经充分感受到中国传统婚俗的复兴，这意味着中国传统风俗重新得到认同，更意味着中国传统文化逐渐走向复兴。[4] 传统婚礼在当今社会的勃兴，体现了一种传统文化精华与现代意识的有机结合，传统与当下互相替换、互相吸引又互相改造甚至共通发展的张力关系。

百合网《2017中国人婚礼状况调研报告》显示，对于婚礼仪式的风格，中式婚礼得人心，居住在陕西(51.8%)、四川(46.2%)和江苏(40.6%)的人最爱中式婚礼。上海居民对西式婚礼尤为热衷(47.6%)。中西混合婚礼最受广东居民青睐(35%)。[5] 整体来看，除了上海之外，大部分地区更愿意选择具有中国传统文化特征的中式婚礼。

中式婚礼主要有传统的汉唐婚礼、各具特色的民族婚礼等。比如，湖南省的苗族婚礼，在发亲前，婚礼主持人手持红伞为新娘祈福。因为苗族人婚礼时用红伞代替红盖头，而伞与"散"谐音，取开枝散叶之意，同时伞能为人遮风避雨，寓意

---

① 参见《喜庆！郑州46对情侣雨中举行集体婚礼》，《大河报》2017年9月27日，http://henan.163.com/17/0927/10/CVB71H0Q04398DMR.html。

② 参见《2017年新福州人集体婚礼举行》，中国新闻网，2017年11月3日，http://www.chinanews.com/tp/2017/11-03/8367935.shtml。

③ 参见《中建五局华东公司十六对新人举行共同婚礼》，人民网，2017年11月25日，http://zj.people.com.cn/n2/2017/1125/c228592-30963058.html。

④ 参见《刘湘萍：中国传统婚礼习俗的"复兴"》，新浪博客网，2015年7月30日，http://blog.sina.com.cn/s/blog_ed7c1b090102whd7.html。

⑤ 参见《2017中国人婚礼状况调研报告》，百合网，2017年3月10日，http://www.docin.com/p-1984961333.html。

为新娘遮风挡雨。除此之外，还有拦门对苗歌、倒拦门酒等苗族婚俗。[①] 云南大理的一对新人，新娘来自巴西，新郎是大理凤仪人。他们的婚礼按照中国传统的汉代婚礼举办，新郎、新娘身着大红色的汉服，婚礼充满中国婚俗的红色元素。[②] 泉州的一对新人，他们的婚礼不仅有中国传统婚俗的元素，还复原了闽南传统婚俗。新郎骑着马，新娘坐着花轿，迎亲队伍规模浩大，有迎亲牌、乐队、姓氏灯、轿夫等，婚礼按照闽南传统婚礼习俗，有“喷轿角”“换扇”“踢轿门”“跨火盆”“拜堂”“奉茶”等仪式。[③]

中式婚礼的流行主要有四个原因：一是中国传统文化走向复兴；二是西式婚礼千篇一律，缺乏新鲜感；三是中式婚礼更具文化气息，并且具有个性化特征，符合当下年轻人的消费思想；四是中式婚礼和西式婚礼各举办一场时，一般先举办中式再举办西式。

（三）个性化婚礼

现在，婚礼已经进入了创新和寻求突破的时代，主题婚礼、中式婚礼、西式婚礼甚至户外草坪婚礼等特殊形式的婚礼不断推陈出新[④]，年轻人在日期的选择、跟拍录制、鲜花道具，甚至礼服配乐上都要求“个性化”订制。

2017 年 9 月，黑龙江哈尔滨西站站台上举行了一场特殊的高铁婚礼。一对新人要赶到大庆去举办婚礼，而这趟白色的动车组，就是他们的婚车。“穿着白色婚纱乘坐洁白的动车组，这简直和童话故事一样。年轻人就想给自己一个独特的婚礼，来纪念这个人生中最重要的日子。坐着高铁去结婚，绝对与众不同，我觉得我们的婚车绝对是最浪漫的。”新娘马妍高兴地说。[⑤] 除此之外，还有马拉松婚礼，新人因长跑而结缘，因此采取这种特殊的婚礼形式，来见证自己的爱情。在新

---

① 参见《十八洞村上演苗家婚礼》，新华网，2017 年 2 月 6 日，http://dezhou.dzwww.com/pic/201802/t20180205_16360454_8.html。

② 参见《云南小伙迎娶洋媳妇，家乡办传统汉服婚礼满满中国元素》，腾讯新闻，2017 年 3 月 26 日，http://op.inews.qq.com/m/20180326A0G1CA00? refer=100000355&chl_code=yunnan&h=0。

③ 参见《泉州：复古婚礼再现“海丝”古城》，东南网，2017 年 5 月 2 日，http://fjnews.fjsen.com/2017-05/02/content_19458943.htm。

④ 参见《十年婚礼变奏曲：从豪华婚礼回归简约“素婚”》，中国网，2010 年 10 月 11 日，http://www.china.com.cn/news/txt/2010-10/11/content_21097219.htm。

⑤ 参见《他们的婚礼不一般——坐着高铁接新娘》，新华网，2017 年 9 月 9 日，http://news.163.com/17/0909/16/CTTGIFMJ00018AOQ.html。

郎看来,跑步让自己更加放松,也非常希望通过这种方式,来倡导低碳绿色的出行方式。[①]

(四)"零废弃"婚礼

近几年,随着低碳环保的理念越来越普及,一股绿色之风也刮进了人们一生中最重要的盛典仪式——婚礼中。为了践行这一理念,很多新人会特意安排一些环节,比如用电子邀请卡代替纸质请柬,用自行车代替豪华大奔,用集体婚礼代替个人婚礼等,既节约又环保,既时尚又绿色。

2017年10月,一对新人决定举行"零废弃"婚礼。山楂和柿子组成了"喜"字背景墙,寓意"红红火火""好柿连连";彩色废弃布头编织成精美的胸花,片片落叶也代替了鲜花铺就婚礼"地毯";旧纸板制作的引路牌和标志牌;环保布袋做"伴手礼"……这场特别的婚礼,其热闹和喜庆程度不仅不输传统仪式,而且整个过程对环境几乎没有造成负担,既浪漫又实际,既"奢华"又节俭。新人说:"这是我所希望的婚礼形式,如果能让人从中得到感悟或推动某些改变,那我就更开心了。"[②]

由于婚礼是人们一生中极其重要的关口,多数人还是不惧高花费,希望能在热闹、隆重的气氛下接受亲友们的祝福,但这样的"绿色"婚礼毕竟已经开始在年轻人中出现,并且他们有将此环保理念主动感染别人的良好意识。

四、国家和政府部门继续加强对婚俗的移风易俗

婚俗中始终存在诸如高额彩礼、低俗婚闹、铺张浪费、大操大办等负面现象。2017年,这些负面现象持续发酵,已经直接或间接地导致了不少社会问题的产生。要应对这些婚俗中的不良现象,只靠社会舆论的呼吁和个人的觉悟是远远不够的,还需要国家和政府发挥其在移风易俗中的强力作用,加强对不良婚俗现象的遏止、对文明和谐环保的婚俗理念的倡导。2017年,国家和政府继续对婚俗进行积极健康的引导,采取如发挥村规民约的导向作用、制定彩礼指导标准、成立红

① 参见《仙居:婚礼"撞上"马拉松　新娘穿着婚纱跑步嫁给他》,台州在线,2017年12月2日,http://www.576tv.com/program/334710.html。

② 《"零废弃"婚礼引领新风尚》,中国环境网,2017年10月18日,http://www.cenews.com.cn/xzb_3498/201710/t20171018_854476.html。

白理事会、移风易俗动员会等措施，加强对婚俗的移风易俗，取得了一定的成效，对我国婚俗的文明健康发展具有积极的作用。

(一)婚俗管理政策出现新变化

彩礼负担过重，已是不容忽视的社会事实。针对这一社会问题，2016年11月28日，中宣部、中央文明办召开会议，部署推动移风易俗、树立文明乡风工作，并下发《关于推动移风易俗树立文明乡风的工作指导意见》，要求把"反对铺张浪费，反对婚丧大操大办"作为农村精神文明建设的重要内容。[①] 此后，一些地方政府也出台有关移风易俗的实施意见，开始着手遏制"天价彩礼"。

1. 发挥村规民约的导向作用

"村规民约是根据相关法律、法规、政策，结合本村实际，制定的涉及村风民俗、社会公共道德、社会管理、精神文明建设等方面约束规范村民行为的一种规章制度。"[②]中国农村的法治发展史是一部村规民约的发展史，最早记载中国礼仪规范的《周礼》中就有乡里敬老、睦邻友善等约定性习俗。从理论角度而言，村规民约是村民自治制度的重要组成部分，是法律之外规范千家万户的道德准则，同时也是乡村治理的重要工具。它凝聚了村民共同的价值观，与他们的生活息息相关，因此既容易得到群众支持，在执行中又容易落实到位，能够取得立竿见影的治理效果。[③] 目前，多地已修订《村规民约》，采取试点的模式，实现村规民约的导向作用。

第一，各村成立移风易俗工作小组，建立健全了红白理事会章程、办理流程、村规民约等。实现了移风易俗工作有人抓、有人管，确保工作有成效。第二，依法依规成立婚介机构，对婚介人员实行登记备案管理，加大对"黑中介""不良媒婆"的打击力度。同时，还要对婚介人员进行教育管理和业务培训，曝光一批"黑媒婆"哄抬彩礼以及婚丧喜庆大操大办等反面典型，树立婚事新办、丧事简办等先进典型，提高群众思想认识，逐步树立文明乡风。第三，用通俗直白的语言反对婚宴酒席大操大办、铺张浪费、互相攀比等行为。第四，发挥党员带头作用，出台《全县党员、干部和公职人员带头"杜绝天价彩礼及反对大操大办、打击非法婚姻树立文

① 参见丁艳：《河南柘城移风易俗有实招》，《光明日报》2017年4月2日。

② 陈梨媛：《我市村规民约(居民公约)正在"发力"》，《内江日报》2015年3月12日。

③ 参见马丽娅：《共同立约共信共行》，《中国社会报》2018年7月6日。

明乡风”有关纪律规定》，要求党员干部签订责任状，承诺带头抵制高价彩礼，不参加收受高额彩礼的婚宴。第五，提倡结婚庆典、不向没有亲属关系的人员发请帖，有自愿祝贺随礼的，礼金标准不超过 100 元，不参加宴请等。[①] 这些移风易俗活动，对积极推进农村文明建设，破除根治陈规陋习有重要的现实意义。

2. 制定彩礼等指导标准

彩礼金额过高一直是热门话题，引起广泛的社会关注。早在 2015 年，四川省金阳县就出台了《金阳县人民政府关于遏制婚丧事宜高额礼金和铺张浪费之风的实施细则(试行)》，该文件以 10 条刚性规定，遏制婚丧高额礼金和铺张浪费之风，规定“婚嫁礼金总额不得超过 6 万元；婚嫁中送亲接亲车辆不得超过 6 辆”[②]等。一些地方对此还有更为具体的规定。

1 月 4 日，河南省台前县下发《农村红白事标准参照指导意见(征求意见稿)》，明确了对彩礼、酒席等标准的具体要求：“彩礼总数控制在 6 万元以内，不执行要被惩戒”[③]，“喜宴酒席控制在 10 桌以内，每桌不超过 12 个菜，烟每盒不超 10 元，酒不超 30 元；迎亲车辆总数不超 6 辆”[④]。

1 月 6 日，河南省栾川县在全县开展“推动移风易俗，树立文明乡风”主题活动。提倡“婚事新办、喜事廉办、白事简办、小事不办”，明确了红白事参照标准：红事宴请最多不超过 20 桌；本村乡亲随礼一般控制在 50 元之内，最高不超过 100 元。[⑤]

地方政府以红头文件形式，出台一个“彩礼指导标准”，初衷是为了杜绝攀比之风，减轻村民负担，符合人们的期望，具有强大的群众基础。但“彩礼指导标准”

---

① 参见《平凉庆阳两地市委书记计划联合行动，整治农村“天价彩礼”乱象》，《平凉日报》2017 年 11 月 12 日，http://m.sohu.com/a/203933747_180784。《福清市移风易俗除陋习培育文明乡风》，《福清侨乡报》2017 年 3 月 29 日，http://www.fj.xinhuanet.com/j iceng/2017-03/29/c_1120718383.htm。《横峰抵制天价彩礼树新风》，新华网，2017 年 12 月 20 日，http://news.cqnews.net/html/2017-12/20/content_43507030.htm。《莒南：道口镇三措并举深化移风易俗》，临沂文明网，2017 年 11 月 22 日，http://ly.wenming.cn/xywm/junan/201711/t20171122_4887333.html。《让移风易俗“实起来”》，长城网，2017 年 5 月 3 日，http://news.hebei.com.cn/system/2017/05/03/018133364.shtml。

② 韩丙锐：《红头文件管婚丧嫁娶：权力任性还是无奈之举》，《决策》2016 年第 4 期。

③ 张志龙、陈尚营、双瑞：《多地划 6 万元彩礼红线“硬杠杠”能否管住“穷讲究”?》，《农村・农业・农民》(B 版)2017 年第 2 期。

④ 《彩礼指导标准》，《西安晚报》2017 年 1 月 5 日，http://news.163.com/17/0105/04/CA07VISB000187VI.html。

⑤ 参见《移风易俗的“一号文件”是剂良方》，《工友》2017 年第 2 期。

很难真正执行下去,指导性的"彩礼指导标准"有可能演变成强制性的"彩礼指导标准",进而引发更多的纠纷和矛盾。

3. 成立红白理事会

河北各地乡村成立"红白理事会",廊坊市大城县平舒镇油房村早在 2010 年就筹建了红白理事会,有效遏制大操大办之风;定州市开元镇针对出现的婚丧嫁娶大操大办、"人情消费"愈演愈烈等现象,成立了红白理事联合会。目前,全镇 21 个村也分别成立了红白理事会。在湖南邵阳双清区,"喜事新办、丧事简办,对婚丧喜事的宴请人数和桌数,违约处理方式等做出明确要求。由村党员干部或德高望重的人员担任红白理事会负责人,全面监督工作落实,逐步改变大操大办、讲排场、比阔气的不良风气"①。

红白理事会在婚丧简办上发挥了积极作用。在河北省曲周县,"西河道村支部牵头成立红白理事会,把婚丧嫁娶等事宜管了下来。谁家要是想摆排场,红白理事会先进行劝说;劝说不听的,红白理事会就号召所有帮忙的人撤出,遵守规定才会帮办操办。截至目前,全县 200 余个行政村由村支部牵头成立了红白理事会,根据不同村情实际制定村民公约,农村女青年以'不要彩礼,少要彩礼'为荣,自觉节俭、抵制陋习、倡行新风的文明社会氛围日渐浓厚"②。

农村红白理事会通过对婚丧嫁娶仪式的操办,大大减少了农村红白事攀比浪费现象,降低了村民在红白事上花费的时间和金钱,对引导农村社会风气的走向有积极的作用。通过科学的领导、积极的宣传以及正确的内部改造,红白理事会能够引领民主科学健康的新社会风气,推动农村精神文明建设。

4. 举办移风易俗动员会

为推动移风易俗,树立文明乡风,引导广大党员干部和群众更新思想观念,革除陈规陋习,推动社会风气向善向上向好转变,很多地区举办移风易俗动员会。

定陶区黄店镇在政府会议室里举办了一场别开生面的移风易俗培训会,该培训会以发生在区领导身边的生动事例,向来听课的各村干部、红白理事会成员及村民代表讲述大操大办婚丧事的危害性。除此之外,一些地区发出"抵制天价彩礼·倡导婚嫁新风"动员令,把开展移风易俗等专项整治情况列入镇村干部绩效考评内容,实现逐级召开动员会、层层签订承诺书、村村悬挂宣传横幅、多村成立

① 杨德成:《湖南邵阳双清区开展移风易俗乡村文明建设》,《中国产经新闻》2018 年 6 月 21 日。
② 霍文龙:《曲周婚事新办丧事俭办树新风》,《河北经济日报》2018 年 1 月 4 日。

红白理事会，在全镇掀起革除婚嫁陋习、抵制"天价彩礼"专项整治活动热潮，营造出浓厚的整治氛围，主动接受社会各界的监督，狠刹"天价彩礼"陋习。[①]

推动移风易俗，建立文明乡风，要切实引导广大农民崇尚科学文化，破除封建迷信，要坚持正面引导，发挥村规民约的导向作用；重在建设养成，重在群众自觉，发挥红白理事会的治理功能；将移风易俗制度化、常态化，最后形成崇尚节俭、崇尚文明的良好社会风气。

(二)婚俗移易的能力有所提高

河南省柘城县政府通过走访基层群众，了解到高价彩礼导致群众致贫、返贫，"成立红娘协会，通过教育和规范红娘行为遏制天价彩礼，减轻群众负担，达到移风易俗、树立文明乡风的目的"。因此，县里和各乡镇(街道)都成立了红娘协会，开展红娘培训、红娘宣誓、签写承诺书、发放"红娘证"等活动。受过红娘培训、领取"红娘证"的人说的媒，"就能保证订婚彩礼不超过两万元"。现在村里的风气变成少要彩礼。除了红娘协会外，柘城县还成立乡、村两级红白理事会，"目前，柘城县所有乡镇(街道)、乡村均成立了红白理事会，并定期召开会长座谈会，制定了红白理事会章程，管理、指导、督促村级红白理事会工作"[②]。

陕西省《榆林市农村移风易俗工作操作指南》给出要求，彩礼金额控制在1万元以内，直系和三代以内亲属礼金不超过300元，邻里乡亲控制在100元以内。参与婚事人员控制在150人以内。宴席不超过15桌，每桌标准不超过500元，每桌一包烟、一瓶酒，烟每盒不超过10元，酒每瓶不超过50元。唢呐班子控制在1500元以内。[③] 榆林市充分认识到开展农村移风易俗的重大意义，把移风易俗、遏制农村陋习的重点聚焦在高额彩礼和"婚丧嫁娶"大操大办上，但还未明确落实责任分工，形成有效的督促检查，推动农村移风易俗工作的有序推进。

自2016年以来，山东省郓城县采取以一系列的措施，充分发挥村两委、村红白理事会、村妇联、婚介协会等组织的作用，婚丧仪式得到了简化，费用降低了70%左右，高额彩礼得到了遏制。2017年2月以来，郓城县开始总结一些在移风

---

① 参见《定陶乡村移风易俗，撑起文明"新面子"》，新华网，2017年3月31日，http://heze.dzwww.com/news/201703/t20170331_15707705.htm。

② 丁艳：《河南柘城移风易俗有实招?》，《光明日报》2017年4月2日。

③ 参见《榆林农村婚事彩礼不超1万元》，榆林之声，2017年10月11日，http://m.sohu.com/a/197493237_167785。

易俗工作中涌现出的典型，把这些“佳风美俗”总结归纳简化提升成各种模式在全县推广，让“佳风美俗”润泽人民群众的心田。同时，迅速召开安排总结各乡镇街道“婚丧礼仪”模式，总结归纳简化提升后在全县推广。①

综观 2017 年国家和政府在扭转婚俗不良现象中所发挥的作用，可以看出在维持和弘扬文明和谐的婚姻习俗及理念过程中，国家和政府肩负着重要的责任，有能力发挥其他社会角色所无法发挥的独特作用。虽然婚俗本质上属于文化习俗的范畴，无法使用行政命令和政治强力进行直接干预，但国家和政府仍然有责任对其加以关注，并立足于人文精神和伦理道德的标准，对婚俗中优秀的、文明的、人性化的部分进行弘扬，对其中有害的、低俗的、不利于社会和谐的部分加以疏导和规训。国家和政府部门立足自身职责范围，及时、有力、适当地引导和规范婚俗的发展，对婚姻习俗保持一个健康文明的总体走向具有十分重要的意义。

五、突出问题

综上所述，2017 年我国婚俗的发展有几个方面的现象值得注意，分别是盲目攀比等不良婚俗导致彩礼上涨；婚礼支付持续攀升，人情往来转变为货币化关系；婚礼风格呈现多样化的同时，个性化定制的婚礼又成热潮。其中，当下急切需要关注的，主要是以下四个方面：

（一）“移风易俗”引发争议

近年来，在婚姻缔结过程中出现的“天价彩礼”、铺张宴席等现象凸显，备受舆论关注。为改变乡村中存在的一些不良风气，2016 年中宣部、中央文明办下发文件，将反对铺张浪费、婚丧大操大办作为农民精神文明建设的重要内容来进行宣传和要求。2017 年中央“一号文件”提出：“加强农村移风易俗工作，引导群众抵制婚丧嫁娶大操大办、人情债等陈规陋习。”②各地方政府也努力响应国家号召，开展移风易俗活动。关键问题是，这些政策、措施和活动能否发挥作用，有效遏制

---

① 参见《郓城县移风易俗边破边立》，中国菏泽网，2017 年 5 月 9 日，http://www.heze.cn/news/2017-05/09/content_282257.htm。

② 《中共中央国务院关于深入推进农业供给侧结构性改革加快培育农业农村发展新动能的若干意见》，人民出版社 2017 年版，第 29 页。

高价彩礼等不良风气?

在“天价彩礼”问题上,“多地已针对党员干部出台一些惩戒措施。比如,四川金阳、河南濮阳、山东淄博等地都将移风易俗工作纳入党政工作考核管理,并规定对无视和违反规定大操大办的党员和公职人员将进行党纪政纪处分”①。贵州凯里印发《规范操办酒席行为实施办法(试行)》,其中,复婚、再婚不得操办酒席,一事多办、一事多地办等情况也属违规操办酒席行为。② 在河南濮阳,政府下发“《农村红白事标准参照指导意见(征求意见稿)》,对红白事标准进行了明确要求,要求彩礼总数控制在6万元以内,不执行要被惩戒”,但这份《指导意见》并未受到普遍认可,因为“普通的群众操办红白喜事,是公民权利的范畴,严格来说是公共权力干预的禁区。比如婚礼彩礼、桌数、用车数量等适用什么标准,可以倡导,却不能强制,即使是群众超越了这个标准,也不能实施处罚,因为于法无据,权力必须恪守法治的边界”③。

出台新规是为了制止巧立名目滥办酒席、铺张浪费、借机敛财的不正之风,同时倡导婚事新办、丧事简办、勤俭节约的文明新风。但移风易俗若“用力过猛”,非但不能凝聚共识,引领婚丧嫁娶新风尚,反而会因为难以执行而损害政府及其公文的公信力。④ 对群众来说,法无禁止皆可为,政府把群众的红白喜事也纳入其管理中,遏制大操大办的正当性,不是可以漠视法律、滥用权力的理由。当地政府可通过倡议的方式来提倡、鼓励不要滥办酒席的新风尚。⑤

近些年,很多地区都对移风易婚俗做过尝试,设立各种标准,这些移风易俗的活动中都不同程度地带上了管控的色彩,毫无疑问,出于善意而执行所谓的标准,稍有不慎就容易导致权力的越位与过界。因此,在操作过程中指导可能变成强制,违背了“指导标准”的初衷。国家和政府机关积极关注婚俗问题,在遵循民俗发展的历史情况、未来趋势的基础上加以积极引导,这本身是一件好事。但是,“彩礼指导标准”这样的规章规定,在操作过程中很容易权力越界,因此在执行中

---

① 张志龙、陈尚营、双瑞:《多地划6万元彩礼红线“硬杠杠”能否管住“穷讲究”?》,《农村·农业·农民》(B版)2017年第2期。

② 参见《“移风易俗”用力过猛》,《西安晚报》2017年1月18日,http://epaper.xiancn.com/xawb/html/2017-01/18/content_463650.htm。

③ 《〈燕赵晚报〉:“彩礼指导标准”宜交村民制定》,人民网,2017年1月5日,http://opinion.people.com.cn/n1/2017/0105/c1003-29000743.html。

④ 参见李秀荣:《治“大操大办”岂能“一刀切”》,《检察日报》2017年1月18日。

⑤ 参见康劲:《“红头文件”管彩礼 好心办了“违法”事?》,《工人日报》2015年6月6日。

要约束好相关机构的具体实践，把握好权力在促成移风易俗过程中的分寸，才能对婚俗发展起到正面作用。

（二）彩礼金额仍居高不下，变相彩礼形成新的经济压力

彩礼金额居高不下的同时，还出现各式各样的变相彩礼，如房产、汽车、首饰等。目前常见的彩礼有所谓的“万紫千红，一动不动”（“万紫”是 1 万张 5 元钞票；“千红”是 1000 张 100 元钞票；“一动”是汽车；“不动”是房子，在某些县市，房子还得是城市住宅），既有金钱彩礼，又包括其他物质彩礼。在那些“天价彩礼”盛行的农村地区，因婚致贫、因婚返贫、因婚负债的现象日益增多[①]；一些家庭因彩礼问题发生各种纠纷；还有很多新婚家庭，因家庭负担太重发生矛盾而闪婚闪离等问题。

这些问题是多重因素共同作用的结果，比如“女方家庭盲目攀比、适婚男女性别比例失调、经济基础薄弱导致女性人口外流等，无疑都为‘天价彩礼’的不断攀升提供了空间。但是从根本上看，还是在我国的一些农村地区贫穷落后，没有形成健康向上的婚俗新风，一些女方家庭便把索要彩礼当成了有利可图的买卖，让女儿变成了竞价的商品”[②]。

（三）婚礼份子钱越来越成为一种负担

自古以来，人们都崇尚礼尚往来，当下的人情社会更奉行此道。结婚是人生中的喜庆大事，热闹祝贺一下，亲友来送“份子钱”，也算是人之常情，无可厚非，但是在面子观念和相互攀比之风的诱导之下，以金钱数量来作为衡量感情深厚的唯一标准，不少人的经济负担和精神负担都为此有所加重。由此，“份子钱”习俗理应适可而止，否则，违背了亲友相贺的人情，也影响了亲友之间的感情，最终导致社会风气的败坏。

近几年，随着“90 后”青年也开始步入适婚年龄，不少人不得不在周末赶场、假期赶场参加婚礼。份子钱 100 元、200 元拿不出手，600 元能凑合一下，人们甚

---

① 参见袁文良：《强力遏制“天价彩礼”蔓延》，焦作网，2017 年 4 月 16 日，http://www.jzrb.com/txy/article/2017416147446.htm。

② 袁文良：《强力遏制“天价彩礼”蔓延》，焦作网，2017 年 4 月 16 日，http://www.jzrb.com/txy/article/2017416147446.htm。

至对随礼1000元都开始感到习以为常。科技也给大家提供了方便,没有现金,扫二维码转账!最无法容忍的是,有些人与一对新人均是非亲非故,也莫名其妙地收到邀请函,人们于是用调侃的语气相互提醒,要提防多年不见却突然在微信上问你"在吗?"的同学和亲友……

"份子钱"不仅是一项风俗传统,也具备一定的经济原理。因为年轻新人资本积累不多,操办婚事诸多项目的花费又比较大,亲友会用这种"众筹"的方式,给他们凑一笔家庭生活的"启动资金"。待到新人生活步入正轨,再通过其他方式和场合返还,可以看作是民间自发的朴素版"按揭还款"。因此,虽然饱受吐槽,但"份子钱"始终沿袭下来,因为它的背后是早已形成且根深蒂固的婚姻传统。更进一步来说,要告别"人情大过债"的吐槽,涉及的不仅仅是"份子钱"本身,而且是现有婚俗的方方面面,从婚事规模到高额彩礼,都体现着早已落后于时代的"人情观"。因此,要想引导婚俗健康文明地发展,必须全方位打破陈旧过时的人情观念,唯有如此才能使我们的婚俗同现代社会、现代文明的发展相同步。

(四)正确爱情观和婚姻观的缺失

近年来,爱情观、婚姻观所出现的问题逐渐突出,拜金主义、铺张浪费、对爱情和婚姻不够严肃、低俗婚俗等现象的出现,其背后都与正确爱情观和婚姻观的缺失有着密不可分的联系。这不仅意味着婚姻中男女双方的爱情观和婚姻观的缺失,也意味着婚姻双方家庭在对待婚姻问题时不再秉持正确的、积极的价值观。要引导婚俗向健康积极的方向发展,对其中不良的因素进行遏制,就必须注重培养人们养成正确的爱情观和婚姻观,使人们认识到婚姻的神圣与庄严,认识到在婚姻关系中真挚的爱情、亲情纽带的不可替代,进而树立起互相尊重、互相理解、节俭节约的观念,将有助于改善当下婚姻习俗中的种种不良风气。

同时,也应该注意到,培养积极健康的爱情观和婚姻观,不能依靠一朝一夕的宣传,而应该作为一种优秀文化和精神文明要素来进行长期的弘扬与建设。应该看到,树立和倡导正确的爱情观和婚姻观,需要相关政府部门和社会各个层面进行长期的投入与工作,才能对民众产生切实的影响。

六、对策与建议

在处处以私人关系交错来形成"差序格局"的乡土社会中,彩礼曾在用来约束人们婚姻行为的"私德"这一非制度性准则之外建立了一种制度性的契约准则,发挥着现代社会中"合同"的作用,降低了婚姻行为的随意性,增强了婚姻关系的稳定性,彩礼在传统社会中发挥着稳定婚姻秩序功能的积极作用。当前,随着经济和社会转型的不断深入,中国农村的社会结构也随之发生了巨大变化,旧时彩礼承载的契约功能逐渐消失,取而代之的是一种具有明显的代际剥削的功能。在此时代背景下,农村的高昂彩礼引发了诸如养老、社会治安和经济发展等一系列问题,对乡风文明建设带来诸多负面影响,更扰乱了乡土社会的稳定。[①] 由"天价彩礼"引发的一系列不良婚俗现象暴露了农村社会治理的不足,解决这一问题须从政府、经济、社会、家庭等主体出发。

(一)加强政府移风易俗的管理职能

法律规定不健全且政府对高额彩礼问题治理职能的缺位,是彩礼持续走高的根本原因。《婚姻法》第三条规定:"禁止包办、买卖婚姻和其他干涉婚姻自由的行为。禁止借婚姻索取财物。"但对彩礼的相关规定缺乏有效的约束力,人们认为,彩礼作为传统礼俗存在并不是买卖行为,并且《婚姻法》关于彩礼的不健全规定使得基层政府对高额彩礼情况的治理较少,因为缺乏治理的法律依据,政府无法过多干涉农村彩礼行为。

要解决彩礼数额持续走高的难题,政府相关部门要加强关于彩礼的法律法规建设,加强政府移风易俗的管理职能。首先,完善《婚姻法》关于彩礼的规定。以《婚姻法》为指导,以尊重公序良俗为原则,结合各个地方的经济和社会发展的实际情况,制定出能够实现人民群众利益"最大公约数"的地方性法规,制约彩礼数额持续上涨等不良婚俗。[②]

其次,除了稳步推进立法工作之外,还需强化政府的管理职能,落实乡镇等基层政府的治理职能。一方面,乡镇政府需建立健全完整的社会治理体系,设立移风易俗办公小组,划清具体职责,利用多种途径对农民进行宣传,以此来弥补治理空缺。另一方面,应加强对乡镇等基层公务员的培训工作,提高基层公务员行政

---

① 参见方军、陈奇:《多中心治理理论视阈下农村高额彩礼治理模式探赜》,《青海社会科学》2017 年第 3 期。

② 参见方军、陈奇:《多中心治理理论视阈下农村高额彩礼治理模式探赜》,《青海社会科学》2017 年第 3 期。

道德伦理,为治理高额彩礼问题提供持续的人才支持。[①] 如四川金阳、河南濮阳、山东淄博等地都将“天价彩礼”等不良婚俗的移风易俗工作纳入党政工作考核管理,并规定对无视和违反规定大操大办的党员和公职人员将进行党纪政纪处分。[②]

(二)发展农村经济,提高农民收入,逐步消除养儿防老的观念

限于我国的城乡二元经济结构,农村地区的社会保障主要形式是家庭保障,“嫁出去的女儿泼出去的水”,因此高额彩礼对女方父母来说是一种经济补偿和心理补偿。良好的经济条件是维持婚姻关系的重要物质基础,要想从根本上解决农村适龄男性婚恋难、彩礼高等问题,大力发展农村经济,提高农民收入,逐步缩小城乡差别是治本之策。[③]

地方政府与村委会应积极响应国家的社会主义新农村建设与新型城镇化建设的发展战略,努力实现传统农业的现代化转型,推动农业与第二、三产业的融合,通过多种方式促进农村经济的发展与社会主义新农村的建设。只有农村经济条件改善了,养儿防老的观念才能逐步消除,“生男生女都一样”才能成为共识,“天价彩礼”才会失去生存土壤。[④]

除此之外,发展农村经济,增加农民收入,可以促使更多的青年男女留在农村发展,甚至能够吸引城市女青年前往农村定居,进而改善农村男女比例失调的现状。[⑤] 因此,政府应尽快加大综合治理出生性别比严重失衡的力度,完善农村养老政策,减少城市落户限制以及促进城乡人口合理流动。[⑥] 最后,政府要完善社会保障制度,减轻父母因为“失去”女儿的养老压力。

---

① 参见方军、陈奇:《多中心治理理论视阈下农村高额彩礼治理模式探赜》,《青海社会科学》2017 年第 3 期。

② 参见张志龙、陈尚营、双瑞:《多地划 6 万元彩礼红线“硬杠杠”能否管住“穷讲究”?》,《农村·农业·农民》(B 版)2017 年第 2 期。

③ 参见徐文娟、杨名、叶蕾:《彩礼对农村家庭经济的影响研究——基于安徽皖北 Y 村的调研》,《农村经济与科技》2017 年第 11 期。

④ 参见张艳辉:《农村适龄男性婚恋难现状探究——对武汉市江夏区金口街青菱村的调研分析》,《四川文理学院学报》2017 年 7 月 10 日。

⑤ 参见张艳辉:《农村适龄男性婚恋难现状探究——对武汉市江夏区金口街青菱村的调研分析》,《四川文理学院学报》2017 年 7 月 10 日。

⑥ 参见彭训文、王萌:《沉重的彩礼》,《人民日报》(海外版)2017 年 2 月 20 日。

（三）引导社会力量、民间组织参与婚俗治理

我国的农村地区自古以来在社会治理领域中就拥有着高度的自治权，农村地区的社会力量参与乡村公共问题治理的激情也一直十分高涨，因此，要充分发挥社会力量以及民间组织的管理与模范作用，参与婚俗的治理中。

第一，村民委员会牵头成立红白喜事理事会。宣传和督促村民减少婚事花费，党员和党员干部带头以形成牵力，“新乡贤”积极参与以形成推力，先在村庄范围内建立起婚俗从简的“大共同体”，进而有区别地对待大操大办和一切从简的行为主体来构建差序格局，最后在整个农村社会中形成崇尚节俭之风。

第二，积极发挥村民委员会的协调职能。做好高额彩礼导致纠纷的协调工作，引导村民加强自我管理，使双方把彩礼数额限制在一个合理的范围。

第三，规范村规民约，正乡风。采用民主集中制的方式将简办婚事作为一项规定写进村规民约和村民自治章程，规定彩礼数额及宴席规模，对村民进行宣传教育，使村民自愿签署尚简从简保证书，将崇尚节俭的作风以书面约定的方式传播下去。①

第四，党员干部和具有移风易俗思想的普通群众可以充分发挥模范带头作用，在政府有组织有计划地大力推广宣教移风易俗、向人民反复宣讲文明观念的同时，他们可以以自身为榜样，促进广大民众逐渐接受移风易俗思想，加快移风易俗理念的推行。

（四）以家庭为单位，树立健康、文明的婚姻观念

从前文不难看到，当下我国婚俗中出现的许多问题，都不是简单的夫妻双方个人出现了问题，而是婚姻双方家庭在价值观、婚姻观上出现了问题，才为新人的婚事带来诸多不和谐因素。因此，要改善当前的婚俗现状，更应该从家庭入手，树立健康、文明的婚姻观念。在我国大多数家庭，彩礼、婚礼操办等具体问题，都还远不是夫妻双方仅凭个人力量就可以决定的，因此移风易俗、维系文明婚庆观必须深入家庭、上溯到前几代人的思想。

第一，在家庭范围内树立婚事从简、节能环保的婚庆观。讲究排场、铺张浪费

---

① 参见方军、陈奇：《多中心治理理论视阈下农村高额彩礼治理模式探赜》，《青海社会科学》2017 年第 3 期。

的婚事操办方式,往往不是几个人的决定,而是受到双方家庭、双方亲族的整体价值观和价值语境的影响。因此,只有整个家庭、整个亲族都认识到节约高尚、浪费可耻时,绿色环保、文明节俭的婚事才能真正成为婚礼双方的共识,进而成为全社会的共识。

第二,从父母辈开始树立文明适度的彩礼观。彩礼问题固然与社会经济发展的情况紧紧地纠缠在一起,但同时也不能忽视,大部分彩礼问题其根源都来自婚姻双方父母一辈。因此,破除对高额彩礼的不断追求,也必须从父母一辈人的观念上做工作。

第三,树立婚姻双方家庭、亲族和睦共处的观念,减少双方家庭之间因不同生活习惯、不同价值观念而产生冲突的可能性。在利益分歧和矛盾冲突面前,要学会求同存异、和睦相处,以家庭和睦、子女婚姻的幸福为重。

2017 年度中国葬俗发展报告

刁统菊　邵凤丽[*]

《社会服务发展统计公报》数据显示，截至 2017 年年底，全国共有殡葬服务机构 4132 个，其中殡仪馆 1760 个，殡葬管理机构 952 个，民政部门管理的公墓 1420 个。殡葬服务机构职工 8.1 万人，其中殡仪馆职工 4.7 万人、火化炉 6361 台，火化遗体 482 万具，以上数据基本与上一年持平。该数据显示，火化率在 2012 年达到一个顶点 49.5%，之后开始逐年下降，2014 年降到 47%，但从 2015 年开始又逐年上升。2017 年火化率 48.9%，比上年增加 0.6 个百分点。[①] 目前，火化依然是最主要的殡葬方式。2017 年度全国各地葬俗发展相对平稳，绿色殡葬稳步推进、殡葬暴利仍然存在，其中较为突出的事件是殡葬改革被大力推进，政府介入的力度不断增强，范围不断扩大。

一、殡葬改革持续推进

2017 年是殡葬改革的重要一年，全国各地继续大力推进殡葬改革。10 月，"根据《全国殡葬综合改革试点方案》的有关要求，民政部办公厅印发《关于确定全国殡葬综合改革试点地区（单位）的通知》（民办函〔2017〕319 号），确定北京市民政局等 80 个地区（单位）作为全国殡葬综合改革试点地区（单位），其中省级试点单位 6 个，地级试点地区 25 个，县级试点地区 49 个。通知要求各试点地区（单位）要高度重视殡葬综合改革试点工作，加强组织领导，建立健全领导机制和统筹协调机制，制定试点工作方案，注重总结推广试点经验，强化宣传引导，扎实推进

---

* 刁统菊，山东大学儒学高等研究院民俗学研究所教授；邵凤丽，辽宁大学文学院副教授。

① 《2017 年社会服务发展统计公报》，中华人民共和国民政部网站，2018 年 8 月 2 日，http://www.mca.gov.cn/article/sj/tjgb/201808/20180800010446.shtml。

试点工作。民政部将成立专家评估组,加强工作指导"[①]。

"开展全国殡葬综合改革试点工作,是民政部落实中央全面深化改革要求、破解殡葬改革难题、加快殡葬事业发展做出的重要部署。试点重点围绕健全殡葬工作领导体制和工作机制、强化殡葬公共服务、改革殡葬管理服务方式、加强殡葬监管执法、加快殡葬信息化建设、深化殡葬移风易俗、推进节地生态安葬、治理农村散埋乱葬等八个方面内容开展先行先试,形成可复制、可推广的经验做法和管理模式。"[②]

(一)殡葬改革以简化治丧方式为主要目标

2017 年殡葬改革的重点问题之一是对丧葬仪式进行具体改革,全国各地纷纷出台政策,详细规定殡改细则。

1. 将殡葬改革纳入村规民约,促进乡风文明建设

福州草柄村早在 2005 年就通过召开由党员代表、村干部和村民代表参加的"三合一"会议,制定出了 16 条村规民约。对于红白事,村规民约明确规定,"今后丧事发白不得使用毛巾等物品,只准使用白布条,花圈限制 20 面,超过部分改用挽联送葬","酒席每桌不得超过 10 道菜"。在村规民约未成形之初,草柄村两委广泛征求民意,邀请村内每个家族宗族乡亲带动人讨论、确认、承诺,而每一位家族带动人在村内都具有一定威望,能得到大多数村民的尊重,对推动村规民约执行大有裨益。十多年来,草柄村推进移风易俗工作已经实现制度化、规范化、常态化,"文明、和睦、互助"成为乡村精神标识,乡村民风真正美起来。"以前在福清红白事摆酒席,不管家里有钱没钱,都要摆上十几二十道菜,最后浪费大半,(制定村规民约后)我们这新的标准,既不丢脸面,又减轻压力。"在草柄模式的带动下,福清市海口、龙田、港头等乡镇许多村(居)都把丧事简办纳入《村规民约》,全市攀比歪风渐渐得到扼制。[③]

"通过全面推进'乡风文明行动',福清全县所有行政村要求达到'十个一'目标,即一部村规民约、一个红白理事会、一个综合文化服务中心、一个文化小舞台、一道社会主义核心价值观文化墙、一组家风家训、一个身边好人榜、一批文明示范

---

① 《民政部确定 80 个全国殡葬综合改革试点地区(单位)》,《中国社会报》2017 年 11 月 30 日。

② 《民政部确定 80 个全国殡葬综合改革试点地区(单位)》,《中国社会报》2017 年 11 月 30 日。

③ 参见《福清市移风易俗除陋习培育文明乡风》,《福清侨乡报》2017 年 3 月 29 日,http://www.fj.xinhuanet.com/jiceng/2017-03/29/c_1120718383.htm。

户、一支农民(居民)文艺演出队、一支志愿服务队,实现乡风民风美起来、人居环境美起来、文化生活美起来。"[①]

2. 各地普遍成立红白理事会,进一步推动、普及"葬礼简办"

在当下殡葬改革中,大部分地区都成立了红白理事会,作为直接推进殡葬改革的执行组织。

陕西省渭南市大荔县95%的村庄成立了红白理事会,全县干部群众因红白事每年节约的费用也达亿元之多。两年来,大荔县中汉村红白理事会先后操持过60余次婚丧嫁娶等事宜,为村民省下60余万元。[②]

江西会昌县引导全县村(居)全部建立红白理事会,实现"两个全覆盖"(即红白理事会全覆盖、村规民约中涵盖婚丧嫁娶等移风易俗规定制度全覆盖)。截至4月6日全县共成立红白理事会244个。[③] 该县麻州镇各村均已成立红白理事会,并确定一名村"两委"成员负责理事会工作,健全工作制度、工作流程、工作记录和档案,制定了《红白理事会章程》及《红白事办理流程及标准》。[④] 永隆乡则依据本村实际制定红白理事会章程和民规民约,具体负责本村(居)的红白事办理,并采用宣传车、"大喇叭"播放、发放明白纸等不同方式,将红白理事会成立及有关规则章程等进行广泛宣传,让广大群众了解红白理事会的作用,知晓红白理事会规则,教育引导广大群众按照红白理事会章程办理红白事。[⑤]

湖南石门县的做法更为贴近人心。考虑到不少青壮年劳力外出打工,只有老人、妇女、小孩留守家庭,操办丧事总是力不从心,因此村里修建了集中办丧点,村民办丧事一般会请红白理事会上门主事。红白理事会一般只象征性收点辛苦费,仅这一项,村民办一场丧事就能节约数千元的开支。[⑥]

3. 对传统葬礼环节进行改革

2017年殡葬改革的重要环节之一是对传统丧葬礼仪进行具体改革,涉及丧葬礼仪中的具体环节,主要表现形式如下:

---

① 《红白理事会动起来》,寻乌宣传(微信公众号),2017年4月19日。

② 参见《从"重面子"到"重里子"陕西大荔移风易俗引来新风尚》,新华社,2017年1月29日,http://news.cnr.cn/native/gd/20170129/t20170129_523542010.shtml。

③ 参见《乡风文明不是说着玩的!看看会昌是怎么做的!》,中国会昌(微信公众号),2017年4月13日。

④ 参见《成立红白理事会狠刹攀比风!理出新风尚!》,中国会昌(微信公众号),2017年4月5日。

⑤ 参见《成立红白理事会狠刹攀比风!理出新风尚!》,中国会昌(微信公众号),2017年4月5日。

⑥ 参见《从治理陋俗入手推进农村殡葬改革》,陕西民政网,2017年5月10日,http://shaanxi.mca.gov.cn/article/llyj/201705/20170501013121.shtml。

(1)压缩葬礼时间

浙江瑞安严禁殡期超过7天[①],江西赣州樟斗镇有更为细致的红白事办理标准,“严格控制丧事规模,丧事办理不超过3天”[②]。温州乐清市政府下发《关于在全市范围内开展丧葬礼俗整治工作的通告》,明确要求市民操办丧事殡期原则不超过3天。[③] 江西安远县甚至出现丧事半天结的现象。[④]

(2)从葬仪场所和源头着手严禁出大殡行为

江西多地红白事办理标准规定,“禁止使用吹手、搭台唱戏等”[⑤],严禁操办丧事时沿路吹打、沿街游丧、抛撒纸钱和燃放烟花爆竹等出大殡行为。[⑥] 陕西紫阳县则要求党员干部要带头文明节俭办理丧事,并自觉抵制迷信低俗活动,带头文明治丧,简办丧事。要在殡仪馆集中办理丧事,不得在居民区、城区街道、公共场所搭设灵棚、焚香烧纸、燃放鞭炮等。[⑦] 把殡仪馆作为城市葬俗治理的重要场所,此类规定在浙江宁海、温州等地也得以推行。[⑧] 更为彻底的是哈尔滨市,从源头出发,发布关于禁止生产经营焚烧冥纸冥币等封建迷信丧葬用品有关事宜的通告,禁止任何单位和个人生产、经营冥币和纸人、纸马等迷信殡葬用品。[⑨]

(3)控制宴请的次数、规模和档次

各地如江西会昌、瑞安以及浙江乐清都严禁丧事大操大办、铺张浪费,提倡婚事新办、丧事俭办、喜事简办,尽量控制宴请的次数、规模和档次,尽量减少邀请对象和范围,甚至规定人的一生红白喜事宴请的次数最多不超过5次,每次宴席最

---

① 参见《党员干部带头推进绿色殡葬改革,义不容辞》,瑞安先锋(微信公众号),2017年3月28日。

② 《@大余人,是时候向天价彩礼、大操大办等现象说再见了!》,大余宣传(微信公众号),2017年5月2日。

③ 参见《花圈不超4个的丧葬新规太鲁莽》,东方网,2017年6月28日,http://news.cnfol.com/guandianpinglun/20170628/24910910.shtml。

④ 参见《一“经”引来万人“迷”,树文明乡风,看“安远动作”!!!》,安远发布(微信公众号),2017年5月4日。

⑤ 《@大余人,是时候向天价彩礼、大操大办等现象说再见了!》,大余宣传(微信公众号),2017年5月2日。

⑥ 参见《党员干部带头推进绿色殡葬改革,义不容辞》,瑞安先锋(微信公众号),2017年3月28日。

⑦ 参见《紫阳县加快推进殡葬改革助力脱贫攻坚》,紫阳县委宣传部网站,2017年12月12日,http://www.shaanxi.gov.cn/sxxw/xwtt/df/96667.htm。

⑧ 参见《摒弃丧葬陋习倡导文明治丧——访县民政局副局长叶良才》,宁海新闻网,2017年11月30日,http://nh.cnnb.com.cn/system/2017/11/30/011628034.shtml;《花圈不超4个的丧葬新规太鲁莽》,东方网,2017年6月28日,http://news.cnfol.com/guandianpinglun/20170628/24910910.shtml。

⑨ 参见《哈尔滨:禁止在丧事活动中焚烧冥币、摆放纸人》,东北网,2017年3月15日,http://news.china.com/socialgd/10000169/20170315/30330729.html。

多不超过 20 桌，用于丧事活动的花篮、花圈总数也有规定。[①]

山东一些地方如巨野和金乡的丧葬改革更为具体，从推行“丧事一碗菜”开始大力倡导丧事简办，筛选出“一人一碗菜，能省一万块”等 20 条通俗易懂的宣传标语，覆盖了每个村居、每条主干道，可以说“丧事一碗菜”在农村实现了常态化、全覆盖。[②] 对宴请次数的控制大大节约了村民的开支。

(4)用白花、黑纱等代替传统孝布

身穿孝服、头戴孝帽的传统葬俗也在改革之列，如江西樟斗镇根据红白事办理标准，“严禁扯孝布，死者亲属可以胸戴白花、臂戴黑纱”。[③]

(5)倡导集中治丧

随着农村公益性墓地建设的推进，一些地方如湖南常德在全市建立了 8 处乡镇集中治丧场所，推动集中办丧。[④] 浙江乐清逐步扩大丧事集中办理范围，几十个村落的丧事活动统一集中到市殡仪馆守灵室办理，遗体在 24 小时内被送至市殡仪馆存放。市殡仪馆告别厅将面向全市丧户开放，专门用于遗体告别活动，不再作为守灵场所；遗体火化、出殡应安排在同一天。有条件的乡镇、街道、社区、村居可根据实际，建设或设置守灵中心、红白理事房，引导市(村)民丧事集中办理。[⑤]

(二)政府加大宣传力度

除了推动丧葬习俗在细节上的变革以外，2017 年各级政府及有关部门还通过电视、报纸、网站、公众号等多种方式加大了移风易俗宣传力度。

1. 在各个层面上宣传移风易俗

在此次移风易俗，殡葬改革过程中，各地政府部门都十分重视宣传工作，通过

---

① 《乡风文明不是说着玩的！看看会昌是怎么做的!》，中国会昌(微信公众号)，2017 年 4 月 13 日；《党员干部带头推进绿色殡葬改革，义不容辞》，瑞安先锋(微信公众号)，2017 年 3 月 28 日；《乐清丧事简办拟出新政，集中这些地方办理……》，《乐清日报》2017 年 5 月 11 日，https://zj.zjol.com.cn/news/636604.html? _t_t_t=0.9948594311717898。

② 《菏泽巨野县移风易俗工作纪实》，齐鲁晚报社，2017 年 11 月 27 日，http://news.ifeng.com/a/20171127/53635050_0.shtml。

③ 《@大余人，是时候向天价彩礼、大操大办等现象说再见了!》，大余宣传(微信公众号)，2017 年 5 月 2 日。

④ 参见《从治理陋俗入手推进农村殡葬改革》，陕西民政网，2017 年 5 月 10 日，http://shaanxi.mca.gov.cn/article/llyj/201705/20170501013121.shtml。

⑤ 参见《乐清丧事简办拟出新政，集中这些地方办理……》，《乐清日报》2017 年 5 月 11 日，https://zj.zjol.com.cn/news/636604.html? _t_t_t=0.9948594311717898。

多种途径加大宣传力度。

江西安远县除了深入村镇街头,或入户宣传,向民众发放文明新风倡议书、通知书以外,还由殡葬执法大队工作人员定时进山查处乱埋乱葬现象,悬挂宣传横幅、出动宣传车、微信公众号宣传等形式,广泛宣传移风易俗工作,大力宣传有关移风易俗的法规政策,宣传丧事简办、移风易俗的积极意义,营造除陋习、树新风的浓厚氛围。① 共青团安远县委编写的《移风易俗路队歌》的影响覆盖群众近5万人次。安远县委宣传部、安远县文明办、安远县教育局联合开展"移风易俗,倡树新风"知识进校园活动,倡导文明新风尚。② 山东定陶甚至借鉴地方戏曲编排移风易俗小戏曲等多种途径和方式,大力宣传喜事新办、丧事简办的好处和大操大办带来的危害,提高广大干部群众对移风易俗的认同感和参与度,"通过这种传统的戏曲宣传方式,让老百姓都知道喜事新办的重要性"③。

移风易俗,既需要"破",又需要"立"。江西赣州提出了明确的葬俗发展方向,发放移风易俗倡议书,倡导生前敬孝尽心,让老人老有所养、老有所乐、安享晚年,避免"子欲养而亲不待"的缺憾;简化治丧仪式,不大操大办、铺张浪费、相互攀比,不搞带有封建迷信色彩的丧葬活动,摒弃吹吹打打、散发纸钱、占道治丧等陋习;倡导采取"献一束花、植一棵树、敬一杯酒、开一个家庭追思会"等方式祭奠逝者,用环保、生态、洁净的葬礼方式表达对逝者的追思。④

2. 发挥党员干部的带头作用

为积极发动各村居老党员干部、退伍老兵、红白理事会成员等的引领示范作用,甘肃省推动各级党员干部带头文明节俭办丧事,树立时代新风尚;带头火葬和生态土葬,保护生态环境;带头文明低碳祭扫,传承先进文化;带头宣传和倡导殡葬改革,弘扬新风正气,切实发挥党员干部在推动殡葬改革中的示范引领作用。⑤

---

① 参见《安远县民政局多措并举扎实推进移风易俗工作》,江西安远民政(微信公众号),2017年4月13日。

② 参见《一"经"引来万人"迷",树文明乡风,看"安远动作"!!!》,安远发布(微信公众号),2017年5月4日。

③ 《定陶乡村移风易俗撑起文明"新面子"》,新华网,2017年3月31日,http://heze.dzwww.com/news/201703/t20170331_15707705.htm。

④ 参见《赣州市"推动移风易俗树立文明新风"倡议书》,文明赣州(微信公众号),2017年3月17日,https://mp.weixin.qq.com/s?__biz=MzI3MTEyMTkxNA%3D%3D&idx=1&mid=2650911129&sn=f2deb5437fdc965e591cee1ad2027732。

⑤ 参见《甘肃省多措并举推进殡葬工作健康发展》,《甘肃日报》2017年12月4日,http://news.163.com/17/1204/08/D4Q4AQVL00014AEE.html。

江西安远县还倡导党员干部以身作则，动员身边的朋友、同事、亲属自觉做起，争做倡导社会新风的典范，在广大群众中形成良好风气。[①] 江西会昌甚至针对婚丧喜庆活动大操大办等问题，出台《关于党员干部带头移风易俗简办婚丧喜庆事宜的操作细则》，对操办婚丧喜庆活动规模进行严格控制，党员干部要做到"五带头四提倡"，实行党员领导干部操办婚丧喜庆事宜"两报告一承诺"，明确要求党员领导干部操办和参加婚丧喜庆活动事前要向县纪委、县委组织部报批和公示，接受社会舆论监督。[②] 这些规定显然并非聋人的耳朵，河北衡水、浙江台州对造成不良影响的相关责任人，已经给予了处分。[③]

(三)稳步推进以农村公益性公墓、城市殡仪馆为重点的殡葬基础设施建设

1. 农村公益性墓地建设稳步推进

倘若人们有了更多更好的选择，一些丧葬陋习就会得到有效遏制，因此政府应将殡葬服务视为基本的公共服务，根据群众的需求逐步将其完善，特别是要着力解决贫困搬迁群众关心的"葬有去处"问题。

"近年来，江苏常德顺应现实需要，加大乡镇、村集中办丧场所和农村公益性公墓建设力度，逐步形成县、乡、村三级覆盖的殡葬设施体系。目前，安乡县每个村都规划了土地用于建设公益性公墓，已修建 267 处农村公益性公墓。"[④]

除了这种公益性公墓的建设以外，传统的祠堂也成为一种便于老人接受的方式。2017 年清明节前，山西临汾市尧都区屯里镇东张堡村建成了"集体祠堂"，村里近 800 个老坟都实行了火化，迁到村里的集体祠堂。该祠堂对本村村民实行免费存放、免费管理，对其他村或社区实行低价收费，希望带动影响周边村也进行移风易俗改革。同时，村里还响应国家政策，给火葬亡人的家户进行补助，鼓励村民实行新的殡葬仪式。[⑤]

---

① 参见《安远县民政局多措并举扎实推进移风易俗工作》，江西安远民政(微信公众号)，2017 年 4 月 13 日。

② 参见《乡风文明不是说着玩的！看看会昌是怎么做的！》，中国会昌(微信公众号)，2017 年 4 月 13 日。

③ 参见《违规办丧事，路桥两名党员受处分》，《台州晚报》2017 年 8 月 31 日，http://zjnews.zjol.com.cn/zjnews/tznews/201708/t20170831_4912389.shtml；《衡水市一镇人大副主席违规操办丧葬事宜被通报》，央视网，2017 年 4 月 27 日，http://news.sina.com.cn/c/2017-04-27/doc-ifyetstt3562489.shtml。

④ 《从治理陋俗入手推进农村殡葬改革》，陕西民政网，2017 年 5 月 10 日，http://shaanxi.mca.gov.cn/article/llyj/201705/20170501013121.shtml。

⑤ 参见《兴建集体祠堂倡导殡葬新风俗》，《山西晚报(太原)》2017 年 4 月 5 日，http://news.163.com/17/0405/05/CH812EFK00018AOP.html。

2. 加快城市殡仪馆建设

2017 年,为了推进殡葬改革,全国多个城市加快殡仪馆基础设施建设。

近年来,云南省丽江市各级政府部门共投入资金 8200 万元,新建了丽江市殡仪馆、永胜县殡仪馆、宁蒗县殡仪馆,购置火化设备 6 台;新建骨灰寄存室 3 幢,共 7000 多个骨灰格位。[①] 浙江省东阳市殡仪馆则加强基础设施建设,创新服务方式,投资 140 余万元,对安息堂、火化区、等候棚、办公大楼、食堂进行整体改造,投资 7.92 万元购置冷藏柜两组,投资约 12 万元完成馆内亮化工程及广场灯和路灯建设。[②] 陕西紫阳县按照“生态殡葬、人文殡葬、惠民殡葬”的原则,在重点集镇殡仪馆设计殡仪大厅、遗体消毒处置、丧属休息、亲属接待、殡仪用品销售、公厕等功能用房和室外悼念活动及停车场设施。[③]

(四)政府加大惠民政策力度,加强殡葬市场管理

1. 加大惠民殡葬政策力度

殡葬改革除了墓地以外,还涉及遗体的保存、运送、火化和骨灰的运送、寄存等方面,各地对此都加大了惠民殡葬政策力度,有效减轻了人们的殡葬负担。

云南昌宁县建立惠民殡葬政策,推进殡葬改革专项治理,除公职人员和离退休人员外,其他城乡居民死亡火化的,免收火化费、遗体运送费、骨灰运送费、3 天内遗体保存费、1 年内骨灰临时寄存费,同时给予一次性火化奖励 3000 元,针对特困人员、城乡低保对象等政策规定的特殊群体,由民政部门再给予 1000 元救济救助。[④] 湖南道县则对按时上报参保人员死亡资料的,每人发放丧葬补助金 600 元。[⑤]

除了一次性奖励或发放补助金以外,减免基本殡葬费用也是一个较好的措施。从 2017 年 7 月 1 日起,具有大连市户籍并按照规定火化的城乡低保对象、城

---

① 参见《大操大办、火化率低,丽江殡葬改革路在何方?》,《丽江日报》2017 年 3 月 29 日。

② 参见《东阳惠民殡葬给“身后事”减负》,金华新闻网,2017 年 6 月 22 日,http://www.jhnews.com.cn/2017/0622/765896.shtml。

③ 参见《紫阳县加快推进殡葬改革助力脱贫攻坚》,紫阳县委宣传部网站,2017 年 12 月 12 日,http://www.shaanxi.gov.cn/sxxw/xwtt/df/96667.htm。

④ 参见《昌宁县召开殡葬改革专项治理工作动员会议》,昌宁新闻网(微信公众号),2017 年 2 月 28 日,https://mp.weixin.qq.com/s?__biz=MzA3MTM2MjUyNA%3D%3D&chksm=84cd34f2b3babde477f7ac49ed333c1d5437b0fecf7a60be07dd6b24878983f4663a2d2a4def&idx=2&mid=2652317249&scene=21&sn=14478175bb516a4810183a91812a5bc4。

⑤ 参见《道县:发放 130 万元城乡居保丧葬补助金》,红网(长沙),2017 年 9 月 14 日,http://news.163.com/17/0914/11/CU9T0PAO000187VG.html。

镇“三无”对象、农村“五保”对象、人体器官捐献者、查实不了身源的无主(名)遗体、见义勇为牺牲人员、在乡优抚对象、计划生育独生子女三级以上伤残及死亡家庭的父母、百岁老人、骨灰安葬方式直接选择海葬人员和不享受丧葬补助费用的城乡居民,可免除由殡仪馆提供的基本殡葬服务费用。① 山东临沂则将免费基本殡葬服务扩大到所有临沂户籍的逝者。②

2. 不断提高殡葬服务质量

减免基本“殡葬费用的同时,各项配套服务质量也得到了有效提升。南京市殡葬部门为逝者家属考虑,推出了很多个性化便民服务举措,如开通 24 小时热线电话 96444、免费入户设置灵堂”、遗体运输、冷藏、装殓到火化、殡仪馆守灵、馆墓联动一站式服务等,确保群众治丧便捷、顺畅、无忧,各项服务明码标价,避免“白事陷阱”。③

为了防止殡葬用品价格暴利,苏州市物价局、民政局正式发布了《苏州市殡葬服务收费管理实施细则》,2017 年 12 月 1 日起正式施行。该《细则》规定,政府举办的殡葬服务单位销售的殡葬用品实行差价率管理,骨灰盒、寿衣、花圈进销差率最高不宜超过 25%,其他殡葬用品进销差率最高不宜超过 30%,基本服务收费实行政府定价。④

二、绿色生态葬稳步推进

2016 年 2 月 19 日,民政部等九部门联合推出中国首个推行绿色殡葬专门文件——《关于推行节地生态安葬的指导意见》。文件出台后,全国各省市积极行动起来,相继出台了各省市实施意见和办法,其中,重点通过多种奖励措施,鼓励城乡居民选择绿色生态葬,不断推进绿色生态葬。⑤

---

① 参见《多项惠民政策惠及无殡葬补助居民和困难残疾人家庭》,《大连日报》2017 年 11 月 7 日,http://szb.dlxww.com/dlrb/html/2017-11/07/content_1399458.htm? div=-1。

② 参见《财政承担殡葬费,百姓得了大实惠 山东沂水实行“殡葬全免费”,仅殡葬服务费和墓穴费,每年可为百姓减负近 2000 万元》,新华每日电讯,2017 年 8 月 23 日,http://news.xinhuanet.com/mrdx/2017-08/23/c_136548215.htm。

③ 参见《惠民新政“替丧户解忧”,绿色殡葬渐入人心》,《南京日报》2017 年 3 月 23 日,http://news.163.com/17/0323/06/CG6NM71C000187VI.html。

④ 参见《苏州市殡葬服务收费管理实施细则 12 月 1 日起施行》,中国江苏网,2017 年 11 月 1 日,http://jsnews.jschina.com.cn/sz/a/201711/t20171101_1157676.shtml。

⑤ 参见《多地劲吹绿色殡葬风 节地生态葬环保又庄重》,《人民日报》(海外版)2017 年 4 月 4 日,http://china.huanqiu.com/hot/2017-04/10423090.html。

(一)树葬、花葬、草坪葬、壁葬等绿色生态葬继续推进

以节约用地为主要目标的绿色生态葬,其方式多重多样,各地也采取多种不同的方式来倡导和鼓励绿色生态葬。

2017年3月25日,"北京市集体自然葬仪式在长青园骨灰林基地举行,31位逝者的骨灰被永久性安放在朝阳区长青园墓区。与传统墓区不同,长青园自然葬区没有墓基、墓碑和硬质墓穴,只有一片静谧的草坪,掩映在绿树和湖水之间"[①]。

2016年开始,浙江东阳出台了《东阳市实施生态安葬减免和奖补办法》,推出以树葬、草坪葬、花葬、海葬等为主的生态葬式,对采取树葬、花葬、草坪葬等葬法的,免除安葬费用,并给予每例3000元的奖励;对采取撒葬、海葬等不保留骨灰方式的,每例给予6000元的奖励。[②] 从2016年1月,大连市也开始实行绿色安葬补助政策,这种生态安葬激励制度在一定程度上引导了生态安葬的推广工作。与此同时,大连市还率先提出"入水为尊"的先进理念。[③]

昆明市"从2008年开始,一直在进行生态殡葬方面的尝试。目前全市几乎所有公墓都开展了树葬、花葬、草坪葬、壁葬、塔葬、格位存放等不占或少占土地、少耗资源的节地生态葬式。至2017年,树葬、草坪葬、壁葬、塔葬等节地生态安葬已达23%,文明低碳的祭扫方式为公众所接受,文明节俭治丧成为新风尚"[④]。

江苏海门则实施生态环保葬奖补政策,标准参照南通市区惠民殡葬补助政策。对选择骨灰撒海(江)的对象,现补贴标准为每户补助1000元;对在海门市指定的生态区域进行可降解丧葬形式的对象,除每户一次性补助1000元外,免费提供可降解骨灰盒1只。[⑤]

总之,人们对节地生态葬的观念逐渐在进步。"2012年济南市参加公益花坛葬的人数仅有个位数,到2017年则已有近百位。选择节地生态葬的人数每年都

---

① 《多地劲吹绿色殡葬风　节地生态葬环保又庄重》,《人民日报》(海外版)2017年4月4日,http://china.huanqiu.com/hot/2017-04/10423090.html。

② 参见《东阳惠民殡葬给"身后事"减负》,金华新闻网,2017年6月22日,http://www.jhnews.com.cn/2017/0622/765896.shtml。

③ 参见《大连市民政局局长张淑华就推进殡葬改革工作答记者问》,《大连晚报》2017年3月31日。

④ 《砥砺奋进的5年昆明市殡葬事业实现新跨越》,昆明市政府网站,2017年12月20日,http://news.sina.com.cn/c/2017-12-20/doc-ifypwzxq4309310.shtml。

⑤ 参见《海门市提高惠民殡葬基本服务补贴》,南通市人民政府,2017年11月27日,http://www.nantong.gov.cn/art/2017/11/27/art_39345_2534806.html。

在增加，这说明人们的观念在进步”，充分说明这种生态安葬方式同样符合先人“魂归自然”的遗愿。①

但是在部分地区，受传统观念的影响，绿色生态葬的推行并不是非常顺利，很多地方“叫好不叫座”。湖南“岳阳市云溪区一公墓内，这里开辟的节地生态墓地仅为 2 亩，与偌大的墓葬区山坡比起来，生态节地墓地很不起眼。某市级经营性公墓自 2003 年起开发了 110 个壁葬墓位，至今仅安葬了 68 位逝者。在更边远的自治州、怀化、永州等地，因各种自然和地域因素，节地生态安葬方式很少有人问津”，一是愿意绿色生态葬的老人很少②，二是即便是老人主动提出百年后将骨灰撒入大海，但家人并不太赞成，认为这样很“不孝”。③

但从全国范围内看，选择绿色生态葬的人数已呈上升趋势，人们对绿色生态葬的态度正在发生着变化。对此，切不可操之过急。赵旭东表示：“中国丧葬文化源远流长，妥善处理逝者是家族团结和社会凝聚的重要象征。如今，社会环境和殡葬观念发生了转变，一些新的葬式葬法和祭扫手段涌现出来。政府在殡葬问题上要顺其自然地引导，切不可强制推行。在尊重当地习俗的前提下，给老百姓更多选择的空间，为绿色殡葬提供更多的方便。”④“虽然生态葬、绿色殡葬于社会有益，应该大力推行，但也不可强行推行，要能充分尊重传统习俗。在此基础上，要潜移默化地移风易俗，还要多进行政策鼓励与激励，让人们看到与感受生态葬、绿色殡葬的好处，才能让自然葬等现代殡葬理念赢得更多人的支持。”⑤

(二)“互联网＋殡葬”融合发展的新形态

现代殡葬转型升级是深化殡葬改革、推动生态文明建设、社会主义精神文明建设的时代要求。“互联网＋殡葬”是实现现代殡葬转型升级的重要引擎。2015 年 7 月，泰康人寿旗下一站式互联网殡葬服务平台——爱佑汇正式上线。

---

① 参见《多地劲吹绿色殡葬风 节地生态葬环保又庄重》，《人民日报》(海外版)2017 年 4 月 4 日，http://china.huanqiu.com/hot/2017-04/10423090.html。

② 参见《殡葬，期待更“绿色”》，《湖南日报》2017 年 4 月 3 日，http://hnrb.voc.com.cn/hnrb_epaper/html/2017-04/03/content_1201362.htm? div=－1。

③ 参见《多地劲吹绿色殡葬风 节地生态葬环保又庄重》，《人民日报》(海外版)2017 年 4 月 4 日，http://china.huanqiu.com/hot/2017-04/10423090.html。

④ 《多地劲吹绿色殡葬风 节地生态葬环保又庄重》，《人民日报》(海外版)2017 年 4 月 4 日，http://china.huanqiu.com/hot/2017-04/10423090.html。

⑤ 《自然葬是让殡葬习俗“返璞归真”》，悦读汇一法制论坛，2017 年，http://bbs.legaldail。

福寿园国际集团、上海福寿园在人文纪念园成功应用了 VR 技术。

二维码墓牌运用了二维码技术和移动互联新技术,以电子数据方式,将逝者的一生,通过文字、视频影像资料予以长久保存。二维码墓牌材质选用铜、陶等制品,且体积小,与石材墓碑相比,节约土地资源,保护生态环境。同时,互联网具有打破信息不对称、降低交易成本、促进专业化分工和提升劳动生产率的特点,因此“互联网+殡仪服务”将有效地解决上述问题。殡葬改革的最后一环,“互联网+祭奠”将从 PC 互联网升级到移动互联网。经统计,北京市自 2008 年始至 2016 年,每年祭扫人数都有所递增。可以毫无疑义地说,“移动互联网+祭奠”新业态市场发展空间巨大。①

(三)棺木和土葬成为绿色殡葬改革、推进乡风文明建设的重要突破口

我国各地都有提前给自己置办棺材或修造坟墓的习俗,一方面这种习俗延续千年,在人们心目中根深蒂固;另一方面确实也存在着浪费钱财和人力、破坏生态环境的一面。近年来,随着生活水平提高,丧事重攀比、拼钱财,墓地占土地、讲豪华的陋习,更是有所抬头。为了继续推进绿色生态葬,各地都在开展棺木和坟墓的整治工作。

江西安远县深入一线发动党员干部带头迁坟、与坟主签订协议、主动为坟主提供帮助等措施,全力推进殡葬集中整治活动深入开展。到 2017 年 9 月,已搬迁坟墓 239 个。对顶风违规抢建新墓、私自买卖或变相买卖土地建造的坟墓,开展专项联合执法行动,坚决予以拆除,杜绝“三沿六区”可视范围内出现新建的坟墓。② 云南昌宁以“见树不见坟”为标准,鼓励拆除活人墓、生基,实行生态安葬奖励。③

---

① 参见北京市民政局:《探索“互联网+殡葬”融合发展新形态》,中华人民共和国民政部网,2017 年 12 月 1 日,http://101.mca.gov.cn/article/wlhc/201712/20171200894149.shtml。

② 参见《安远县持之以恒推动绿色殡葬改革》,中国江西网,2017 年 9 月 27 日,http://jxgz.jxnews.com.cn/system/2017/09/27/016431870.shtml。

③ 参见《昌宁县召开殡葬改革专项治理工作动员会议》,昌宁新闻网(微信公众号),2017 年 2 月 28 日,https://mp.weixin.qq.com/s?__biz=MzA3MTM2MjUyNA%3D%3D&chksm=84cd34f2b3babde477f7ac49ed333c1d5437b0fecf7a60be07dd6b24878983f4663a2d2a4def&idx=2&mid=2652317249&scene=21&sn=14478175bb516a4810183a91812a5bc4。

三、殡葬暴利问题仍然存在

殡葬暴利是备受关注的话题，尤其是“天价寿衣”“天价骨灰盒”“天价墓地”，常常令人发出“死不起”的感叹。

“2015年，国家发改委、民政部发布《关于进一步加强殡葬服务收费管理有关问题的指导意见》，要求各地主管部门对殡仪馆销售的骨灰盒、寿衣、花圈等殡葬用品价格进行必要的指导规范。我国价格法也规定，经营者销售商品等，经营者定价，应当遵循公平、合法和诚实信用的原则，实施明码标价，不得违反法律、法规的规定谋取暴利。否则，就会面临没收违法所得、罚款、停业整顿、吊销营业执照等处罚。”①

（一）无法讲价的“天价寿衣”

寿衣是葬礼的必备品，但是“对于作‘一次性’用品的寿衣，很少有人知晓其中‘黑幕’。据南京市民政部门介绍，目前殡葬全流程费用在1000元以内，而一家寿衣店列出的一个丧事清单，走完流程竟需2.3万元。据调查，一件寿衣从生产到批发销售环节，虽然价格会翻倍，但绝不至于‘天价’。价格之所以高到离谱，还在于医院太平间、殡仪馆等与寿衣店铺勾结，共同打造了‘天价寿衣’的利益链。为了得到死者信息，一些殡葬公司会派员到重症加强护理病房和太平间蹲点，有时甚至在医院里为尸源打架。殡葬公司还会安插大量内线，通过信息费的形式让护工、保安、120随车人员等帮忙‘宣传’。数据显示，在寿衣等的交易过程中，掌握逝者家属信息的中间人提成高达30%到50%”②。

（二）让人死不起的“天价墓地”

在“一份全国30座主要城市的墓地价格排名中，上海排在第一位，高端墓地每块近30万元，全市均价每平方米超过6万元；在北京，一些所谓‘风水好’的墓

① 《赚死人钱的“天价寿衣”，该咋整治?》，人民网，2017年4月1日，http://www.sohu.com/a/131463857_114731。

② 《赚死人钱的“天价寿衣”，该咋整治?》，人民网，2017年4月1日，http://www.sohu.com/a/131463857_114731。

地,价格多在每块15万元。[①] 面积约1平方米的墓地,在天津最低1万元,最高20万元;在广州,大多在10万元至12万元;在北京昌平,六环内均价是6万元,好一些的10多万元。上市公司福寿园2016年财报显示,该公司全年实现营业收入12.68亿元,实现利润4.48亿元,其中墓地服务的毛利率高达81%;福成股份去年殡葬业务毛利率高达84.84%。在热点城市,一些卖到几十万元的墓地甚至可以获取七八倍以上的利润。虽然相关法规禁止私人转让墓地,但现实中倒卖'二手墓地'的现象屡见不鲜。"[②]

(三)殡葬管理中发"死人财"

2012年10月至2015年7月,贵州省沿河县民政局殡葬管理局原副局长崔永强先后3次收取云天鹤公司"拜年款"7000元。利用职务权利,从云天鹤公司"提成"治丧补助费6.8万元、"提成"公墓费2.82万元,收受云天鹤公司60平方米土地并转卖获利3万元。同时,崔永强还通过云天鹤公司向国家财政报账和骗取国家丧葬补助资金的方式套取资金共计3.12万元。[③] 虽然此人已受到法律制裁,但此事也表明殡葬行业内部存在管理问题。

山东日照市殡葬管理所群众立场错位,利用相对垄断优势和丧葬亲属不敢讲价、不好讲价的心理,长期肆意违规加价谋利,发"死人财"。2017年11月,日照市纪委对日照市殡葬管理所长期违规超标准加价销售殡葬用品、严重侵害群众利益问题进行了通报。[④] 此类现象如何避免再次发生,需要从殡葬管理环节中去思考和解决。

四、葬俗发展中存在的问题

随着殡葬改革持续推进,葬俗发展正在经历着一场重大变革。从丧礼仪式到

① 《2017天价墓地何时休?上海高端墓地每块近30万元》,《经济参考报》2017年3月31日,http://www.xinhuanet.com/yuqing/2017-03/31/c_129522375.htm。

② 《人民日报刊文批墓地炒作:殡葬是基本民生需求,不是用来炒的》,澎湃新闻网(上海),2017年4月14日,http://news.163.com/17/0414/07/CHVFFDQA000187VE.html。

③ 参见《殡葬管理局官员捞死人钱:每火化1具遗体抽成100元》,新华社网,2017年6月13日,http://news.hnr.cn/shxw/201706/t20170613_2974998.html。

④ 参见《殡葬管理所严重侵害群众利益被市纪委通报》,日照新闻网,2017年11月23日,http://www.rznews.cn/viscms/rizhaoxinwen0271/20171123/368007.html。

丧葬观念，都在发生着时代转型。在此过程中，礼仪、礼义与生活变迁之间的复杂内在关联，致使葬俗发展中出现了很多问题。

（一）殡葬改革让民众省了钱，却丧失了传统葬礼的人文关怀

当下的殡葬改革取得了显著成效，最突出的一个是让老百姓省了钱。如陕西省大荔县 2017 年入选“全国首批殡葬综合改革试点地区”后，在“全县范围内深入推进，全县 100%的村都成立了红白理事会，明确了婚丧嫁娶事宜车辆、场所、席面等方面的限制标准，村民过事平均花费从过去的 3.3 万元降到 1.5 万元。全县累计控制丧葬规模 3200 余起，节约费用估计达 6000 万元”[①]。各地在殡葬改革中实施“丧事一碗菜”后，没有搭台子唱大戏的喧嚣，孝服简化为黑纱和白花，出殡时“四方桌”代替了棺木，吊唁亲戚中午每人一碗大锅菜，整个丧事的花费同样大幅度降低。[②]

拒绝铺张浪费，丧事简办，这是殡葬改革的初衷之一。省钱固然是好事，能够减轻丧主的经济负担，但是过于简化的丧礼也让其所蕴含的丰富的文化内涵遗失殆尽。一些地方，例如浙江宁波象山，从前有个“老规矩”，家中长辈过世了要在家中“留”半个月，如果留的时间短，就会被视为“不孝”。出殡的日子要翻皇历，还要讲排场，放鞭炮、搞路祭、撒纸钱的现象非常普遍。[③] 现有的殡葬改革是将这些传承多年的习俗一刀切除，如何在传统观念与丧葬改革之间寻求共同发展，避免简单化操作引发的社会问题，需要全社会给予认真思考和对待。

2016 年，21 名学者投书澎湃新闻，联名呼吁保护乡村传统丧葬礼俗，认为传统葬礼中的一些仪节是具有特定文化内涵和价值的仪式，不应该简单地搞“一刀切”。2018 年 7 月，在北京召开了“中华丧葬礼仪的传承与改革学术研讨会”，海内外华人学者认为，中华传统礼仪经过因革损益完全可以与现代社会相适应，将传统人生礼仪等同于“四旧”必欲破除而后快的做法，不但表现出对于传统文化精

---

① 《大荔县入选“全国首批殡葬综合改革试点地区”》，《渭南日报》2017 年 12 月 12 日，http://www.weinan.gov.cn/news/bdyw/629073.htm。

② 参见《菏泽巨野县移风易俗工作纪实》，齐鲁晚报社，2017 年 11 月 27 日，http://news.ifeng.com/a/20171127/53635050_0.shtml。

③ 参见《将十余万尊坟墓迁入公墓生态安葬，来看看象山是怎么做到的》，《现代金报》2017 年 12 月 1 日，http://dzb.jinbaonet.com/html/2017-12/01/content_323201.htm? div=－1。

神的蒙昧无知，在实践上也是颇不足取的。[①] 如果只注重经济考量，为了省钱，取消所有重要仪节，那么传统丧礼所蕴含的慎终追远、人伦亲情的人文关怀将无法顺利传承下去，这与复兴传统文化、传承优秀家风家训、建设乡村文明的时代文化号召背道而驰。

(二)奢侈攀比严重，“爱面子”观念顽固

2017 年，中国葬俗发展中一个突出问题是丧礼花销过大。有媒体报道，一场丧礼花了一家人 10 年的收入，3 天宴席吃掉 16 万元。调查还发现，在一些地方，丧葬奢侈攀比的情况严重。一些殡葬从业者，比如一些殡葬商家，巧立名目，借机敛财，烧“纸品牌护肤品”等；一些“白事先生”殡葬服务一条龙，号称“包满意”。丧礼花销过大，导致很多家庭因丧致贫。[②] 然而，花费过大只是表象，实际上与传统葬礼的意义以及面子观念有关。

中国人自古重孝，也十分重视丧礼，其中一个非常重要的原因就在于丧葬仪式不仅可以表达孝子贤孙对去世长辈的感情，更能显示他们在社会网络中的地位和意义。不管老人在世时得到如何的赡养，孝子贤孙被中国人的“面子”观念支配着将丧事大办，这已经成为一种较为普遍的社会现象。一些人违心大办丧事的背后，是面对周围舆论的无奈。老人的丧礼办寒酸了，邻居会指指点点，说子女不孝，生活在乡土社会的人，“爱面子”，很少能有人抵得住汹涌的舆论力量。同时，对一些思想相对保守的老人来说，他们认为儿女给自己“风光大葬”，是对自己一辈子的肯定，也能为儿女赢得好名声。为此，他们一改平日的节俭，执意要求子女给自己“风光大葬”，完成最后的“孝顺”。所以，简办丧事的实施难点在于传统观念的根深蒂固。

此外，人们追求的“风光大葬”还给某些不法分子违规办丧事的借口。特别是随着社会经济的发展、人们生活水平的提高，一些地方建造豪华墓地的习俗又有所抬头。“甚至有人趁着亲人去世，不惜利用手中的权力大操大办，进而借机敛财。2015 年清明节前，新华社记者在山西太原调查发现，当地一家公墓的高端客

---

① 参见《中华丧葬礼仪的传承与改革学术研讨会在京举行》，中华文化传媒网，2018 年 7 月 17 日，http://www.ccdy.cn/feiyi/201807/t20180717_1389473.htm。

② 参见《地方丧葬奢侈攀比严重 “爱面子”陈旧观念应摒弃》，中国经济网，2017 年 4 月 6 日，http://finance.sina.com.cn/roll/2017-04-06/doc-ifyeayzu6877842.shtml。

户从一开始就有官员，有些豪华墓墓碑上没刻名字”，“‘当官的’怕让别人知道，名字都不刻了”。“在带领记者参观时，工作人员指着一处价值36万元的‘庭院式墓地’说，这个刚使用没多久，是山西省某厅级单位官员家的。”①此类修建豪华墓地或者违反殡葬管理规定大肆操办长辈丧事的，屡屡禁止，却反复出现。

（三）缺乏与乡风文明建设相匹配的新型殡葬礼仪

在历史发展中，殡葬礼仪一直是乡村生活的有机组成部分，也是当代乡风文明建设的重要组成。但是，在葬礼形式上却表现出多样性，在一些乡村，葬礼完全按照传统来办，棺材、纸扎一样不少，孝子贤孙哭倒一片，一次葬礼少则三天，多则十余天，丧主一家不仅要承担巨额的花销，还常常被折磨得苦不堪言。与之相反，一些地方进行殡葬改革，葬礼时间被极大压缩，甚至只有半天时间，一切仪式活动也全部取消。这样简化的葬礼省时、省力、省钱，但是失去亲人的悲痛之情无处宣泄，孝子贤孙的孝道无法体现。因而，当下最缺乏的是与乡风文明建设相匹配的新型葬礼，既能将传统葬礼的人文情怀传承下去，也能与时俱进，对葬礼部分仪节进行适应性调整。

（四）缺乏对优秀殡葬文化传统的全面了解

2017年，各地政府都在大力推进殡葬改革，并重点对葬礼仪节进行了非常细致的规定。各地具体改革方式虽不完全相同，但都普遍秉持“丧事简办”的原则，采取缩短丧礼时间、简化一切环节程序、严格限制花销的做法。这些殡改具体措施表明制定者缺乏对优秀殡葬文化传统的全面了解，而是简单粗暴地把丧礼当作“四旧”来一刀切式处理。以“礼乐文明”著称的中华文明虽缺乏西方“一神教”式的宗教信仰，却能维系数千年之久而不中断，礼乐教化确实在其中发挥了至关重要的作用。在礼乐文明中，人生的意义不是通过对于上帝的信仰来解决，而是通过养生送死等一系列生活礼仪来实现。因此，礼乐的毁弃意味着人生意义与价值的丧失，也必然导致道德底线的洞穿，这正是顾炎武所谓“亡文化”。古人说“礼有五经，莫重于祭”，表明了丧祭之礼在礼乐文明中的特殊重要性。在古代先贤心目

---

① 《太原现36万元“庭院式墓地”买主被曝系厅官》，新华网，2015年4月7日，http://www.xinhuanet.com/yuqing/2015-04/07/c_127662715.htm。

中,丧礼、祭礼等安顿死亡的礼仪比其他处理日常生活的礼仪更为重要。① 当下殡葬改革问题频现,从根源上来思考,应与对优秀殡葬文化传统缺乏全面、深入的了解有重要关联。

(五)殡仪服务水平亟待提高

殡仪服务主要包括遗体处理、运输、化妆、出殡礼仪以及灵堂租赁服务,在操办丧事的过程中不仅满足了丧主的情感需要,同时也提供了许多便利条件。殡仪服务主要是由政府下属实体主导私营企业参与,但是在很多省份,仍然受到政策限制,私企参与度较低。

受传统世俗文化的影响,人们觉得殡葬行业比较"晦气""不吉利",导致行业人才匮乏。从业者普遍受教育程度不高,所以殡葬行业的服务水平长期无法持续提高。吴飞等指出:"殡葬部门就是一个人体垃圾站,它的目的不是维护爱敬之情,不是慎终追远,而是怎么尽快把死人处理掉。这种指导思想是完全否定性的、负面的。本来是殡仪馆,现在都叫火葬场,火葬场就是怎么把人的尸体处理掉。现在国家提倡的海葬、骨灰抛洒等都显得很诡异,它的意图就是把尸体处理掉,抹掉他曾经存在过的痕迹。从实用主义的角度来说,这种做法有一定的环保意义,但是传统丧礼的价值理念却没有被考虑在内,没有任何文化意义。因此,中国的殡葬行业才会遭到人们的歧视,殡仪馆的工作人员只是处理死尸的人,并不是礼仪专家。"②传统丧葬之所以叫葬礼,是包含了许多礼仪在内,不仅内蕴着对生命的敬重,也涉及人们情感的表达和抒发、道德的涵养和维系,而殡葬行业服务水平长期得不到发展和进步,所造成的后果不仅仅是人们多花了钱却没办好事情那么简单。

(六)政府监管还需加强,殡葬市场秩序混乱

"中国报告大厅发布的《2016~2021年中国殡葬服务产业市场运行暨产业发展趋势研究报告》显示,我国死亡人口每年大约有1000万人。按照最低标准丧葬费用计算,假如平均每人2000元丧葬费,每年丧葬消费额近200亿元。如果再算上骨灰存放、购买墓地以及其他殡仪服务费用,殡葬行业的销售总额将超过2000

---

① 参见《中华丧葬礼仪的传承与改革学术研讨会在京举行》,中华文化传媒网,2018年7月17日,http://www.ccdy.cn/feiyi/201807/t20180717_1389473.htm。

② 吴飞、王淇:《没有传统丧礼,中国文化就彻底没了希望》,华学论坛(微信公众号),2018年4月6日。

亿元。考虑到经济发展和殡葬消费水平的提高，预计殡葬市场将以每年 20％的速度递增。”①

快速增长的殡葬市场需要行之有效的政策法规进行有效引导，虽然国家、地方政府已经制定了相应的政策法规，但是殡葬暴利、殡改“一刀切”等现象依然存在，需要工商、物价、民政等管理部门担负起相应的监管责任，有效清理殡葬乱象。然而，平心而论，重孝、重丧是我国的传统文化，在历史长河中形成了相当大的稳定性，想在短时期内依靠政府监管来迅速改变传统习俗中的陋俗，想快刀斩乱麻地清理各种不良的殡葬文化，这可能会给政府监管带来重大的压力。陋俗的传承、殡葬乱象的存在，跟每一个人都有关系，社会需要与政府的宣传、监管等各种措施配合起来，共同解决这些问题。

五、反思与解决办法

曾子云：“慎终追远，民德归厚矣。”祭丧之礼历来是社会道德涵养最重要的手段。孟子也指出：“养生不足以当大事，惟送死足以当大事。”死亡是人生大事，是亲人间的生离死别。丧礼是生命意义的终极体现，也是真正的生命教育仪式。有学者指出：“如果传统丧礼彻底消失了，中国传统文化也就很难有希望了。”②尤其在经济快速发展、乡村生活巨变的社会转型时期，亟需解决葬俗发展中的问题，为民俗生活未来发展、乡风文明建设指明出路。

（一）准确认识殡葬礼仪的文化价值，尽快制定符合新时代人民生活需要的新殡葬礼仪规范

现在使用的是 1997 年颁布的《殡葬管理条例》，其指导方针只是强调实行火葬、改革土葬、节约土地和节约丧葬费用等直接现实性和功利性目标，而对于“丧葬”这一重要人生礼仪的内涵意义缺乏深入认知与表达。近年来，一些地区反复发生的严重伤害逝者尊严和生者感情的事件，如河南周口平坟、江西上饶强制集中销毁 5000 口棺材，以及时有所闻的强行起棺、焚棺等，无不引起了民众的强烈

① 《2017 年国内十大暴利行业“天价寿衣”大赚死人钱揭秘殡葬业黑幕：批发几十卖上千》，东方网，2017 年 4 月 1 日，http://henan.china.com.cn/finance/2017/0401/4484145.shtml。

② 吴飞、王淇：《没有传统丧礼，中国文化就彻底没了希望》，华学论坛（微信公众号），2018 年 4 月 6 日。

不满和海内外媒体的广泛关注。所有这些事件,与当前殡葬改革本身指导理念上的偏差具有直接关系。如果不解决深层次的理念、观念问题,类似事件还会不断重复出现,殡葬改革进程也将始终难以步入坦途。[①]

孔子云:"礼以时为大。"礼仪必须在因革损益中跟上时代的步伐。到了当代社会,随着社会结构、生活方式、居住空间等外在环境的变化,传统葬礼已经不能完全适应时代发展需要,当下应尽快制定符合新时代人民生活需要的新殡葬礼仪规范,指导殡葬礼仪朝向积极健康的方向发展,使丧礼改革重返传承与转化并举的理性轨道。

(二)政府加大殡葬管理力度,完善相关殡葬法规

从 1997 年颁布《殡葬管理条例》,到 2015 年国家发改委、民政部发布《关于进一步加强殡葬服务收费管理有关问题的指导意见》,至 2016 年 2 月 19 日,民政部等九部门联合推出《关于推行节地生态安葬的指导意见》,国家不断加大殡葬管理力度。

各地地方政府也在不断制定地方性殡葬管理法规。2017 年,"昆明市在全国省会城市中率先完成了《昆明市殡葬管理条例》的修订,出台了《关于推行移风易俗促进文明殡葬的意见》,市人大常委会做出了《深化殡葬改革促进文明殡葬的决议》,市政府及有关部门制定了《农村公益性公墓管理办法》等规范性文件和政策措施。各县(市)区、开发(度假)园区也相继制定和完善配套政策,建立健全了全市上下一致、配套完善的殡葬管理法规政策体系"[②]。

(三)加大优秀殡葬文化传统的知识普及和社会传播

近年来,随着社会的不断变革,当代人与优秀殡葬文化传统之间的隔阂越来越大,尤其是传统殡葬文化破坏较为严重的地区,很多年轻人对传统殡葬文化知之甚少。如为什么丧礼要延续三天?《礼记·问丧》说:"孝子亲死,悲哀志懑,故匍匐而哭之,若将复生然,安可得夺而敛之也?故曰:三日而后敛者,以俟其生也。""意思是说,当父母去世后,儿女悲痛欲绝,哪能马上就放到棺材里埋掉呢?

---

① 参见《中华丧葬礼仪的传承与改革学术研讨会在京举行》,中华文化传媒网,2018 年 7 月 17 日,http://www.ccdy.cn/feiyi/201807/t20180717_1389473.htm。

② 《砥砺奋进的 5 年昆明市殡葬事业实现新跨越》,昆明市政府网站,2017 年 12 月 20 日,http://news.sina.com.cn/c/2017-12-20/doc-ifypwzxq4309310.shtml。

儿女心里盼着父母能够再活过来，三天之后没有复活，知道人死不能复生，也就可以入棺了。经过三天的祭丧举哀，丧亲之痛得以宣泄表达，创伤的心灵得以逐渐抚平。三日丧期长久流行于华人社会和汉文化圈，今天的南洋华侨普遍实行具有浓厚传统文化色彩的三天丧期；现今的韩国法律依然规定，父母去世后，公务员可以请假三天奔丧。可是，现在我国有的地区竟然强行推行一天丧期"，还有一些地方的丧礼只有半天，"如果这样，连远方工作的亲人都来不及回家见最后一面；父母去世后尸骨未寒就要拉出去火化，情何以堪？这种违背人伦亲情的做法引起村民强烈反感和反对，是势所必然的"[①]。

面对当下部分民众、政府工作人员等对优秀殡葬文化理解的偏差和不足，应在全社会范围内充分利用报纸、电视、网络、微信等各种途径，加大对优秀殡葬文化传统的知识普及和社会传播，让老百姓正确认识殡葬文化的价值内涵，自觉传承其传统文化。同时，也要加大对殡葬文化的相关工作人员、政府官员的宣传、普及，让他们准确把握优秀殡葬文化的时代价值，促使他们做出既延续优良殡葬传统，又紧密贴合新时期人民生活的殡改政策，一改当下简单粗暴的"一刀切"做法。

（四）在深刻理解丧葬礼仪的文化价值基础上消除"爱面子"观念

近年来，随着社会结构的转型，人们的消费观念受到极大冲击。这表现在丧葬仪式上，人们开始通过丧葬消费来建构自己的身份地位，很多人受"面子"观念的影响，认为多花钱，把葬礼办得风光体面，是给自己"挣面子"，让自己在社区中获得更好的名声和威望，从而使得人们的经济压力急剧增大。

美国社会学家奥格本认为，急剧的社会变迁，导致传统的价值观念和生活方式没能及时地适应社会新变化，在不知不觉中"慢了一拍"。在物质生活渐次丰盈的当下，一些人的精神家园却"杂草"丛生；用炫耀性、符号性的消费来向他人传递出孝顺、有实力、混得好等符号信息，在本质上是价值追求的迷失与错位。[②] 殡葬仪式的本质在于"达情致哀"，个人亲情的抒发、孝道的彰显才是丧葬仪式中的核心价值理念，这些价值理念不应被"面子"观念绑架，甚至架空，让人们承担起昂贵的丧葬费用。

---

① 《二十一名学者投书澎湃，联名呼吁保护乡村传统丧葬礼俗》，澎湃新闻，2016年11月3日。

② 参见杨朝清：《"丧葬攀比风"背后是迷失的价值观》，华声在线，2017年4月5日，http://opinion.voc.c。

(五)健全殡仪服务体系,提升殡仪服务质量

殡仪服务关系到死者的尊严和生者的哀思,长期以来一直备受关注,但是目前为止,全国各省市殡仪服务都处于僵化状态,以尸体的处理为主,缺乏深刻的人文关怀。在殡仪服务过程中,死者的尊严与生者的哀思没有被很好地体现出来。当下,为了继续推进移风易俗,应健全殡仪服务体系,提升殡仪服务质量,让民众在殡仪服务中能够“达情致哀”,促进良风美俗在全社会生根发芽。

六、结语

近些年来的殡葬改革持续推进,已经取得一系列的良好成效,但仍旧存在一些根深蒂固的问题。这主要表现为从上到下政策性强制执行,缺乏对民俗生活和传统的真切了解,脱离社会生活实际。丧葬既然是民众的生活事件,就必须在生活中解决。因此要充分尊重民俗文化的地方性、多样性特点,切勿“一刀切”,应因地制宜、因俗制宜,坚持正面引导殡葬改革,深入挖掘传统葬俗的精神内涵。

准确认识殡葬礼仪的文化价值,应以有利于真情实感抒发的“尽哀”为宗旨,唤起他们对传统丧葬文化的敬畏与尊重,将健康的意义落入实物和观念中去,在深刻理解丧葬礼仪的文化价值基础上消除“爱面子”的观念。礼贵时宜,俗有因革,在移风易俗的同时,要注意保留葬礼中必要的庄重感和仪式感。同时,政府也应尽快制定符合新时期人民生活需要的新殡葬礼仪规范,加大殡葬管理力度,完善相关殡葬法规,加大优秀殡葬文化传统的知识普及和社会传播,健全殡仪服务体系,提升殡仪服务质量。只有多方共同努力,才能稳步推进殡葬改革,实现健康、绿色的殡葬新风貌。

2017 年度东北民族民间文化发展报告

赵彦民　罗瑞霞*

东北地区主要包括辽宁省、吉林省、黑龙江省和内蒙古自治区东部五盟城市——呼伦贝尔市、兴安盟、通辽市、赤峰市和锡林郭勒盟，总面积约 145 万平方公里，总人口约 1.2 亿，是 1949 年后我国形成较早的大经济地区，也是规模最大的重工业基地。不过，东北地区在新中国成立后至今的发展过程中，因受地理、自然及历史条件等限制，东北地区经济与文化发展相对滞后。

改革开放以后，国家虽然对东北老工业基地的建设出台了一系列政策与措施方案，但由于体制性、机制性和结构性的矛盾，东北地区与沿海城市的差距不断加大。[①] 这作为新时期亟待解决的问题，党中央、国务院提出了促进东北振兴的整体思路和目标。在新时期的东北振兴策略中指出：(1)既注重经济，又注重社会、文化、生态与经济协调发展；(2)既强调体制改革，又强调结构调整；(3)既着力推动工业振兴、城市振兴，又着力推动文化振兴、乡村振兴；(4)既重视加快振兴的步伐，又重视加快转变经济发展方式。[②]

从上述国家振兴东北的决策中不难看出，文化建设在振兴东北策略中有着非常重要的作用。在这一背景下，国家加大了对东北地区的扶持力度，东北地区的民族文化事业正进入一个共享、共存的多样性发展阶段，针对东北民族政策、东北民族文化、民俗文化、民族文化的传承与保护、民间文学、文化产业、文化的数字化等问题得到关注，展开了相关的讨论。当然，在这些讨论中，既有以民族民间文化为对象的基础性研究、提言、建议和对策，也有民族民间文化在发展过程中存在的困难和问题。

---

* 赵彦民，大连外国语大学日本语学院教授；罗瑞霞，山东大学儒学高等研究院博士研究生。

① 参见朱宇、张新颖主编：《中国东北地区发展报告(2015)》，社会科学文献出版社 2015 年版。

② 参见许欣：《东北振兴战略演进轨迹及其未来展望》，《改革》2017 年第 12 期。

以下,本报告主要从东北民族民间文化发展及政策、东北民族文化、东北民俗文化、民俗文化的保护、民俗文化的传承、民族民间文学、民族民间文化的数字化、民族民间文化的产业化、民族民间文化与非物质文化遗产、民族民间艺术、民族民居等方面,对2017年度的相关研究成果进行梳理与归纳。

一、东北民族民间文化政策

"十三五"时期,在全面建成小康社会的时代背景下,国家把加快少数民族和民族区域发展置于更加突出的战略位置,为了进一步促进少数民族地区的发展,2016年12月发布了《"十三五"促进民族地区和人口较少民族发展规划》。在该《发展规划》的第五章第五节中,对推进地区文化服务发展提出了明确的目标,具体有:(1)完善少数民族非物质文化遗产保护传承;(2)推动中国少数民族电影工程;(3)促进少数民族语言文字服务能力建设;(4)支持少数民族出版工程;(5)推进少数民族新闻出版"走出去"工程;(6)扶持少数民族出版物精品翻译工程;(7)开展少数民族传统文化信息资源库建设;(8)支持少数民族传统体育基地建设;(9)实施少数民族古籍抢救保护工程。另外,在第八章"促进较少民族加快发展"的第四节中,提出了要提升公共文化能力的具体目标,完善州、县两级博物馆,图书馆,文化馆,科技馆,足球场,体育场等公共服务设施,继续推进人口较少民族标志性文化设施建设,包括民族博物馆、生态博物馆、民俗馆、民俗文化传习所、民族文化广场等。鼓励社会力量兴办各类民族博物馆,在公共博物馆内可结合当地实际适当设立人口较少民族文物展览室、陈列室或文化展厅。加快文化资源数字化建设,推动建设人口较少民族网上博物馆、数字展厅。①

在上述背景下,黑龙江省根据《"十三五"促进民族地区和人口较少民族发展规划》(国发〔2016〕79号)、《中共黑龙江省委、黑龙江省人民政府关于加强和改进新形势下民族工作的意见》(黑发〔2015〕11号),制定了《黑龙江省"十三五"促进民族地区和人口较少民族发展规划》。黑龙江省的民族地区主要指杜尔伯特蒙古族自治县、齐齐哈尔市梅里斯达斡尔族区、63个民族乡(镇)和727个民族村;人口较少民族是指总人口30万人以下的少数民族,有达斡尔族、锡伯族、赫哲族、鄂

① 参见《"十三五"促进民族地区和人口较少民族发展规划》(2016年12月24日公布),中华人民共和国中央人民政府网,http://www.gov.cn/gongbao/content/2017/content_5168430.htm。

伦春族、鄂温克族、柯尔克孜族和俄罗斯族。黑龙江省在对这些民族地区的文化发展问题上，提出了具体的实施细则。在发展民族文化事业方面，提出到 2020 年，杜蒙县与梅里斯区公共文化设施全部达到国家建设标准；同时，整合资源以推进少数民族和民族地区文化馆、图书馆、博物馆建设，推进免费开放；支持杜蒙县、梅里斯区文体中心建设；每个民族乡(镇)都要建成一个综合性文化服务中心。在开展贫困村文体广场建设时，重点向民族地区倾斜，拟对全省 90 个贫困民族村的文体广场建设和文化室设备配置给予支持，每村扶持资金 15 万元。在民族文化保护与传承方面，实施物质文化遗产和非物质文化遗产保护工程，重点抢救和保护少数民族传统经典、民间文学、音乐、舞蹈、美术、技艺、医药等非物质文化遗产；加强少数民族非物质文化遗产集聚区整体性保护，力争将赫哲族聚集区所在地佳木斯市和双鸭山市申报为国家级赫哲族生态保护区；积极开展少数民族非物质文化遗产生产性保护，命名一批省级少数民族非物质文化遗产生产性保护示范基地；落实文化部传承人群研修研习培训计划，举办鱼皮、桦树皮、满族刺绣传承人群培训班，每年培训少数民族非物质文化遗产传承人员 300 名；通过互联网把濒临灭绝的少数民族语言推向社会；让少数民族传统体育项目走进校园等具体实施计划。[①]

辽宁省在 2017 年 3 月 25 日召开的省政府第 115 次常务会议上，审议并通过了《辽宁省兴边富民行动“十三五”规划》《辽宁省少数民族特色村镇保护与发展“十三五”规划》《辽宁省少数民族语言文字工作“十三五”规划》《辽宁省扶持人口较少民族发展“十三五”实施意见》等配套规划和实施意见。在《辽宁省兴边富民行动“十三五”规划》中，强调“七个方面”与“七个重点”。“七个方面”是以围绕加强基础设施建设、着力保障和改善民生、促进特色优势产业发展、提升沿边开发开放水平、加强生态文明建设、推进城镇化建设、加强民族团结稳固边防为主要任务；“七个重点”是以实施边民医疗卫生保障、边境口岸产业教育、边民互市贸易点建设、满族医药产业发展、生态环境综合整治、少数民族特色村镇建设、民族团结进步示范村建设为重点。在《辽宁省少数民族特色村镇保护与发展“十三五”规划》中，强调“五个方面”和“五个重点”。“五个方面”是通过完善基础设施、改善人居环境、发展特色产业、传承民族文化、加强民族团结为主要任务；“五个重点”是实施民族文化保护与发展、民族特色产品培育开发、村镇道路改建、生产生活垃圾

---

① 参见《黑龙江省“十三五”促进民族地区和人口较少民族发展规划》，2017 年 12 月 28 日，黑龙江省人民政府网，http://www.hlj.gov.cn/wjfg/system/2017/11/28/010855230.shtml。

收储、民族团结模范基地和模范单位创建。在《辽宁省少数民族语言文字工作“十三五”规划》中强调，将完成满族语言文字保护抢救、科学稳妥推进双语教育、少数民族语言文字政策法规培训、依法保障少数民族语言文字规范使用、少数民族语言文字翻译人才培养、少数民族语言文字信息化建设、跨省区少数民族语言文字协作、鼓励各民族公民互相学习语言文字等八个方面主要任务，实施满语文抢救保护、人才接续培养、“双语”教学等八个重点工程，不断提高民族语文管理工作能力和水平，努力开创民族团结进步事业新局面。在《辽宁省扶持人口较少民族发展“十三五”实施意见》中强调，“十三五”时期，将围绕改善生产生活条件、发展特色优势产业、发展社会事业等三个方面十项主要任务，以项目建设为牵引，促进锡伯族聚居乡村经济社会科学发展。[①]

吉林省人民政府办公厅于 2017 年 8 月 4 日发布了《吉林省少数民族和民族地区发展“十三五”规划》。在吉林省生活的有汉、朝、满、蒙、回、锡伯等民族，少数民族人口有 218.57 万人，占全省人口的 7.96%，省内有 4 个民族自治区，延边朝鲜族自治州和前郭尔罗斯蒙古族自治县、长白朝鲜自治县、伊通满族自治县及 33 个民族乡(镇)。对于这些少数民族地区的文化发展，在吉林省的“十三五”规划中，有如下目标：(1)在推进民族地区新型城镇化建设任务上，统筹城市、小城市和少数民族特色村镇建设协调发展。加快延吉、敦化等中心城市建设，支持珲春、图们等边境城市发展，支持民族地区小城镇建设，重点打造敬信镇、马鹿沟镇、崇善镇、凉水镇、二道白河镇、松江镇、百草沟镇、叶赫镇、东盛涌镇、王府镇、乌拉街镇等一批边贸重镇、旅游名镇、工业强镇、商贸大镇。(2)在发展民族教育问题上，设有四项任务：其一，民族地区双语教育推进工程；其二，民族地区义务教育学校标准化建设工程；其三，民族地区学前教育建设工程；其四，民族地区职业教育建设工程。(3)在民族文化建设工程上，也设有四项任务：其一，加快民族地区文化基础设施建设。推进省、市、县三级民族博物馆、图书馆、文化馆和民俗文化展示馆等公共文化服务设施建设。其二，推进长白山群众文化艺术馆、珲春国际大剧院、长白山书院、吉林乌拉民俗文化步行街、前郭民族文化园、伊通满族牧情谷民俗旅游等项目建设。其三，创建双语和谐乡村(社区)示范点工作。在全省民族乡(村)、社区

---

① 参见《辽宁省贯彻落实〈“十三五”促进民族地区和人口较少民族发展规划〉制定出台配套规划和实施意见》，中华人民共和国国家民族事务委员会网，2017 年 4 月 21 日，http://zcfgs.seac.gov.cn/art/2017/4/21/art_3434_279575.html。

等地创建若干个双语和谐乡村(社区)示范点。其四,加强重点领域少数民族语言文字规范化建设,强化少数民族语言文字基础资源库建设,建设朝鲜语言文字资源服务平台,促进语言资源的开放与共享。(4)在文化遗产保护问题上,有两项重点任务:其一,推进和龙渤海中京国家考古遗址公园龙头山古墓群、辉南县辉发城址、集安高句丽遗址、吉林乌拉街清代建筑群等文物保护工程建设;其二,完善民族地区非物质文化遗产名录体系,支持设立文化生态保护实验区,建设民族地区文化生态保护区,加强民族地区文化遗产整体性保护传承。支持少数民族古籍保护与古籍文献人才培养。继续推进蒙古族马头琴、乌力格尔、朝鲜族洞箫、满族剪纸等少数民族"非遗"项目的保护和传承工作。

中央政府制定政策,下级政府职能部门层层贯彻落实。例如,2017 年 8 月 22～24日,长白山市人大常委会组成调研组,就本市执行扶持少数民族地区发展有关政策情况进行了调研。调研组一行到长白朝鲜族自治县马鹿沟镇果园村、二十道沟村、抚松县东岗镇松山村调查走访,了解了当地执行扶持少数民族地区发展的有关政策情况。①

二、相关东北民族民间文化策略的讨论

上述内容是在政府层面上,从中央政策的制定到地方政府对中央政策的贯彻和落实的过程。政府层面对于民族文化政策的制定和执行的过程,也是学界关注的焦点,不同学科领域的研究者,从不同的视角对不同对象展开了相关的探讨,提出了建议和对策。

例如,2017 年 6 月 14～15 日,佳木斯大学主办了第二届中国赫哲族发展高峰论坛,来自国内多个省区及俄罗斯的学者围绕"赫哲族发展与全面建成小康社会"这一主题,就赫哲族历史文化遗产及旅游开发、伊玛勘音乐传承、《乌苏里船歌》创作、赫哲语及跨境濒危语言保护、"一带一路"背景下全面建成小康社会路径研究、少数民族传统民居保护与开发、人口较少民族发展政策研究等问题进行了探讨。本次论坛的参会成员,不仅有外来的专家学者,也有赫哲族出身的学者的参与。在相关文化产业及政策问题上,赫哲族出身的北京交通大学的何玉芳教授

① 参见徐楠:《市人大常委会调研扶持少数民族政策执行情况》,《长白山日报》2017 年 8 月 28 日。

在《共同的文化根基为赫哲族与那乃族文化产业提供对接基础》的报告中指出，文化资源的整合与创新是文化产业发展的命脉；赫哲族与那乃族发展文化产业，仅凭一地挖掘远远不够，必须发挥跨界民族的优势，实现文化资源的整合。大连民族大学的闫沙庆研究员从差别化政策入手，在其报告《扶持人口较少民族发展差别化政策研究》中提出了五点建议：(1)要完善政策措施，进一步加大扶持力度。(2)拓宽资金投入渠道，出台金融扶持政策。(3)加大对口帮扶力度，鼓励和支持发达地区、大中型企业对口支援人口较少民族，加强人才支援、科技支援等。(4)优先发展民族教育事业，提高人口素质。主要包括注重培养人口较少民族专业人才，加强青年农牧民生产技能培训，适当提高民族乡村教师待遇。(5)加大人才建设力度，增强自我发展能力建设。主要包括加大干部队伍建设力度，开辟人口较少民族干部队伍培养“绿色通道”，坚持人力资源开发投入优先、加强教育培训能力建设等措施。此外，要通过加强公共文化基础设施建设，大力开展人口较少民族文化事业，支持对外文化交流、挖掘和保护非物质文化遗产，保护民族文化遗产等多种形式，多管齐下，繁荣发展人口较少民族文化事业。①

同样是以赫哲族为研究对象，王洪军在《转型升级是“一带一路”战略下赫哲族发展的必由之路》一文中指出，在现今“一带一路”的国家战略背景之下，是赫哲族发展与传承本民族文化的大好时期，也是发展地域经济、加快建成小康社会的有效动因。具体提出了如下建议：(1)抓住“一带一路”建设下赫哲族区域经济发展机遇。首先，能够争取国家和地方政府政策扶持的力度；其次，能够推动赫哲族区域经济快速发展；最后，推进与俄罗斯、日本等国的经济文化交流。(2)推进“大众创业，万众创新”，进一步从“输血型”发展向“造血型”转变。首先，进一步抓住“大众创业，万众创新”的发展机遇；其次，进一步更新思想观念，跟上时代发展的步伐；最后，进一步增强赫哲族聚居区自我发展能力。②

从教育学的视角，范婷婷以赫哲族、鄂伦春族、鄂温克族和俄罗斯族为对象，指出在多元文化并存的背景下，少数民族受教育程度的高低直接影响着民族传统文化的传承和民族未来的发展方向，尤其是人口较少民族面对的现代文化冲击更具挑战。对此，作者提出了发展东北人口较少民族社区教育的对策：(1)优先发展

---

① 参见尚大超：《各界人士凝聚智慧，助力赫哲族全面建成小康社会》，《中国民族报》2017年6月23日。

② 参见王洪军：《转型升级是“一带一路”战略下赫哲族发展的必由之路》，《佳木斯大学社会科学学报》2017年第2期。

民族经济，为民族教育发展提供平台。(2)落实教育周边政策，增强教育信心。具体有如下三点提议：其一，落实民族地区教师待遇，对民族乡教师工资向上浮动2～3 级，在少数民族乡修建教师公寓，在民族学校工作的教师，其子女在升学等方面与主体民族享受同等待遇等优惠政策；其二，积极发展少数民族预科教育，民族高等学校开设民族预科班或民族班，划分区域(分省、分民族)招生，保证人口较少民族进入重点民族院校的机会；其三，安置少数民族大中专毕业生，制定毕业生回乡创业优惠政策，制定培养、选拔、使用少数民族干部的优惠政策。(3)开展民族文化活动，提高民族传统文化学习氛围。具体而言，学校教育在强调现代科学文化知识学习的同时，更要注重民族文化传承课程的安排与学习；推动民族文化进学校；发挥民族乡文化站作用，配备熟悉民族文化的人员，规范和提升民族节庆活动，为少数民族展示民族文化、传承民族文化提供舞台。(4)开展职业教育和继续教育。①

刘利佳从民族教育的视角出发，注意到近年随着我国经济的快速发展，有越来越多朝鲜族参与到全国各地的经济社会事业建设之中，朝鲜族家庭也逐渐意识到提高汉语水平的重要性，因此越来越多的家庭把孩子送到了汉族学校接受教育。因此，朝鲜族小学生择汉校问题直接影响到朝鲜语言文字的推广，不利于朝鲜族民族文化的传承。作者以朝鲜族小学生择汉校这一现象为对象，在延吉、龙井和图们三个延边州所辖县级市中选取了 10 所汉族学校，对 2013～2015 年小学一年级朝鲜族学生所占比例进行了数据调查，归纳出了朝鲜族小学生择汉校的特点，并在此基础上从增强民族意识、引导民族教育、优化资源配置、丰富办学形式等方面提出了合理化建议，以期改善朝鲜族小学校的生源流失、教师队伍建设等问题，为朝鲜族民族教育的深化和发展提供了参考。②

蔺若以民族政策为切入点，分析了中国民族政策对朝鲜族社会文化的影响。作者首先考察了延边朝鲜族社会形成的历史过程、社会文化的发展历程及其特征，分析了不同历史时期延边朝鲜族的社会发展状况；其次，分别阐述了新民主主义革命时期、社会主义建设时期以及改革开放以来党的民族政策，阐述了党的民

① 参见范婷婷：《东北人口较少民族社区教育的发展与比较——以赫哲族、鄂伦春族、鄂温克族、俄罗斯族为例》，《黑龙江民族丛刊》2017 年第 4 期。

② 参见刘利佳：《民族教育政策与延边地区朝鲜族小学生择校问题研究》，延边大学硕士学位论文，2017 年。

族政策的历史发展变化过程，明确中国共产党在各个历史时期对待少数民族的态度和政策；最后阐明了不同历史时期党的民族理论和政策对推动民族政治、经济、文化等方面所起的作用，并从中解析民族工作理论和实践经验。[①] 同样，以民族政策为出发点，赵刚、汪晶石指出了通过民族政策可以推进跨界民族的国家认同和民族认同，解决身份认同是增进跨界民族国家认同和民族认同的核心，推动跨界民族对中国政治制度和政治体系的认同是增进跨界民族国家认同和民族认同的重点；而通过民族政策推进跨界民族的经济进步和文化发展则是增强跨界民族国家认同和民族认同的基本手段。[②]

除上述研究外，夏海霞以行政学和宪法学为理论框架，对延边朝鲜族自治州的自治立法进行分析，在对延边州立法特色和立法成效进行阐述的前提下，剖析延边州立法中存在的漏洞，提出了巩固和改进自治立法的客观性建议。[③] 牛彦苏通过对吉林市朝鲜族发展状况进行调研，采取社区走访、微信发放问卷的形式了解朝鲜族在我国现今养老政策下，老、中、青三代养老观念，养老方式的选择，养老前景方面的变化，深入探究我国现行养老政策对朝鲜族的影响。[④] 王军、王阳借鉴国外学界的理论概念，从角色、权力和外部属性三个维度，阐述了现代国家建构遭遇民族文化的相关关系。[⑤] 于浩彤以辽宁省的满族文艺演出为例，探讨了相关行业政策问题，提出了完善辽宁省满族文艺演出行业发展的四点对策：(1)政府建立相关的法律法规；(2)政府积极调整满族文化产业结构；(3)加大政府财政投入；(4)培养满族文艺演出行业人才。[⑥]

三、东北民族民间文化与发展

东北地区是一个多民族、多文化共生的区域社会。东北民族创造了富有特色

---

① 参见蔺若：《党的民族政策对延边朝鲜社会文化发展的影响研究》，延边大学硕士学位论文，2017 年。

② 参见赵刚、汪晶石：《民族政策与我国跨界民族的国家认同和民族认同——以中国朝鲜族为例》，《延边大学学报》(社会科学版)2017 年第 3 期。

③ 参见夏海霞：《延边朝鲜族自治州自治立法分析》，延边大学硕士学位论文，2017 年。

④ 参见牛彦苏：《我国养老政策及其对朝鲜族社会的影响——以吉林省吉林市朝鲜族聚居区为例》，延边大学硕士学位论文，2017 年。

⑤ 参见王军、王阳：《现代国家建构遭遇民族文化：国外学界三个维度的考察》，《黑龙江民族丛刊》2017 年第 6 期。

⑥ 参见于浩彤：《辽宁省满族文艺演出行业政策发展状况及改革思路》，《管理观察》2017 年第 20 期。

的地域文化，包括东北西北部的草原游牧文化，兴安岭地区的森林狩猎文化，黑龙江、松花江、嫩江和乌苏里江的水边渔猎文化和黄海、渤海、今日本海沿岸及近海岛屿的海洋文化，以及东北平原的农业文化，其中以草原文化、渔猎文化和农业文化为基本形态。[①] 东北地区民族文化呈现出多元、交融的状态，因此，东北民族民间文化的研究对象广泛，既有从宏观视角对整体文化的探究，也有针对个别少数民族文化事象为对象的考察。

王绵厚的《中国东北地区的"三大地域文化"》一文，从整体宏观的视角，提出了应该对中国东北地域文化"泛流域文明"等文化命题重新思考，在地域命名或界定一个地域文化时应该遵循如下三点条件：(1)有相对独立的自然地基础和生态环境（如长白山区系）；(2)应有相对独立的社会经济形态和生产方式（如草原群牧）；(3)应有相对独立的、不间断的民族谱系和考古学文化（如辽河流域）。以此为依据，该文将东北地区划分为"辽河文明""长白山文化""草原文化"三大地域文化，并对其成因及文化特征进行了论述说明。[②] 东北地区民族文化作为中国文化的重要组成部分，具有重要作用。陈志贵、关捷以地域文化和中华文化的相互关系为视角，从历史地理学上梳理东北社会文化发展的形成过程，强调了东北民族文化与中国文化的双向互动性以及文化交流与文化融合产生的推进作用。[③]

相对于上述宏观的探讨，也有从具体学科的视角对东北民族文化展开的探讨。例如，张超基于民俗学的视角，关注到东北民俗地域特征的鲜明性，以民俗学的基本理论为框架，探讨了东北民俗文化的历史性、地方性、传承性和变异性。[④] 从传播学的视角，关新、王晓楠对东北文化的传播提出了建议：(1)深入研究东北地方文化，挖掘其核心价值；(2)适应受众需求，创造高品质的文化成果；(3)激活民间传统艺术，加强非物质文化遗产申报和保护；(4)加强各种媒体的融合传播，打造东北文化社会话题；(5)文化的传播是创新扩散过程，需要系统性和持久性。[⑤] 与此相似的研究，还有以影视传媒为媒介的文化传播问题的相关讨论。[⑥]

---

① 参见陈志贵、关捷：《中华文化与东北少数民族文化》，《地域文化研究》2017年第3期。

② 参见王绵厚：《中国东北地区的"三大地域文化"》，《地域文化研究》2017年第1期。

③ 参见陈志贵、关捷：《中华文化与东北少数民族文化》，《地域文化研究》2017年第3期。

④ 参见张超：《东北民俗文化的特征研究》，《开封教育学院学报》2017年第10期。

⑤ 参见关新、王晓楠：《关于东北文化传播的几点思考》，《现代交际》2017年第14期。

⑥ 参见林筠：《东北农村题材民俗影像叙事及文化传播研究——以数字电视电影〈村官过大年〉为例》，《视听》2015年第5期。

孙诗琪从文化人类学的视角,以东北地区已有300多年历史的D市N庙会为个案,通过对庙会的起源、仪式活动及其过程进行考察,试图解释以该庙为代表的民间信仰在现代化高速发展的今天得以生存发展的原因。[①] 李时凤基于民族学的视角,通过对铁岭县新兴堡村的田野调查,探讨了朝鲜族的饮食文化形态、历史变迁、现实需求及文化符号表达。[②] 曹萌、戴滢瀛从文学和文献学的视角,以抗日战争、解放战争及新中国成立初期社会主义建设等革命历史发展过程中,反映东北人民革命历程,塑造东北地区革命英雄形象,并以此弘扬革命情操、传承革命精神的文学作品为题材,试图构建东北红色文学体系。[③]

在民族文化领域中,以个别民族为研究对象,聚焦于该民族的传统文化、技能、习俗及节庆等事象展开的探讨与调查居多。贺春艳通过对博物馆馆藏的赫哲族神偶样式、特征、分类的介绍,探讨了赫哲族人对神偶崇拜的原因及祭祀方式,并阐述赫哲族人万物有灵的精神信仰。[④] 谭杰探讨了赫哲族的节庆习俗文化及其在现代社会中的价值[⑤];许双毅考察了赫哲族特有的综合性节日"乌日贡"大会中的嫁令阔[⑥];刘颖从赫哲族传统渔猎文化和音乐生活现状探索在未来发展中如何保护赫哲族的传统音乐文化的途径[⑦];贾洁、张建设从赫哲族的动物纹样中探讨其独特的审美传达及在视觉语言中的创意应用[⑧];程丽云以人与自然关系为视角探讨了赫哲族传统文化,试图从人类历史发展进程的角度去把握赫哲族人对自然的态度,重点阐释赫哲族传统自然观所蕴含的生态文化理念,在现代语境下,理解赫哲族传统自然观的基本内涵和主要特点,并对其进行现实价值反思。[⑨] 此

---

① 参见孙诗琪:《文化人类学视野下的庙会仪式研究——以D市N庙会为个案》,吉林大学哲学社会学院硕士学位论文,2017年。

② 参见李时凤:《基于民族学视角下的朝鲜族饮食文化探析》,西南大学硕士学位论文,2017年。

③ 参见曹萌、戴滢瀛:《东北红色文化中文学文献体系构建意义与策略》,《边疆经济与文化》2017年第4期。

④ 参见贺春艳:《赫哲族人的万物有灵观——从馆藏的神偶看赫哲族的精神信仰》,《文物鉴定与鉴赏》2017年第11期。

⑤ 参见谭杰:《赫哲族的节庆习俗文化及其在现代社会中的价值》,《佳木斯大学社会科学学报》2017年第2期。

⑥ 参见许双毅:《赫哲族传统"乌日贡"大会中的嫁令阔》,《音乐创作》2017年第7期。

⑦ 参见刘颖:《新时期赫哲族民族文化及音乐研究》,《艺术科技》2017年第2期。

⑧ 参见贾洁、张建设:《赫哲族动物纹样在视觉语言创意中阐释性研究》,《黑龙江民族丛刊》2017年第5期。

⑨ 程丽云:《赫哲族传统自然观的生态意蕴及现代审视》,吉林大学博士学位论文,2017年。

外,以赫哲族为对象的探讨还有很多。[①]

相关满族的探讨,也有较多的研究积淀。郭晓婷、冷纪平在《构建满族共同文化回忆——论满族说部的意义和价值》一文中,以满族说部为对象,指出单纯从文学和历史价值研究满族说部还不够,强调满族说部的重要意义和价值在于构建满族的共同文化回忆,保留民族特征,建立满族人民的民族认同感。[②] 苏凯以文献资料和田野调查相结合的方法,通过对满族狩猎文化的考察,指出狩猎生产活动具有的民族特色和地域特点,具有维护社会秩序、增强凝聚力和文化传承的功能。[③] 王立以东北地区八旗满族著姓家谱为研究对象,对该家谱的源起发展、编纂特点、内容功用及抢救整理的紧迫性展开了讨论,同时对此家谱呈现的特色家族管理、风俗祭祀进行了考察,并对不同区域、不同时代家谱做了比较。[④] 张林通过对新宾满族自治县赫图阿拉城的萨满仪式的田野考察,指出该地区的传统家族性萨满仪式已经消失,取而代之的是装扮表演,这种不以信仰为根基的装扮表演,从长远来看可能会对民族文化认同的塑造形成一定伤害。[⑤] 此外,还有相关服饰、婚俗、信仰和体育竞技等方面的探讨。[⑥]

朝鲜族作为人口较多的少数民族,有较多的相关研究成果。倪卓以吉林省S

---

① 李成龙:《赫哲族多神崇拜中的萨满文化》,《艺术科技》2017年第3期;董美姣:《赫哲族民歌与赫哲族文化发展史之关系》,《艺术科技》2017年第2期;田丽华、杨光、付瑶:《赫哲族民间谚语中的社会教育功能》,《佳木斯大学社会科学学报》2017年第4期;周洋亦:《黑龙江赫哲族村落文化景观研究》,东北林业大学硕士学位论文,2017年;王笑旻:《相生相适——赫哲族人生计方式与生态资源关系研究》,广西民族大学硕士学位论文,2017年;高锴、金世杰:《三姓赫哲族"带家寺庙"古建筑葛依克勒氏"官邸"考证与研究》,《黑龙江民族丛刊》2017年第2期;刘浩:《民族传统体育的生态回归——以赫哲族传统体育为例》,《贵州民族研究》2017年第9期;金莉娜:《从伊玛堪〈希尔达鲁莫日根〉渔猎相关词汇看赫哲族的渔猎文化》,《佳木斯大学社会科学学报》2017年第1期;贾渊渊、张馨文:《浅论非语言符号如何有效促进少数民族文化传播——以赫哲族代表性目视符号为例》,《新闻研究导刊》2017年第8期;等等。

② 参见郭晓婷、冷纪平:《构建满族共同文化回忆——论满族说部的意义和价值》,《大连民族大学学报》2017年第6期。

③ 参见苏凯:《论满族狩猎的文化特征与社会功能——兼论满族狩猎对体育的影响》,《黑龙江民族丛刊》2017年第5期。

④ 参见王立:《东北地区八旗满族著姓家谱研究》,东北师范大学博士学位论文,2017年。

⑤ 参见张林:《装扮的传统与民族文化认同——从新宾满族自治县赫图阿拉城的"萨满"谈起》,《民族艺术研究》2017年第5期。

⑥ 张茹茵:《吉林省伊通满族博物旗袍研究》,中央民族大学硕士学位论文,2017年;刘颖:《满族婚礼仪式的教育功能研究——以伊通满族自治县S镇为例》,广西师范大学硕士学位论文,2017年;姚萍:《交融与变迁:满族婚俗文化研究——以S市M满族村为例》,吉林大学硕士学位论文,2017年;刘春艳、张旭彬:《吉林省满族传统体育项目开展情况的调查研究》,《赤峰学院学报》(自然科学版)2017年第7期;聂操:《基于形象识别系统理论的满族骑射文化传承研究》,吉林大学硕士学位论文,2017年;等等。

社区为个案,通过田野调查收集信息,对他者“镜像”中的朝鲜族进行了分析,指出在彼此深化认识、增进交流互动的过程中,克服文化的排他性以寻求文化的相互尊重、文化平等对话显得非常重要。[①] 朴香霖以《朝鲜族民间故事资料集》《黄龟渊全集》为主要资料,试图探究朝鲜族民间故事里的生肖动物以什么样的状貌出现的,这些生肖动物的自然特点与象征意义如何体现在朝鲜族的生活文化里,继而探析朝鲜族生肖动物故事所显现的传统价值观与文化心理。[②] 王春英采用文献资料法和田野调查相结合的方法,对延边地区城市居民对朝鲜族传统体育态度进行考察,得出以下研究结论:在对于传统体育的心理态度、个人态度、社会态度三个维度上,不同性别、年龄、职业的居民状况有所不同;同时,延边地区城市居民主要是由于受到身体状况和兴趣爱好的限制导致的问题。[③]

除上述研究以外,还有文章对人口较少的民族进行探讨。宋丽丽、范慧敏、鲁京京以鄂伦春族为对象,探讨了鄂伦春族萨满文化的产生、职能及文化价值[④];曹保明对鄂伦春最典型的节日仑木杳节进行了详细的记录和考证[⑤]。王凤华、张长平以东北地区达斡尔族传统民间造物为例,试图发现现代器物设计研究的新契机,重现达斡尔族传统民间造物尊重自然的精神。[⑥] 车海锋从古文献、考古文化、萨满教、神话传说和生活习俗等多学科综合考察肃慎族系民族神猪崇拜,探究了“通古斯”与肃慎族系民族的历史渊源。[⑦] 朱佳艺以锡伯族与满族的家神“喜利妈妈”和“佛托妈妈”为研究对象,通过对现今留存仪式的田野考察,推测锡伯族的“喜利妈妈”可能保留了更多生育女神信仰的古老形态,而满族的“佛托妈妈”则可能是“生育女神”和“柳神”两种神明信仰的晚近结合。[⑧]

---

① 参见倪卓:《他者“镜像”中的朝鲜族——对吉林市S社区的个案研究》,延边大学硕士学位论文,2017年。

② 参见朴香霖:《朝鲜族生肖动物故事研究》,延边大学硕士学位论文,2017年。

③ 参见王春英:《延边地区城市居民对朝鲜族传统体育态度的研究》,延边大学硕士学位论文,2017年。

④ 参见宋丽丽、范慧敏、鲁京京:《鄂伦春民族萨满文化研究》,《文化创新比较研究》2017年第16期。

⑤ 参见曹保明:《鄂伦春族传统节日考》,《团结报》2017年4月22日。

⑥ 参见王凤华、张长平:《论达斡尔族民间造物的生态美学观》,《黑龙江民族丛刊》2017年第1期。

⑦ 参见车海锋:《中国东北肃慎族系民族神猪崇拜研究》,《满族研究》2017年第4期。

⑧ 参见朱佳艺:《锡伯族“喜利妈妈”与满族“佛托妈妈”信仰新论》,《民间文化论坛》2017年第4期。

四、东北民族民间文学研究

东北地域广博，文化特色鲜明，在历史的积淀中诞生了许多优秀的民族民间文学，留下了众多宝贵的文化遗产。在民间文学领域，东北地区入选国家级非物质文化遗产名录的有辽宁省的“谭振山民间故事”“喀左东蒙民间故事”“古渔雁民间故事”“北票民间故事”“满族民间故事”“锡伯族民间故事”；吉林省的“满族说部”“陶客陶胡”；在内蒙古东部的通辽市、兴安盟一带流行的“科尔沁潮尔史诗”，在内蒙古民间流传甚广的“巴拉根仓的故事”。除了上述收录于国家级非物质文化遗产名录的民间文学以外，东北地区也有许多流传甚广、影响深远的地域民间文学作品，诸如“沈阳东陵满族民间故事”“抚顺满族民间故事”“本溪满族民间故事”“辽东满族民间故事”等，而东北地区的民族民间文学研究，正是在这样丰厚的基础上展开的。

总体看来，2017 年的东北民族民间文学研究表现出以下几个特征：(1)研究内容上，聚焦于少数民族民间文学，以个案研究居多；(2)研究理路上，以民间文艺学的基本理论为框架，既侧重于纯文本分析，也不乏落脚于区域文化的研究成果；(3)研究材料多来源于《中国民间文学集成》《中国民俗大系》《东北民俗资料荟萃》《中国少数民族民间文学丛书》等集成性图书资料，也有基于特定民间文学口述资料文本展开的研究成果。另外，还有部分研究取材于史料典籍。

少数民族民间文学研究成果较为丰厚，赫哲族、满族、蒙古族、鄂伦春族等少数民族的民间故事、民间谚语、口承史诗、民间文学文本受到了较多的关注。田丽华等人的研究以赫哲族的民间谚语为切入点，通过对赫哲族民间谚语的研究，深入分析了赫哲族的民族文化特征，并从五个层面论述了赫哲族民间谚语的社会教育功能：(1)注重加强个人道德修养、协调人际关系；(2)提倡勤劳勇敢、辛勤劳作，促进社会生产发展；(3)强调敌我之分，团结巩固赫哲族大众；(4)树立劳德玛法威严，促进生产生活的井然有序；(5)汇集民俗民风，保护赫哲族民族特色。[①] 这些功能的形成，与赫哲族的民族文化、历史经验、社会习惯密不可分。赫哲族是东北典型的渔猎民族，渔猎生产是他们主要的生活来源，因此赫哲族的民间谚语多劝

---

① 参见田丽华、杨光、付瑶：《赫哲族民间谚语中的社会教育功能》，《佳木斯大学社会科学学报》2017 年第 4 期。

诫子弟辛勤劳作,民谚中对民族内外关系的训诫则源于17世纪沙俄与赫哲族部落的对立冲突。此外,民谚中对劳德玛法的推崇则与早期赫哲族社会处理民事纠纷的风俗习惯有关。田丽华等人的研究虽然是从民间谚语着手,但其落脚点在于透过民谚了解赫哲族往昔的文化生活、精神信仰以及民俗风情。

通过对民间文学的分析,研究其背后的社会功能,韩林对辽宁满族民间故事的研究进路与田丽华等人的研究思路十分相似。韩林认为满族民间故事凝聚着满族人的智慧、想象力、文化意识和民族精神,满族民间故事是满族文化的载体,对满族民间故事的研究,可以帮助人们认识、了解满族,更对青少年有着重要的教育作用。韩林首先概说了满族民间故事的分类及其认知作用,接着论述了满族民间故事的道德培育功能,并在此基础上探讨了满族民间故事对培养儿童生态伦理意识的作用,最后,从宣泄功能、补充功能以及平衡心理功能三个层面阐释了满族民间故事对儿童健康心理的培养作用。韩林认为,满族民间故事保留了许多上古时期的珍贵思想内容,沉淀着丰富的集体无意识与民族记忆,当中有许多值得弘扬的民族文化传统,而民间故事的思维方式也与儿童的思维方式有着不容忽视的相似性,两者之间的共鸣所产生的影响,值得关切。①

于越的满族民间文学研究也是以熟语、民谣文本为分析对象,通过对熟语、民谣的分析,探知满族独特的民族文化。于越的研究材料来源于《啸亭续录·黄马褂定制》《钦定满洲源流考》《三朝北盟会编》等史料典籍,从中钩沉出与满族人民生活相关的内容,并着眼于文本中熟语、民谣的分析,通过对相关材料的解读,将材料中表现出满族服饰、饮食以及住房文化的内容进行了论述。于越认为,满族熟语、民谣中蕴含着满族特有的文化特征和文化符号,以它们为一个窗口,可以探析甚至还原满族的历史与文化。②

通过上述三个研究成果的例证可以发现,以民间文学文本为研究对象,落脚于区域文化、民族文化是学者们常用的研究思路,这一研究进路发源于五四歌谣运动中以歌谣考证民俗的研究方式。因此,也可以说它是民间文学研究中较为经典的路数。这样的研究成果还有许多,例如,杨丽嘉研究东北民俗文化的切入点是东北民间童谣文本,她从《中国民间文学集成》《中国民俗大系》《东北民俗资料荟萃》等材料中所见的东北民间童谣入手,考察了东北民俗文化中的育儿习俗、婚

---

① 参见韩林:《辽宁满族民间故事的教育作用》,《大连大学学报》2017年第1期。

② 参见于越:《满族熟语与民谣中文化现象》,《满族研究》2017年第2期。

嫁习俗、节日习俗和地方传说等民俗文化在民间童谣文本中的具体呈现方式。具体来说，该项研究重点考察了东北地区抚育行为中的育儿习俗、游戏行为中的嫁娶习俗以及碎片化的节日习俗和地方传说。杨丽嘉认为，儿童对地方风俗文化的经验和认知本身是有限的和碎片化的，而童谣文本则恰恰以最为本真自然的状态呈现了这种有限性和碎片化，而这就是这项研究的合理性所在。[①]

采取类似研究进路的成果还有许多。例如，蒋云斗、刘伯龙的《庄河民间故事的满族文化属性》一文，通过对庄河"山海兼备""崇武尚文"的民间故事体系进行了分析，得出了满族具有"尚武""英勇"的民族精神的结论。[②] 马思华的《浅析满族传统教育谚语》一文，通过对"射出的箭不回头"这句满族谚语的分析，讨论了这句谚语对满族人民人生导向方面的作用，及满族民族文化传承方面的作用，并提出了应大力提倡教育性谚语、俗语与学校教育相结合的建议，汲取民族文化中的精华，将其运用到今后的教育教学中的结论。[③]

任建伟的研究以《中国民间故事集成》为研究材料，通过对东北民间故事的解读，分析文本所反映的东北女性形象。首先，东北民间故事中的女性形象寄寓着民众的审美理想和道德期望。其次，宽宏阔大的东北自然文化环境造就了东北女性热情奔放，坚忍执着的个性，她们追求和向往人格独立。[④] 总而言之，东北民间故事中所体现的东北女性形象与东北的地域文化有着密切的关系，一方水土养一方人，一方人的精神面貌反映一方土地的文化特质。季豆豆的研究选取黑龙江地区六个少数民族作为三种生活方式的代表，依次作为渔捞与狩猎民族的赫哲族、鄂伦春族，作为游牧与畜牧民族的蒙古族、达斡尔族以及作为农作与稻作民族的满族、朝鲜族。该项研究运用类型研究法、比较分析法与意象分析法对上述民族民间故事中的文化意象进行了挖掘，分别对这六个民族的三种生活方式进行了分析，并探讨了黑龙江少数民族民间故事文化意象的共性和民族个性。其研究进路为，从少数民族的生产生活出发，铺垫少数民族民间故事文化产生的土壤，进而展示该少数民族的民间文化，提炼并概括其主要内容，分析其特征，在此基础上进行

---

① 参见杨丽嘉:《民间童谣文本中东北民俗文化研究》,《满族研究》2017年第1期。

② 参见蒋云斗、刘伯龙:《庄河民间故事的满族文化属性》,《民族艺林》2017年第2期。

③ 参见马思华:《浅析满族传统教育谚语》,《文化教育》2017年第9期。

④ 参见任建伟:《〈中国民间故事集成〉所收录东北民间故事中女性形象分析》,《北方文学》(下旬)2017年第5期。

文化意象的探讨。[①]

以民间文学本位思想主导的研究也有许多,这方面的研究多以民间文艺学的基本理论为框架,对特定民间文学文本进行思想、价值、审美、艺术等层面的研究。

王丙珍以鄂伦春族文学为例,探讨了少数民族文学的创新传承与文化认同问题,王丙珍提倡,在当下,少数民族文学直面创新传承、民族性与跨文化认同等问题,应在张扬少数民族文学民族性和生态性的基础上,追求各民族文学间的平等对话及跨文化认同,这也是达成中华民族文学共存与多元发展的重要路径。[②] 王丙珍等人还以鄂伦春族史诗"摩苏昆"为关注对象,对20世纪80年代以来的鄂伦春族民族民间文艺的研究成果做了一番研究综述,并提出了三点展望:(1)确立鄂伦春族"摩苏昆"研究的全球化视域;(2)积极开拓鄂伦春族民族精神及民族文化史研究;(3)非物质文化遗产的口传文艺研究方向应转为全球化视域中的文化研究。[③] 王淑双等人对黑龙江区域满族文化中的口承史诗进行了价值上的探讨,她们认为,满族口承文学作品是满族传统的民间口碑重要的文化遗产,主要包含两方面的内容:一是广藏在满族中口承相传的民间文学故事,其中讲述了各个家族先人的英雄事迹和神话故事;二是谣谚和具有独立情节的长篇说部艺术,长篇说部是满族口承文学中的文化遗产,堪称民族文化的精粹和古卉,对满族社会、历史、文化的研究甚至我国北方民族关系史、疆域史和社会学、文艺学、民俗学、宗教学的深入探究均具有最重大的意义。[④]

神话母题研究在东北民族民间文学中也有相应的研究成果。仵宏慧认为,东北的民间故事,尤其是少数民族创世故事或是始祖诞生故事,无一例外都是英雄降妖济世的模型。作者从荣格的"集体无意识"理论和原型理论家诺斯罗普·弗莱的观点出发,细致研究了东北民间英雄历险故事的模式化叙事背后所蕴含的深远原型内涵及审美价值。[⑤] 这项研究也是吉林省"十三五"社会科学项目"东北民间故事地域性母题的审美内涵研究"的成果之一。王宪昭对满族人类起源神话母

---

① 参见季豆豆:《黑龙江少数民族民间故事文化意象分析》,哈尔滨师范大学硕士学位论文,2017年。

② 参见王丙珍:《少数民族文学的创新传承与跨文化认同——以鄂伦春族文学为例》,《内蒙古民族大学学报》(社会科学版)2017年第4期。

③ 参见王丙珍、关红英:《鄂伦春族史诗"摩苏昆"研究综述》,《内蒙古民族大学学报》(社会科学版)2017年第1期。

④ 参见汪淑双、陈玉蓉:《黑龙江区域满族文化中的口承史诗价值分析》,《绥化学院学报》2017年第2期。

⑤ 参见仵宏慧:《降妖除魔的济世英雄梦——论东北民间英雄历险故事的母题审美内涵》,《佳木斯大学社会科学学报》2017年第6期。

题的研究使用大数据系统分析的方式，对满族众多的民间文学文本进行了归纳整理，将满族人类起源神话母题归纳为造人、生人、化生人、变形为人、婚配为人、婚配生人、感生和人类再生等类型，并围绕其中四个关键的神话母题制作了简练清晰的表格予以说明。在大数据科学技术的助力下，该文完成了大量文献资料的梳理，重点论述了满族神话中人的起源母题的文化功能。王宪昭认为，人类起源神话母题保留了人类在早期的历史记忆，任何一种母题类型都表现出特定历史时期的社会现象；人类起源母题对信仰与民俗有着重要的支撑作用，对文化祖先有着再塑造功能。①

部分研究运用比较的方法对民族民间文学进行探讨。阿拉坦吉格斯以满族和蒙古族的神话作品和史诗作品为文本，建立了几组比较关系，即蒙古族的埃尔力克、蟒古斯与满族的耶鲁里、满盖，对这两个民族文学作品中出现的恶神形象进行比较，探明两者之间的关联及异同，在阐明其不同文化背景的基础上，探明两种文化在长时间的接触和融合中发展演变的进程和规律。② 关迪等人的研究以说唱音乐为例，对我国满族萨满神话和以古希腊为代表的西方神话进行比较研究，该项研究从四个方面建立了两者之间的比较关系：音乐在神话传承中得以显现；说唱音乐的载体以文本为主；说唱内容存在一致性，说唱文本载体以史诗体裁为主。基于满族萨满神话和古希腊神话的共性，作者大胆推断："人类的祖先本就一支，拥有相同的神话和传播方式。在漫长的岁月变迁和人类迁徙过程中，伴随着民族的形成，神话也随之衍变，形成既有同一性又有差异性的特点。"③

除了上述几种研究进路以外，乌力汗的研究运用范·热纳和维克多·特纳的通过仪礼理论分析赫哲族英雄故事"莫日根"，作者认为赫哲族英雄故事的叙事模式与情节结构是主人公莫日根的人生仪礼的民俗模式。莫日根独自的西征体验，体现了赫哲族英雄故事与仪式的世俗性质，呈现出当时的赫哲族社会以个人为中心的礼俗规范。对赫哲族英雄故事的文化功能进行细致的分析，探寻赫哲族英雄故事中莫日根萨满身份转变仪式及其演变过程，有助于我们更为全面而深入地挖

① 参见王宪昭：《满族人类起源神话母题探析》，《满语研究》2017年第1期。

② 参见阿拉坦吉格斯：《满族与蒙古族民间文学中恶神形象比较研究》，黑龙江大学硕士学位论文，2017年。

③ 关迪、关杰：《我国满族萨满神话与西方神话的比较研究——以说唱音乐为例》，《艺术教育》2017年Z3期。

掘和分析赫哲族民族文化根源。[①] 汪淑双基于口传文学视角下,对黑龙江满族口碑古籍经典"乌勒本"进行分析,重点强调了"乌勒本"的传承方式和文学价值。[②] 郭淑梅的研究以富育光的《萨大人传》为例,研究了萨布素事迹的口述传承及其作为经典满族家训文本的重要价值,探讨了民间口述资料对正史资料的补充校正作用。[③] 谷颖的研究对满族水神、海神神话做了简单的分析,探讨了神话所反映的满族先民与自然之间的和谐关系。[④] 王旭通过对满族神话的分析,呼吁人们尊重神话的价值意义,并关注神话的真实性。[⑤] 还有一些研究成果选取了特定的民间文学因素进行分析。例如,孙大志等人通过对长白山人参故事的爬梳,并将之与东北地区的地域文化相联系,探讨了其中蕴含的民俗因素。[⑥] 东北抗联歌谣也成为一项醒目的研究对象。李兴濂认为,东北抗联在与日本帝国主义的斗争中创作的大量抗联歌谣,是历史的记录,是人民的心声,表现了中华民族高尚的民族精神,值得纪念和研究。[⑦]

综上所述,2017 年的东北民间文学研究集中在少数民族民间文学领域,较多采用文献研究法,研究资料绝大部分来源于文字文本,在田野资料上有所欠缺,在研究方法上有待扩展。整体研究趋势表现为,少数民族民间文学得到越来越多的关注,相应的研究项目将产出一批批值得瞩目的研究成果,例如 2017 年国家社科基金项目"文学人类学视域下满族神话研究"便是其中之一。在研究角度上,以民间文学本位思想为主导的研究仍旧占据较大的比重,而关注民族民间文学之发展传承的趋势也较为明显。

五、东北民族民间文化的数字化

随着现代科学技术的飞速发展,利用科学技术手段来保护、传承民族民间文

---

① 参见乌力汗:《赫哲族英雄故事"莫日根"生命仪礼探析》,《玉溪师范学院学报》2017 年第 10 期。

② 参见汪淑双:《基于口传文学视角下的黑龙江满族口碑古籍经典——"乌勒本"》,《山东农业工程学院学报》2017 年第 12 期。

③ 参见郭淑梅:《萨布素事迹的口述传承与满族家训的"活化石"——以富育光〈萨大人传〉为例》,《黑龙江社会科学》2017 年第 5 期。

④ 参见谷颖:《满族水、海神话简析》,《长春师范大学学报》2017 年第 9 期。

⑤ 参见王旭:《尊重神话的真实性研究——以满族神话为例》,《艺术研究》2017 年第 4 期。

⑥ 参见孙大志、李欧:《长白山人参故事的民俗因素》,《人参研究》2017 年第 4 期。

⑦ 参见李兴濂:《烽火中诞生的东北抗联歌谣》,《党史纵横》2017 年第 2 期。

化,成为一种越来越明显的趋势。在民族民间文化数字化的工作中,能够看到来自各方的力量,诸如各级行政部门、地方文化单位甚至是民众个人,都活跃于民族民间文化数字化的事业中。2017 年东北地区民族民间文化数字化的实践与研究呈现出以下三个特点:其一,承袭以往数字化的良好势头,在此基础上着重濒危文化遗产的数字化保护工作;其二,个人从事民族民间文化影像化的工作成果较多,呈现聚集趋势;其三,东北地区民族民间文化的数字化工作较为倾斜于东北少数民族领域,而大范围的地域民族民间文化数字化成果较少。

东北地区的赫哲族主要聚居在三江平原的同江市街津口、八岔,饶河县四排的赫哲族乡和佳木斯敖旗镇的敖旗村,人口较少,汉化程度较高,从赫哲族的语言应用情况来看,目前会说赫哲语的人已经越来越少,赫哲族母语的连续性出现了断裂。因此,保护赫哲语,传承赫哲文化,成为十分迫切的任务。民族语言的保护工程在我国刚起步不久,2015 年,国家语言文字工作委员会与教育部正式启动中国语言资源保护工程,2016 年,该工程的网络平台开始向社会公众开放,这项关键工程为赫哲语的保护带来了一个契机。庄善洁与孟淑梅对赫哲族语言的数字化挖掘与保护研究正是在这样的大数据背景下展开的。庄善洁二人针对赫哲族语言的挖掘与保护提出了以下建议:(1)采用课堂教学和视频教学两种方式开展赫哲语教育,利用网络三维技术虚拟语言使用场景推进赫哲语的数字化转型;(2)师法语言学研究的方式,建立并研究赫哲语语料库,将赫哲语的语音、文本和声学参数收录其中,进而全面系统地保存赫哲语,供人们学习、研究使用。该项研究认为,赫哲族的民族语言是濒危语言,对赫哲语的传承和保护,既需要民众具备文化自觉,也需要研究者们共同努力,循序渐进地实现赫哲语的传承和保护。[①]

大数据背景下的民族文化保护与历史遗存展示,也是研究者关心的问题。庄善洁和宋朝辉的研究着眼于大数据环境下三江区域历史文化数据库的阅读推广实践。二人认为,图书馆是地方文献重要的收集者和传播者,富有宣传、推广地方文献的责任,因此,图书馆应利用馆藏人员、技术等方面的优势,将地方文献推荐给读者,让地方文献承载的传统文化得以薪火相传。该项研究指出了当前地方文献推广工作中的障碍在于图书馆缺乏文献推广意识,以及经费不足限制了推广的执行。从目前的情况来看,地方文献以纸本材料为主,其推广工作较为碎片化,缺

---

① 参见庄善洁、孟淑梅:《大数据环境下赫哲族语言的数字化挖掘与保护》,《边疆经济与文化》2017 年第 11 期。

乏系统性。基于这样的处境,该项研究以三江区域历史文化数据库为例,探讨了地方历史文化的阅读推广问题,并在地方文献的阅读推广上提出了利用数字化手段的建议:(1)利用图书馆微信阅读推广,借助微信公众平台发布地方文献推广活动的相关信息,引导读者阅读;(2)利用数字化平台进行阅读推广,例如使用超星学习通软件,在该平台上,图书馆建立了北大荒岁月专题、赫哲族专题和东北小延安专题,在每一专题的框架下,还有数个分级的小专题。① 李茉茹、祝冰昕的研究讨论了利用现代多媒体技术对满族传统建筑进行数字化保护的必要性,并以此为切入点探索以数字化形式对满族传统文化遗产的收集、整理、演示等保护过程,目的在于为满族传统居住空间样态的传承与发展提供便捷、实用的技术手段和动态、保真的展示途径。②

曲轶莉、张开亮的研究以赫哲族历史遗存数字虚拟化陈展为例,进行了民族文化传播数字虚拟化研究。该项研究认为,我国的民族博物馆存在网站建设水平参差不齐、网站设计简单、内容不够丰富、信息不全面等问题,总体而言,数字化水平有待加强。该项研究从四个方面论证了民族文化传播数字虚拟化研究的必要性:(1)民族文化遗产保护与传播的需求;(2)网民对数字虚拟博物馆展示的需求;(3)民族文化传播社会效益的需求;(4)黑龙江省民族博物馆的现实需求。同时,民族文化传播数字虚拟化研究也有着不容忽视的创新性和可行性,在创新性方面,作者提出了以下几点论据:(1)运用 3D 先进技术,对重要文物进行三维重建与存档,建立重要文物的三维模型数据库;(2)专业名词元素化,建立网络文物历史信息数据库;(3)多种输出方式展示民族文化信息;(4)对民族传统文化进行虚拟现实展示,拓展博物馆展示的空间与内容;(5)客观生动地展示赫哲族语言的表达情景。在具体操作上,该项研究提出了具体的指导意见:“运用多角度摄影三维重建技术,复原遗存生活场景;将馆藏赫哲族文物及档案资料按生产工具、生活用具、交通工具、民族服饰、文化艺术、宗教信仰及社会生活共七大类进行分类整理,每类分批次地进行三维建模和存档;搭建文化遗存数据库;模型数据及逻辑关系分配到场景;建设基于数字三维模型的赫哲族文化展示系统“赫哲族传统村落”;

① 参见庄善洁、宋朝辉:《大数据环境下三江区域历史文化数据库阅读推广研究》,《中国管理信息化》2017 年第 24 期。

② 参见李茉茹、祝冰昕:《基于数字化的满族传统建筑影像记忆与展示应用研究》,《美术教育研究》2017 年第 22 期。

构建文物保护、修复、研究、查询系统;民族文化传播系统上线网络并运营。在赫哲族历史文化虚拟展示系统实现技术上,该项研究明确了几项关键技术的运用:(1)基于互联网的互动引擎开发技术;(2)360°全景摄影技术;(3)3D扫描文物建模技术;(4)基于摄影技术的3D建模技术;(5)超高清图像采集文物信息技术;(6)文物的360°环拍技术。在赫哲族历史文化虚拟现实系统展示功能上,该项研究提出了进行赫哲族民族村落数字虚拟化沙盘展示系统研究,以及赫哲族历史文化遗存信息展示子系统功能研究实践的期许。① 这是一项对民族民间文化进行数字化的系统研究,研究者具备专业的计算机知识,并熟悉新媒体创新设计,在这一论题上给出了专业、翔实的意见。

值得注意的是,2017年针对民族民间文学的影像化探讨也产生了许多成果。其中,有将民族民间文化进行影像刻录的倡议,也有具体的影像化操作实践。李博、杨润对赫哲族音乐影像志的建构设想借鉴海登·怀特的影视史学理论,提出了建立"影像音乐学"的愿景。该项研究认为,以动态的影像志描述和记录品种繁多的非物质文化遗产,加以数字化的记载和保存,是非物质文化遗产保护的基础工作。制作音乐影像志需要秉承客观、真实的原则,做到详尽拍摄计划,全面系统地看待音乐与文化的关系,确保高水平的制作成果。这项研究还详述了音乐影像志的结构设想:在标志性印记记录方面,完成采访土生土长赫哲人,进行口述历史记录,体验渔猎生活,从民间音乐题材中采集影像,对赫哲族自发创立的民族盛会"乌日贡大会"进行纪实等数项工作。在渔文化的记录方面,完成鱼皮衣制作艺人的技艺与口述,从渔业发展看民族文化变迁等基本要求。②

对民族民俗文化进行影像化的操作实践也是民族民间文化数字化的重要内容。贾艳双参与制作的电视节目《文明密码》之《长白朝鲜族风情记》从朝鲜族传统体育项目、朝鲜族稻草文化、朝鲜族美食以及长白非物质文化遗产的传承四个角度展开,以记者参与体验的节目表现形式为观众传递长白朝鲜族最具特色的风俗文化。贾艳双根据自身参与节目制作的经历,完成的《电视节目〈文明密码〉之〈长白朝鲜族风情记〉作品阐述》详细介绍了这一节目的制作过程与作品分析,该

① 参见曲轶莉、张开亮:《民族文化传播数字虚拟化研究——以赫哲族历史遗存数字虚拟化陈展为例》,《黑龙江民族丛刊》2017年第5期。

② 参见李博、杨润:《用影像保存记忆,让消逝见证变迁——赫哲族音乐影像志的构建设想》,《艺术教育》2017年Z2期。

节目从拍摄到制作,历时四个月,作者本人在作品中承担了编导、后期制作等工作。贾艳双认为,《文明密码》之《长白朝鲜族风情记》能吸引更多人去探索、传承少数民族文化。[①] 谢意制作的电视专题片《坚守的力量》以四个生活在图们地区的居民为切入点,分为三个板块,讲述了延边地区朝鲜族文化的发展与传承现状,作品以传承为故事的主线,基本架构按照人物的线索呈现,选取朝鲜族文化中的建筑、民乐、饮食习惯三个方面进行阐释。谢意认为,《坚守的力量》能够向那些文化传承与保护者们致敬,也能让更多的人正确认识少数民族文化,重视身边文化的发展和保护。[②] 张芮溪制作的民俗纪录片《东极渔歌》以赫哲族人与大马哈鱼的关系作为叙事线索,通过影像画面介绍了赫哲族的洄游节、鱼皮技艺、鹿神舞以及伊玛堪民族艺术。正片共有四个部分:第一部分介绍了赫哲族世居的地理环境——三江平原,黑龙江、松花江和乌苏里江的交汇处,以及赫哲族名称由"NaNIO"(满语)到"HeJe"(满语)的演变。第二部分讲述了赫哲族人渔猎的生活方式,与大马哈鱼的亲切关系,精湛的鱼皮制作手工艺。第三部分通过对老一代赫哲族人尤大爷、伊玛堪传承人吴宝臣、赫哲族研究学者以及中央民族大学教授四个人的采访,讲述现代化社会对赫哲族文化的影响,其中对吴宝晨的采访记录了他表演伊玛堪的影像资料。第四部分,通过记录赫哲族的洄游节,表现网滩上的鹿神舞、伊玛堪等民族表演艺术,用大马哈鱼的"洄游"回扣主题,畅想赫哲族美好的未来。[③]

上述三项实践与研究成果展现了民族民间文化影像化的广大空间,在现代科技背景下,对文化进行影像化的保存、展示方式成为一大趋势,于是,也出现了一些针对影像作品传播的研究。于洁、仲呈祥聚焦于黑龙江地域纪录片的研究,从以下四个方面讨论了影像纪录片的跨文化传播:(1)黑龙江地域纪录片优秀作品少、传播程度低的发展历程;(2)黑龙江地域纪录片中特色鲜明的自然资源及奇观化的呈现方式是国际传播中的亮点;(3)目前黑龙江地域纪录片存在着类型单一,缺乏国际化表达的不足;(4)作者提出了以"他者"视角寻找地域文化新看点的建议,具体的方式是在纪录片中增加人文精神的探讨,借助高超的影像记录手段完

---

① 参见贾艳双:《电视节目〈文明密码〉之〈长白朝鲜族风情记〉作品阐述》,中央民族大学硕士学位论文,2017 年。

② 参见谢意:《电视专题片〈坚守的力量〉作品阐释》,吉林大学硕士学位论文,2017 年。

③ 参见张芮溪:《赫哲族民俗纪录片〈东极渔歌〉创作阐述》,哈尔滨师范大学硕士学位论文,2017 年。

成精湛的作品。同时，打破媒体间的壁垒，实现跨媒体传播，也是地域纪录片实现跨文化传播的关键点。

六、东北民族民间文化的产业化

在各级政府部门、地方行政单位的大力促进下，以及民间力量的推动下，东北地区民族民间文化的产业化步入一个快速发展的时期。在实践上，既有文化产业相关政策的落实，也有广泛展开的文化产业推广活动，还涌现了大量对东北民族民间文化产业进行研究的学术成果。

2017年，层次丰富的民族民间文化产业化活动在东北地区广泛展开。例如，2017年6月17日至19日，内蒙古自治区鄂伦春自治旗举办了第27届鄂伦春族篝火节。在篝火节期间，还举办了第六届中国民族节庆峰会暨"2017中国优秀民族节庆"颁奖典礼、鄂伦春民族文化建设服务座谈会、鄂伦春人讲鄂伦春语故事、节庆与地方文化建设论坛、鄂伦春族狩猎文化和21世纪生态文明建设研讨会、《浴血兴安——东北抗日联军第三路军第三支队在鄂伦春自治旗征战资料汇编》暨《山上啊，山上！——鄂伦春猎民口述史》等新书发布会、舞台剧《山岭上的人——鄂伦春》专场演出等系列活动。[①] 2017年7月9日，辽宁省满族服饰文化发展促进中心成立大会在抚顺市召开，会议通过了《辽宁省满族服饰文化发展促进中心理事会章程》，在沈阳设立办公室，在新宾设立联合办公室，为满族服饰文化的发展与推广起到了巨大的促进作用。[②] 该中心的成立是民族文化产业运作的典型事例。2017年9月3日，由吉林省延边州政府、吉林省文化厅、吉林省旅游发展委员会、吉林省民族事务委员会主办，延吉市政府、延边州文化广电新闻出版局、延边州旅游发展委员会、延边州民族事务委员会承办的"庆祝延边朝鲜族自治州成立65周年暨首届延边·朝鲜族文化旅游节"开幕式在延吉隆重举行。旅游节于9月10日闭幕，其间举办了首届中国朝鲜族文化旅游峰会、中国朝鲜族民俗文体活动展示会等17项活动。[③] 2017年9月4日，首届赫哲龙舟邀请赛暨第

① 参见王婧姝：《鄂伦春族传统文化仍然具有很强的生命力》，《中国民族报》2017年7月7日。

② 参见常晓峰：《传承民族服饰 弘扬旗袍文化——辽宁省满族服饰文化发展促进中心成立》，《纺织服装周刊》2017年第26期。

③ 参见王永范、刘慧东：《首届·延边朝鲜族文化旅游节在延吉举行》，《中国报道》2017年第10期。

三届八岔赫哲族乡“大马哈洄游节”在同江市八岔赫哲族乡完美收官。[①] 诸如此类的民族民间文化产业化推广、实践活动还有许多，可以发现，东北地区民族民间文化产业化主要是在政府的主导、专业学者的指导以及民众的广泛参与下展开的，而其发展态势也呈现极具活力的特征。

2017 年，东北地区民族民间文化产业化的研究成果众多，主要集中在三个层面：关于东北地区民族民间文化产业化的概述性研究；东北少数民族民族文化的产业化；东北地区专题文化的产业化。在东北民族民间文化产业化的研究中，又聚焦于以下关键词：开发、应用、建设与传播。

东北地区文化产业的概述性研究成果颇丰。鲁小波等人对东北区域旅游资源和空间分布的研究，归纳总结了东北地区六个方面的旅游资源，分别是冰雪、工业、文化、民俗、殖民、火山旅游资源。其中，文化旅游资源包括东北民间文化或故事旅游资源、东北区域少数民族文化旅游资源、东北二人转旅游资源以及线型文化遗产旅游资源。[②] 黄蕊、侯丹的研究从产业融合与技术创新的角度，讨论了东北三省文化与旅游产业融合的动力机制与发展途径。该项研究认为：产业融合是文化要素向经济领域的渗透融合，其不仅可以加速资源的整合力度，增强产业的耦合协调水平，更能够形成经济发展的新业态。经过十余年的发展，东北三省文化产业融合趋势愈发显著，但融合程度依然落后于全国平均水平。为此，东北三省应努力发挥自身的比较优势，增加区域技术创新投入，减少政府制度干预，紧跟市场文化消费动向，促使文化产业融合成为经济增长的新动力。具体来说，辽宁省应该选择文化资源驱动的技术融合型产业发展路径，吉林省应该选择旅游资源驱动的技术融合型产业发展路径，黑龙江省则应该选择旅游资源驱动的市场融合型产业发展路径。[③] 王玲的研究论证了文化产业与旅游产业同属第三产业，存在天然的耦合基础，二者的融合式发展是实现产业转型与解决产业发展瓶颈的关键所在。在东北经济再振兴的背景下，东北地区文化产业和旅游产业具有五种产业融合模式——集约化融合开发模式、以区域资源优势为导向的融合发展模式、创

① 参见同江市八岔赫哲族乡人民政府：《碧波飞舞　赫乡豪情——首届赫哲龙舟邀请赛暨第三届八岔赫哲族乡“大马哈洄游节”》，《奋斗》2017 年第 19 期。

② 参见鲁小波、陈晓颖、赵恒德：《中国东北区域旅游资源评价与空间分布研究》，《经济视角》2017 年第 4 期。

③ 参见黄蕊、侯丹：《东北三省文化与旅游产业融合的动力机制与发展途径》，《当代经济研究》2017 年第 10 期。

新现有文化旅游产品的融合发展模式、开发文化产品项目进行融合的运营模式和以市场为导向的融合模式。为了促进两产业的融合，政府部门应该加强对两种产业的资金支持和政策扶持，同时，还应加强东北文化产业和旅游产业的宣传力度，完善专业人才的培养机制。① 郭咏嘉在总结2017年东北地区旅游业发展现状的基础上，为东北地区区域旅游协作提出了五点策略：(1)放弃传统旅游线路，打造全新产品组合；(2)打破传统行政区划限制，实现全域旅游模式；(3)重点建设旅游中心城市，带动整个区域发展；(4)打破陈旧观念，宣传崭新旅游形象；(5)通过跨区域资产重组，实现优胜劣汰。② 上述研究着眼于"大东北"的区域，也有一些从较小地域范围切入的研究成果。杜晓伊等人关于辽宁省文化产业的研究通过对发展文化产业的重要意义进行阐述，进而分析辽宁区域文化的特征，最后详述辽宁文化产业发展面临的问题及发展对策。③ 刘春雷、李娜的研究从文化认同视域下对沈阳清文化旅游品牌的竞争力进行研究，提出了沈阳旅游业创新发展的对策。④ 马晓虹、朱洁蕾的研究以长白山文化区域为研究对象，指出了应该重视长白山文化在区域形象传播中面临的挑战、重视新技术在长白山文化区域形象传播中的应用、重视长白山文化区域形象传播研究成果的现实转化等建议。⑤

关于东北少数民族文化产业化的研究分为以下三类：以东北地区较大地域范围的少数民族文化产业为研究对象；以民族为区分，论述某单一民族的文化产业化问题；以某单一少数民族某项特有的民族文化、民俗事象为对象，探讨该对象的产业化。

杨晗关于黑龙江省少数民族旅游发展的研究是第一类研究的例证。杨晗认为，黑龙江省少数民族众多，民族文化内涵丰富，为少数民族旅游产业的发展提供了有利的条件。随着黑龙江省民族旅游业的进一步发展，少数民族旅游开发起点较低、基础设施薄弱、硬件设施不完善，旅游开发的季节性明显，历史文化内涵挖掘不够，从业人员素质不高，民族旅游整体知名度较低，投入不足，发展缓慢，影响

---

① 参见王玲：《东北地区文化产业与旅游产业融合模式探析》，《现代商贸工业》2017年第27期。

② 参见郭咏嘉：《加强东北地区区域旅游协作的几点思考》，《旅游纵览》(下半月)2017年第12期。

③ 参见杜晓伊、李皓楠、杜向奎：《发展区域文化，提升辽宁文化产业竞争力》，《沈阳工程学院学报》(社会科学版)2017年1月。

④ 参见刘春雷、李娜：《关于沈阳旅游业创新发展的对策研究——文化认同视域下提升沈阳清文化旅游品牌竞争力研究》，《美与时代》(上)2017年第11期。

⑤ 参见马晓虹、朱洁蕾：《长白山文化区域形象传播的未来研究方向》，《长春市委党校学报》2017年第2期。

力有限等问题和矛盾逐渐凸显。结合民族地区历史文化旅游发展的未来走向,应采取加大政府部门的领导力度,制定科学合理的发展规划,加快少数民族旅游地区的基础设施建设,加大扶持力度,筹集更多的发展资金,系统开展黑龙江民族历史文化贡献研究,提升服务质量,加大宣传力度,打造四季旅游,开发培育特色旅游产品等步骤及措施。[①] 李济任、许东的研究探讨了东北少数民族旅游地创意开发的4S模式,该项研究认为:民族旅游地创意是民族旅游地特色规划和开发的关键环节,是游客对民族旅游地的文化象征意义的认同。在经济全球化的背景下,东北少数民族旅游应挖掘民族旅游地特色,选取创意经济理论、马斯洛需求层次理论、可持续理论为依托,通过对创意度、资本等指标进行衡定,核心打造口号(Slogan)、歌曲(Song)、故事(Story)、节目(Show)的"4S"创意开发模式,呈现出民族的文化自信、自强,最终实现文化自觉,具有时代意义和现实意义。[②]

2017年度,以民族为区分,从总体上论述东北地区某一单一民族文化产业化的研究成果也有许多,例如满族、朝鲜族、鄂伦春族、赫哲族、肃慎族等东北少数民族。

以赫哲族为例。[③] 陈子豪等人围绕"赫哲族旅游资源绿色开发和经营模式创新"的主题展开研究,抓住了赫哲族是中国源远流长的少数民族,迄今仍保留古老习俗,且其文化尚未被开发为旅游产品等主要特点,力求从中开拓出以绿色环保可持续发展为理念、以民俗文化旅游为主要内容、以经营模式创新为核心的,能够满足旅游消费者日益增长的多样化旅游需求的旅游产品。该项研究认为,在当今信息对称基本实现的状况下,旅游业的发展也需要顺应时代的趋势,旅游产品的

① 参见杨晗:《黑龙江省少数民族旅游发展研究》,《黑龙江民族丛刊》2017年第6期。

② 参见李济任、许东:《东北少数民族旅游地创意开发4S模式》,《太原城市职业技术学院学报》2017年第8期。

③ 此处仅以赫哲族为例进行详细探讨,相关少数民族的研究成果还有许多。例如,朴艺丹:《朝鲜族传统文化开发利用中存在的问题及对策——以辽宁省丹东市为例》,《辽宁经济职业技术学院、辽宁经济管理干部学院学报》2017年第2期;朴艺丹:《辽宁省朝鲜族传统文化开发利用情况调查研究》,《大庆师范学院学报》2017年第5期;魏靖琳:《浅谈满族艺术在东北地区民俗旅游开发中的价值》,《艺术科技》2017年第8期;李辉、仲昭曦:《吉林省满族文化旅游营销组合策略初探》,《长春师范大学学报》2017年第2期;张磊:《吉林省满族文化特色的文创产品设计研究》,《佳木斯职业学院学报》2017年第12期;侯瑞:《吉林市满族文化旅游开发研究》,东北师范大学硕士学位论文,2017年;刘鸿鸣:《辽宁省满族民俗旅游的开发策略研究》,《农家参谋》2017年第23期;于浩彤:《辽宁省满族文艺演出行业政策发展状况及改革思路》,《管理观察》2017年第20期;郭艺婧:《满族民俗文化的旅游价值及其开发》,《旅游纵览》(下半月)2017年第5期;娄迪:《四平市叶赫镇民族文化旅游发展研究》,《吉林省经济管理干部学院学报》2017年第1期等。

开发及经营更需要站在消费者的角度，更大限度地满足其需要；旅游资源及模式的可持续和更加人性化，将会带来更多的经济效益，且这种趋势会促使旅游业的发展前景更加可观。[①] 徐美群的研究以同江街津口、饶河四排乡为例，探讨了赫哲族的旅游发展与传统文化保护。该项研究认为，旅游开发要对民族文化资源进行有效的保护，传统文化保护有利于更好的开发和利用，合理开发利用反过来又有益于传统文化的保护。[②] 王威以佳木斯同江市街津口赫哲民族村为例，对赫哲族民俗文化产业进行了研究。该文开篇介绍了赫哲族民俗文化的国内外发展现状；从经济、社会、信仰、文艺以及非物质文化遗产等方面叙述了赫哲族拥有丰富的民俗文化资源。通过对赫哲族民俗文化资源的梳理和分析，找出了赫哲族民俗文化产业发展的优势、劣势、机遇、挑战以及存在的问题，在此基础上，剖析了发展赫哲族民俗文化产业的原则和意义。提出的四项原则为：一是尊重民俗文化自身的发展规律；二是保持民俗文化资源的本真性；三是开发具有民族特色的民俗文化资源；四是经济效益与社会效益兼顾。三项意义为：一是实现经济与文化的良性互动，推动区域民族经济的振兴；二是凝聚民族精神与民族认同感；三是增强民族文化适应性，实现民族经济文化的可持续发展。该项研究重点论述了赫哲族民俗文化产业发展的理念与模式。在理念上：(1)民俗文化资源的生产性保护；(2)民俗文化产业开发的市场化；(3)民俗文化产业发展环境的民族化；(4)民俗文化的主体参与化。在发展模式上：(1)发展赫哲族民俗文化产业饮食业；(2)发展赫哲族民俗文化产业旅游业；(3)建立赫哲族民俗工艺品生产基地；(4)打造赫哲族民俗文化发展的产业集群。[③] 高佳、谢维光的研究对赫哲族的文化旅游研究进行了综述。该项研究以中国知网为检索平台对赫哲族文化旅游研究文献的时空分布、文献数量、研究方法、研究内容等进行系统梳理与分析；从旅游资源、旅游产品规划与设计、旅游开发问题、旅游开发与文化变迁问题的研究进行探讨，发现大部分研究成果主要停留在表面，专一领域的深度研究少；对旅游开发前旅游资源的开发构想研究多，对开发中出现的问题研究不足，对开发后的文化社会影响探

---

① 参见陈子豪、颜琛婧、陈婧欢：《东北赫哲族旅游资源绿色开发和经营模式创新研究》，《旅游纵览》(下半月)2017年第22期。

② 参见徐美群：《赫哲族旅游发展与传统文化保护——以同江街津口、饶河四排乡为例》，《佳木斯大学社会科学学报》2017年第3期。

③ 参见王威：《赫哲族民俗文化产业化研究——以街津口赫哲族村为例》，黑龙江大学硕士学位论文，2017年。

究不够。[①] 李冰等人对赫哲族特色民俗文化与旅游开发管理进行了研究。[②] 牟乔基于赫哲族非物质文化遗产的现状,提出了赫哲族文化保护与特色旅游的开发策略:一是完善交通条件及相应配套设施;二是开发与保护相结合。[③]

从某单一少数民族的某项特有的民族文化、民俗事象为对象,探讨该对象的产业化的研究也有许多,仍旧以赫哲族为例。[④] 李德君等人以"创客"模式纪念下赫哲族的传统手工艺品设计开发为例,在产学研融合背景下探讨了设计人才的创业模式。[⑤] 陈娆等人的研究认为,将视野放在"龙江丝路带"境域下,通过打破地域性,增进与俄罗斯境内那乃族交流合作,以及竞技比赛、旅游观光扩大赫哲人渔猎文化的影响;同时吸引年轻人的关注,以便解决其后继无人问题,以此来传承赫哲族的渔猎文化。[⑥] 崔性赫等人以"洼克乞"为例,对赫哲族体育旅游产品开发的问题进行了研究。该项研究认为,"洼克乞"作为中国北方赫哲族的传统体育运动,它的开发与传承要借助现代体育产品—旅游进行,使濒于失传的六少民族仅

---

① 参见高佳、谢维光:《赫哲族文化旅游研究综述》,《边疆经济与文化》2017 年第 12 期。

② 参见李冰、范明智、张思凯:《赫哲族特色民俗文化与旅游开发管理研究》,《中国管理信息化》2017 年第 6 期。

③ 参见牟乔:《谈赫哲族文化保护与特色旅游的开发策略》,《艺术科技》2017 年第 1 期。

④ 此处仅以赫哲族为例进行详细报告,相关少数民族的研究成果还有许多。例如,郝吉:《朝鲜族传统村落在民俗旅游开发中的保护与更新》,吉林建筑大学硕士学位论文,2017 年;黄清波:《朝鲜族民族特色餐饮业发展研究——以延吉市的朝鲜族民族特色餐饮业为个案》,延边大学硕士学位论文,2017 年;马昭龄:《吉林省朝鲜族手工艺旅游纪念品设计研究》,吉林建筑大学硕士学位论文,2017 年;汪海轮:《朝鲜族女性在民族饮食业发展中的作用》,延边大学硕士学位论文,2017 年;迟慧:《朝鲜族文化在丹东沟域旅游景观中的应用研究》,《旅游纵览》(下半月)2017 年第 11 期;刘妃:《丹东市朝鲜族歌舞文化旅游开发模式的研究》,东北师范大学硕士学位论文,2017 年;廖珣:《新媒体背景下满族民间艺术符号的家居品牌设计研究》,大连工业大学专业硕士学位论文,2017 年;任新玉、韩玉明、陈海燕、刘岩、陈璐、郝伟强、陈小兰:《满族饮食文化旅游发展研究》,《合作经济与科技》2017 年第 22 期;王兰、卓玛:《民族旅游中传统饮食文化资源开发探析——以四平市叶赫满族为例》,《中外企业家》2017 年第 19 期;孙煜棋:《本溪满族剪纸文化产业园区发展策略研究》,沈阳师范大学硕士学位论文,2017 年;高晓然:《满族刺绣纹样与工艺在现代成衣设计中的创新应用研究》,长春工业大学硕士学位论文,2017 年;戴丽姿:《满族萨满吉祥纹饰在长白山旅游纪念品包装设计中的应用研究》,长春工业大学硕士学位论文,2017 年;王诗琪:《关于吉林满族乌拉街特色旅游品牌建设》,《吉林化工学院学报》2017 年第 10 期;韩石:《内蒙古及东北地区少数民族服饰产业发展研究》,《中国商论》2017 年第 2 期;白东丹、李东娜:《萨满面具图案在生态旅游餐饮 VI 设计中的应用研究》,《中国管理信息化》2017 年第 13 期;常彤、贾慧萍:《齐齐哈尔少数民族视觉元素在现代艺术设计中的应用研究》,《理论观察》2017 年第 11 期等。

⑤ 参见李德君、刘刚、戴伟乾、刘露露、赵新辉:《产学研融合背景下的设计人才创业模式刍议》,《经济师》2017 年第 1 期。

⑥ 参见陈娆、何毅、林艳:《"龙江丝路带"境域下赫哲族渔猎文化开发对策》,《佳木斯大学社会科学学报》2017 年第 5 期。

有的渔猎民族体育旅游产品注入了新鲜血液。“洼克乞”体育旅游产品可以繁荣体育旅游产业，将发展边疆少数民族的经济落到实处，也为赫哲族渔猎体育旅游的传承与发展注入新的活力。[①] 曹义竟、张焘针对赫哲族鱼皮制作这一传统手工技艺，思考如何保护和传承这一非物质文化遗产，提出鱼皮材质结合文化创意产品这一方法，意在为鱼皮这一传统的特殊材质找到适合的发展方向。[②]

2017年，东北地区专题文化产业化的研究也异彩纷呈，这方面的研究主要围绕东北地区独具特色的某一文化现象展开产业化的论述，例如东北地区红色文化的旅游资源开发、东北地区工业遗产的文化产业化策略、东北民俗资源的开发与利用、历史文化遗产在旅游开发中的利用与保护等。

东北红色文化的产业化研究成果有以下几项研究为代表：贺彦凤等人的研究论证，黑龙江红色文化有抗联与剿匪文化、建设文化两方面的内容，具有地域性、时代性、教育性、引领性等特色，在新世纪新阶段，黑龙江红色文化的建设要从整合红色文化资源、打造红色文化品牌做起。[③] 罗方迪的研究以东北红色旅游为背景，分析了东北红色旅游的开发优势，并提出了东北地区开发红色旅游的三点建议：(1)注重红色旅游产品内涵；(2)增强游客在红色旅游过程中的参与性；(3)实行捆绑式销售，带动其他产业发展。[④] 曲景慧的研究认为，东北正处于新一轮振兴阶段，红色旅游发展处于起步阶段，应加快脚步跟上时代前进的步伐。东北各省市政府及部门要加强社会红色文化企业的交流与合作，共同寻找修缮当地抗联留下的遗迹遗物，将其作为旅游吸引物，进一步开发利用，打造出优秀的红色旅游文化品牌。这样不仅能够吸引更多中外游客，刺激当地经济发展，还能够实施爱国主义教育，促使我国民众爱国意识的提升，为祖国建设发展贡献出自身的力量。[⑤] 王伟健的研究表明，目前，在工业遗产品牌的建设方面，我国的发展意识还有所欠缺，在中国经济新常态背景下，创新东北老工业基地经济发展，保护与再利用其工业遗产很有必要。该项研究还提出以下几项策略：(1)重新整合工业遗产资源、组织管理资源、辅助性机构资源；(2)对工业形象进行重新定位；(3)更加注

---

① 参见崔性赫、崔小良、张宝华、吴涛、罗佳义：《赫哲族体育旅游产品开发研究——以“洼克乞”为例》，《商场现代化》2017年第4期。

② 参见曹义竟、张焘：《基于赫哲族鱼皮的文化创意产品设计研究》，《工业设计》2017年第12期。

③ 参见贺彦凤、王蕊、陈绍松：《黑龙江红色文化的创新发展》，《世纪桥》2017年第4期。

④ 参见罗方迪：《浅析中国东北地区红色旅游开发》，《现代交际》2017年第21期。

⑤ 参见曲景慧：《东北抗联遗迹遗物红色旅游开发研究》，《旅游纵览》2017年第10期。

重市场的营销策略。[①] 王昭的研究对辽宁省发展美食旅游的资源进行了分析,探讨了当前辽宁省发展美食旅游面临的问题,并提出了相应的开发构想:(1)做好辽宁省政府的主导作用;(2)加强美食文化景观规划;(3)增加旅游与美食发展的特点;(4)注重营销,树立形象和品牌。[②] 曹怀文、王飒对赫图阿拉、叶赫、辉发及乌拉这几座规模较大较典型的部落城址遗迹进行了实地考察,介绍了它们的历史及文化价值,并分析了几处遗址的历史文化保护发展现状,从旅游开发的角度探讨了目前这些地区在遗址文化保护发展上所面临的问题,探讨了历史遗迹文化彰显与旅游产业发展间的关系。[③]

七、东北民族民间文化与非物质文化遗产

2017 年,东北地区的非物质文化遗产工作依旧扎实稳步地推进,做到了既有非物质文化遗产项目的保护与传承,也积极有序地开展新的非物质文化遗产项目的审核、保护工作。值得一提的是,东北地区近年来由政府部门组织开展的非物质文化遗产保护工作取得了长足的发展。例如,2017 年 1 月 23 日,黑龙江省文化厅发布《关于开展黑龙江省非物质文化遗产教育基地申报工作的通知》,决定在全省的高等院校、中等职业技术学校和中小学校中,命名一批省级非物质文化遗产教育基地,以便更好地发挥各级各类学校在非物质文化遗产传承中的积极作用。[④] 9 月 29 日,吉林省文化厅发布《吉林省文化厅关于举办 2017 年度中国"非遗"传承人群研培计划吉林艺术学院第二期培训班的通知》,该培训班由吉林省文化厅、吉林艺术学院主办,吉林艺术学院设计学院与吉林省非物质文化遗产保护中心承办,于 2017 年 10 月 23 日至 11 月 17 日,在吉林艺术学院设计学院举办,培训项目为朝鲜族服饰制作技艺,共招收学员 50 人。该项通知明确了培训班的目的是:"为帮助'非遗'项目持有者、从业者等传承人群强基础、拓眼界、增学养,

① 参见王伟健:《新经济视域下东北老工业基地工业文化品牌设计研究》,《艺术与设计(理论)》2017 年第 2 期。

② 参见王昭:《辽宁美食旅游开发策略》,《现代经济信息》2017 年第 21 期。

③ 参见曹怀文、王飒:《旅游开发过程中遗址文化彰显问题浅析——基于东北四处明代女真聚落遗址考察》,《华中建筑》2017 年第 12 期。

④ 黑龙江省文化厅:《关于开展黑龙江省非物质文化遗产教育基地申报工作的通知》,2017 年 1 月 23 日,http://www.hlj.gov.cn/gkml/detail.html? t=2&d=351042。

提高文化自信和可持续发展能力，在秉承传统、不失其本的基础上，实现为民族传承、为生活创新。”[①]11月9日，吉林省文化厅发布《吉林省文化厅关于举办全省非物质文化遗产保护工作培训班的通知》，通知表明，该培训班将于2017年11月20日至24日在吉林市希尔顿欢朋酒店举办，培训的主要目的是进一步加强吉林省“非遗”保护工作队伍建设，提升各地“非遗”保护工作人员的业务水平和工作能力。培训内容为：(1)学习贯彻党的十九大精神，传达《省委关于认真学习宣传贯彻党的十九大精神的通知》精神；(2)民俗的文化地位；(3)当前社会形势中如何发展传统工艺；(4)公共文化服务体系建设与非物质文化遗产保护；(5)“非遗”申报文本及视频制作要点；(6)“非遗”展示馆的建立与管理；(7)参观满族“非遗”项目展示。该培训班的参加人员为各市(州)、长白山管委会文广新局(“非遗”中心)“非遗”工作人员，以及各县(市、区)文广新局(“非遗”中心)工作人员。[②] 通过这三个例子可以看到，东北地区对非物质文化遗产所采取的保护措施。

除了官方力量的推动之外，2017年也有许多关于东北地区非物质文化遗产的研究成果。总体来看，包括三个方面：(1)非物质文化遗产项目的内容研究；(2)非物质文化遗产项目的认识研究；(3)非物质文化遗产项目的传承与保护研究。

非物质文化遗产项目的内容研究主要以该项目本身为关注对象，从其内容、形式、分布、审美等方面展开的研究。例如，胡天弄、陈小蓉的研究利用GIS空间分析法、文献资料法，对已经列入我国非物质文化遗产的棋类项目进行了分布特点的概述以及分类特点的研究。其中，关于东北棋类的研究表明，东北棋类的分布以吉林为中心形成东北核心圈，东北棋类具有“预测与祭祀”的特征，绝大多数以栖戏类为主，除永吉走五道，其他的棋类如掷栖、花图、尤茨等皆是由古代民间祭祀或预言活动演变而来。在演变过程中，这种预测收成、祭祀祈天的活动，逐渐演变成有规则、带有竞技内容的掷栖比赛。从民族的角度看，东北棋类核心圈辐射地区的居民是以朝鲜族为代表的少数民族为主。该项研究认为，东北棋类的发展是落后的农耕时代社会生产水平的体现，在生产靠自然的历史环境下，形成了

① 吉林省文化厅：《吉林省文化厅关于举办2017年度中国“非遗”传承人群研培计划吉林艺术学院第二期培训班的通知》，2017年9月29日，http://xxgk.jl.gov.cn/zcbm/fgw_98067/gkml/201709/t20170929_2844800.html。

② 吉林省文化厅：《吉林省文化厅关于举办全省非物质文化遗产保护工作培训班的通知》，2017年11月9日，http://xxgk.jl.gov.cn/zcbm/fgw_98067/gkml/201711/t20171109_2854530.html。

一套具有祈福与祭祀特色的棋类。[①] 蒋畅的研究以《满都莫日根》为例,对国家级非物质文化遗产赫哲族"伊玛堪"的说唱艺术进行了研究。蒋畅的研究以文献研究法为主、田野调查法为辅,田野调查的地点为黑龙江省哈尔滨伊玛堪协会以及黑龙江省同江县,在田野调查中搜集到了一些关于"伊玛堪"说唱的资料。该项研究以赫哲族的民族文化背景为基础,对赫哲族的民族音乐文化进行了分析,并以《满都莫日根》为例,分析"伊玛堪"的作品特征,详细解读了《满都莫日根》中的说唱特点,论述了"伊玛堪"所具有的历史文化价值、民族学和民俗学价值、语言文学价值、哲学及美学价值。最后,从意义与价值、传承的方式等角度论述了"伊玛堪"说唱艺术的传承与保护。[②] 于昕的研究以牡丹江朝鲜族非物质文化遗产中的音乐类为研究对象,对申报以来的现状进行梳理和归纳概括,结合实地调查采访与访问访谈,对伽倻琴弹唱、四物打击乐、朝鲜族洞箫这三项牡丹江地区的朝鲜族音乐类非物质文化遗产项目进行了介绍,还对这三项非物质文化遗产在传承过程中存在的问题进行了梳理,并且提出了四项完善对策:(1)地方政府应进一步加大对非物质文化遗产工作的支持力度;(2)加强推进朝鲜族音乐类非物质文化遗产教育;(3)建立非物质文化遗产数据库;(4)积极参与社会市民经济、文化活动。[③]

东北地区非物质文化遗产项目的认识研究主要关注价值与意义问题,试图进行评价体系的更新或再建构,以此为主题的研究虽然数量不多,却是我们理解东北民族民间文化与东北非物质文化遗产不可缺少的重要材料。张碧波的研究对《伊玛堪》的历史文化价值进行了再认识的探讨。该项研究认为,伊玛堪是赫哲族创作的说唱文学,是这个民族留下的原生态文学样式,是赫哲族生产生活的一种交流形态,是这个民族的意识形态结晶。伊玛堪全景式地展现了赫哲族原始氏族社会的鲜活生活画卷,生动地展示了赫哲族的生活习俗、生活要求、社会进程、政治理想,表达了一个小民族的大胸怀、大视野,从氏族、部落、部落联盟转型为王国的历史进程,展示了这个民族精神世界多方面的、神秘的、具感染性的精神活动与追求,也展现了神权世界向人文世界转型的历史动向,展示了其与中华文化、中华文明的紧密联系、亲密关系。伊玛堪揭示了赫哲人强大的生命力和对建设强大家

① 参见胡天弄、陈小蓉:《我国棋类非物质文化遗产分布与分类研究》,《山东体育科技》2017年第6期。

② 参见蒋畅:《赫哲族"伊玛堪"说唱艺术研究——以〈满都莫日根〉为例》,东北师范大学硕士学位论文,2017年。

③ 参见于昕:《牡丹江市朝鲜族音乐类非物质文化遗产研究》,延边大学硕士学位论文,2017年。

园、和谐幸福生活的奋进历程。[①] 崔广丽、宋朝辉的研究表明，黑龙江三江区域的赫哲族是我国六小民族之一，具有民间文学等丰富宝贵的非物质文化。在保护赫哲族的非物质文化遗产方面应遵循一定的指导思想、原则、方法，以其作为构建"非遗"评价体系依据。该项研究认为，应从价值评价体系、濒危评价体系、保护评价机制三个方面构建全面的赫哲族"非遗"评价体系。[②]

从传承与保护的角度对东北民族民间非物质文化遗产进行研究的成果有许多。刘芳华、孙皓的研究认为，随着现代化、城镇化、外向化的进程不断加快，具有中国朝鲜族地域文化特色的非物质文化遗产逐渐面临传承保护危机，中国朝鲜族非物质文化遗产项目的传承保护存在以下问题：(1)社会土壤渐次萎缩消亡；(2)传承人才面临匮乏断层危机；(3)传承保护资金严重不足。基于这些问题，该项研究提出了中国朝鲜族非物质文化遗产创新保护的调适路径：(1)创新"非遗"项目传承保护的文化沃土；(2)强化传承人队伍建设；(3)主动筹集更多发展资金。[③] 宁颖以国家级非物质文化遗产"盘索里"的传承与表演为例，研究了"跨界"双重城镇化背景中的朝鲜族传统音乐。"盘索里"于 20 世纪 40 年代随朝鲜半岛移民传入我国，2011 年"盘索里"被评为我国国家级非物质文化遗产，被视为朝鲜族的文化标志与音乐文化缩影。该项研究通过对"盘索里"移民前后种种景象的梳理与说明，展现了其在朝鲜半岛以及传入中国后的"双重"城镇化进程。研究者在中、韩跨界田野考察和比较研究的基础上，从历时的角度展现了朝鲜族乐人在与中国社会互动的过程中，不断自觉调适、改变、实践移民音乐本土化与全球化的过程；从共时的角度阐释了我国与韩国在"非遗"传承、保护与发展方面存在的差异。通过中、韩"盘索里"传承人"'非遗'之后"不同状态的自我表述，反思了传统音乐保护与研究的基本前提——给予它们作为"族群历史表述""文化标志"身份的基本尊重。[④] 朴成等人的研究以牡丹江地区朝鲜族的非物质文化遗产为例，从现状及内容方面进行研究，提出了以下几项对策：(1)树立保护朝鲜族非物质文化遗产的意识；(2)重视专家和学者的指导；(3)政府要重视朝鲜族非物质文化遗产的保护；(4)教育对于传承朝鲜族非物质文化遗产发挥着重要的作用；(5)地区政

① 参见张碧波：《〈伊玛堪〉历史文化价值的再认识》，《奋斗》2017 年第 4 期。

② 参见崔广丽、宋朝辉：《赫哲族非物质文化遗产评价体系构建》，《边疆经济与文化》2017 年第 11 期。

③ 参见刘华芳、孙皓：《中国朝鲜族非物质文化遗产传承保护探析》，《黑龙江民族丛刊》2017 年第 6 期。

④ 参见宁颖：《"跨界"双重城镇化背景中的朝鲜族传统音乐——以国家级非物质文化遗产"盘索里"的传承与表演为例》，《民族艺术研究》2017 年第 2 期。

府要重视朝鲜族民间艺人。[1] 李春霞的研究表明,伊玛堪的保护与传承是实现中华优秀传统文化传承的重要组成部分,拯救伊玛堪的工作不容忽视。该项研究着眼于“非遗”保护下的伊玛堪传承,并对伊玛堪的传承提出了几点建议:(1)增强内生动力,延续民族文化传承;(2)开展教育教学,规范民族文化传承;(3)丰富宣传载体,创新民族文化传承;(4)给予大力支持,保护民族文化传承。在第三点建议上,又详细了几点具体的举措:促进伊玛堪与皮影戏相结合;促进伊玛堪与鱼皮制作、剪纸技艺相结合;促进伊玛堪与旅游业相结合。[2] 程丽云认为,在赫哲族传统手工技艺非物质文化遗产传承与保护的问题上,应该遵循主体性原则、本真性原则、活态性原则、整体性原则、可持续性原则与可解释性原则。赫哲族传统手工技艺非物质文化遗产传承与保护有以下几方面的意义:(1)有利于协调人与自然的关系,促进人与自然和谐发展;(2)有利于振兴传统手工技艺,展现“工匠精神”;(3)有利于弘扬赫哲文化,促进地区经济文化发展,建设“美丽乡村”。另外,赫哲族传统手工技艺非物质文化遗产的传承与保护既能唤起赫哲族民众对民族文化的自救意识、文化安全意识,为即将在人们视野中消失的文化形式提供一个生存空间;又能通过对赫哲族传统手工技艺非物质文化遗产物质载体的解读,体现民族精神的内在价值追求。[3] 颜英等人以同江街津口赫哲乡为例,讨论了生态视角下绿色发展传承赫哲族非物质文化遗产的策略。该项研究认为,赫哲族的传统文化及固有的生活方式面临日渐消亡的尴尬境地,民族元素几近消失,珍贵的非物质文化遗产几近失传。为此,生态地、绿色地发展和传承赫哲族非物质文化遗产迫在眉睫。在发展的过程中既要保护原生态,又要传承好非物质文化遗产。[4] 除了上述几项具有代表性的研究成果之外,还有许多学者就民族民间非物质文化遗

---

① 朴成、吴振刚、任平:《朝鲜族非物质文化遗产保护现状与对策研究——以牡丹江地区为例》,《产业与科技论坛》2017 年第 9 期。

② 参见李春霞:《“非遗”保护下的伊玛堪传承》,《佳木斯大学社会科学学报》2017 年第 3 期。

③ 参见程丽云:《赫哲族传统手工技艺非物质文化遗产的传承与保护》,《佳木斯大学社会科学学报》2017 年第 2 期。

④ 参见颜英、颜一瑞、张嘉炎、刘学敏、刘桂珍:《生态视角下绿色发展传承赫哲族非物质文化遗产的策略——以同江街津口赫哲乡为例》,《艺术科技》2017 年第 6 期。

产的保护与传承提出了意见与建议。[①]

八、东北民族民间艺术研究

民族民间艺术包括民族民间工艺美术、音乐、歌舞、戏曲、戏剧等，东北地区有着丰富多彩、极富地方特色的民族民间艺术，2017 年，也产生了为数繁多的相关研究成果，本节在 127 篇东北民族民间艺术研究成果的基础上展开研究。

在实践工作上，2017 年东北地区举办了一些大型民族民间艺术活动。2017 年 5 月 5 日，由辽宁省文学艺术界联合会、辽宁省音乐家协会主办，沈阳音乐学院协办的“古典室内音乐会第 82 场——东北民歌”在沈阳音乐学院举办。这场音乐会以东北的地域文化为母体，传承东北民歌的特色、风格，展现了优秀的民歌艺术。[②] 2017 年 5 月 11 日，“西迁赞歌 · 东情路——东北地区西迁民族美术作品北方六省巡展”首展在辽宁美术馆拉开序幕，5 月 23 日及 6 月 6 日分别在辽宁省盘锦辽河美术馆、黑龙江大学博物馆进行巡回展览。该展览计划自 2017 年起的两年时间里，沿着“西迁”的路径在辽宁、吉林、黑龙江、内蒙古、甘肃、新疆 6 省区进行 11 次巡展。该展为国家艺术基金文化传播交流推广项目，以“清中期西迁”这一维护祖国统一、民族团结的伟大爱国壮举为切入点，征集了一批展示当前东北地区锡伯族、达斡尔族、鄂温克族、蒙古族、满族等民族关于现实生活、家园风光、民风民俗、老工业基地建设等方面的作品，集中反映了当前东北各民族人民携手共建美丽家园、聚焦中国梦的时代主题，旨在积极推动东西部地区以及“老少边穷”地区开展“送文化，送艺术”的文化交流。[③] 2017 年 9 月 18 日至 23 日，由中国舞蹈家协会、东北三省（黑龙江、吉林、辽宁）文联主办，黑龙江、吉林、辽宁三省舞

① 如，赵晨、孙志鹏：《满族非物质文化遗产保护性传承问题研究》，《黑河学刊》2017 年第 3 期；布莉华、孙玲玲：《满族非物质文化遗产传承与开发、利用对策研究》，《档案天地》2017 年第 10 期；丛密林、张晓义、王伟平：《达斡尔、鄂温克、鄂伦春族体育非物质文化遗产保护研究》，《体育文化导刊》2017 年第 2 期；金利杰：《论东北三省跨界民族非物质文化遗产保护方式》，《边疆经济与文化》2017 年第 10 期；孙立青：《“非遗”保护视角下的传统民间活动“黄河阵”研究——基于对辽宁省朝阳市“黄河阵”活动的考察》，《吉首大学学报》（社会科学版）2017 年 S2 期。

② 参见潘静：《回味纯真　传承经典——“古典室内乐系列音乐会第 82 场东北民歌专场”综述》，《音乐生活》2017 年第 7 期。

③ 参见张鹏、许昊：《西迁赞歌 · 东情路——东北地区西迁民族美术作品北方六省巡展纪事》，《美术》2017 年第 9 期。

协承办的第三届东北三省舞蹈展演活动在辽宁沈阳举行。作为东北地区规格最高、影响最大的舞蹈活动,该次展演打破了以往舞蹈比赛、评奖、展演、会演的专业限制和要求,分国际标准舞组、街舞组、群文青年组、群文老年组、专业院校组、专业院团组 6 个组别分别进行。来自东北三省 12 所专业院校、6 所专业院团以及 56 个群文单位的 104 个作品,在为期 7 天的展演中,竞相绽放,展示了众多具有东北艺术特色的舞蹈表演。①

在广泛搜集、阅读 2017 年相关文献的基础上,依据不同的研究取向,将东北民族民间艺术的研究成果总结为以下几个方面:东北地区民族民间艺术的文化内涵与价值研究;历史、变迁与发展研究;艺术与审美研究;应用研究;保护与传承研究。

民族民间艺术的文化内涵与价值研究重在挖掘与阐释该艺术事象在文化与价值向度上的意义。哈斯的研究通过对"东北秧歌"的形成历程、形态特征进行挖掘,对其当下的艺术价值进行了阐释。该项研究认为,东北秧歌经不同的发展阶段和不同民族共同体的创建历程,逐步形成了具有北方气派的民族民间舞蹈文化特征。在漫长的历史进程中,人们将秧歌逐渐发展为酬神敬祖、自娱自乐的形态,并进一步演变成从一般的秧歌演唱、扮演戏曲人物到歌、舞、戏一体的综合性民间艺术形式。东北秧歌是和广大人民群众有着血肉联系,未经雕琢且具有浓郁乡土气息、民间风俗的地域文化艺术。② 刘清明的研究表明,赫哲族民间音乐内容丰富,记录了赫哲人的发展史,记录了不同时期赫哲人对生活的感悟,有着丰富的文化底蕴,具体表现为鲜明的渔业文化特色与深邃广博的萨满文化。③ 周敏鹭认为,吉剧艺术与东北地区地域文化一脉相承,东北地区的地域文化底蕴深厚、历史悠久,为吉剧艺术提供了丰厚的文化土壤。吉剧艺术与东北地域文化相互作用、相互影响,同时,地域文化赋予吉剧独特的文化标识,民俗文化也根植于吉剧艺术之中。吉剧艺术中无论是地方语言上的应用,还是剧种刻画的人物性格特征以及宗教信仰都是地方地域文化的真实写照。④ 金学洙探讨了中国朝鲜族艺术形成的文化基础及其传承,中国朝鲜族文化是一种古老的文化,有着独特的文化特征,其艺术形成具有深厚的文化基础。朝鲜族民众以能歌善舞著称于世,其音乐形式

---

① 参见《舞蹈》编辑部:《脚踏黑土　迎接朝阳——记第三届东北三省舞蹈展演论坛》,《舞蹈》2017 年第 11 期。

② 参见哈斯:《"东北秧歌"成因及艺术价值探析》,《艺术研究》2017 年第 2 期。

③ 参见刘清明:《赫哲族民间音乐的文化内涵及发展探索》,《贵州民族研究》2017 年第 4 期。

④ 参见周敏鹭:《论吉剧的地域文化特色》,东北师范大学硕士学位论文,2017 年。

多样，舞蹈种类丰富多彩。在文化现代化和文化全球化的背景下，朝鲜族文化要积极走向文化现代化，要确立好在文化全球化中的定位，并应重视对民族文化遗产的传承保护工作，多样化地开拓少数民族文化传承模式，使之更多地成为一种有意识的文化再生产过程。[①] 刘畅研究了前郭尔罗斯蒙古族萨满音乐的文化特征，该项研究认为，前郭尔罗斯蒙古族自治县是我国东北地区的少数民族聚居区，阿尔泰语系民族较多，有蒙古族、满族、汉族、锡伯族、鄂伦春族、鄂温克族以及达斡尔族等 19 个民族。尽管不同的民族都有着各自的发展历程与文化传统，但在发展历程中随着频繁的民族迁移以及政治、社会、文化等各个方面因素的影响，加上相同的生活与自然环境以及生活状态和方式，使得该地区的萨满文化既存在各民族自身的文化特征又有着诸民族的共同特征。蒙古族萨满音乐属于原始文化中一种非常独特的文化形态，是萨满祭祀活动的重要载体，并带有鲜明的文化特征。[②] 张玉春聚焦于赫哲族的鱼皮文化，赫哲族独有的鱼皮艺术形成的鱼皮文化在全世界独一无二，具有历史、民族、宗教、民俗、艺术等价值，是黑龙江地区少数民族造型艺术的杰出代表，已列入第一批国家级非物质文化遗产名录。鱼皮文化对我国的文化发展有至关重要的影响。[③] 曹保明等人的研究探讨了东北民间艺术与地域文化的关系。该项研究认为，东北民间艺术地域文化的研究有着以下几方面的意义：(1)有利于端正人们的文化态度；(2)有助于构建积极的文化影响；(3)有助于支持经济建设；(4)有助于促进区域经济一体化；(5)有助于推进思想道德建设。东北的民间艺术形式多样、内容丰富，与地域文化的影响密不可分。东北不同地域文化的特点造就和影响了不同的民间艺术，扩大了东北文化产业的范畴，也带动了东北社会经济的发展。寻找东北民间艺术的正确发展之路，探究现代中国社会大众的文化精神走向和文化特征，对如今中国社会主义新时期的文化、艺术建设有着举足轻重的意义。[④] 籍玉新研究了东北大秧歌的体育文化价值及其推广，通过文献资料法、访谈法、逻辑分析法等研究方法，梳理了东北大秧歌的发展历程，挖掘了东北大秧歌所具有的健身、教育、人文和民族文化等体育文化价值，提出政府搭建制度化平台、基层社会组织发挥自身作用、大众传媒助力、培

① 参见金学洙：《中国朝鲜族艺术形成的文化基础及其传承》，《学习与探索》2017 年第 7 期。

② 参见刘畅：《前郭尔罗斯蒙古族萨满音乐文化特征分析》，《大众文艺》2017 年第 20 期。

③ 参见张玉春：《赫哲族鱼皮文化探索》，《艺术科技》2017 年第 3 期。

④ 参见曹保明、丰雪岩、王肃：《东北民间艺术地域文化认知探索》，《艺术教育》2017 年第 16 期。

育秧歌社团、市场化运作等多种推广途径,以继承和弘扬这一民族传统体育项目,使其更好地为全民健身服务。[①]

从民族民间艺术的历史、变迁、发展的角度展开的研究也有许多。博雅杰、尹爱青的研究分析了东北、新疆东西两地锡伯族音乐文化在252年历史进程中的发展与变化,该项研究根据当下锡伯族音乐文化现状,从两地迁徙经历、民族制度、地理环境和语言传承四个方面展开历史的分析,比较了东、西两地锡伯族音乐文化变迁。结论认为,族群迁徙分隔两地是东北、西北锡伯音乐文化的历史横向节点,历史的纵向延伸是锡伯族音乐文化变迁的必然选择。在延伸的过程中,东北、西北锡伯族在其生活的社会环境中借用一切文化因素并且将之融合到自己固有的文化之中,形成了现在的音乐文化。[②] 肖瑶的研究通过对满族萨满祭祀舞蹈的历史脉络进行梳理分析,根据文献史料的记载和实地考察等多方渠道探究,从历史学的角度探寻萨满文化的发展规律。从萨满祭祀的原始形态及清前历代、清代、当代这三个历史时期分别进行综述分析,为满族萨满舞蹈的发展提供理论依据,清晰地描述了满族萨满历史的全貌。在现实意义上,为满族舞蹈的创作注入了新的血液,为传承萨满文化做出了贡献。[③] 徐族屏对黑龙江省朝鲜族民间音乐的发展进行了研究,朝鲜族先民在17世纪末开始从朝鲜半岛迁入东北三省,而后形成中国朝鲜族。该项研究以时段为划分,分别论述了19世纪中叶至1931年、1931～1945年、1945～1949年以及新中国成立以来的朝鲜族传统音乐。[④] 杨润的研究讨论了近代社会的历史变迁与赫哲族民歌的衍变,对赫哲族民歌的历史流变进行了简单的介绍。鸦片战争之后,中国人民进入了反帝反封建的新的历史时期。此时期赫哲族民歌也发生了新的变化,在已有的原生态民歌的基础上,出现了一些反映反抗外国侵略、反抗封建统治的新民歌。特别是"辛亥革命结束了几千年来的封建帝王的压迫和统治,这一时期,赫哲族民歌的题材内容更加丰富了"[⑤]。陈国龙聚焦于满族剪纸艺术的发展历史与地域文化特色,满族剪纸最早在明代开始流行,因为当时女真人的造纸技术得到了很大的发展,为满族剪纸的

---

① 参见籍玉新:《东北大秧歌的体育文化价值及其推广》,《当代体育科技》2017年第22期。

② 参见博雅杰、尹爱青:《中国东北、西北锡伯族音乐文化变迁的历史比较》,《社会科学战线》2017年第3期。

③ 参见肖瑶:《满族萨满祭祀舞蹈的历时性探析》,沈阳师范大学硕士学位论文,2017年。

④ 参见徐族屏:《黑龙江省朝鲜族民间音乐发展研究》,《戏剧之家》2017年第6期。

⑤ 参见杨润:《近代社会的历史变迁与赫哲族民歌的衍变》,《艺术科技》2017年第5期。

发生和发展提供了有力保证。清代是满族剪纸艺术的辉煌时期，在流传的广泛度和形式数量的丰富度上都取得了令人瞩目的成就。新中国成立后，由于政府对民间技艺的重视和宣传，满族剪纸艺术在国内外的影响越来越大，也逐渐成为我国民间艺术中的一朵瑰丽奇葩。[①] 崔海燕的研究关注东北秧歌的起源与沿革，通过文献资料法、专家访谈法、逻辑分析法等研究方法对东北秧歌的起源进行梳理，探寻其在发展过程中的传承更新，以期寻找有益的启迪，促进东北秧歌的发展。该项研究发现，东北秧歌的兴起源于满汉文化的相互渗透和融汇的文化格局，既是东北地区民间文化特色代表之一，也是一项民族传统体育项目。东北秧歌在发展过程中表现出蕴含多元化民族文化大融合的特征，体现了民族特征的审美文化，兼备特色传统体育文化和健身娱乐功能以及适应时代发展的传承与革新。[②] 邵丽坤以 20 世纪 90 年代以来的剧场二人转作为考察与研究对象，运用田野考察和文献梳理相结合的方法对论题进行分析、论证。该项研究第一部分对二人转在城市中的发展进行概述；第二部分对二人转的空间及演出内容的变化进行梳理与分析，并对二人转的"真伪之辩"进行了剖析；第三部分论述了剧场二人转是多种合力作用的结果；第四部分主要分析了剧场二人转的特征；第五部分论证了剧场二人转对传统二人转的回归；最后论证了媒介与剧场二人转的关系。[③] 苏景春探讨了二人转起源与流传的问题，研究者在东北三省及内蒙古的多年田野采风的基础上，附以大量二人转史料的考证，详细地讲述二人转的起源与流传经过，解决了二人转的创始人、二人转的源头、二人转流传的始末等问题。该项研究论述详尽、资料扎实，结论有理有据。[④]

从艺术与审美的角度对东北民族民间艺术展开研究的成果较为丰富。刘耀煊、杨雪的研究以东北剪纸艺术的审美意象为例，展开了地域文化艺术中的美学理论研究，从当代中国美学理论体系来看，东北剪纸艺术蕴含着丰富的审美价值，值得人们细细品味和鉴赏。其所表达的美学意蕴，深含当地的文化特性。剪纸来源于民间，映射着老百姓的精神世界，美学观念积淀于民族文化心理深处，灌注进

---

① 参见陈国龙:《满族剪纸艺术的发展历史与地域文化特色》,《传播力研究》2017 年第 6 期。

② 参见崔海燕:《东北秧歌的起源与沿革》,《当代体育科技》2017 年第 35 期。

③ 参见邵丽坤:《九十年代以来的城市剧场二人转》,吉林大学博士学位论文,2017 年。

④ 参见苏景春:《二人转起源与流传的来龙去脉》,《戏剧文学》2017 年第 1 期。

剪纸艺术当中,发挥着强大的魅力与生命力。[①] 徐琳琳对赫哲族的民间美术造型艺术进行了研究,通过对赫哲族的基本概述、赫哲族民间美术造型艺术形成的原因,以及赫哲族民间美术造型艺术的发展和创新策略进行简要探讨,为赫哲族民间美术造型艺术的深入研究提供了一定借鉴。[②] 郭玲玲、李利佳对赫哲族音乐的美学特征及艺术价值进行了研究,该项研究认为,赫哲族民族音乐作品可以表达人的情感,用不同的创作手法来表现物质对象。赫哲族民族音乐具有音画的艺术美感,是音乐艺术创造的一种有效手段。尽管是辅助性的手段,但它的价值也随着人们对客观对象的主观经验的增强而提高。反之,主观的经验是通过人们实际接触到的音乐来表现的。面对赫哲族民族音乐所表现出强烈的美学特征及独特的艺术价值,我们有义务将赫哲族音乐传承发展下去。[③] 李芳凝、张建哲阐述了满族民间刺绣的起源与发展,对其艺术特色和美学价值进行了研究。满族民间刺绣作品以枕头顶刺绣为代表,用以满足家庭装饰和生活需要,有很强的实用性。满族民间刺绣包容吸收了南方各种名绣的技艺,形成了题材广泛、造型夸张、色彩生动热烈、各种技法结合并举的艺术风格,具有强烈的地域特征、很高的民间美术理论研究和实际应用价值。[④] 周维对黑龙江少数民族传统服饰造型及其审美特征进行了研究,主要探讨了黑龙江流域的鄂伦春族、鄂温克族、达斡尔族、赫哲族、满族的传统服饰造型,通过对各民族文化特征探究,发现这些相同与不同的生产生活文化,构成了他们的民族意识形态、审美价值观的异同,这些都极大地体现在了民族传统服饰的造型、装饰、图案和制作工艺上。然而,各个民族对美的意识都是从简单到复杂,从低级到高级的过程。[⑤] 金明杰、金银花的研究对我国朝鲜族的传统民间文化和艺术形式进行了简要介绍,并指出了朝鲜族传统文化艺术在我国文化发展及社会建设方面的价值和影响。[⑥] 除了上述研究以外,艺术与审美取向的东北民族民间艺术研究成果还有许多,例如,胡卫军研究了东北二人转的艺

① 参见刘耀煊、杨雪:《地域文化艺术中的美学理论研究——以东北剪纸艺术的审美意象为例》,《戏剧之家》2017 年第 7 期。

② 参见徐琳琳:《赫哲族民间美术造型艺术研究》,《艺术科技》2017 年第 1 期。

③ 参见郭玲玲、李利佳:《赫哲族音乐的美学特征及艺术价值》,《艺术科技》2017 年第 6 期。

④ 参见李芳凝、张建哲:《满族民间刺绣的艺术特色和美学价值》,《美术大观》2017 年第 5 期。

⑤ 参见周维:《黑龙江少数民族传统服饰造型及其审美特征探究》,黑龙江大学硕士学位论文,2017 年。

⑥ 参见金明杰、金银花:《浅谈朝鲜族传统民间文化艺术的魅力》,《文化创新比较研究》2017 年第 14 期。

术特点及魅力[①]，刘佳音对东北二人转小帽的艺术特征进行了研究[②]，于湃研究了赫哲族大马哈鱼皮的文化艺术特征[③]等。

民族民间艺术的应用近年来是一个热门话题，在这里以鄂昕彤的研究为例。鄂昕彤的研究关注东北满族装饰文化在建筑景观设计中的表达，主要研究东北地区满族民俗文化的特征，对东北地区现存满族自治区、自治县等古镇、陵墓、宫殿遗址实地考察。该项研究首先对东北满族文化进行了论述，以满族的传统装饰文化作为研究切入点，通过对满族装饰文化的探索与研究，从建筑、民俗、服饰、雕刻等方面的艺术装饰元素进行全面解析与归纳整理，对东北地区较为有代表性的满族古镇或建筑装饰文化进行分析。接着，探索了满族装饰文化元素在东北地区民族环境范围内现代城市建筑景观设计中的可行性应用方式，提出了几点可行性的设计实施办法，使具有悠久历史的民族文化得以传承，城市形象得以创新。[④]

从保护与传承的角度对东北民族民间艺术进行研究的成果值得关注。孙红英对二人转的继承与发展问题进行了研究，该项研究认为，作为传统艺术形式而存在的二人转在地域流布上仍然没有真正走出东北，在形态转化上仍然没有由传统完全进入现代，在二人转从传统走向现代的进程中，需要厘清三个问题：淡化剧种与曲种的观念；跳出东北地域的限制；破除“雅”与“俗”、“大”与“小”的定位标尺。[⑤] 孙丽萍以朝鲜族民族乐器的制作技艺为例，在生产性保护视野下，探讨了传统技艺的传承问题，认为在生产性保护的实施过程中，要在保留其传统性——手工核心技艺的基础上进行文化产品的开发，要在保护传统文化的本真性的同时进行其他技艺的创新。[⑥] 李浩的研究以鄂伦春族信仰民俗中的音乐为例，探讨了鄂伦春族音乐中“原生态”的保护与传承。[⑦] 马嘉启的研究认为，吉林特色东北秧歌在发展中应秉持真实性、兼容并蓄、与时俱进的原则，并从完善吉林特色东北秧歌的教育与传承、做好吉林特色东北秧歌的宣传推广工作，以及加强对吉林特色

---

① 参见胡卫军：《东北二人转的艺术魅力及特点》，《产业与科技论坛》2017 年第 6 期。

② 参见刘佳音：《东北二人转小帽艺术特征的研究》，吉林艺术学院硕士学位论文，2017 年。

③ 参见于湃：《赫哲族大马哈鱼皮文化艺术研究》，《艺术科技》2017 年第 12 期。

④ 参见鄂昕彤：《东北满族装饰文化在建筑景观设计中的表达》，鲁迅美术学院硕士学位论文，2017 年。

⑤ 参见孙红英：《地方戏：传统望向现代——二人转继承与发展中的三个问题》，《戏剧文学》2017 年第 11 期。

⑥ 参见孙丽萍：《固守与变通，生产性保护视野下传统技艺的传承探析——以朝鲜族民族乐器的制作技艺为例》，《民族艺术研究》2017 年第 5 期。

⑦ 参见李浩：《论鄂伦春族音乐中“原生态”的保护与传承》，《戏剧之家》2017 年第 9 期。

东北秧歌的政策扶植三个方面做好吉林特色东北秧歌的传承创新。[①]

九、东北地区民族民居研究

居住环境是人们日常生活中最为关键的部分之一,而民居则作为日常生活的整体呈现空间,记录、保存了某一家庭、某一民族独特的生活品位与文化景观。东北地区民族组成丰富,各民族间生活习惯有着较大差别,因此,东北地区也形成了异彩纷呈的民居建筑样貌。2017 年,关于东北地区民族民居的研究成果较多,在广泛搜集、阅读相关研究成果的基础上,以切入点的不同为划分依据,将 2017 年东北地区民族民居的研究成果分为以下四个方面:一是对东北民族民居的历史与演变展开的研究;二是以民居本身为研究对象,研究其建筑风格、建造技艺、村落空间形态、少数民族聚居地等内容;三是从文化景观的角度上,对民居、村落展开的研究;四是从保护、传承与建设的角度对东北民族民居进行探讨。

关注东北民族民居的历史与演变的研究成果以下列几项为代表。张群、王飒以黑龙江流域的鄂伦春族建筑为研究对象,通过对鄂伦春族的生产方式、生产工具、生活用具、民族服饰等的研究,推导出鄂伦春族建筑形式的形成原因,并进一步研究民族建筑与鄂伦春族生产与生活方式的相互作用关系。作者认为,鄂伦春民族建筑文化不仅是鄂伦春民族文化中的重要支撑部分,而且还是鄂伦春族民族文化的典型标志。该项研究认为,由于社会关系、组织形式、生产方式、生活习惯等随时代变化,传统民族建筑文化也濒临消亡,传承与保护鄂伦春族传统民族建筑文化的意义尤为重大。[②] 隋欣以东北地区少数民族建筑历史文化发展与研究为主题,推断出东北地区少数民族建筑是中华博大精深的建筑文化中一朵瑰丽的奇葩,既具备所有中式建筑的共同特点,又表达了独特的地域文化和民族特色,从而产生了拥有自身特色的建筑文化,表现了东北地区少数民族的建筑文化所拥有的鲜明个性、精神风貌、格局气质以及观念意识。[③] 潘婷等人对吉林省传统村落空间的形态特征与演变进行了研究,该项研究从分布特征、类型特征、价值特征三个方面对传统村落演变历程进行分析,吉林省传统村落的演变历程大致包括散点

---

① 参见马嘉启:《吉林特色东北秧歌的传承与发展研究》,吉林艺术学院硕士学位论文,2017 年。

② 参见张群、王飒:《辽宁盖州汉族堂屋的传统形制与使用方式变迁》,《华中建筑》2017 年第 12 期。

③ 参见隋欣:《东北地区少数民族建筑历史文化发展与研究》,《城市建设理论研究》2017 年第 20 期。

分布时期、轴线发展时期、面域扩散时期、空间波动时期、格局稳定时期等。在传统村落发展的影响因素上，自然因素和历史、文化等人为因素都对吉林省传统村落的发展产生了影响。[①] 丁晗、董雅对东北满族民居的演变成因及现代意义进行了研究，满族民居类型丰富多变，大体经历了从简单到复杂，从地上到地下再回地上的演变，这些变化受到自然、社会、思想、审美等因素的综合影响。其以人为本的功能设计、因地制宜的施工工艺、交流开放的房屋布局、自然为美的外置装饰等理念有高度的现代借鉴意义，其深刻的民族特性、建筑风格大大丰富了中国乃至世界的建筑艺术。[②]

以民居本身为研究对象，聚焦于建筑风格、建造技艺、村落空间形态、少数民族聚居地等内容的研究成果也有许多，这方面的研究大多在建筑学、设计学等专业知识的基础上展开。吕静、高重庆以吉林省通化县东来乡鹿圈子村为例，从空间句法理论切入，对满族传统村落的空间形态进行了研究，借鉴比尔·希利尔等学者提出的空间形态结构的量化分析方法，对吉林省满族传统村落进行空间组成划分，建立空间结构分析的轴线模型，深入剖析满族传统村落的空间构成与空间使用状况。采用空间句法及 Arcgis 开发工具，以鹿圈子村为例，对满族传统村落的空间形态布局进行模型化研究，通过集成度、选择度及可理解度等相关变量的分析数值和表格，并结合现场调研观测，归纳村落空间的主要特征，解释村落空间的形成和发展。该项研究认为，传统聚落本身承载着特有的文化氛围和空间形态，其空间在传承与发展民族文化与特性的基础上，又在不同文化环境下呈现出多样化的形态与特征。[③] 鲁静茹等人从产品语义学的角度出发，对赫哲族传统建筑进行了研究，该项研究以两种赫哲族传统建筑方式，即移动式代表类型“撮罗安口”，固定式建筑代表类型“木刻楞”为具体研究对象，将其看作一种人造物，对其进行了造型、色彩、材质、文化内涵等方面的语义学研究。该项研究认为，赫哲族传统建筑“木刻楞”和“撮罗安口”是赫哲族长期渔猎文化积淀的产物，很好地体现了功能性与艺术性的统一，是赫哲人劳动智慧的物化表现，其造型、材料、色彩、工

① 参见潘婷、吕静、张浩、朱芳阋：《吉林省传统村落的演变历程与影响因素研究》，《艺术科技》2017年第5期。

② 参见丁晗、董雅：《东北满族民居的演变成因及现代意义》，《贵州民族研究》2017年第9期。

③ 参见吕静、高重庆：《基于空间句法的满族传统村落空间形态研究——以吉林省通化县东来乡鹿圈子村为例》，《四川建材》2017年第7期。

艺等方面很好地体现了该民族"天人合一"的哲学生活理念。[①] 除上述代表性研究成果外,周立军等人采用文化地理学的研究方法对东北满族传统民居的建造技术进行了阐释[②],梁莹等人对后金以来辽宁地区满族建筑的采光防寒特征进行了研究[③],刘威等人对万字炕在满族传统民居室内空间中的影响展开了论述。[④]

周剑在《从人地作用到景观文化——浅析景观文化的含义》中定义:"狭义的景观文化是指单从景观自身出发的意识形式,是景观设计、建造、规范、意识等所表现出的文化;广义的景观文化是指人类在营建和使用景观的过程中所产生的一切物质和精神产品,它不仅包含着景观自身的意识文化,还包含着景观的物质文化和蕴藏的精神文化。"[⑤]从文化景观的角度对东北民族民居展开的研究以下述几项研究为代表。张俊玲以赫哲族聚居地中最具有代表性的街津口赫哲族乡作为调查对象,对赫哲族景观文化做了具体的调查分析。从景观文化角度看赫哲族的发展,赫哲族民族乡是在一定的时空中,有着共同的景观文化记忆、习俗、方式、审美精神和价值观念的一个社会聚居群体。该项研究认为,我国东北少数民族乃至北方少数民族最常见的问题就是,由于交通等信息的传播流通,物质文化成长过快,而非物质文化却跟不上脚步,最终造成地域景观文化共同体不再共同协调发展。研究民族的景观文化,总结民居聚落的大格局,了解其景观文化构成因素、特征以及发展原则,有助于我们发现更多的方式方法来服务危机中的少数民族,有助于洞察民族的地域性文化,更有助于我国民族的保护和传承发展,是一切民族研究的必经道路。[⑥] 郭建英以文化学原理为理论基础、符号学为切入点,对吉林省朝鲜族乡土建筑空间的文化符号进行了提炼与研究。在研究方法上,采用了田野调查和文献研究的方法,多角度分析吉林省朝鲜族乡土建筑空间文化符号的发生和发展。[⑦] 陈扬对延边朝鲜族民族村落景观进行了评价研究,以延边朝鲜族自治州民族村落景观为研究对象,以四个朝鲜族村落为代表,以景观学、生态学等

---

① 参见鲁静茹、史立秋、王庆武:《基于产品语义学的赫哲族传统建筑研究》,《经济师》2017 年第 12 期。

② 参见周立军、王艳、周天夫:《东北满族传统民居建造技术文化地理研究》,《城市建筑》2017 年第 23 期。

③ 参见梁莹、赵鑫宇、孙东宇:《后金以来辽宁地区满族建筑的采光防寒特征研究——基于寒地人居环境的分析》,《史志学刊》2017 年第 5 期。

④ 参见刘威、李肖沛、李睿:《万字炕对满族传统民居室内空间的影响》,《智能信息技术应用学会会议论文集》,2017 年。

⑤ 周剑:《从人地作用到景观文化——浅析景观文化的含义》,《安徽建筑》2006 年第 6 期。

⑥ 参见张俊玲、周洋亦:《黑龙江津口赫哲族民族乡景观文化发展分析》,《山西建筑》2017 年第 2 期。

⑦ 参见郭建英:《吉林朝鲜族乡土建筑空间文化符号研究》,长春工业大学硕士学位论文,2017 年。

跨学科理论方法开展研究，从民族文化性、社会性、生态性、美感性四个方面进行分析，建立朝鲜族村落景观评价指标体系，并运用层次分析法和模糊综合评判法进行评价研究。[①]

从保护、传承与建设的角度对东北民族民居进行的探讨，以下列几项研究成果为代表。马辉等人的研究讨论了鄂伦春少数民族建筑文化的传承与保护，该项研究以黑龙江流域的鄂伦春族建筑为研究对象，通过对鄂伦春族的生产方式、生产工具、生活用具、民族服饰等的研究，推导出鄂伦春族建筑形式的形成原因，并进一步研究民族建筑与鄂伦春族生产与生活方式的相互作用关系，得出鄂伦春民族建筑文化不仅是鄂伦春民族文化中的重要支撑部分，而且还是鄂伦春族民族文化的典型标志的结论。作者认为，由于社会关系、组织形式、生产方式、生活习惯等的变化，传统民族建筑文化也濒临消亡，传承与保护鄂伦春族传统民族建筑文化的意义尤为重大。[②] 张雪以东北满族民居更新改造为例，探讨了生土建筑的可持续发展问题。该项研究从不同角度对各个地方的生土建筑的形式、材料、结构进行全方位的比较分析，结合研究者的实际工作情况和所在东北地区的满族生土民居的现存状况，以实际案例的形式着重讨论了满族生土民居的更新改造和可持续发展，把握住生土材料这一古老的建筑材料的基本特性，结合当今的科技技术和东北地区寒冷干燥的气候特点，力图制定一套专属于生土建筑的发展模式。[③] 周立军等人讨论了从众效应下东北传统民居的保护策略，该项研究认为，从众效应同传统民居的关系密切，它是公众得以参与传统民居建设和传承的前提，只有发挥经济效益最大化才能真正吸引受众参与其中，单纯地鼓励和劝说不能从根源上提高公众对传统民居的热情。[④] 罗田在空间美学的视角下，对满族传统村落的历史文脉进行探寻，通过实地走访和调查，并结合理论研究，从村落整体格局层面和村落宅居邻里层面对满族传统村落的空间美学特征进行深入探寻。基于对传统村落美学特征的总结归纳，寻求其村落空间具有传统精神的当代性以及民俗文化继承与保护的方法，为我国的古村落保护和少数民族新农村规划与建设提供了

① 参见陈扬：《延边朝鲜族民族村落景观评价研究》，东北林业大学硕士学位论文，2017 年。

② 参见马辉、邹广天、伏祥：《中国鄂伦春少数民族建筑文化传承与保护》，《城市建筑》2017 年第 29 期。

③ 参见张雪：《生土建筑的可持续发展研究——以东北满族民居更新改造为例》，东北师范大学硕士学位论文，2017 年。

④ 参见周立军、苏瑞琪、杨雪薇：《从众效应下东北传统民居保护策略研究》，《城市建筑》2017 年第 26 期。

有益的参考建议。[①]

如上所述,本报告从东北民族民间文化政策、相关东北民族民间文化策略的讨论、东北民族民间的文化与发展、东北民间的文学研究、东北民族民间文化的数字化、东北民族民间文化的产业化、东北民族民间文化与非物质文化遗产、东北民族民间的艺术研究、东北地区民族民居研究等九个方面,对2017年度东北民族民间文化的整体进行了梳理和归纳。总体而言,在国家少数民族政策的制定与指引下,相关研究的总体状况相对平稳,有对民族理论、政策、法规、制度等问题的探讨,也有对民族文化产业化、数字化、遗产化、传承与保护等相关问题的研究,同时也有对民间文学、少数民族语言、具体民族个案和民俗事象等问题的关注。但对于促进东北地区的民族学、民俗学的学科发展上来看,基础研究的积淀和理论研究的提升还相对薄弱,期待今后能有更多研究成果的出现。

① 参见罗田:《基于空间美学下满族传统村落的保护与研究》,东北师范大学硕士学位论文,2017年。

2017年度西南民族民间文化发展报告

李生柱　杨珍珍　林安琪*

2017年,在全面建成小康社会与"一带一路"倡议等大背景下,西南民族地区正以超乎想象的速度卷入全球化、信息化、城镇化、旅游化的滚滚浪潮之中。高铁、高速公路等前所未有地深入各民族地区,千百年来沉寂的山川迎来了发动机的轰鸣,飞驰的车轮时刻刷新着人们的认知;互联网络连同微信、QQ等各类新兴媒介让山里与山外不再隔绝,人际沟通空前便捷;大规模的务工潮引发的人口频繁流动,把外部的流行文化与生活方式带进大山深处的村寨;方兴未艾的山地旅游更是把少数民族古老的传统搬上展演的舞台;由政府主导、民众广泛参与的非物质文化遗产保护工作,使得各族民众习以为常的日常生活与文化成为被保护的对象;等等。上述因素的共同作用,使西南人口较少民族的文化卷入脱贫攻坚、兴边富民、乡村振兴、民族旅游、遗产保护、生态文明建设等时代主流话语的漩涡,呈现出更加多元嬗变的生存图景,同时也面临着百年不遇之大变革,由此而引发的系列问题亟待学术界跟进研究。

本年度报告对2017年度云南、贵州、四川、重庆、广西、西藏等西南六省(区、市)的民族民间文化发展与研究状况进行了系统梳理与回顾,资料来源主要有三类:其一,政府文件,包括中央政府、各省市政府的政策法规、年度工作报告等;其二,新闻报告,如新华社、央广网、《中国民族报》《中国文化报》等媒介中关于2017年度西南民族民间文化的报道;其三,本年度关于西南民族民间文化研究的学术文献,主要来自中国知网等数据库。

---

* 李生柱,贵州师范学院中国乡土社会研究中心(贵州)副研究员;杨珍珍,山东大学儒学高等研究院民俗学研究所硕士研究生;林安琪,泰国班松德皇家师范大学博士候选人,贵州航空职业技术学院教师。

一、发展概况

2017年,脱贫攻坚是西南六省(区、市)社会发展的主旋律之一,国家加大了对民族地区发展的支持力度。1月24日,国务院发布《"十三五"促进民族地区和人口较少民族发展规划》,对"十三五"时期国家支持少数民族和民族地区发展、加强民族工作做出全面部署。5月28日,国务院办公厅印发了《兴边富民行动"十三五"规划》,详细部署了"十三五"时期的兴边富民行动与支持边境地区加快发展的方针政策。西南民族民间文化迎来了大发展、大繁荣的历史良机。

(一)全面脱贫是2017年西南六省(区、市)最重要的大事件之一,民族民间文化在脱贫攻坚中的作用日渐突出,文化扶贫成为兴边富民的重要举措

2017年,在全面建设小康社会的新时代背景下,全面脱贫进入倒计时。民族地区是脱贫攻坚的主战场,尤其是西南民族地区,因大多聚居在高地或深山一带,交通不便,土地贫瘠,可资利用的资源相对较少。相形之下,西南地区丰富多彩的民族文化成为促进地区发展的一笔宝贵资源。正因如此,2017年5月25日,文化部发布并实施了《"十三五"时期文化扶贫工作实施方案》,该《方案》提出了做好贫困地区的艺术创作、公共文化服务体系建设、文化产业发展等八项重要任务,为西南六省(区、市)的民族地区、边疆地区等贫困地区的文化扶贫提供了发展思路。

广西地处西南边境,境内贫困地区较多,是扶贫攻坚最为重要的地区之一。近年来,广西积极响应国家文化扶贫的号召,探索全面长效的文化扶贫之路。其中,河池是广西的贫困县之一,但当地民族文化资源丰富且独具特色,因而吸引了大量外来资金,河池市由此打造了民俗风情园,大力发展民族风情、生态乡村等旅游项目,相继建立了百里龙江民族文化生态旅游带、东巴凤国家旅游扶贫试验基地等项目工程,打造了人口较少民族地区文化扶贫的"河池模式"。[①] 此外,在国家级贫困县马山县实施了"特色文化产业提升工程",马山县利用境内的国家级非物质文化遗产,如会鼓、三声部民歌等,结合当地自然风景,打造了多个特色的文化产业基地和特色村落,真正发挥了文化产业在乡村经济发展中的重要作用。[②]

① 参见郭凯倩、艺苑:《文化扶贫的"河池探索"》,《中国文化报》2017年2月22日。

② 参见宾阳:《广西:"特色文化产业提升工程"助力扶贫攻坚》,《中国文化报》2017年7月7日。

广西博白利用编织工艺品等资源优势,大力发展特色文化产业,以此作为扶贫攻坚的突破口,不断创新扶贫攻坚的机制与模式,使得该地特色文化产业成为扶贫攻坚的重要生力军。

2017年,四川省共制定并实施了22个扶贫专项方案,采取了一系列的扶贫措施,走出了一条民族地区文化扶贫的"四川经验"。4月19日,四川省在汶川正式启动了文学扶贫"万千百十"活动,把《高腔》《通江水暖》《山盟》等三部文学作品打造成了四川省脱贫攻坚文学扶贫的"四川样本"。4月28日,四川省文化厅发布了《四川省文化厅2017年文化惠民扶贫工作方案》,该方案主要对全省的贫困县、贫困村和贫困人口发力,致力于贫困地区的公共文化服务体系建设、文化产业发展和文化遗产保护等内容,充分发挥了文化在扶贫中的主要功能。6月6日,四川省在广元召开的"千村文化扶贫行动"上正式启动了"文化扶贫示范村"的创建工作,以加强文化精准扶贫,创新管理运行机制,充分发挥先进文化扶贫示范村的引领作用,推动文化在脱贫攻坚中的积极作用。[①] 11月6日,取材于四川省大凉山彝区的电视剧《索玛花开》在央视综合频道首播,该电视剧讲述了大凉山地区精准扶贫、精准脱贫的具体案例,引起了社会各界对四川省文化扶贫的关注,从一定程度上来看,四川省的扶贫工作成效反映了我国民族地区脱贫攻坚的实效。

作为全国扶贫开发任务最重的省份之一,贵州近年来力行将文化作为扶贫的突破口,启动实施了多彩贵州民族特色文化强省的建设工程。2017年4月,为发挥文化在育民、励民、惠民和富民方面的作用,实现文化扶贫的目的,贵州省文化厅发布了《贵州省文化厅文化扶贫行动计划(2017～2019)》,该行动计划旨在帮助贫困地区、贫困人群实现文化脱贫。贵州省宣传部印发了《贵州省宣传文化系统助推脱贫攻坚行动方案》。该方案指出,为实现大扶贫的战略目标,要注重发挥"文军"优势,大力实施文化扶贫等行动。在一系列政策的指引下,以文化扶贫为中心,贵州实施了"十百千万"培训工程,培养了一大批"非遗"传承人,使得民族文化的传承人转变为文化产业的从业者。贵州还开展了文化产业扶贫领域的"千村计划",以贫困地区、民族地区丰富的文化资源为着力点,大力发展文化产业,充分统筹好文化产业与文化资源的关系,继续加强两者之间的项目合作,以此带动文化产业扶贫项目在贫困地区的发展。

---

① 参见吴梦琳、张庭铭:《"文化扶贫示范村"创建工作启动》,《四川日报》2017年6月17日。

(二)西南民族地区初步形成了以代表性项目和代表性传承人为核心的"非遗"保护实践体系;"非遗""研培计划"稳步推进,高校成为"非遗"传承的新场域;"'非遗'代表性传承人(专家)资助项目"正式开启,为人口较少民族的"非遗"保护与传播带来新的机遇

为满足"非遗"传承保护的现实需求,促进我国非物质文化遗产的可持续发展,自2015年以来,文化部和教育部实施了"中国'非遗'传承人群研修研习培训计划"(以下简称"研培计划")。该"研培计划"主要是借助高校优秀的教育资源为"非遗"传承保护提供知识与技能培训方面的支持,从而提高"非遗"传统人群的理论知识水平和实践操作能力。截至2017年10月,共有78所高校参与了"研培计划",开展了320多期培训,培养了1.5万学员[①],成果收效显著。在2017年参与培训的78所高校中,西南六省(区、市)占14所,其中,广西2所(广西艺术学院、广西民族大学)、重庆3所(西南大学、四川美术学院、重庆文化艺术职业学院)、四川3所(四川大学、西南民族大学、成都纺织高等专科学校)、贵州3所(凯里学院、贵州民族大学、黔东南民族职业技术学院)、云南2所(大理大学、云南艺术学院)、西藏1所(西藏大学)。

2017年6月,四川人大常委会通过的《四川省非物质文化遗产条例》第四十条明确规定:"鼓励和支持职业学校、高等学校、科研机构建立非物质文化遗产教学、研究基地,设置相关专业和课程,培养非物质文化遗产保护、传承等专业人才。"在此政策的指引下,四川的多所高校与地方政府、企业展开了深度合作,为四川"非遗"保护提供了一大批优秀人才。2017年,成都纺织高等专科学校成立了"刺绣设计与工艺"专业,该专业的设立将为四川民间刺绣提供高端人才保障;2017年6月,四川大学与文化部恭王府博物馆签署战略合作协议,并正式成立四川大学"非遗"研究中心,该中心旨在为"非遗"保护培养人才、创新实践等方面做出贡献;截至2017年,西南民族大学已先后开展3期培训,共有141人参与了羌族刺绣培训。[②]

重庆文化艺术职业学院作为全国首批文化部非物质文化遗产传承人群研修研习培训计划试点院校,自2015年以来已成功举办了4期"非遗""研培计划",前

① 参见董少校:《让传承人强基础、拓眼界、增学养:研修培训助"非遗"传承走得更远》,《中国教育报》2017年12月6日。

② 参见赵舒文、付远书:《"研培计划"为川蜀"非遗"传承注入活力》,《中国文化报》2017年6月19日。

三期分别为蜀绣、烙画和传统磨漆画的培训。2017 年 3 月，学院又联合企业承办了以木雕和木板年画为主题的“非遗”“研培计划”，来自重庆各地区的 60 余名木板年画传承人、木雕艺人和学徒参与了此次培训，该“研培计划”对木板年画、木雕工艺的传承与保护意义重大。[①] 作为“研培计划”实施高校之一的四川美术学院，在 2017 年的 9 月和 10 月举办了两期的漆艺培训，11 月又举办了雕刻技艺的培训，有 50 名的雕刻“非遗”传承人接受了此次培训，四川美术学院的培训为提高“非遗”传承人的创作水平，摸索更佳的传承方式提供了一个良好的平台。

云南艺术学院是云南省内首批唯一一个实施“研培计划”的高校，截至 2017 年底，该学院已举办 5 期的普及培训班和 2 期的研修班，其培训方向涉及金属工艺、木质工艺、土质工艺、石质工艺、布制工艺等，共计培训 410 人，有效地促进了当地“非遗”文化的传承与保护。2017 年 8 月，大理大学首次承办了以培训木雕工艺技艺为主的普及培训班，旨在全方位提高学员的文化素养、艺术基础和审美能力、木雕技法以及产品设计水平与营销技能。[②]

贵州各民族素来擅长刺绣、银饰等工艺技艺，为进一步提升“非遗”传承人群的技艺水平，6 月 13 日，黔东南民族职业技术学院顺利举行了第一期以刺绣为主题的“研培计划”；贵州的凯里学院在 6 月底举办了第六期“研培计划”，此次以银饰培训为任务，60 名学员经历一个月的培训后顺利结业。

广西毗邻贵州，境内北部居住着大量的苗族人民，为传承苗族“非遗”工艺，2017 年 9 月，广西艺术学院承办了“2017 年度中国非物质文化遗产传承人群研修研习培训计划——苗族蜡染普及培训班”。此次培训重点在于提升蜡染传承人的文化艺术素养、审美能力和创新能力，促进传统工艺走进现代生活，提高“非遗”传承保护的水平。[③]

雕塑在西藏的历史悠久，种类多样，技艺高超，为保护这一“非遗”文化在当代的传承与发展，2017 年 11 月底，西藏大学顺利承办了西藏首期藏族传统雕塑传承人群普及培训班，来自全区的 23 名基层藏族传统雕塑创作传承人参加了此次培训。通

---

① 参见《2017 年“非遗”传承人“研培计划”（木雕、木版年画）隆重开班》，重庆文化艺术职业学院网，2017 年 3 月 29 日，http://www.cqca.edu.cn/index.php?m=content&c=index&a=show&catid=118&id=232。

② 参见《传承“非遗”提升技艺　我校举办木雕工艺技艺培训班》，大理大学网，2017 年 8 月 29 日，http://www.dali.edu.cn/news/zhxw/19305.htm。

③ 参见林浩：《苗族民间蜡染手工艺大师广西集中受训展示新作》，中国新闻网，2017 年 9 月 29 日。

过培训,学员们不仅提升了素质,而且更加坚定了传承藏族优秀传统文化的决心。[①]

此外,为了积极探索“非遗”保护与传承的新模式,2017 年 8 月 4 日,由中华艺文基金会、中国泛海控股集团有限公司资助,中国非物质文化遗产保护协会主办,永新华韵文化产业投资集团承办的“非物质文化遗产代表性传承人(专家)资助项目”在北京前门传统文化艺术中心正式实施。该项目主要面向我国西部地区,尤其是少数民族地区的“非遗”传承人,通过资助传承人和专家动态化的展示活动,让观众近距离地了解“非遗”作品创作和完成的过程,从而加深对非物质文化遗产活态性的认识及对传承人主体作用的理解,共同探索一种动态化的非物质文化遗产传承传播的方法和模式。目前,已有藏羌织绣传承人杨华珍等 20 位传承人的成果获得立项,每人资助金额 20 万元。[②]

(三)在政府或社团的有效引导下,西南民族民间文化迎来了更大的发展空间,“乡村春晚”“文化进城”等活动的举办反映民族民间文化呈现出多样态的繁荣景象,在西南地区的乡村振兴、基层治理、城乡互动中的社会功能日益凸显

近年来,西南地区的“乡村春晚”逐步进入人们的视野,因其带有浓厚的乡土气息又可以帮助人们重新体会到年味,且还能有效促进乡村治理和乡村振兴,从而成为一种令社会各界瞩目的公共文化现象。2017 年春节期间,在乡村春晚的发源地——浙江丽水市,共有 882 个行政村自办春晚,800 多名农民导演、30 多万名农民演员、80 多万名观众参与其中,1.1 万多个农民自创的节目,展现了以农民为主体的乡村文化的生机与活力。[③] 受此影响,“乡村春晚”也开始走入西南六省(区、市)的一些地区,如 2017 年四川眉山形成了一股“请文化进城”的新潮流。请进城的都是乡土文艺和民间文化。2017 年春节期间,508 场乡村“村晚”节目被请进城表演。“牛儿灯”、竹琴、山歌等“土”味节目的进城,不仅让市民又重新体验到了不同的年味和特殊的“乡愁”,而且很好地通过文化带动了城乡之间的交流互动,让农村从以往的文化接受者变为了参与者。[④] 2017 年春节期间,广西组织了

---

① 参见刘金鹏:《西藏首期藏族传统雕塑传承人群普及培训班结业》,中国西藏新闻网,2017 年 11 月 24 日。

② 许亚群:《“非遗”代表性传承人(专家)资助项目实施》,《中国文化报》2017 年 8 月 8 日。

③ 《丽水行:村晚好戏连台共唱盛世新农村》,《人民日报》2018 年 2 月 4 日,http://mil.news.sina.com.cn/2018-02-04/doc-ifyremfz4760459.shtml。

④ 袁丽霞:《508 场乡村“村晚”节目被请进眉山城里表演》,《四川日报》2017 年 3 月 2 日。

1 万多名文艺志愿者加入春节文化惠民的大潮中，除了为群众拍全家福、写春联、送福字以及书画摄影展等这些年味十足的传统活动外，广西文联还依托“千村万户文艺惠民工程”培养起来的一批文艺村、文艺队和文艺户走入村寨，引导上千个村屯举办形式多样、内容丰富的春节联欢活动，盘活了农村春节期间的群众文化。[①]

(四)互联网、大数据的快速发展为西南民族民间文化注入了新的活力，大数据与大文化深度融合，为当地社会带来了意想不到的效益

贵州在深刻认识大文化与大数据、大扶贫之间关系的基础上，在全省范围内全面推行以大文化助推大数据、大扶贫战略行动，通过大数据发展大文化，以大文化促进大扶贫，将大数据与大文化深度融合，带动贵州相关产业发展，从而促进当地经济社会的大发展。如黎平大力实施“大数据＋文化”战略行动，积极推广铜关村“互联网＋乡村”、滚正村“互联网＋民宿”、地扪村“互联网＋创意乡村”、肇兴景区“互联网＋旅游”等文化创新发展模式，深度激活农村商贸物流，助推农文旅一体化发展。[②] 此外，2017 年 9 月，在贵阳举办的第九届中国(贵州)国际酒类博览会上，该博览会提出了“酒＋文化＋旅游＋互联网”的发展主题，旨在借助贵州特色文化与互联网的充分融合来推动贵州酒类产业的发展。2017 年 2 月，四川出台了《四川省“十三五”基本公共服务均等化规划》，该规划在其“基本公共文化体育服务”一章的第一节“重点任务”中提出“实施‘互联网＋公共文化服务’行动计划，建设‘文化四川云’平台”，今后将着力通过互联网信息技术提供公益性文化服务的水平。2017 年 10 月，云南省文化厅发布《关于公开征集〈云南省公共文化服务云平台“文化云南云”〉设计方案的通知》，并指出打造“文化云南云”是为了能够实现“一部手机尽享公共文化服务，公共文化尽在掌中”的目标，进而整合全省公共文化服务资源，建立全省公共文化服务云平台，为人民群众提供“一站式”公共数字文化服务。

西南六省(区、市)的民间文化除了借助乡村“村晚”和互联网实现多样态的繁荣外，还不断寻找其他发展模式。如 7 月 6 日，来自四川、重庆、贵州和云南等地区的 19 个团体会员代表在泸州市泸县举行了西南农民演艺联盟第一次会员代表大会，联盟成立后将以“构建完善现代演艺市场体系，通过资本结构的创新模式，

---

① 宾阳、郭少东：《广西：农民办“村晚”渐成潮流》，《中国文化报》2017 年 2 月 15 日。

② 那志奎：《黎平：文化引领创新突破》，《西部开发报》2017 年 1 月 10 日。

实现西南农民演艺市场标准化连锁化经营,最终实现西南农民演艺联盟资源整合,成为全国演艺产业的西南模式”[①]为主要工作目标。

(五)西南六省(区、市)民族民间文化资源丰富,民族文化进校园取得新进展,在校园基地建立、传承人师资培育等方面积累了很好的经验

为促进戏曲文化的传承与发展,培养学生的戏曲文化素养,营造良好的校园戏曲文化气氛,“戏曲进校园”是2017年度民族文化进校园活动的突出表现。2017年8月,中宣部、教育部、财政部、文化部联合发布实施了《关于戏曲进校园的实施意见》,指出“应加强戏曲通识普识教育,到2020年戏曲进校园基本实现全覆盖”。该实施意见对“戏曲进校园”的时间安排、组织形式和参与对象做了明确规定,在此指引下,西南六省(区、市)开展了相关工作。4月,贵州省委宣传部、教育厅、文化厅等6部门联合下发《贵州省“戏曲进校园”工作落实方案》,5月“戏曲进校园”活动正式启动。9月,《铡美案》《拾玉镯》等戏曲在贵州师范大学上演。12月,贵阳一中开展了“京剧进校园”活动;遵义为推进“戏曲进校园”活动的实施,确定了一批特色中小学校和高校戏曲工作基地;贵州思南县早在2009年便将戏曲引进校园,还将思南花灯编成教材,并以相关课程和活动辅之,卓有成效;贵州石阡将木偶戏引进校园,不仅有纸质版教材,而且还有数字化的教材。[②] 重庆为响应国家关于戏曲进校园的号召,2017年将在10所高校、100所中学和100所小学,为学生送戏曲演出400余场,还将编印《重庆市戏曲进校园普及读本》等,采取艺术课堂、名家讲座等多种形式,持续推广“戏曲进校园”活动,到2020年,实现“戏曲进校园”普及化、常态化。[③] 2017年初,广西印发了《广西“戏曲进校园”工作实施方案的通知》,要求全区范围内的各级各类学校广泛开展“戏曲进校园”工作,2017年“戏曲进校园”率要达到50%,到2018年时要实现“戏曲进校园”的全覆盖。根据云南省委宣传部等4部门印发《中共云南省委宣传部等关于实施“戏曲艺术进校园”的意见》的要求,云南省将于2018~2020年在全省范围内各级各类学校开展“戏曲进校园”活动。8月25日,四川省印发《关于传承发展中华优秀传统文化的实施意见》,该文件梳理了17个传承发展优秀传统文化主要项目,并提

① 曾佐然、岳东:《西南农民演艺联盟成立,推动云贵川渝文化繁荣发展》,四川新闻网,2017年7月7日。

② 参见赵相康、江琼:《贵州省全面实施“戏曲进校园”工程》,《贵州日报》2017年7月13日。

③ 参见李星婷:《重庆市启动2017年“戏曲进校园”试点工作》,《重庆日报》2017年9月20日。

出丰富拓展校园文化，推进川剧、曲艺、书法、武术、传统体育、中医药文化、非物质文化遗产项目等进校园。

此外，作为民族文化进校园活动的先进省份，2017年，西南六省（区、市）在民族文化进校园方面积累了新的经验。2017年1月，贵州省有72所学校被省民宗委、教育厅命名为贵州省民族民间文化教育项目学校，这是贵州自2016年4月以来在各级各类学校全面实施民族文化进校园方案的初步成效。该方案将在“十三五”期间打造1000所各级民族民间文化教育项目学校，探索民族文化传承的新路径。为实现这一目标任务，贵州省不仅从课程、教学、人才培养和文化教育方面做了调整，而且还特别重视对当地民族民间文化资源和民族文化传承人的利用。[①]贵州松桃苗族自治县在将“苗绣引入校园”的基础上，开发了苗绣抱枕、苗绣围巾和苗绣茶杯等，还将花鼓舞、八人秋和八面鼓等优秀“非遗”文化资源引进校园；贵州榕江县示范幼儿园教授侗族哆耶舞、押加比赛、“捶布”、织布和纺线等。另外，西藏昌都大力推进“‘非遗’歌舞进校园课间操”项目。该项目将昌都锅庄、察雅香堆藏戏、贡觉卓舞等8项国家级、自治区级、县（区）级的具有昌都本土特色歌舞类“非遗”保护项目进行编创整合，形成了一套极具藏东歌舞特色的“非遗”广播体操，在市内各级各类学校开展推广教学。此外，山南市、林芝市、那曲地区和日喀则市等地区学校的课间操也进行了优化整合，让学生在感受优秀传统文化的同时，也提升了文化自信。

（六）西南六省（区、市）相继出台了“十三五”旅游业发展规划等文件，为民族地区的民俗旅游、山地旅游带来新规划，民族旅游业在社会经济发展中的地位日渐凸显，所带来的社会影响也日趋强烈

近年来，我国对乡村旅游发展的扶持力度不断加大，为持续提升乡村旅游发展的质量，2017年7月，国家发改委等部门联合下发了《促进乡村旅游发展提质升级行动方案》，规定了促进乡村旅游的系列举措。西南六省（区、市）旅游资源丰富，在发展乡村民俗文化旅游和山地旅游方面独具特色，乡村旅游发展正在呈现出民族特色鲜明、服务逐步规范、旅游产品选择多样化的新姿态。

为指引“十三五”期间旅游业的发展，西南六省（区、市）纷纷出台了相关政策

① 参见陈熹：《贵州5年内将打造1000所民族民间文化教育项目学校》，新华网，2017年1月7日，http://www.xinhuanet.com/local/2017-01/07/c_1120264899.htm。

法规。西藏出台了《西藏自治区“十三五”旅游业发展规划》,该规划主要包括旅游业的发展背景、思路和目标、任务、系统工程、保障措施等五个篇章,并指出西藏自治区将重点打造拉萨环城休闲文化旅游、日喀则山南乡野风情旅游、林芝昌都森林度假休闲旅游等风格各异的乡村旅游,同时要高标准规划10个乡村旅游示范县、50个乡村旅游风情小城镇和151个乡村旅游示范村。[①] 4月,四川省人民政府发布了《关于印发四川省“十三五”旅游业发展规划的通知》,以指导未来五年四川省旅游业的发展,指出:“到2020年,基本建成产业发达、产品丰富、设施完善、服务优良、安全有序、市场竞争力位居全国前列的旅游经济强省和世界重要旅游目的地。”9月,贵州发布了《贵州省全域山地旅游发展规划》,旨在以人文情怀全力打造贵州山地全域旅游。

2017年是贵州省确定的“旅游服务质量提升年”,全省旅游业按照全域旅游的理念,迎接大众旅游时代的到来,旨在做大做强旅游经济。为此,贵州将继续提升“山地公园省·多彩贵州风”品牌影响力,将贵州努力打造成为世界知名、国内一流的山地旅游目的地。[②] 2月16日,青岩古镇景区被列入国家5A级旅游景区;8月3日,在西安召开的第三届全域旅游推进会暨“人文陕西”推介会上,国家旅游局为贵州省等7个全国全域旅游示范区省级创建单位颁牌,贵州省正式成为“全国全域旅游示范省创建单位”,这将为贵州省加快打造世界知名、国内一流的山地旅游目的地,为决胜脱贫攻坚、同步全面小康,为实现百姓富、生态美的多彩贵州新未来提供强大的发展动力、品牌支撑和战略平台。[③]

(七)“中国传统村落”“中国少数民族特色村寨”等工程的命名工作相继推进,西南六省(区、市)古村落保护初具规模,人口较少民族的农耕文明得到有效保护

传统村落承载着中国几千年的优秀农耕文化,蕴藏着大量的人文信息,然而,随着信息化时代的发展,城市化进程的加快,传统村落正在逐步消失。为抢救性保护一批传统村落,我国近年来相继出台了《关于加强传统村落保护发展工作的指导意见(2012)》《关于切实加强中国传统村落保护的指导意见(2014)》等政策法

---

① 参见陈振东:《乡村旅游要做精做实》,中国西藏新闻网,2017年9月2日。

② 参见《做强旅游长板,壮大旅游经济:2017年贵州旅游工作任务解读》,《贵州日报》2017年2月22日。

③ 参见赵林:《贵州开启全域旅游发展新征程》,2017年10月16日,http://www.gzgov.gov.cn/xxgk/jbxxgk/zcls/201710/t20171016_1076332.html。

规。2017年3月3日,国家民族事务委员会命名了第二批少数民族特色村寨,共有717个村寨为第二批“中国少数民族特色村寨”,进一步提升少数民族特色村寨品质和知名度。7月31日,住房和城乡建设部在传统村落保护发展国际大会新闻发布会上,宣布“过去五年,我们已将4153个有重要保护价值的村落列入了中国传统村落名录,形成了世界上规模最大的农耕文明保护群”,国家将给予每个传统村落300万元的资金用于其保护与发展。①

在全国上下普遍重视传统村落保护的大环境之下,拥有丰厚传统村落资源的西南六省(区、市),特别是云南省、贵州省,更是重视传统村落的保护。据悉,云南省纳入中国传统村落名录的村落有615个,位居全国首位,贵州省位居第二位。

自2012年起,贵州先后有545个传统村落被纳入中国传统村落保护名录,其数量居全国第二。为充分保护和发展传统村落,贵州相继出台了《贵州省民族民间文化保护条例》《贵州省文物保护条例》《贵州省非物质文化遗产保护条例》《贵州省人民政府关于加强传统村落保护发展的指导意见》等文件。2017年8月3日,面对传统村落保护过程中出现的新形势与新问题,贵州省人大常委会通过了《贵州省传统村落保护和发展条例》,该条例于同年10月1日正式实施,其中就传统村落保护的原则、管理部门、申报和规划、资金和项目、保护措施、发展促进、法律责任等内容做了详细的规定。除了在政策法规层面上做了有益尝试外,贵州省还在古村落保护和发展方面形成了“贵州实践”。例如,3月,全国人大代表雷艳在2017年全国“两会”期间指出,在古村落的保护中,要让古村落的主体人群享受到现代化发展成果,把古村落保护和农耕文化传承结合起来,与“互联网+”、脱贫攻坚相结合。② 6月,历时三年的“反排古村落保护行动”文化中心在贵州省台江县方召镇反排村落成,该文化中心将有助于中国民间传统文化的挖掘与保护,并有望成为台江县乃至中国古村落保护发展的一个示范点。③ 11月,在第三届“中国传统村落·黔东南峰会”上,有代表就传统村落传承提出要通过3D影像记录等现代化技术手段实现古村落的“复活”,还有代表指出古村落保护不能采取

---

① 参见贾兴鹏、孙红丽:《我国传统村落保护进入第二阶段,4153个村成“保护对象”》,人民网,2017年7月31日,http://finance.people.com.cn/n1/2017/0731/c1004-29439953.html。

② 参见张伟:《守望乡愁,人大代表呼吁保护传统村落》,中国新闻网,2017年3月12日。

③ 参见《千年苗寨重现活力,民宿旅游助力脱贫:民生银行“反排古村落保护行动”反排文化中心暨反排民宿启用》,中国扶贫基金会,2017年6月14日,http://www.cfpa.org.cn/news/news_detail.aspx?articleid=335。

“标本化保护”,要以当地文化为灵魂、以当地产业为支撑。[①] 12月14日,贵州省少数民族特色村镇保护与发展工作现场会在贵定县召开,省委统战部、省民宗委和省旅发委联合发文,对全省第二批240个少数民族特色村寨进行了命名授牌。截至目前,贵州省共有213个国家级中国少数民族特色村寨,命名挂牌的数量占比20.15%,位居全国第一;514个省级少数民族特色村寨,计划“十三五”期间共命名1000个省级少数民族特色村寨。

(八)西南六省(区、市)民族古籍整理与保护工作取得新的进展,大批民族古籍得以整理出版,培育了一批民族古籍保护的专业人才,制定了“十三五”期间人口较少民族古籍保护工作的主要任务

2017年7月,一系列有关民族古籍工作的会议顺利召开。其中,26日,第四次全国少数民族古籍工作会议在北京召开,来自广西、四川、云南等9个省(区、市)的代表就有关少数民族古籍工作做了交流,第四次全国少数民族古籍工作会议报告中提出了“十三五”期间少数民族古籍保护工作的主要任务,包括继续扎实做好基础性工作、推进古籍工作纵深发展和提高古籍工作科学化水平等[②];25日,“民族遗珍书香中国——中国少数民族古籍珍品暨保护成果展”全国巡展(北京站)在国家博物馆开幕,此次展览精选了现存少数民族古籍中具有代表性的珍贵原件,还展出了部分省(区、市)30多年来整理出版的少数民族古籍大型出版成果16种1000册和全国少数民族古籍工作成果展示板31幅。[③] 8日,少数民族古籍“十三五”重点出版项目“藏族古籍经典系列丛书”分类评审会在成都召开,该丛书是国家民委在2017年批复的四川省少数民族古籍“十三五”重点出版项目之一。[④]

12月13日,《广西壮族自治区图书馆古籍普查登记目录》首发仪式在南宁举行,这是广西首部正式出版的古籍普查登记目录,标志着广西古籍普查工作有了新突破。此外,广西地区的民族古籍整理出版在2017年也取得累累硕果,如壮族

① 参见王硕:《中外专家热议“活态”传承中国古村落》,中国新闻网,2017年11月27日,http://www.chinanews.com/sh/2017/11-27/8386205.shtml。

② 参见古籍整理研究室:《第四次全国少数民族古籍工作会议召开》,2017年7月27日,http://www.seac.gov.cn/art/2017/7/27/art_31_285732.html。

③ 参见《中国少数民族古籍珍品首次进入国家博物馆》,《民族画报》2017年7月28日。

④ 参见易文文:《“藏族古籍经典系列丛书”分类评审会在成都召开》,中国西藏网,2017年7月8日,http://www.tibet.cn/news/focus/1499501866196.shtml。

古籍整理项目“壮族鸡卜经影印译注”获第四届中国出版政府奖提名奖；列入国家出版基金补贴项目的《苗族古歌·融水卷》《仫佬族文书古籍影印校注》顺利出版；《瑶族梅山经校注》《龙川壮族民歌译注》等完成出版印刷的政府采购工作，进入出版程序；列入《“十三五”全国少数民族古籍重点项目出版规划（2016～2020年）》的“壮族英雄史诗——莫一大王唱本影印译注”项目已正式启动。[①]

为解决民族古籍修复人才不足的困境，近年来，云南省一直采取“专家＋志愿者”模式来开展民族古籍的修复工作。截至目前，古籍修复专家与志愿者累计修复彝文古籍《占病书》《吾查》《开场祭经》《嫁女儿经》等1.4万余页，藏文古籍《大宝积经》等近2000片，顺利完成了这两类民族古籍文献的实验性修复工作。[②] 此外，为尽快培养一批古籍修复工作的人才队伍，加快少数民族文字古籍的修复工作。9月，第五期“少数民族文字古籍修复技术培训班”在云南省图书馆举办。培训期间，来自各民族的古籍修复骨干抢救性修复了香格里拉纳格拉洞藏经691片。此次培训不仅提高了参训人员的理论水平，而且还通过更多的实践提高了其技艺水平。[③] 截至2017年，在云南省相关部门的不懈努力之下，民族古籍保护专家和志愿者普查确认口传古籍4万余种，1万余种濒临失传的口传古籍在系统性保护中获新生。[④] 另外，《云南少数民族古籍珍本集成》（1～50卷）先后被国家图书馆、中国民族图书馆收藏，该套丛书记载了大量有关云南少数民族的珍贵文献资料，是了解云南少数民族历史文化的重要历史文献。

（九）西南六省（区、市）民族文化内涵不断被挖掘，民族文化“走出去”稳步推进，西南人口较少民族文化在世界上的影响力不断增强，成为讲好中国故事、塑造中国国际形象的重要支撑

近年来，为响应中共中央的号召，西南六省（区、市）积极通过各种渠道、多种形式推进少数民族文化“走出去”工作，广泛开展与世界各国之间的文化交流与互动，旨在促进国家间、民族间文化的借鉴，从而提高西南少数民族文化在世界的影

---

① 参见李湘萍、张远立：《广西古籍整理出版取得新突破》，《广西日报》2017年12月14日。

② 参见云南省民宗委：《云南省采取“专家＋志愿者”模式破解少数民族古籍修复人才稀缺难题》，2017年5月12日，http://www.seac.gov.cn/art/2017/5/12/art_86_280832.html。

③ 参见计思诚、杨敏仙：《全国第五期少数民族古籍修复培训班顺利举行并圆满完成纳格拉洞藏经修复项目》，云南省图书馆，2017年9月25日。

④ 参见许万虎：《云南抢救万余种口传古籍，修补口耳相传的历史记忆》，新华网，2017年11月3日。

响力。为此,2017 年,西南六省(区、市)借助一系列展览和平台等方式实施民族文化“走出去”的活动。

举办展览活动是传播民族优秀文化的重要途径之一,为让世界各国进一步了解西南少数民族的传统文化,西南六省(区、市)积极在国外举办展览会。如 2017 年 6 月,“多彩中华——中国西南地区少数民族‘非遗’文化展”在中国文化中心(西班牙首都马德里)隆重开幕,本次展览共展出藏族、羌族、彝族三个民族 60 余件(套)国家级“非遗”实物、120 余张图片以及 20 分钟视频,为西班牙群众带来了一场丰富的文化盛宴,并为两国的文明互鉴做出了重要贡献。[①] 11 月,中国国际文化传播中心和联合国教科文组织主办的“水墨聚焦 · 唐卡艺术展”在法国巴黎联合国教科文组织总部开幕,展出的 20 余幅热贡唐卡获得联合国教科文组织总干事伊琳娜 · 博科娃等参观者的充分肯定。[②]

广西、云南等省份通过与国外搭建平台,促进民族文化“走出去”。8 月 22 日,由中国广西人民广播电台与缅甸国家广播电视台合办的“中国电视剧”栏目,在缅甸国家广播电视台正式开播。当天,中缅双方联合译制的《你好乔安》作为该栏目首个剧目正式播出。“中国电视剧”栏目是广西人民广播电台与东盟国家主流媒体合办的第五个电视栏目,合办电视栏目这种方式,开创了中国地方媒体与“一带一路”沿线国家媒体开展合作传播的全新模式,打造了中国文化“走出去”的又一品牌。[③] 11 月 9 日,由我国云南与老挝有关单位共同创办的中华乡愁书院,在老挝首都万象正式揭牌,这是中国文化企业在境外创办的首家中华乡愁书院。中华乡愁书院依托云南地缘优势、文化优势,为中老文化交流搭建平台,积极推介独具特色的云南民族文化、乡土文化、特色文化,推进中老两国实现合作共赢。[④]

除此之外,广西、四川、云南等省(区、市)还通过在国外开展“民族文化活动月”等形式促进民族文化“走出去”。3 月,广西与泰国相关部门在泰国曼谷联合举办了“壮泰贝侬 · 欢乐牵手——2017 广西三月三文化丝路行”活动,广西“壮族

---

① 参见丁海平:《中国“非遗”文化走进西班牙,让多彩中华文化绽放他乡》,中国侨网,2017 年 6 月 23 日,http://www.chinaqw.com/zhwh/2017/06-23/149192.shtml。

② 参见常邦丽:《践行文化自信,让中华优秀传统文化走出“国门”》,中国西藏网,2017 年 11 月 23 日,http://www.tibet.cn/news/focus/1511421419485.shtml。

③ 参见张志文:《中缅首次合办电视剧栏目开播,打造中国文化“走出去”又一品牌》,《人民日报》2017 年 8 月 23 日。

④ 参见杨杨:《中华文化“走出去”再添新亮点,首家“中华乡愁书院”在老挝万象揭牌》,《云南信息报》2017 年 11 月 10 日。

三月三”这一传统民族节日通过该活动走到了泰国，使泰国民众领略到中国壮族的文化风情，该活动对促进中泰两国人文交流，对增进两国人民的相互了解和友谊也起到了重要的推动作用。[①] 8 月，西藏赴尼日利亚开展了为期 5 天的“中国西藏·扎西德勒”学术交流活动，此次共展出了 50 余种、近百件西藏原创特色文创产品，并为现场观众表演了藏文书法、西藏“非遗”风筝制作、藏族编织、手工串珠、藏棋以及藏族木雕板拓片等传统技艺活动。同时，嘉宾们还品尝了代表团带来的精心制作的酥油茶、甜茶、青茶和糌粑点心等西藏特色食品。[②] 9 月，四川文化厅与悉尼中国文化中心合作开展了“四川文化月”活动，此次活动为使一批优秀的四川文化艺术产品进入国外观众的视野，选取了一些具有世界知名度的四川传统文化品牌，如川剧变脸、川北大木偶、年画、面塑等，从而获得澳大利亚民众的热烈欢迎。[③] 10 月，云南与法国有关单位在法国巴黎塞纳河畔联合举办首届法中(云南)老年体育文化交流活动，来自云南的近百名中老年舞者演绎了多种入选非物质文化遗产的民族舞蹈，其中包括沧源佤族木鼓舞、傣族孔雀舞和景颇族目瑙纵歌，并表演了体育健身项目“可乐球”和“柔乐球”，该活动不仅让当地民众体验到了中国民族文化的独特魅力，而且还体现了中法两国文化的交融。[④]

二、研究概况

2017 年是西南民族民间文化发展较为迅速的一年，民族民间文化的发展带动了相关产业结构的优化与升级，学界对西南地区民族民间文化的研究热情也在持续提升。为全面了解 2017 年西南民族民间文化的研究概况，本报告以中国知网数据库(CNKI)为数据来源，以“西南”“贵州”“广西”“四川”“重庆”“西藏”分别并含“文化”“民族文化”“民间文化”“艺术”“民间艺术”“民族医药”“故事”“传说”“神话”“民间文学”“民间艺术”“民族古籍”“非遗”“传承人”“山歌”“山地旅游”“民族旅游”“文化旅游节日”“节庆”“文化产业”“戏曲”“刺绣”“古村落”“乡村振兴”

---

① 参见林涌泉：《以走促亲：广西实施“一带一路”文化走东盟活动侧记》，《广西日报》2017 年 4 月 20 日。

② 参见韩海兰：《“中国西藏·扎西德勒”文化月活动走进尼日利亚》，中国西藏新闻网，2017 年 8 月 14 日，http://www.xzxw.com/xw/xzyw/201708/t20170814_1930259.html。

③ 参见何浩源：《澳大利亚刮起“四川风”，对外文化交流如何从“走出去”变成“走进去”》，四川在线，2017 年 10 月 26 日。

④ 参见张曼：《云南中老年舞者塞纳河畔秀“非遗”》，新华社，2017 年 10 月 8 日。

"文化认同""文化自信"为检索主题词,以 2017 年为时间限度,不限期刊类别,进行数据检索。为保证文献检索的全面性,检索地域时还分别检索西南六省(区、市)的地域简称,如"黔""桂""滇""川""藏""渝"等,通过 CNKI 检索获得相关文献共 2719 篇。为保证文献检索的权威性,将检索条件限制为"核心和 CSSCI",共检索到相关文献共 521 篇。通过对文献审查和筛选排除后,共获得相关文献 498 篇。利用 CiteSpace V 可视化软件对选取的目标文献进行可视化分析,并利用聚类视图发掘研究焦点,从而大致呈现出 2017 年西南民族民间文化研究的态势与走向。

在对目标文献进行分析之前,本研究对 CiteSpaceV 的分析参数进行了设置,将时间设定为 2017 年,时间切片 Time Slicing 设置为 1,各时间切片阈值 TopN 设置为 Top50,即在网络图谱中显示每个时间切片内发文量排在前 50 位的对应文献信息,最后针对不同的分析目的选择不同的节点类型 Node Types 进行分析。

(一)研究地域分布

通过对 2719 篇有效文献进行分析,可以得出 2017 年文章研究地域分布数目,具体如表 1 所示。

表 1　　2017 年相关文章研究地域汇总表

	发文数量	各地区占总数百分比	核心期刊数量	各地区占该地区总数百分比
云南	489	17.98%	80	16.36%
贵州	535	19.67%	88	16.45%
广西	771	28.36%	119	15.43%
四川	342	12.58%	64	18.71%
西藏	212	7.80%	60	28.30%
重庆	250	9.19%	40	16.00%
西南	120	4.41%	47	39.17%
总计	2719		498	

由表 1 可以看出,2017 年学界研究西南民族民间文化的学术文章较多,在西南六省(区、市)之中,研究广西民族民间文化的文章最多,是研究重庆的三倍多;

其次是贵州和云南，研究这三省的文章占总数的三分之二。相比之下，研究四川、西藏、重庆的文章较少。从文献的来源来看，只有研究西藏的核心文章总数占到了该地区研究文章总数的 20%以上，说明研究质量还有待提高。

此外，将 2017 年的发文数据与 2016 年的发文数据（同样方法检索）①进行对比可以明显看出，2017 年发文数量明显增多，尤其是有关广西、四川、西藏等地区的增幅较大，具体如图 1 所示。这说明学界对于西南地区民族民间文化研究重视度有所提高，并且核心期刊的数量也有显著提升。

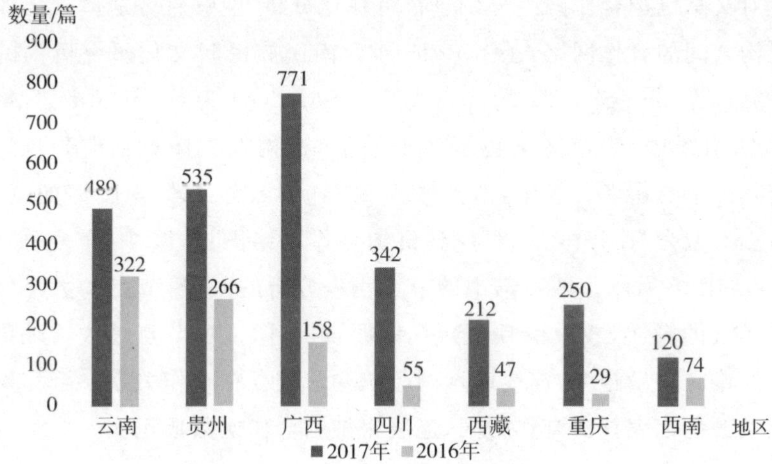

图 1 文章研究地域分布图

从研究地域来看，无论是 2016 年还是 2017 年，广西、贵州、云南的研究文章都是较多的，而研究四川、西藏、重庆的文章均较少。这在一定程度上反映了学者对西南某些省份民族民间文化研究的区域偏好现象。2017 年研究西南六省（区、市）民族民间文化的文献，不仅在总数上比 2016 年多，而且每个省份的研究总数也比 2016 年多。然而，2017 年研究整个西南地区的文献增幅相较于具体省份的增幅较为缓慢，这说明 2017 年学界多从微观层面去研究相关问题，从宏观或中观层面研究的较少。广西、贵州、云南的相关研究之所以较多，主要有以下两个方面的原因：其一，广西处于“一带一路”重要建设经济转折点，学界从“一带一路”视角研究广西民族民间文化发展的文献也相对较多；其二，广西、贵州、云南等地区民

① 参见李生柱等：《2016：西南民族民间文化发展报告》，张士闪等主编：《中国民俗文化发展报告(2016)》，山东大学出版社 2017 年版。

族民间文化与其他地区相比较为丰富，且贵州、云南等地区气候适宜，旅游业较为发达，学界多从旅游文化产业方面进行研究。

从核心文章的数量占比来看，2017 年西南地区核心期刊占比最多(39.17%)，其次是西藏(28.30%)，其余省份核心期刊占比为 16%左右，这说明研究西藏和整个西南地区的文献研究质量总体高于其他省份。

(二)文献研究机构合作网络分析

通过对文献机构合作网络分别进行可视化分析，能够直观地体现出作者合作网络和机构之间的合作网络，了解 2017 年西南民族民间文化研究机构的分布情况。本研究选择 Cite SpaceV 的节点类型 Node Type 为“Institution”，生成机构合作网络知识图谱，为使图谱更加清晰简洁，机构发文图(见图 2)仅显示发文量 3 篇及其以上的作者。其中，节点数为 50，连线数为 8，知识图谱如图 2 所示。选择的节点类型为“Institution”，得到机构合作网络图谱，其中，节点数为 86，连线数为 23，如图 2 所示。两图谱中的节点代表分析的对象，节点的大小代表研究分析对象出现的频次(或被引频次)，具体而言，在图 2 中节点越大反映该节点代表的机构发论文数量越多，连线表示两个机构之间存在合作关系。合作网络知识图谱的连线颜色代表首次合作时间，连线粗细与合作次数成正比。

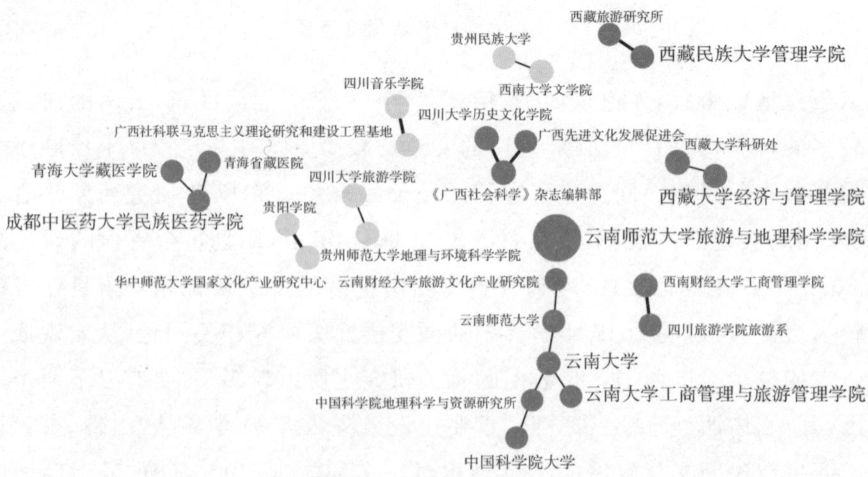

图 2　机构合作网络图

从图 2 中可以明显看出，2017 年各个机构对于西南民族民间文化的研究有着较为密切的合作。最为突出地体现在“山地旅游”研究方面，云南师范大学旅游与地理科学学院、云南财经大学旅游文化产业研究院、云南大学以及中国科学院大学之间有着密切的合作。有关“川剧”研究方面，四川省艺术研究院独占鳌头。成都中医药大学民族医药学院与青海大学藏医学院、青海省藏医院在“民族医药”方面有着密切的校企合作。西藏大学的经济与管理学院、科研处之间就西南民族地图经济发展研究有着一定程度的合作。总体而言，2017 年对于西南民族民间文化方面的研究，各个机构之间有着较为密切的合作，且多为学校内部之间不同学院之间的合作。

(三)研究热点

关键词是文章核心内容的凝练，是文章的重要检索途径之一。共词分析是对一组词两两统计他们在同一组文献中出现的次数，通过共现的次数来测度他们之间的亲疏关系，即通过共词分析可以洞悉研究的脉络和热点。本研究在绘制 2017 年西南民族民间文化发展关键词的图谱时，节点类型 Node Type 选择为“term＋Keyword”，使用 MST（最小树法）和 Pruning the merged network 以及 Pruning the sliced networks 对网络进行裁剪，保留网络密集时的重要连线来使网络可读性提高。经过后台运行完成后，具体如图 3 所示。

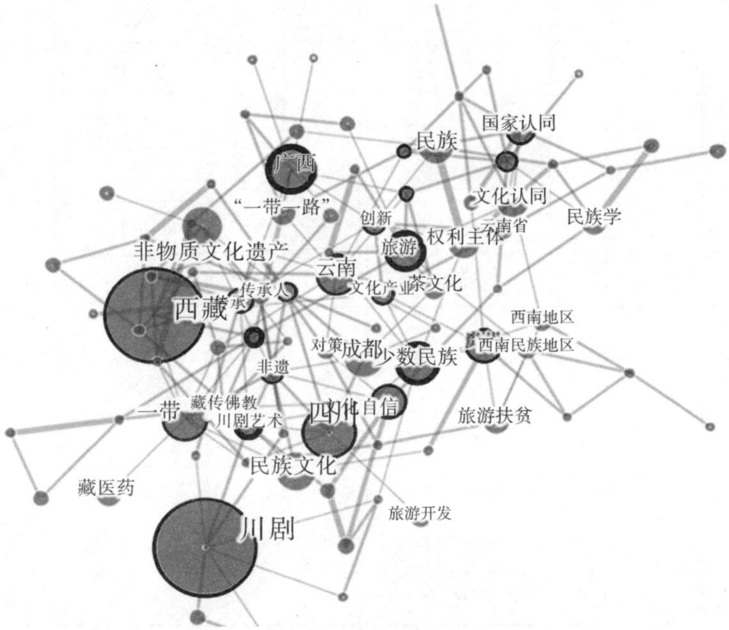

图 3　关键词共现图谱

图3所示节点中心代表与之对应的关键词，节点大小代表出现的频次，节点之间的连线表示共现强度，节点的年轮反映了论文的数量随时间的分布情况，年轮厚度与对应时间分区的发表论文数量成正比，粗细表示与综合研究它们的次数成正比。中介中心性是测度节点在网络中重要性的一个指标，可用此指标来发现和衡量文献的重要性，并用黑圈对该类文献进行重点标注。将被引频次较高的关键词进行排序，即按节点大小所对应的关键词出现的频次排序，结果如表2所示。

表2 高频词汇与中介中心性表

序号	频次	中介中心性	关键词	序号	频次	中介中心性	关键词
1	25	0.14	川剧	19	7	0.05	民族学
2	25	0.17	西藏	20	7	0.11	国家认同
3	13	0.16	四川	21	6	0.19	传承
4	11	0.10	非物质文化遗产	22	6	0.05	茶文化
5	11	0.06	成都	23	5	0.08	西南民族地区
6	11	0.03	民族文化	24	5	0.09	传承人
7	11	0.22	广西	25	5	0.06	藏传佛教
8	11	0.16	一带一路	26	5	0.15	“非遗”
9	9	0.04	民族	27	5	0.08	西南地区
10	9	0.25	少数民族	28	5	0.13	文化产业
11	8	0.17	文化自信	29	5	0.22	川剧艺术
12	8	0.14	云南	30	5	0.04	对策
13	8	0.07	权利主体	31	5	0.15	创新
14	8	0.23	旅游	32	4	0.00	文化人类学
15	8	0.11	贵州	33	4	0.03	现状
16	8	0.07	文化认同	34	4	0.11	文化遗产
17	7	0.03	旅游扶贫	35	4	0.10	演变
18	7	0.00	藏医药	36	4	0.02	治国理政

续表

序号	频次	中介中心性	关键词	序号	频次	中介中心性	关键词
37	4	0.04	民间文学	44	3	0.20	南亚
38	4	0.00	文化传承	45	3	0.00	艺术形象
39	4	0.03	民族认同	46	3	0.01	价值
40	4	0.00	民族传统体育	47	3	0.00	京族
41	4	0.00	表演艺术	48	3	0.08	发展
42	3	0.30	旅游资源开发	49	3	0.02	西双版纳
43	3	0.00	旅游发展	50	3	0.03	多民族

从知识理论的角度来看，中心性高的关键词代表了众多研究学者在一段时间内高频关注的研究问题，也是现在学术研究的热点问题和前沿思想。根据图 3 和表 2 分析结果可知，2017 年西南民族民间文化研究的特点主题重点包含了川剧、非物质文化遗产、文化自信、文化认同、一带一路、旅游扶贫等内容，体现了学术界对社会发展热点的密切关注。其中，中心中介性较高的“川剧”(0.14)、“文化自信”(0.17)、国家认同(0.11)、“旅游资源开发”(0.30)等词汇都说明 2017 年西南民族地区旅游发展的迅速，并带动其他产业经济结构的稳固，此外学者在文化自信、民族认同方面也有着高度的关注。

通过综合词频与中心性的分析可以发现，2017 年学界对于西南民族民间文化的关注焦点主要集中在以下四个领域：

第一，在产业经济方面，民族旅游业及相关文化产业的迅猛发展与其他经济结构产业化觥筹交错，互利互生。2017 年，诸多学者通过实地考察等研究方式，从实证方面构建模型分析西南民族地区产业经济的发展情况。有学者指出，广西、云南两省边境地区具有发展旅游的区位优势、口岸优势、资源优势、人文优势以及广阔的市场优势。大力发展边境旅游业，在调整边境地区传统产业结构、发展多元经济，兴边富民、加快沿边地区对外开放，脱贫攻坚都有着重大的作用和意义。① 但是，当前西南地区旅游业的发展也存在不少问题，比如旅游扶贫的社区

① 参见耿桂红、张丽君：《西南边境地区旅游业发展成效、问题与对策——以云南德宏、广西崇左为例》，《湖北民族学院学报》(哲学社会科学版)2017 年第 2 期。

参与水平偏低,方式单一,社区居民对旅游扶贫效应的感知方面存在“飞地效应”、生活成本上升、用地紧张等问题。① 因此,在西南民族地区旅游扶贫的过程中,应该在赋权机制、收益分配机制、精准扶贫机制以及文化保护机制构建方面多加考虑。

第二,在政治背景方面,“一带一路”建设背景支持与民族民间文化发展多元并进。“一带一路”在西南民族民间文化研究中出现的频次较高,这说明西南民族民间文化的发展与我国“一带一路”建设构建有着密切的联系。尤其是广西地区,广西具有与东盟国家陆海相邻的独特优势,作为构建面向东盟区域国际通道,打造西南、中南地区开放发展新的战略支点,以及21世纪海上丝绸之路与丝绸之路经济带有机衔接的重要门户,广西的发展迎来了前所未有的机遇。“一带一路”建设背景下,广西与东盟多元文化融合优势凸显,虽然存在局部文化差异的冲突和摩擦,但总体是和谐的,体现在高语境文化与价值认同、汉—藏语系语言与其他语言、民族习俗与不同习惯、多元文化等融合的跨文化交际形式。② 产业化是民族传统文化翻译发展的重要方向,也是民族传统文化扩大影响力的必然选择。但是,由于各种条件制约,少数民族传统文化翻译产业化策略迟迟难以落地。“一带一路”建设为这个策略实施提供了多种条件支持,少数民族传统文化翻译要抓住这个机遇,拓展市场空间,开发利用各种资源条件,促成民族传统文化翻译产业化运作的顺利实施。③ 由此可见,在“一带一路”建设的背景下,西南民族地区应该抓住机遇,以文化产业发展带动其他产业机构发展,为西南民族地区的发展做出贡献。

第三,在文化传承方面,非物质文化遗产保护成为西南民族民间文化研究的重要组成部分。“文化”场域的博弈与“遗产”价值的重构相互契合,“非遗”与旅游开发双赢发展。其中,川剧、藏药、茶文化等文化传承方面的研究居多。四川民族民间音乐艺术生动地记载着巴蜀大地的历史,成为人民喜闻乐见的艺术形式。然而,在飞速发展的现代社会,这些传统文化艺术逐渐被人们遗忘,成为人类非物质文化遗产名录中的保护对象。在科学技术高速发展的今天,传播方式的多样化与

---

① 参见冯伟林、冉龙权:《基于社区参与的西南民族地区旅游扶贫机制构建——以重庆武陵山片区为例》,《江苏农业科学》2017年第16期。

② 参见覃玉荣:《“一带一路”建设下广西与东盟多元文化融合的思考——基于跨文化交际视角》,《广西社会科学》2017年第12期。

③ 参见温宏社:《“一带一路”下民族传统文化翻译产业化策略》,《贵州民族研究》2017年第11期。

传播途径的多层次化为音乐"非遗"文化的传播与传承带来了良好的契机。通过电视、光碟、网络等现代化传播方式，各地域文化之间的交流与互通越来越频繁。四川地区的"非遗"文化也应该把握这个良好的契机，不断拓展相关传统艺术的传播空间维度，使全国甚至全世界不同地区和民族的观众都能逐渐了解、熟悉这些优秀的传统文化艺术，使其传之久远。[①] 有学者指出，民族医药文化在"一带一路"建设中有着重要的意义。贵州民族医药文化在国内外交流合作状况的基础上，利用贵州与"一带一路"的历史渊源优势、区位优势及贵州民族医药文化自身具有的优势，为寻找贵州与"一带一路"沿线国家、地区的利益契合点。[②] 由此可见，2017年西南地区民族民间传统文化的保护申遗仍然是学界关注的重点，也是各届政府的工作重点。

第四，在文化自信、文化认同方面，新时代民族团结，文化认同成为学界关注的新焦点。民族认同与国家认同是维系多民族国家统一完整的重要因素，也是民族学、社会学、政治学、心理学等学科领域研究的重要命题。深入探讨民族认同与国家认同的辩证关系，积极培育中华民族共同体意识，对于推动我国经济发展、维护社会稳定及族际和谐皆有重大意义。[③] 习近平总书记在党的十九大报告中强调，深化民族团结进步教育，铸牢中华民族共同体意识。"铸牢中华民族共同体意识"也被写入了《党章》。青海藏区民族团结进步教育与铸牢中华民族共同体意识是全国几大藏区的一个缩影。因区位战略的特殊性与复杂性、思想与价值环境的多元性、社会特征的风险性等多重因素，新时代藏区民族团结进步教育与铸牢中华民族共同体意识经受着严峻的考验。通过开展民族团结进步教育、进而铸牢中华民族共同体意识这项工作既不能成为纯粹的意识形态教育，也不能成为片面的文化沙文主义教育，而是要通过经济发展、宣传教育、文化浸染等多维途径摄入，中华民族共同体意识才能成为"草根"层面简单朴素、自觉自为的社会心理认同。[④] 还有学者指出，提升民族文化身份认同感不仅有助于民族内部凝聚力的形

① 参见胡郁青、彭戈的：《文化社会学视域下四川非物质音乐文化遗产的现状与传承》，《四川戏剧》2017年第10期。

② 参见翁泽红：《"一带一路"视角下创建贵州民族医药文化交流与合作有效途径探研》，《贵州民族研究》2017年第7期。

③ 参见杜倩萍：《新时期南方少数民族国家认同与民族认同实证探析——以广西环江毛南族自治县为例》，《中南民族大学学报》(人文社会科学版)2017年第6期。

④ 参见赵英：《新时代青海藏区民族团结进步教育与铸牢中华民族共同体意识刍议》，《民族教育研究》2018年第4期。

成,也有利于形成民族识别,实现各民族之间的平等交流和促进民族团结。以科技和传播为主宰的现代化社会,使不同地域与文化背景之间的群体关系更容易发生良好的化学作用,但少数族群历史和文化的复杂性也加深了一些少数民族族群与现代文明的矛盾冲突,造成了一系列的社会问题。网络化时代,随着大众传媒的不断勃兴与发展,文化传媒无疑既为少数民族文化身份认同带来了严重的挑战,也带来了新的机遇。面对少数民族文化身份认同存在的问题,必须充分发挥主流文化的指导和引领作用,通过大众传媒形成新的文化阵地,突出民族文化的核心,加强少数民族文化自身的建设,在不断吸收新的文化精华的基础上增强少数民族自身的文化身份认同,形成民族凝聚力和文化软实力。①

三、贵州少数民族传统节日的个案观察②

进入21世纪,全球化、信息化、旅游化、遗产化等浪潮以前所未有的势态不停地席卷、浸透着贵州少数民族地区,各民族传统文化正因此发生着急剧变迁,呈现出更加流动不居的生存状态。尤其是那些少数民族世代传承的古老节日成为首要的目标对象,纷纷被注入新的内容或形式,成为地域发展、经济转型、产业振兴、旅游兴盛、脱贫致富的重要资源,形成“大节三六九,小节天天有”的节庆奇观。随之而来的是,贵州少数民族节日的传统基因正在迅速消逝,节俗内容日渐舞台化、同质化,传统节日在家庭、社区、地区中的角色地位和在社会运行中的意义发生深刻的变化。由此可见,贵州少数民族节日已然被卷入市场、旅游、遗产、保护、创新等时代主流话语的漩涡,其传统节俗的现代转型成为不可逆转的趋势。以下是关于少数民族传统节日变迁的田野研究,以贵州省黔东南州锦屏县彦洞乡瑶白侗寨的摆古节为案例,探析在全球化和非物质文化遗产保护的背景下贵州少数民族地区的传统节日变迁与新的生存图景。

(一)瑶白侗寨:摆古节起源与传承的生境

瑶白摆古节是一个地方性的民族节日,也是一个带有鲜明的山地文化烙印的

① 参见江涛:《西南族群的历史记忆和文化认同——以毛南族为例》,《贵州民族研究》2017年第9期。

② 本个案的写作承蒙瑶白村杨安亚提供了诸多原始资料;另,滚明建、滚明焰、耿明竹、耿明怀等人亦对本文有所贡献,在此一并致谢!

节日，它的起源与传承离不开侗家人世代生存的自然地理环境与文化生态语境。瑶白地处九寨侗乡[①]的腹地，是一个典型的山地村寨。整个村落依山而建，从半山腰一直蔓延到山顶，地势由西北向东南逐渐降低。村外险崖奇峰，崇岭交错，群山叠翠，一片片梯田环绕山间；村内古木参天，屋舍俨然，溪流瀑布，交相呼应，自然环境极佳。在行政区划上，瑶白隶属于贵州省黔东南州锦屏县彦洞乡，距县城41公里，距彦洞乡3公里。全村总面积7.4387平方公里，其中田面积827亩。辖一个自然村，九个村民小组。全村353户，农业人口1499人[②]，全是侗族。

瑶白，侗语叫"镇押金"，古称"高镇""苗佰"等，是九寨中最为古老的村子之一。据《瑶白村志》介绍，龙氏侗族先祖于明永乐三年(1405)迁来开寨定居，接着各姓氏的先人陆续迁入，组成村落。清嘉庆前，瑶白发展到10个姓氏，其中滚姓人多势众，权势较大，瑶白其他各姓为寻求保护，曾统一姓氏，"十姓共一姓，十房共一房"，全寨都姓"滚"。于是，全寨成为一家，只有房族没有亲戚，瑶白人要到很远的地方去结亲，有时远至清水江的另一边，以及小江源头几十至几百里的地方，如剑河县的大广、小广，锦屏县的正婆(现为婆洞)、正腊(现为腊洞)、正化(现为新化)、亮寨等。因为路途遥远，亲戚不能常来往。[③] 后来，随着其他姓氏的势力渐增，村寨内部的权力结构发生改变，统一姓氏的诸多弊端开始凸显，加之清朝中期开始推行保甲制度，依照血缘姓氏寻宗觅祖之风日渐兴起，瑶白开始了"破姓开亲"的婚姻改革。[④] 清代道光后，其他姓氏陆续脱离滚姓，恢复原来的姓氏。光绪十四年(1888)十二月初五立下的《定俗垂后碑》，正式确立了瑶白村内不同姓氏的房族之间可以通婚的规定。1949年之后，随着外迁人口增多，瑶白村也一度拥有

---

① "九寨侗乡"是锦屏县的一个侗族聚居区，因有小江、魁胆、平秋、石引、黄门、瑶白、彦洞、皮所、高坝等九个大寨而得名。过去称为九寨区，现属平秋镇和彦洞乡辖区，境内28个行政村，有6000多户2.6万多人，侗族人口占99.3%，面积总计204平方公里。九寨因深居高山密林，至今仍完好地保存了许多古朴的侗族民俗文化，被誉为"百里侗乡"。从地域上讲，九寨的侗族文化既不同于汉化程度非常明显的北部侗族地区，如天柱、剑河、三穗、新晃、玉屏等地；也不同于侗族传统文化保持较完整的南部侗族地区，如黎平、从江、榕江、三江、通道等地，但又兼有南侗、北侗文化风俗的特点；或者说，从汉文化汉化的角度上说，其正好处于一个过渡地带。参见潘年英：《〈九寨民俗——一个侗族社区的文化变迁〉审读报告》，《黔东南民族师专学报》(哲社版)1998年第1期。

② 杨安亚主编：《瑶白村志》，内部资料，2010年，第1页。

③ 瑶白村内至今流传着过去走亲戚不便的各种说法，如："六月拿肉去会臭，拿酒去也会变味。十月里拿糍粑去会开裂，冬天拿酒去会结冰。清水江阻隔，雨季河里涨水，寒冬腊月结冰，有船无人渡。带着伞和刀，落雨用伞盖，遇虎用刀搏。"

④ 参见刘彦：《从"破姓开亲"到"定俗垂后"：清代清水江下游一个苗寨的婚姻改革与社会演变》，《西南边疆民族研究》2018年第2期。

龙、滚、杨、龚、范、耿、万、胡、宋、彭、吴、王、罗、张、曾、易等16个姓氏。目前,瑶白基本按姓氏宗族或世系群分片居住,村寨宅居分布上比较规整。

瑶白村在文化上兼具南、北侗族文化的特征,又融合了侗、汉、苗等民族的文化精髓,呈现出一个多彩斑斓、底蕴丰厚的民族文化生态。村内既有吊脚楼、谷仓、鼓楼[①]、花街[②]、石板路、斗牛场、摆古场[③]等特色鲜明的民族建筑,又有独具风格的侗帕、侗锦等民族服饰,以及腌鱼、腌菜、油茶等日常饮食。每逢侗年、春节、摆古节等节庆活动,瑶白人都要展演对唱山歌、瑶白大戏、"同心堂"舞、花灯舞、斗牛、斗鸟等传统娱乐项目。此外,民族语言保存完好,村民日常交流都用侗语,过去的契约文书与碑刻也都保留至今。所有的这些事象都是生于斯、长于斯的瑶白侗家人与周围环境长期互动而形成的一种动态的文化体系,共同编织出一个多元的时空场域,构成了摆古节传承的文化生境。

(二)长桌摆古:瑶白侗家人的祭祖节

瑶白摆古节是贵州黔东南侗族北部方言区最富民族与地域特色的传统节日之一。"摆古",即"谈古""说古""讲述过去的故事",是一种通过特定仪式中的口头演述来祭祀祖先、追忆民族历史的仪式。长期以来,瑶白人由于没有自己的文字书写传统,各姓没有家谱,家族的兴衰历史全靠族人口耳相传。正是通过年复一年的"摆古"仪式,瑶白人实现了传承民族记忆、规范社区道德、整肃社会关系、实现村寨自治等目标。

1. 摆古节的来历

从本质上来讲,摆古节是瑶白各姓氏集体追忆过去历史、祭祀本族祖先的节日。它的起源与瑶白历史上那段"附姓滚"的姓氏统一史有关,也与曾经盛大的"吃牯脏"(即牯脏节)密切相关。前文讲到,在清代,由于滚家的势力较大,因此凡

---

① 鼓楼是侗族人的传统建筑。瑶白鼓楼位于村中摆古场边上,2005年修建,占地150平方米,高25米,共5层。每层六方翘角,覆盖小青瓦,缝沟石灰,檐下漆白漆。一楼为戏台和化妆间,用以文艺演出。二楼以上层层相叠,二层檐下雕有二龙献宝泥塑,第四层为一个相隔2米高的束腰式六方窗格,第五层为最顶层,翘角式尖顶,上覆四个宝鼎,一柱冲天,蔚为壮观。

② 自清代嘉庆十一年(1806),瑶白人便开始就地取材,从溪流中取鹅卵石铺设道路,谓之"花街"。2008年,在政府资金的支持下,瑶白重修了村中多条花街路。花街具有美观、清洁、防滑等优点,已成为瑶白村的特色地标之一。

③ 摆古场是瑶白人举行摆古节的主要场地,地面铺设鹅卵石,一端耸立鼓楼。这里原为摆古、斗牛共用场所,2004年在美秋坳新建斗牛场后,此地成为摆古以及其他村落重大活动的场地。

迁到瑶白的异姓一律改为滚姓，成为一族人。由于同一族人不能通婚，瑶白人需要跋山涉水到外地开亲，极为不便。后来，瑶白开始了“破姓开亲”的改革，各姓氏陆续脱离滚姓，恢复自己的姓氏。为了纪念这段历史，各姓氏宗支采用说唱的方式，追溯自己先祖在瑶白的生存历史，后来约定俗成发展为“摆古”。

起初的“摆古”并不是独立的存在，而是作为瑶白村史上声势浩大的“吃牯脏”的核心内容。吃牯脏，侗话叫“借金”，据《瑶白村志》记载，瑶白古时民风淳朴，勤俭力农，历代于未年十三岁届期，约集邻近剑（剑河）柱（天柱）两属及本乡（九寨）亲友戚谊到家，则六月小牯三五日，杀牛宰猪，款待聚谈。至十月大牯七日，则每户宰猪杀牛，会谈一周，其间有敬天法祖、摆古论今、鞍瓦斗牛、吹笙行乐之俗。吃牯脏耗资甚巨，尤其对耕牛的宰杀，使得大多数人家往往是“一年牯脏，十年还账”，民国初被县政府明令禁止。1919 年之后，瑶白不再举行吃牯脏的活动。[①]

虽然“吃牯脏”已经成为历史，但瑶白各姓氏对祖先创业之艰辛仍念念不忘，老人们常常给自己的子孙讲述家族的历史故事。1980 年代之后，瑶白村原先较为隐秘的姓氏来源的谈论渐渐变得公开，祭祖、斗牛、吹笙行乐等古俗也逐渐在春节等节日之中恢复。1996 年，村中各姓集体决定在每年农历的六月初六举行摆古祭祖活动。2002 年，该活动被正式命名为“摆古节”，节期固定在农历六月初六、初七和初八，其中初六为正节，并确立了“一年一小摆，三年一大摆”的举办原则。由此可见，虽然摆古节被正式定名是较为晚近的事，但它的节俗却很好地继承了牯脏节等传统节日的内容，如摆古、祭祖、踩歌堂、斗牛、对唱山歌、跳芦笙等古老的活动都成为摆古节最为核心的节俗。

2. 节日流程

摆古节承载着侗族人许多重大历史文化信息和原始记忆，诸如农耕祭祀礼仪、民间信仰、民族迁徙历史、姓氏来历、宗族发展史、婚嫁演变史等内容均能在节日中觅到踪影。此外，许多新的内容形式也逐渐加入摆古节之中，使之成为一个多元文化展演的舞台。2015 年是瑶白摆古节大摆之年，节俗最为齐全，我们以此为例来分析摆古节的具体节俗与流程。

2015 年的摆古节在 7 月 21～23 日（农历六月初六至初八）举行，根据官方海报信息，其具体流程如表 3：

① 参见杨安亚主编：《瑶白村志》，2010 年，第 111～112 页。

表 3　　2015 年瑶白摆古节节日流程表

时间		节俗
7 月 21 日	10:00	拦路迎宾
	11:00	秉宗祭祖
	13:00	活动开幕
	14:00	祥牛踩堂
	14:30	长桌摆古
	15:00	大戏展演
	16:00	大型舞蹈
	20:00	文艺晚会、民歌比赛
7 月 22 日	8:00	斗鸟比赛
	10:00	大展武威(斗牛)
	20:00	文艺晚会、民歌比赛
7 月 23 日	12:00	活动闭幕式
7 月 20～23 日	全天	篮球比赛

拦路迎宾　即迎寨客。初六早晨,全村男女老少穿着盛装,列队于村口,敲锣打鼓,吹奏芦笙,载歌载舞,欢迎客人的到来。姑娘边唱敬酒歌,边向客人敬酒,然后把客人迎到摆古场。

祭祖　各家族把祭品摆在有自己祖先牌位的八仙桌上,点上蜡烛,由一寨老当司礼生唱礼,各家族子女在桌前行礼,祭毕鸣炮。

祥牛踩堂　“摆古”开始,一位德高望重的老农身披蓑衣,肩扛锄头缓缓走进摆古场,焚香烧纸,跪拜天地祖宗。另一位老农牵着披红的水牛入场,踩堂三周,再现了瑶白先民迁徙定居、寻求耕居室地的原始情景。

踩歌堂　在歌堂古树下,几位侗族妇女唱起古歌,讲述着瑶白的开寨历史与创业的艰辛,告诫人们勿忘过去,珍惜现在。歌声一停,鞭炮齐鸣,大号长呼,铜锣喧天,十大姓氏的摆古队伍从四周进入摆古场地,以顺时针方向绕圈,摆古场上一片欢腾,大旗飘扬,男女老少上百人踩歌堂。

吹笙舞蹈　踩堂后,青年男女进场吹奏芦笙,表演传统民族舞蹈,如《侗乡乐》

《同心堂》《花灯舞》等节目。

长桌摆古 这是瑶白摆古节最为核心的部分，有引子、腊耸、或板三个部分主客说唱内容。长桌是各房族的八仙桌连着摆在一起组成。长桌一头是寨老古师艺人，一头是重要宾客；两边分别是主人与客人，按主左客右排座，最外边围绕着身着银饰盛装的主客姑娘及腊汉。

开场白就是引子，交待摆古缘由。接着插入侗族古歌作起兴过渡。

"摆古"分说和唱两个部分，有评说、词贺、飞歌、大歌等表演形式。"摆古"的内容从盘古开天辟地、人类起源，到民族迁徙、朝代更替，再到新中国乃至改革开放新时期发生的重大历史事件，涉及姓氏来历、婚嫁习俗、人文景观、丰收景象、生活情况等内容，有浓郁的地域文化色彩。在演述形式上，"摆古"的说唱者有主、客之分，在主方的古师摆完一个内容后，主方众人紧随唱歌，遇到盘问或夸奖或谦虚时，客方的古师就接过话题开始"摆古"，一个内容结束后，客方众人也要唱歌。整个"摆古"过程就是这样的循环反复，其中时常穿插有主客互相敬酒、恭喜祝福、道贺致谢等内容，众人唱词多触景生情、随机应变。

摆古含有祈福迎祥、喜庆，加强民族、姓氏、宗支之间团结等诸多内容，把盘古开天地，历代帝王的功过，特别是本地发生的重大历史事件、村规民约、婚娶等侗家人关心的事及人文景观说唱出来，劝勉乡人遵纪守法，革除陈规陋习，发扬民族传统美德。摆古的内容很丰富，接下来，古师号召民众遵守王道，发扬民族优良传统，承前启后，继往开来，去追求国泰民安、五谷丰登、六畜兴旺、奔上小康的美好生活。最后感谢各级领导、乡邻亲友的光临指导和大力支持，使摆古节圆满成功。

民歌对唱 一般在下午和晚上举行，有登台赛歌和围堂对歌两种形式。

唱大戏 演瑶白大戏是"摆古节"的重要内容。瑶白梨园太和班首先演出登台戏，如《天官赐福》《三星赐福》等；然后演传统折子戏，如汉戏、古装戏等。

鞍瓦 即斗牛，它是九寨地区十分流行的活动，也是摆古节中颇具特色的节目表演。

此外，摆古节其他的节俗活动还有祭拜古树、文艺联欢晚会、服饰展演、玩山活动（男女青年谈情说爱）、斗鸟、斗鸡、武术表演、杂技表演、篮球比赛等。

综上，瑶白摆古节是集说唱、祭祀、歌舞、游艺、社交于一身的地方传统节日，呈现出多元化、多样性、群体性、民族性与地域性的显著特征，既为当地的侗家儿女提供了一个交流沟通的场域，又是民族服饰、民族语言、民俗技艺等展演与传承的重要载体，在实现民族认同、整肃社会关系、维系社区秩序等方面发挥着不可替代的功能。

(三)坚守与嬗变:作为文化遗产的摆古节

近年来，瑶白摆古节的嬗变主要依循了遗产化的轨迹。所谓遗产化，即“把原生态文化建构为文化遗产的过程，表现为民族传统文化被制度化、结构化、符号化，结果则是少数民族文化发生从边缘到主流的位移，跻身于国家话语体系”①。若以时间来计，摆古节遗产化的过程是有迹可循的，参见表4。

表4 摆古节遗产化的代表性事件

时间	事件
2004年	瑶白村被锦屏县政府评为“文明村寨”
2005年	瑶白被列为黔东南州重点民族文化旅游村
2007年5月	摆古节入选贵州省第二批省级非物质文化遗产名录
2007年7月	贵州民族学院(现贵州民族大学)师生一行16人普查瑶白的非物质文化遗产，为期一周
2007年11月	黔东南州政协主席粟多能考察瑶白非物质文化遗产
2008年	瑶白被列为扶贫开发整村推进村，获得资金87万元。摆古场即在此时完工
2008年8月	人民日报社、新华出版社、人民出版社等单位记者或工作人员采访瑶白
2009年6月	贵州省人大常委会副主任到瑶白调研
2011年	瑶白被贵州省侗学研究会授予“魅力侗寨”称号
2014年	瑶白入选第三批“中国传统村落”名录
2015年7月	摆古节被列为国家社科基金重大委托项目“中国节日志”的子课题

表4向我们清晰地展示了瑶白摆古节在最近十几年间一步步被遗产化的历程。其中，政府是主导，通过资金资助、授牌或纳入名录等方式让瑶白和摆古节由

① 郑茜:《单数的文化？复数的文化？——2014年中国少数民族文化现象年度回顾》,《中国民族报》2014年12月26日。

边远小村寨进入国家主流话语体系，获得了官方的认可，进而成为侗族文化的典型代表。新闻媒体起到了推波助澜的作用。中央电视台、《人民日报》(海外版)、《中国民族报》、贵州电视台、《上海英文星报》等媒体先后对瑶白摆古节作过报道，从而使摆古节在国内外有了一定的知名度和影响力。此外，学者及学术团体也通过田野调查、学术研究、课题立项等形式在摆古节遗产化过程中发挥了积极的作用。

随着瑶白摆古节遗产化进程的推进，其知名度与影响力日渐增长，越来越多的人慕名前来过节。以2015年为例，除了瑶白村民，摆古节的参与者还至少包括如下几类：(1)节日组织者：州、县、乡各级政府官员，公安、消防等部门工作人员；(2)节日参与者：彦洞乡兄弟村村委领导，彦洞文体队，彦洞斗牛协会，黄门村文体队、瑶白回娘家队[①]，前来参加斗牛、山歌、斗鸟、篮球等比赛的选手；(3)节日的调查者与记录者：专家学者、当地电视台、摄影爱好者等；(4)各类做生意的小商贩；(5)外来观看节目的普通观众。众多参与者的到来，让摆古节从一个自娱自乐的社区节日变成了声名远播的民族文化大展演的舞台。据初步统计，2015年摆古节的参与者人数达到了上万人，这对于交通不便、公共空间狭小的山地村寨而言是一个庞大的数字。相应地，数量巨大的参与者也对摆古节的节日组织、展演形式与节目内容等也产生了很大的影响。具体而言，就是组织更加规范化、宣传更加现代化、流程更加固定化、表演更加舞台化、内容更加同质化，等等。

瑶白摆古节的筹备摆脱了山地村寨以往那种较为松散和随意的模式，由锦屏县、彦洞乡两级政府作为顾问和协助，瑶白村两委具体领导，瑶白民族文化协会具体承办，并成立了瑶白摆古节筹备组，设组长与成员。而且，每一个重要的内容板块均由专门的协会来负责组织与运行，如瑶白民歌协会负责山歌比赛，瑶白斗牛协会负责斗牛比赛，瑶白篮球协会负责篮球比赛，瑶白斗鸟协会负责斗鸟比赛，瑶白太和班负责大戏演出，瑶白文艺队负责文艺汇演，等等。此外，还有接待组、伙食组、安保组等临时成立的部门。彦洞乡也派出部分警察、消防与医疗力量来协助维持秩序，保障节日安全。

在节日的宣传上，瑶白村也破旧立新，不仅印刷了精美的大幅海报，还提出了一些宣传口号，努力展示民族文化并向官方主流话语靠拢的姿态。比如，2015年

① 瑶白回娘家队是由瑶白外嫁的女儿们组成的一支文艺代表队，成员大多来自彦洞乡。

摆古节的口号有:“传统摆古,魅力瑶白”;“弘扬民族文化,展示北侗风情”;“古风遗韵六月六,瑶白人民欢迎您”等。不仅如此,摆古节组委会对于重要的嘉宾都会发放邀请函或打电话亲自邀约,瑶白村民也利用QQ、微信等现代媒介发布摆古节的相关信息,广而告之,亦吸引了大批观众。

在节日流程中,摆古节在保留原有核心习俗的基础上也增设了许多新的内容,比如增设开幕式、闭幕式环节,安排各级领导讲话,这是对政府权力介入的积极回应,但同时也压缩了其他核心节俗(如摆古)的展演时间。作为现代体育竞技的主要项目,篮球赛在锦屏一带广受欢迎,因此摆古节把篮球赛增设为主要内容,吸引了大批青年人积极参加。

由此观之,在经历了十几年持续不断的遗产化建构中,瑶白摆古节完成了从地方性节日向北侗文化代表、少数民族节庆代表等文化标签转变,并由此面向市场,成为获取经济或其他效益的文化资本;同时,摆古节的功能也发生了部分演变,从原本满足村民生产生活或精神之需、整肃村寨内部或村寨之间社会关系,转向展示民族文化、传承民族遗产、塑造文化品牌上来。概言之,经由遗产化和资源化的编码与重组,原本处于边缘的摆古节已成功跻身于全球化的运行轨道之中。然而,不容忽视的是,在此过程中,摆古节传承的某些风险也日渐显露。比如,节日的神圣性日趋淡化;节日内容有同质化的趋向;过多的外来者(如外来的摄影爱好者)在增加人气的同时也往往会干扰到节日的正常进行,有时甚至会直接影响仪式的操演;等等。这些现象值得我们持续关注。

瑶白是一个多姓杂居的山地民族村寨,从村名几度更改,到“各姓附姓滚”的姓氏统一史,再到“破姓开亲”的宗族与婚姻剧变,无不证明瑶白人在历史上总是努力适应政治与社会的变迁,通过村寨内部不断地变革来为自己争取生存的空间,充分体现了山地民族在面对恶劣的环境、有限的资源、政府的统治与外来的影响时所采用的生存智慧。当历史的车轮驶入21世纪,原本封闭的侗家聚落在全球化、遗产化的时代巨浪轮番冲击下打开寨门,与外部世界建立了前所未有的紧密联系,其内部的传统文化也正经受着史无前例的变革:深山里的神秘文化被赋予了新的因素,传统被重构并生长成新的传统;在权力和利益的驱动下,瑶白人对神圣传统的继承显得力不从心,民族文化的本真性和神圣性在有意或无意之中遭到扭曲与改写,再造节日、再造仪式、再造信仰成为常见的现象。近几年,瑶白摆古节的变迁历程为我们生动地呈现出一幅全球化、遗产化视域中西南少数民族传统节日在坚守中嬗变的存活图景。

在 2015～2017 年这三届的摆古节中，我们深切地感受到传统的力量依然强大地存在，从寨老到协会，从摆古到祭祖，从斗牛到斗鸟，从民歌对唱到文艺展演，古老的民族传统在节日中绵延不绝、历久弥新。正是因为这份难得的坚守与继承不断地推进摆古节卷入遗产化的漩涡，瑶白也借此从周边众多的民族村寨中脱颖而出，相继获得了"中国传统村落""中国少数民族特色村寨""魅力侗寨"等称号或美誉。摆古节遗产化是被制度化、结构化、符号化的过程，具体表现为节期固定化、流程程序化、展演官方化，传统的祭祀与神秘色彩逐渐淡化，其结果则是一个深山村寨里的节日跻身于国家的话语体系，从边缘位移到主流，成为少数民族节庆文化的典型代表之一。

西南人口较少民族拥有五彩斑斓的节庆文化，它们在全球化、遗产化、资源化的进程中，被赋予了新的内涵和功能，传统与现代在此发生了融合，呈现出复杂多元的生存图景。从政府层面而言，要把西南人口较少民族的节庆文化作为治国理政的一个重要抓手，把节庆工作当作国家和地方政府的制度性的日常工作来推进，通过节庆管理来实现基层有效治理、民族团结进步、社会和谐发展。从学术视角观之，需要在一个长时段的时空场域之中对以摆古节为代表的众多山地民族传统节日的考察，从历时的层面考察节日的历史、现状与未来之间的关联，剖析传统的现代变迁之道，从共时的层面强调少数民族传统节日之间的比较研究，唯有如此，方能总结出少数民族传统节日发展的实践经验与成败得失。同时，在研究理念上要秉持文化整体观，把传统节日放置到其赖以存活的山地生境之中加以考量，尊重节日的完整性与神圣性，避免节日符号被表层化利用或碎片化截取，以彰显节日的意义与价值。换言之，我们要走出以往抢救、保护或利用的研究套路，摒弃仅以他者的镜像观察节日的外部特征、符号结构等研究范式，真正走向田野现场，回归节日本体，挖掘文化持有者的内部知识与观点，重新评估传统节日对山地族群的社会生活所发挥的深层意义，从整体上对人口较少民族的传统节日及其变迁进行系统性、理论性关照，建立起西南人口较少民族节日研究的理论范式与分析框架。

四、结语

随着脱贫攻坚和全面建设小康社会轰轰烈烈地推进，西南民族地区迎来了社会文化发展的全新时代。飞速发展的民族经济,快速推进的城镇化,铺天盖地的旅游潮,日新月异的文化变迁,重点扶持的乡村振兴,力度空前的生态建设,等等,把西南带入了百年未有之大变局。与此同时,西南民族地区作为发展不平衡不充分最为突出的地区之一,其发展中的矛盾和问题也日益凸显。我们要深刻地认识到新时代西南民族地区的社会主要矛盾仍是不平衡不充分的发展与人民群众美好生活需要之间的矛盾。此处的美好生活需求,不仅是物质层面的,更是精神和文化层面的。西南民族地区的发展的不平衡性、不充分性与特殊性,导致了人口较少民族在文化上的优势难以充分转化为经济方面的优势,导致了民族地区文化产业发展与传统文化的保护传承之间仍存在较大的矛盾。如何处理好西南民族地区的社会主要矛盾,解决西南民族地区社会发展与文化发展中存在的问题,处理好民族文化发展和现代精神文明建设之间的关系,处理好民族认同与中华民族认同之间的关系,是一项长期和艰巨的时代任务。为此,我们应该深入民族地区的村寨社区,从微观案例出发来研究西南民族社会文化发展的现状、变迁、问题与趋势,进而制定有针对性的工作方针。

在新的历史时期,我们重新挖掘西南民族传统文化的现代意义,坚持民族性与时代性相统一,使西南民族文化传承充满无穷活力。新时代,传承中华民族优秀传统文化已经上升为国家战略。没有高度的文化自信,没有文化的繁荣兴盛,就没有中华民族伟大复兴。西南民族文化在我国的文化丛里独树一帜,不仅具有不可替代的传统魅力,而且还蕴藏着深刻的时代性。在当下西南民族文化的传承过程中,我们要深入挖掘人口较少民族文化中所蕴含的时代价值和历史意义,并"在普遍价值的层面上对其进行现代性编码,让其意义接受程度达到最大化。在此基础上,促成质朴的民族文化与全球化的时代完成一场精彩而深刻的相遇"[①]。而且,越是在全球化的浪潮中,我们越要坚持西南人口较少民族文化的本真性,坚持文化的多样性,各美其美,美人之美,美美与共,从而更好地凝聚起中国各族人民的文化认同,建设各民族共有的精神家园。

① 郑茜:《"多元"与"一体"共扬民族性与时代性并显——〈关于实施中华优秀传统文化传承发展工程的意见〉系列评论之四》,《中国民族报》2017年3月24日。

2017年中国网络谣言与民间话语研究报告

施爱东*

自从2013年最高人民法院公布《最高人民法院、最高人民检察院关于办理利用信息网络实施诽谤等刑事案件适用法律若干问题的解释》并付诸实施以来，政府不断加大对于网络舆论的管制力度，那些日行千里、风起云涌式的大范围谣言传播以及由谣言引发的社会事件明显减少，谣言管理起到了显著的成效，尤其是大面积传播的政治谣言呈现出断崖式下降的趋势。但是，在那些目标巨大的著名谣言被暂时遏制的同时，更多躲在暗处的、私下传播的谣言依然无处不在，随时都在伺机爆发。

近年来，网络监管部门在加强舆论管控的同时，也加大了对民间辟谣力量的扶植力度，许多主流媒体和民间科普团队的力量纷纷加入了网络辟谣的大部队中，几乎每个月都会有不同的辟谣机构推出"某月份十大谣言榜"或者"十大科技谣言榜""医疗健康十大谣言榜""葡萄酒十大谣言榜""最新十大谣言榜"之类的辟谣微信。

一、"关怀式"谣言盛行

2017年，"关怀式"谣言成为辟谣圈的一个重要关键词。一批对于"关怀式"谣言的批判文章，集中出现在2017年12月18～20日三天之中，显然是一次集中的、有组织的、有目的的辟谣策略。

最早推出这一概念的是新华网发表的《是谁制造了微信朋友圈里的"关怀式"谣言》，很快《湖南日报》《济南日报》《大众日报》《嘉兴日报》等地方性报纸以及《工

* 施爱东，中国社会科学院文学研究所研究员。

人日报》《中国人口报》《北京日报》等纷纷跟进，三天之内，各大主要媒体至少发表了近百篇内容大同小异的同主题报道。

所谓“关怀式”谣言，主要是指那些以关心亲友的名义转发的养生类谣言。它们总是以关心的语气，提醒读者“应该做什么、吃什么”或者“不应该做什么、吃什么”。“近年来，带有‘别再吃了’‘别再喝了’‘别再用了’等字样的‘关怀式’谣言频繁霸占朋友圈。这些温馨的提醒，打着‘为你健康着想’的幌子，堂而皇之地出现在各大媒体平台，更带来一系列社会负面影响。”①

那么，所谓的“关怀式”谣言在我们的生活中到底有多少，它们在当下网络谣言中占据了多大的比例呢？据新华社记者的了解，腾讯“微信安全中心”在2016年及2017年上半年发布的“十大谣言”中，食品安全、养生急救、儿童安全等提醒类谣言均超过半数。另据《微信生态安全报告(2016)》，微信在2016年度处罚造谣传谣账号约10万个，朋友圈处理谣言链接数超过120万条。同时，微信专门开发的“微信辟谣助手”显示，时至2016年12月，已辟谣的文章数已超过100万条。②

自社交媒体勃兴开始，各式各样的“关怀式”谣言就层出不穷。就其内容而言，几乎囊括了健康养生、食品安全、公共事件等方方面面。此类谣言无一不是打着“善意提醒”的旗号，而做着歪曲事实、胡编乱造、煽动恐吓的事情。大量“关怀式”谣言的存在，不仅造成了极大的信息混乱，更是从根本上动摇了公众的理性认知和经验判断。③ 济南市民罗女士对新华社记者说，她的母亲经常会给她转发一些诸如《别再喝了！桶装水开封3天后细菌增加227倍》之类的微信文章，并不时提醒“最近鸡爪不能吃”“豆皮不能吃”等，一开始她还跟母亲争辩，后来就干脆“呵呵”了事。在许多亲友圈、朋友圈里，造谣传播往往体现“关怀”，而辟谣反倒是一件“不道德的事”，会被人认为“当面打脸”或“没礼貌”。一位有着研究生学历的济南市民陈先生对新华社记者说：“有一次母亲就严肃地对我说，顶撞群里的长辈，真是不懂事。”

披上无微不至的“关怀”外衣，谣言堂而皇之地成为一种“正能量”的社交信

① 张崇乐：《帮公众谢绝“谣言式”关怀》，《北京日报》2017年12月20日。

② 参见袁军宝、邵鲁文、陈国峰：《是谁制造了微信朋友圈里的“关怀式”谣言？》，2017年12月14日，新华网，http://www.xinhuanet.com。

③ 参见然玉：《“关怀式”谣言频出更像一场系统性闹剧》，《新农村商报》2017年12月20日。

息。21世纪以来，中国人的生活水平普遍得到大的提升，健康话题日益上升为人民日常生活中的重要话题，也正因如此，健康信息变成一种有利可图的商业资源。当正当渠道的正规信息资源不足以支撑自媒体信息轰炸需要的时候，一些自媒体就开始通过虚构、整合、拼造一些伪健康信息，借此吸引眼球，牟取利益。信息爆炸的时代，谣言传播的成本越来越低，速度越来越快，影响越来越大。由于微信的阅读量和公众号的粉丝数是软文广告定价的主要依据，因此许多微信公众号为了吸纳粉丝，不惜大量炮制谣言，丝毫不顾及社会影响。“放眼当下，部分媒体平台与自媒体、广告商之间已然形成了某种‘灰色利益链’：自媒体创作内容，媒体平台给予发布，目的是吸引更多的阅读量和粉丝数。平台有了关注度，广告商自然会找上门，如此一来，靠谣言博得眼球的盈利模式便宣告形成。”①

“关怀式”谣言标题偏好使用诸如“好消息”“家里有小孩的注意了”“为了你的家人，请一定要看”“为了你和家人健康，请珍藏”“家里有这些东西的注意了”“家里有孩子的注意！用它一夜等于吸100支烟，很多人都在用！”等。谣言制造者都擅长讲故事，多数谣言都会以一个动人的故事开头。

被微信安全团队选入《2017年朋友圈十大谣言》的养生谣言：“打通血管血栓的绝密配方！给亲爱的家人试试！”开篇就是一个分享型的温馨故事：“一位居住在伦敦的人的亲身经历，他去巴基斯坦开会的时候，突然胸口剧痛，后来被医院验出来，他的三条心血管已经被严重堵塞，需要做搭桥手术。手术的时间是一个月以后，在此期间，他去看一位回教国家古法治疗师。这位Hakim让他自己在家中做一个食疗，他吃了一个月。一个月后，他去同一家医院做检查，发现三条血管干干净净，原来堵塞的地方已经全通了。为了让更多的人受益，他把自己的经验放在网上分享。”接着讲“原材料”，然后是“做法”，最后再次诉诸“关怀”，强调效果：“吃上一个月以后去医院做次检查，会发现血管干干净净，堵塞的地方已经全通了。必须存！必须转！打通血管绝密配方，给亲爱的家人试试！”②其实这是一则早在2014年就广为传播的养生谣言，许多心血管医生和简谱网站都曾辟谣，认为靠食物“打通血管”是根本不可能的事，但因为谣言诉诸亲情，故事动人，许多人认为“即使无益也无害，不妨一试”，所以多年来一直长盛不衰。

大多诉诸亲情或友情的“关怀式”谣言，都很适合用来转发给亲友，正如一位

① 张崇乐：《帮公众谢绝“谣言式”关怀》，《北京日报》2017年12月20日。

② dhwyhl197806：《打通血管血栓的绝密配方》，百度经验，2017年8月7日，https://jingyan.baidu.com。

传谣的朋友所说:“苹果醋和柠檬酸都没有坏处,就算是谣言,也是好谣言。”一些亲友平时疏于问候,想起对方时,突然发个“你好吗”或者“早上好”“中午好”“下午好”也显得突兀,想发个“节日快乐”,可是节日又还远着。这时,微信上刚好看到一个“对症”该亲友的文章,轻点指点,顺手转发,就算对他没用,至少相当于一声“你好吗”的亲切问候,适时地传递一份“我一直在惦记你”“一看到这个帖,我就想起你了”的“亲切关怀”。

山东大学新闻传播学院倪万分析认为,谣言制作者往往会利用人们关心食品安全、同情弱者等心理,获取较大的传播效果,这也是为什么“某某地孩子又被抢了”“一定别再吃了”等谣言不断出现的原因。有的还剪辑视频,“移花接木”,配上其他报道的图片等,增强欺骗性。还有的业内人士指出,“关怀式”谣言还抓住老人“宁可信其有”以及渴望和子女沟通的心理,使其自愿转发,并且养生健康类谣言不易受到公安部门打击。①

二、谣言标题的常用短语

根据辟谣机构推出的各种“十大谣言榜”,我们可以发现,2017 年影响较大的谣言主要集中于生活类,很少涉及政治、经济等上层建筑和国计民生的大政方针。层出不穷的谣言具有相似的叙事策略,我们甚至可以将之视为一种文体,或者一种叙事类型。

谣言叙事是程式化的。通过谣言的文本分析,我们可以找到一些高频出现的、相对稳定的叙事结构和语法。比如,口传时代的谣言传播很可能以“最近出了件大事,不知道你听说没有”来开头,以“这可不是闹着玩的!你千万要提醒家人,小心那些外地人”来结尾,谣言是有结构公式的。② 数字时代的网络谣言,这种结构性的特征不仅没有消失,反而因为文字的固化,以及复制、粘贴的便利,变得更加清晰、多样。

口传谣言是一种简短、快捷的小道消息,口口相传,不需要标题。而那些广为

---

① 参见袁军宝、邵鲁文、陈国峰:《是谁制造了微信朋友圈里的“关怀式”谣言?》,新华网,2017 年 12 月 14 日,http://www.xinhuanet.com。

② 参见施爱东:《灾难谣言的形态学分析——以“5·12”汶川地震的灾后谣言为例》,《民族艺术》2008 年第 4 期。

流传的网络谣言，多数都是由网络“水军”或营销团队专业生产和传播出来的，尤其是近年来最为流行的微信谣言，不仅有标题，而且还有通行的标题模式。“惊悚的标题、夸张的配图、极具亲和力的叙事方式，已经成为近期微信谣言的‘标配’。现在的微信谣言伪装术越来越‘高明’，标题吸引眼球让人有‘点’的冲动，内容看似权威让人有‘转’的欲望。”①

不过，“搜狐新闻一谣言终结者”栏目组在其辟谣实践中发现，尽管网络谣言花样百出，但多数谣言都有比较固定的表达方式，往往经不起深究，比如，“新闻有五要素——时间（when）、地点（where）、人物（who）、事件（what）、原因（why），但谣言往往缺前三个”，谣言具有信息不明确、无可靠谱消息源等特征，而且它们总是与负面、热点事件挂钩，因而极易引爆网络，并以加速度传播。

以微信公众号的谣言为例，标题制作中最常见的语法策略大约有如下几类：

第一，使用惊悚短语，故意制造紧张气氛。这类标题偏好使用诸如“震撼”“愤怒”“出事了”“惊呆了”“紧急通知”“扩散出去”“太可怕了”“绝密偷拍”“轰动全国”“昨晚刚刚发生”“央视刚刚曝光”等抓人眼球的短语。如《太恐怖了！女性朋友一定要看！》《高考阅卷老师冒死揭露内幕》《天呐！开车吃荔枝被酒驾！3 颗酒驾！你还敢吃吗？》《出事了，千万不要捡这种钱！！速看！》《央视刚曝光，出大事了！速看！》《昨晚刚发生的，千万要注意！北京、上海、广东、深圳等地都传遍了！！速看！！》《央视曝光！它比马桶脏 18 倍，你居然还天天抱着它吃饭？太恶心了！》《那些医生死守的秘密，第一条就惊呆了！》《国人吓一跳：美军发动伊拉克战争的真正原因曝光》《震撼内幕：美国 21 世纪最大阴谋曝光》等。这类谣言往往会使用大量的感叹号，以强化惊悚语气，如：“保定省监狱逃跑十余名罪犯，各个路段开始查车，老百姓注意安全！！！白洋淀大道。大家注意警惕啊！”②

2017 年 1 月，在各大微信群中流行一则题为《紧急通告》的“节日”谣言：“公安网监紧急通告：请大家注意，如果你收到‘春节流量大放送’流量领取包，请在任何环境下都不要打开它，且立即删除它。如果打开，你会被盗取手机里所有相关信息。这是一个新的病毒，目标是盗取手机联系人信息和手机绑定银行信息。”通告落款“刑侦队长聂海涛”。该谣言已经流传有近十年的历史，年年出现，年年有人上当。多地网警对此辟谣称：公安部门未发布相关信息，也未截获过类似手机

① 李家鼎：《微信谣言玩起“伪装术”》，《人民日报》2016 年 4 月 14 日。

② 微博“保定网警巡查执法”，2017 年 2 月 22 日，https://weibo.com/u/5658305663。

病毒。这是一条假冒公安网监部门发布的通告,内容套用了曾经流传的老旧谣言模板,搜索关键词可以找出很多已辟谣的类似谣言帖。①

该谣言的完整版是这样的:“公安网监紧急通告,请大家要速传!如果你收到《战狼2》链接,在任何环境下请不要打开它,且立即删除它。如果你打开了它,你会被盗取手机里所有相关信息。这是一个新的病毒,已经确认了它的危险性,而杀毒软件还不能清除它。它的目标是盗取手机联系人信息,手机绑定银行信息。请收到的,马上转发给你所有亲人和朋友、单位同事,为了大家,辛苦一下。这次病毒猛烈仅次于‘灰鸽子’‘熊猫烧香’,是永远也删不了的。各位家人请把信息转发给自己的团队,以免遭受损失!现有不法分子在网上上传新版人民币视频,不要打开,立即删除,是病毒,特别是手机上有支付宝、手机银行等账号的。这个必须转,刚刚新闻也在播了,大家都动手转到自己的每个群里,别上当!——市刑侦队长:祝剑。”②

针对这种惊悚笔法,有网民戏拟了一则钓鱼谣言:“【竟然是真的!! 好恐怖!】震惊!父母必读!‘90后’‘低头族’常玩手机,长年受Wifi辐射,身体健康状况堪忧!目前竟无一人活到30岁!”③这显然是一则钓鱼谣言,因为“90后”的年轻人,到2017年,年龄最大也才27岁,当然没有一个活到30岁。这则钓鱼谣言有许多变体,如:“【国家统计局数据】惨无人道!中国‘90后’程序员目前为止尚无一人活到30岁!”“惨绝人寰!中国经常熬夜的‘90后’学生,目前为止尚无一人活到30岁!”但并不是每个人都能一眼看出其中的钓钩,依然有网民很认真地试图探讨其中的“原因”。④

第二,使用语义模糊的暗示性短语,故弄玄虚,制造一种“报料内幕消息”的神秘感。这类标题偏好使用诸如“离奇”“诡异”“删前速看”“北京传出”“终于证实”“你知道吗”“看后秒懂”“这都敢说”“没流量也要看”“记者冒死卧底”之类的短语。如《速度转发,一会就发不出去了》《可怕的阴谋,震惊国人,删前速看!!!》《绝密偷

① 中国互联网违法和不良信息举报中心:《12377盘点1月份十大网络谣言》,《中国信息安全》2017年第2期。

② 笔者所在微信群“RZB业主群(2)”中的群友发言,2017年8月1日。

③ 该谣言系中国民俗学会乡愁文化研究中心张玮博士于2017年2月11日从微信朋友圈看到之后转发给笔者的,特此表示感谢。

④ 游戏娱乐大家:《“90后”程序员目前无一人活到30岁!这背后的悲惨故事!》,百度一百家号,2017年1月7日,https://baijiahao.baidu.com。

拍！为什么啤酒厂的员工绝不让亲人喝啤酒?》《中国为何只喊不打，内幕消息令人震惊……!》《记者冒死揭内幕:竟然是用粪便做的，很多共青人在吃!》《这个视频，没流量也要看完(3日后删除)》等。

2016年冬天，北京及其周边地区的雾霾的确非常严重，市民躁动不安，人心惶惶。2017年1月初，一篇题为《中国正偷偷燃烧一种比煤炭更肮脏的燃料，一个被掩藏的雾霾源头!》的网文横空出世。该文披露了燃烧石油焦的各种危害，然后称:“出于各种原因，美国本土的石油焦使用受到了很多限制，与此同时，美国向中国出口的石油焦显著上升，因此中国成为世界最大的高硫石油焦消费国。”“在中国，由于信息明显缺乏，因而很难追踪石油焦的使用情况。国家统计局的《中国能源统计年鉴》直到2010年才纳入有关石油焦生产和消费的数据。虽然现在有了一些信息，但这些信息通常不完整，而且难以验证。”①

几乎与此同时，另一篇假托“这是英达的姐姐发的文，她回京为其父英若诚办丧时写了自己的感想(欢迎转载)”的网文《这是真的吗? 雾霾与高硫石油焦》迅速传播。这篇文章一开篇就说:“中国为什么有雾霾? 这个问题我一直想找到答案。”最后，作者找到的答案是:“结果发现中国大量燃烧可怕的进口高硫石油焦。美国老百姓抗议储运石油焦，他们证明了堆放的灰尘有害健康。可这些垃圾竟然一年运到中国1000多万吨，别人堆放都嫌有毒，中国居然买来烧。也就是说，烧这些进口垃圾，中国每年向大气多释放了30万～50万吨硫黄。除了硫黄，还有重金属。这不产生雾霾才奇怪呢! 连美国人都不理解中国人怎么了。”②这两篇网文，通篇都是以“揭密”的语气来写，将“石油焦”这个曾经陌生的化工名词，定性为造成中国雾霾的“主凶”，进而得出了“政府隐瞒真相”的结论。由于普通网民对于石油焦的确缺乏了解，网络上很快就衍生出大量的相关网文，诸如《雾霾之下，我们该如何呼吸?》《石油焦与雾霾关联多大? 北大教授申请政府信息公开!》等，不明真相的群众对于政府监管产生了极大的怀疑。但随即有专家及相关人士出来辟谣称，石油焦使用量并不大，对空气污染的贡献也被严重夸大:“无论是高硫石油焦还是低硫石油焦，燃烧都会产生二氧化硫、二氧化氮等排放物，跟使用煤炭一样。在治理排放的技术上不存在难题，只要真正执行大气污染物治理标准，用

① 首富不仁:《中国正燃烧一种比煤炭更肮脏的燃料?》，凯迪社区，2017年1月6日，http://club.kdnet.net。

② 第二中心:《雾霾真相——进口高硫石油焦》，凯迪社区，2017年1月4日，http://club.kdnet.net。

什么燃料都没有问题。”①

第三,诉诸友爱与温情,传播“为了……”的爱心谣言。这类标题偏好使用诸如“不看后悔500年”“女人看了流泪”“举手之劳,凝聚爱心”“传递正能量,一次转发,一份爱心”等。

在微信安全团队选出的《2017年朋友圈十大谣言》中,一则关于捡钱包的老谣言再次“光荣上榜”:“帮忙转一下,我朋友捡到一个钱包,里面有一张身份证:魏伟健,卡10多张,现金8000元左右,飞机票2张,魏伟健,魏巧英,飞机票是后天的,大家帮忙扩散,赠人玫瑰,手有留香,传递正能量。失主请联系:13822983337,谁的群多,帮忙转一下。”这则百传不厌、诉诸温情的爱心谣言,近些年陆续出现过许多版本,内容基本一致,只是丢钱包人和捡到钱包人的手机号各不相同。有媒体记者专门就此做过求证,这些手机号或者无法接通,或者机主表示与丢钱包一事无关。②

第四,借助专家、名人、“名嘴”效应,吸引读者注意力。这类标题偏好使用诸如“某某说得太好了”“某某终于站出来说真话了”“某某炮轰”“某某语录”之类的短语,如《赵本山的奢侈生活大曝光》《马云哲学语录》等。有意思的是,那些名人即便是著名政治家,在谣言中也会表现得像个市井愤青一样,不仅喜欢对别人的家事评头论足,而且口无遮拦,信马由缰,好发极端言论,如《希拉里:中国将成为最穷的国家》《希拉里要中国“俯首贴耳”》《耶鲁大学校长:中国大学是人类文明史上最大的笑话》等。

进入21世纪以来,全国多地频现雾霾天气,而且似乎有愈演愈烈的趋势,各种关于雾霾起因、危害、对策的谣言也纷纷出笼,刷爆了朋友圈,雾霾对健康的危害让公众倍感焦虑。2017年初,由于前期的持续雾霾,相关的健康谣言再次风靡。

2017年1月5日,著名编剧兼导演陆川发布微博,以“协和医院部长住院处大夫”的名义,抨击雾霾之危害:

> 转自我的导师江世雄:我今天去协和医院部长住院处听那儿的大夫说:我们中国人普遍对雾霾缺乏认知,都不注意防护,如不戴防雾霾口罩,不戴帽子、围脖、手套等(最好穿带帽子的羽绒服),吸入身体和肺里的雾霾永远排不

① 马晓华:《高硫石油焦:被夸大的“雾霾主凶”》,第一财经,2017年1月22日,https://www.yicai.com。

② 参见微信安全团队:《2017年朋友圈十大谣言》,《中国信息安全》2018年第1期。

出去，而且侵蚀身体和肺，一般 10 年或 20 多年才发病（得肺癌、肺气肿、肺大泡、气管疾病、哮喘……身体弱的很快得肺癌）。大夫说：尤其她看到街上有大人带着孩子出来时，她特心疼孩子，因孩子气管短，呼入肺里的雾霾比大人多，永远在里边侵蚀着肺。她说，如果必须带孩子出来，一定戴 200 多元的能换过滤片的口罩，戴上羽绒帽子。回家后一定好好洗鼻子，洗脸手，羽绒服拿外边拍打……大人也一样（说现在得肺癌的确实多）。大家一定要重视了。[①]

该微博迅速获得近两万次的转发，有粉丝将这段话总结出两大要点："1. 吸入身体和肺里的雾霾永远排不出去，而且侵蚀身体和肺，一般 10 年或 20 多年才发病。2. 因孩子气管短，呼入肺里的雾霾比大人多，永远在里边侵蚀着肺。"[②]不过，北京协和医院迅速做出了反应，发布官方微博对此进行辟谣：一是呼吸内科田欣伦副教授表示"吸入身体和肺里的雾霾永远排不出去"的说法没有科学依据；二是儿科万伟琳副教授表示"儿童与成人的肺结构相似，且肺活量低于成人，所以不存在吸入粉尘多于成人的说法"。[③]

第五，以"中国人应该如何如何"或"日本人干了什么什么"为题头，挑动民族主义情绪的微信短文，基本上都是谣言；以"德国人如何如何""美国人如何如何"为题头的微信短文中，谣言的概率也比较大。这类标题偏好使用诸如"是中国人就转""不转不是中国人""日本人终于害怕了""看看日本的□□""日本人绝对不□□""日本人又□□""一个日本医生的忠告""美国·万万没想到""看看德国的□□"等短语，如《为什么日本人不吃小龙虾？》《特大喜讯：购买钓鱼岛遭天谴，石原慎太郎的幼子坠崖身亡》《大家别买苹果 6，手机地图里把钓鱼岛划给了日本》《非典的真相：美国的阴谋！》《看德国抗洪神物，我们与世界隔着的只是一个下水道？》《德国的下水道旅游》等。

关于"日本人靠表情包赚钱"的谣言大约始于 2016 年，开始主要在 QQ 群传播，随后进入微信群，终于在 2017 年成为"2017 上半年朋友圈十大谣言"：

家人们晚上好！所有中华儿女们，你们还不知道吧？就是这个表情包/ ：：/：/：/：……是日本鬼子发明的，你在微信上点播一次，日本鬼子就赚了 0.01 分钱。单说这个，每天点播近一亿次。算算吧？每天各个表情每天

① 微博"陆川"，2017 年 1 月 5 日，https://weibo.com/luchuan。
② 微博"sammy－love"，2017 年 1 月 6 日，https://weibo.com/lovelysammy。
③ 微博"北京协和医院"，2017 年 1 月 6 日，https://weibo.com/xiehehospital。

> 被点播多少次?而日本鬼子会赚了多少人民币?我们中国人在不知不觉中给日本鬼子钱呢。从现在起,我一个表情都不点播啦。希望家人们看看吧?希望中华儿女门尽量不要再发这些表情,中央一台播放的才知道。希望各群转发,功德无量!①

这份文句不通、逻辑混乱的谣言,就因为提出了点击"表情"符号就是"在不知不觉中给日本鬼子钱呢"这么一个民族主义的噱头,从而激发了广大网民对于"日本鬼子"的痛恨之情,受到许多无知网民的激情转发。谣言中举例的这些表情,其实统称为"表情符号",俗称"Emoji"。最初的 Emoji 表情确实是由日本人发明的,但它早已被纳入国际非营利机构中,统一负责维护和管理。② 根本不存在点击表情符号就是给日本人钱的问题,它只关乎部分网民的智商和情感。

2017 年的另一则民族主义谣言出现在圣诞节前后,该谣言声称,西方人的"狂欢夜"是源于八国联军对中国人的"屠杀夜":

> 1898 年八国联军侵略中国!打到辽宁省丹东市!这天晚上是他们所谓的狂欢夜!禽兽不如的八国联军在丹东市发动了屠城的兽行,570 多名中国妇女被强暴、凌辱。《日本邮报》描述:"联军以杀人取乐竞赛。法军将中国人追进死胡同,用机枪扫射十分钟,直到不留一个活口;英军将中国人赶成一堆,然后用炮轰毙;德军遇到中国人,一律格杀勿论。枪杀、刺死、绞刑、烧死、棍击、勒死、奸杀,无所不用其极,街头到处都是砍下的人头,许多房屋里悬有首级和被扒光、肢解的尸体……"耶稣的徒子徒孙就是在耶稣诞生的这天夜里、在中国的土地上使尽兽性,强奸、枪杀中国人民的。他们是"狂欢"了,可是中国的妇女、男人都遭殃了。为了打击中国人民的意志,让"丹东事件"永远作为中国人民的耻辱,耶稣的徒子徒孙们把这血腥的夜晚称为"狂欢夜"。③

这是一则甚至于无须辟谣,一眼就能看出各种荒唐的低级谣言。文中处处都是谣言家故意制造的知识糟点,甚至把"破绽"都暴露成"破腚"了,只要稍微具备一点点历史知识,就可以识破这是一则典型的"钓鱼帖"。首先,八国联军与清军

---

① 俺有大石头:《表情包是日本人发明的?》,百度—百家号,2017 年 10 月 13 日,https://baijiahao.baidu.com。

② 参见微信安全团队:《2017 年上半年朋友圈十大谣言盘点》,《中国信息安全》2017 年第 7 期。

③ 山河大地一微尘:《1898 年八国联军侵略中国!打到辽宁省丹东市!》,百度贴吧—蓟县吧,2017 年 12 月 24 日,http://tieba.baidu.com。

交战是在1900年(不是1898年),这是一个非常容易记住的年份,但凡具备初中文化程度就应该了解;第二,八国联军从来没有到过丹东;第三,从来就不曾有过一份叫作《日本邮报》的报纸。而且,圣诞节以及狂欢夜的起源,跟中国人一点关系都没有。可是,因为谣言关涉"八国联军"和《日本邮报》,骇人听闻的屠杀很容易激起民族主义的义愤,该谣言在2016、2017年连续两年的圣诞节都成为热门谣言,受到许多较低文化程度网民义愤填膺的激情转发。

2017年,中菲关系因南海问题而存在一些变数,一则以菲律宾和特朗普作为谣言攻击对象,题为《紧急通知》的消息称:"群里的兄弟姐妹们:刚刚收到,如果收到《特朗普患中风》的图片,请不要打开,立即删除,现在已经确认,这是比较极端的菲律宾网络青年,攻击中国人电脑和手机,会使电脑丧失一切信息,请发到各自群中,互相通知一下。已经有人上当了!(紧急转发)"有时候,菲律宾青年又可替换为韩国青年等。微信安全团队认为,这是以"紧急通知"名义来传播不实信息的谣言变种之一。此类谣言一般假借各种文件名称名义,告知用户不要打开,否则会中毒,甚至导致账户财产损失。①

第六,性暗示的微信标题,只是一种吸引眼球的花样招式,内文一般不会有情色内容。这类标题偏好使用诸如"女人勿入""男人看了受不了""刚看两秒就受不了"之类的短语,而且会在标题页配上一些图文无关的半裸美女图片。

还有一些诸如"解密"类的文章标题,其实内文也没什么"秘密"可言。文不对题在网络谣言中是一种常态,比如一则题为《中南海1号档案解密》的谣言,具体内容是否定改革开放的伟大成就,说我们现在的用水、粮食、文化、工业及和平都应该归功于新中国成立初期的建设。"标题提到的'中南海1号档案'在正文中没有被提及,它只是一个吸引人点击的噱头,内文中讲述的事情与'秘密档案'没有关系。"②

第七,食品和健康类的谣言标题一般都有两副面孔,一副用来恐吓,一副用来安抚。前者会使用"致癌""致命""致死""有毒"等与读者生命安全相关的惊悚字眼来警告读者,后者则使用"抗癌""健康""不生病""一百岁"等引导性词汇来安抚读者脆弱的心灵,谣言就在这一惊一乍之间,抓住了读者的眼球,获得了关注。这类标题偏好使用诸如"千万不要再吃""为了你和家人的健康""癌症远离你"之类

① 参见微信安全团队:《2017年朋友圈十大谣言》,《中国信息安全》2018年第1期。

② 黄涛:《微信年度五大谣言》,《华商报》2016年4月2日。

的短语,如《桃子和西瓜一起吃马上致命》《赶紧扩散,这两种液体一旦混合,马上致命!》《癌症克星的三种蔬菜！天啊,太神奇了……》《九百年来没人得癌症的民族,原因竟是这!!!》《治疗癌症最大的错误就是去做化疗!》《美国科学家揭开终极底牌:癌症自愈源于心脏》《这7种"换血食物"经常吃,可以让你年轻20岁》《她坚持每天吃三颗枣,一个月后竟然……》《白醋让你年轻十岁,效果惊人!》。

2017年2月中旬,一条关于"网友买到塑料做的假紫菜"的惊悚视频在各大微信群广为传播,视频中的女士将超市买来的紫菜掰开,发现这些紫菜扯不断、拽不开、嚼不碎,因此断言是用废旧黑塑料袋做成的,痛斥"现在的人心都坏了",劝诫网友"别吃了"。尽管媒体和食品机构很快出来辟谣,但紫菜行业还是遭到重创,尤其是福建晋江多家紫菜生产商损失巨大。一位吴姓先生对记者说:"起初我根本不相信,塑料袋和紫菜差太多了,怎么可能冒充得了?"可是当他在一家面馆吃到紫菜汤时,还真感觉到有些不对了。[①] 谣言已经明显影响了吴先生的判断。

塑料紫菜谣言迅速传播,随后又有多个版本。晋江市紫菜加工行业协会公开发布声明称:"某些人士或为某种目的,通过微信、微博等平台发布涉嫌侵犯我市紫菜行业的视频,恶意编造'紫菜是塑料做的'等不实内容,已发现有十几个版本,目前还在拍摄上传,严重误导消费者,造成消费者恐慌,社会影响恶劣。"[②]由于该谣言影响巨大,对食品安全和正常商业运作造成严重危害,公安部迅速组织各地公安机关开展侦查打击工作。经过警方调查,制造、传播"塑料紫菜"的人员,其真实目的是通过散布谣言实施敲诈勒索,相关涉案人员也已陆续被抓获。

当然,最常见的谣言标题是以上多种短语的复合。如《周立波胆真肥,这都敢说！删前速看!》《家里的这两种液体一旦合体,马上死亡！速速扩散!》《惊呆了!生姜堪称"还魂花",99%的人竟然只知当作料!》《内幕曝光:房价降一半我也不会买！真相惊醒99%的人》《古天乐真实身份！内幕惊人！震惊14亿中国人!》《不比不知道:两个惊天大案对社会的影响,发人深省》《为姚贝娜、傅彪治病的名医终于站出来讲真话了！和你息息相关》《请一定转给你身边的女生看,这是最新骗局!》《中南海1号档案解密,老毕后悔完了》。

① 参见谢树华、姜瑾瑾、王诚:《温州市民称吃到塑料做的假紫菜,记者实验辨真假》,《温州都市报》2017年2月20日。

② 胡笑红:《紫菜是塑料做的？行业协会辟谣并报案要追究造谣者法律责任》,《京华时报》2017年2月23日。

以惊悚标题来博取关注是网络谣言家们最常用的伎俩。谣言标题最常使用的标点符号就是感叹号,而且常常是多个感叹号扎堆出现。数字时代的自媒体滋生了大量的职业谣言家[①],眼球经济和注意力市场成为谣言家们倾力争夺的数字战场。为了抢占读者资源,谣言家们可谓无所不用其极。

谣言总是开门见山,一语惊人,决不使用循序渐进的叙述手法。一则惊悚的标题对于谣言传播往往起到事半功倍的效果。虽然这样的惊悚标题多数都是反常识的命题,经不起仔细推敲,正如食品安全专家所指出的:"仔细看看这些标题下的内容,无非是收集一些过时的消息,把一些查出极少数食品中有砷超标的,就称其为'比砒霜还要毒';果蔬中测出有农药或者农药超标的就称其为'剧毒';粮食中只要有黄曲霉毒素的就称其为'百分之百致癌'。就算食物中被检出含致癌物或有毒物质,也并不意味着它一定会致癌或有毒,断然宣称其为致癌食物或有毒食物显然是无中生有,是对公众健康极不负责任的行为。"[②]

但在这个信息过剩、快餐文化盛行的时代,对于信息的仔细推敲并非是多数网民的读帖习惯。相反,浏览标题之后立即对事物做出印象式的判断,快速参与评论和传播才是网络时代的读帖风气。为了迎合网民懒于阅读、惰于思考的习惯,谣言家们逐渐形成了一些相对固定的标题制作模式,如偏爱使用惊叹号,以及善恶对照、黑白映衬、严厉质问、极度夸张等煽情的修辞手法,组织情绪化的祈使短句,编造骇人听闻的网络谣言。

三、"求转发"与"求辟谣"

魏泉认为,"求转发"是网络谣言最明显的形态特征,谣言所关注的并非是事实真相,而是以快速传播为诉求,以点击率或转发量为目的:"以往流言蜚语和小道消息在亲友之间口耳相传时,鉴于消息的敏感性,尽管谣言总会不胫而走,但是人们在谈论时常常要附上一句:'千万不要说出去。''请勿外传'的潜台词,固然并非真的不希望让更多的人知道此事,而只是一种对消息的价值和重要性的强调,但是从'请勿外传'到'求转发',却是一个耐人寻味的转折。"[③]

---

① 参见施爱东:《谣言生产和传播的职业化倾向》,《民族艺术》2015年第4期。

② 马志英:《破解朋友圈食品安全谣言之标题恐吓》,《食品与安全》2016年第4期。

③ 魏泉:《网络时代的"谣言体"——以微信朋友圈为例》,《民俗研究》2016年第3期。

腾讯公司把各种强制、煽动、利诱用户将消息分享至朋友圈的行为定义为“诱导分享”,并且进一步将“求转发”诱导分享界定为:“用夸张言语来胁迫、引诱用户分享。包括但不限于:‘不转不是中国人’‘请好心人转发一下’‘转发后一生平安’‘转疯了’‘必转’等。”[①]此外,中山大学大数据传播实验室通过对200篇诱导分享谣言的统计分析发现,依照“高阅读+高点赞+高举报”进行排序,排名前六的谣言主题分别是“金钱(94篇)、名人相关(58篇)、社会秩序(36篇)、人身安全(32篇)、奇闻逸事(21篇)、健康养生(19篇)、政治/政策相关(19篇)”[②]。

网络谣言中的“求转发”,往往置于谣言的题头或结尾处。一般来说,置于题头的“求转发”形态比较单纯,主要为“求转”“请转”“急转”“速转”“转起”“求扩散”“求帮忙”“求你们了”等短语;置于结尾处的“求转发”又可细分为道德绑架、巫术胁迫、情感哀求三种类型。

(一)道德绑架

即在结尾的警示语中对读者的价值观、道德观提出绑架要求,明示或暗示是“中国人”“好人”“有良知的人”就必须转发,否则就是“非我族类”。道德绑架在民族主义谣言和爱心谣言中表现得尤为突出。如:“是中国人就顶!不是不勉强!”“朋友们,拿起你的鼠标,复制然后粘贴一下!是中国人就速速转发!!”“是客家人就转一下。”“有爱心的网友请动动您宝贵的手指转一下,多一人转发就多一分希望。”“此时此刻请不要吝啬你的转发!有良知的请为阿伯转一下,替阿伯讨回公道!!!”

2017年5月下旬,一则关于共享单车坐垫上发现“艾滋针”的消息突然成为朋友圈中的热门信息,网上流传的一张图片显示,有人从一辆黄色的ofo共享单车坐垫上找到一根针,而针的方向和位置,似乎是故意插上去的。与图片一同流传的文字则更加惊悚:“太恐怖了!!!!!骑车的时候请注意查看,有些艾滋病患者把自己的血染到针头上。要是被扎到你就被感染了……比鬼神更可怕的就是人心吧。随手转发一下,正能量!!!不仅仅是小黄车。各种共享单车都要注意啊!!

① 腾讯公司:《微信朋友圈使用规范》,腾讯科技,2015年3月15日,http://tech.qq.com。

② 徐静、曾繁宜:《微信“诱导分享”文章中47%涉及金钱主题》,《广州日报》2015年12月15日。

我经常骑摩拜和小黄!!”[①]很多网民在转发的时候,会加上一句诸如“转出去,愿这个社会多一点正能量”“有良知的人必转”之类,好像不转这则谣言,就不是“正能量”,就没有“良知”似的。对此,ofo 公司发表声明称:“小黄车在第一时间对谣言中涉及的城市进行核实,没有发现任何谣言中所说的情况发生。”另外,医学专家也指出:艾滋病病毒只能在血液和体液中活的细胞中生存,不能在空气、水和食物中存活,离开了这些血液和体液,这些病毒会很快死亡。[②]

(二)巫术胁迫

这类语言巫术还可细分为白巫术、黑巫术两种。白巫术以祝福和祈愿为主,如:“帮帮这个可爱的小女孩吧,好人终有好报! 动动你的手指转发吧!”“66 秒内转发,全家平安!”“最灵验的‘过考符’,高考必备! 转发有好运!”黑巫术以谴责和诅咒为主,如:“不转不是中国人!”“看完就转! 不转不是人!”“看完请马上转发给你的亲人朋友,望大家小心。没良心的就不要转了。”“帮帮这位可怜的老人吧,若觉得会脏了你的手可以不转!”“戴玉的规矩,不懂不要乱戴! 不转后悔!!”“中国人要让《贞子》票房为零。朋友们必须转起! 谁看《贞子》倒霉一辈子!”

比如,一则“传递正能量”“好人有好报”的失物招领启事:“大家帮忙转一下,我朋友捡到一个钱包。里边有一张身份证:梁永涛,卡 10 多张。现金 1000 元左右,动车票 2 张(梁永涛,张慧)。车票是后天的,大家帮忙扩散。赠人玫瑰,手留余香。传递正能量。失主请联系:15879970199。谁的群多,帮忙转一下。好人好事大家都转发一下哦,这个得转。现在好人太多了。谢谢! 好人有好报!”[③]

梁永涛丢钱包的谣言始于 2016 年初。从 2016 年直到 2017 年,梁永涛和张慧的两张动车票一直没有过期,拾物者的电话却一直在换。谣言转发者大概以为好心必有好报,以为转发一次,就如同在污水沟中放生了一条金鱼,是一种能得到福报的“功德”。当然,“好人有好报”的另一句潜台词是:“如果你不转发,就未必是好人;如果你不是好人,就未必有好报。”

---

① 忽如雪:《共享单车又扎上有艾滋病患者血液的针头?》,百度—百家号,2017 年 5 月 29 日,https://baijiahao. baidu. com。

② 参见济南疾控微健康:《艾滋病病毒在体外能存活多长时间?》,搜狐—科技,2017 年 11 月 1 日,https://it. sohu. com。

③ 孤风落叶:《大家帮忙转一下,我朋友捡到一个钱包》,零距离网,2017 年 1 月 31 日,http://www. ybvv. com。

(三)情感哀求

情感往往比事实更容易打动读者,因此,以情求转也是网络谣言常用的手法。如:"小伙伴们帮忙转发一下,谢谢亲们!""医师强调,如果每个收到这份微博的人,能够转发10份给其他人,肯定至少有一条生命将会被挽救回来,请转发!""请拿起鼠标转发扩散! 让更多的人知道,这个社会并不和谐,在某一个角落还隐藏着邪恶!"等。

又比如,2017年5月,河北流传的一则猪瘟谣言称:"石家庄正定县:昨天凌晨2点23分,13名男女感染猪病毒死亡,有的猪场的猪被大批埋葬,已经死亡人数13人,最大的64岁,最小的9岁,参与抢救的医生已被隔离,河北1台电视新闻已播出,暂时别吃猪肉、家禽,特别是猪肉,目前河北有167个已感染,正定县朱河村的猪肉就有病毒。收到马上发给你关心的人,最好是群友。为了您的健康,请转发!"①

如果说"求转发"的传播者未必知道自己转发的是谣言,那么,"求辟谣"的传播者则是明知其为谣言而传谣。许多人在转发诸如《中国正燃烧一种比煤炭更肮脏的燃料?》的时候,为了规避传谣风险,会在标题前面加上一个"求辟谣",比如《求辟谣:中国正燃烧一种比煤炭更肮脏的燃料?》。

大凡网络中以"听说""求辟谣""求证实"开篇的消息,几乎没有不是谣言的。如:"听说韩寒在比赛中不幸身亡,是真的吗?""听说最近在江苏省徐州市沛县杨屯镇到龙固镇之间丢了12个孩子了,有团伙开着轿车,从孩子家长手里或者宝宝座椅里抢了就跑。""路边社消息:中国海军的一艘情报收集船于15日凌晨3点前后进入了鹿儿岛县口永良部岛以西的日本领海,清晨5点前后驶离领海。求证实……"

这类消息发布者中,真咨询者少,打着求证名义故意造谣传谣者占了绝大多数。但无论是真咨询还是假咨询,消息发布者本人都明确表明了"不知情"或"无法坐实消息"的态度。正如上述案例所自称的"路边社消息",但凡此类标榜"路边新闻社"或"洋葱社""洋葱新闻""路透消息""路透短讯",基本可以肯定是带有网民恶搞性质的谣言。

① 一言正天下定:《网民在网上散布我县朱河村感染猪病毒死亡谣言被公安机关拘留》,百度贴吧—正定吧,2017年5月26日,http://tieba.baidu.com。

四、信源要素的缺失

我们关注谣言的语法，不仅要关注它们“有”什么，还可以关注它们“缺”什么，谣言语法中最关键的缺失，是信源要素的缺失。因为谣言大多是无中生有、捕风捉影，或者张冠李戴、指鹿为马，所以大多数谣言都会故意模糊其信源问题，以躲避读者的追溯、倒查。具体看来，信源要素的缺失包括六种情况。

（一）无具体信源

这类谣言最初级，也最容易识别。谣言往往只是使用“网传”“转发”“求证”“求辟谣”等非信源短语，虚构或转述一些容易引人瞩目的小道消息。比如：“网传，赵本山今晚被控制，在被抓时自杀未遂，赵本山已沦陷。”[①]“网传李双江儿子轮奸案和解。某认证博友称：李某某未满 18 岁，作案又处醉酒状态，很难重判，5 名嫌疑人家长与被害女孩家长沟通，赔偿重金、北京户口、工作、1 套房，女孩已撤诉。”[②]

（二）使用模糊信源

模糊信源旨在增加读者的倒查难度，阻止读者进一步查证，如“央视已经报道”“紧急通知！刚刚电视新闻已播出”“公安局提醒您”“外交部发言人说”等不确定、不具体、难以追查的信源短语。比如：“中央电视台《焦点访谈》已经播出，可口可乐承认旗下（果粒橙）含有美国禁用农药‘多菌灵’，多菌灵可致脑麻痺、肝脏肿瘤等癌症。包括香港正在销售的（果粒橙），香港食环署正在了解此事件。专家指出，（多菌灵）跟其他农药一样，对脑部影响最大，可引致局部麻痹，并会导致癌症。”[③]谣言既没有提供《焦点访谈》节目标题，也没有提供具体的播出时间，普通读者若要查证，无异于大海捞针。谣言表面上似乎提供了信源，事实上只是一种取信读者的谣言伎俩。

---

① 辛闻：《传赵本山涉黑被抓搜出 20 吨黄金，徒弟辟谣》，中国警察网，2014 年 12 月 28 日，www.cpd.com.cn。

② 微博“记者帐琴”，2013 年 3 月 25 日，http://weibo.com/u/1154814663。

③ 今夜风凉凉：《各位，中央电视台“焦点访谈”已经播出》，百度贴吧—李毅吧，2013 年 1 月 22 日，http://tieba.baidu.com。

(三)捏造虚假信源

有些谣言故意对信源进行模糊处理,犹抱琵琶半遮面,但也有些谣言言之凿凿,时间、地点、人物样样俱全,可事实上全是虚假信息。2016 年 10 月至 2017 年 3 月间,我国部分地区发生禽流感疫情,感染 H7N9 的患者呈现出病例增多、分布地区广、散发程度高等特点。虽然疫情得到很好地控制,但仍然在社会上引起了一定程度的恐慌,与此相应,大批与疫情相关的谣言也开始得以传播。2017 年 2 月开始,山东、河南、四川、湖北、河北等地陆续流传虚假 H7N9 疫情的网络谣言。这些谣言有的附有数张所谓的“医院抢救”照片截图,有的捏造死亡者姓名、性别、年龄等信息,有的捏造感染者之前与禽类有过接触等情节。这些谣言虽然信源虚假,信息模糊,但是由于图文并茂,信源貌似充分,多数读者并不核实查证,谣言依然得以广泛传播。

比如:“今年春节前后,江西省瑞昌市高丰镇郝爱军,因在乌石街饭店吃大盘鸡感染 H7N9 流感死亡,参与抢救的医生胡海兵已被隔离,瑞昌市 5570 头家禽已感染。”之后,山东、内蒙古等地陆续衍生出不同版本的“某地某市民吃大盘鸡感染禽流感致死”的谣言。在这类谣言中,时间、地点、人物(包括医生)、数据,样样齐全,貌似证据充分,信息确凿,事实上所有信息都是虚构的。谣言除了指向大盘鸡之外,“吃泡椒凤爪感染 H7N9 流感死亡”“鸡蛋不能食用”等说法也在网络上流传,甚至还有谣言称流感病毒可以在禽类羽毛上存活较长时间,不仅生产羽绒服过程中收集环节的工人是高危人群,穿羽绒服的人也要加倍小心,等等。根据国家卫健委卫生应急办公室的回应,导致人感染 H7N9 病毒最重要的危险因素,是直接或间接暴露于受感染活禽或带毒禽类污染的环境中。尚没有证据显示 H7N9 病毒能够通过经妥善处理后的禽类或禽蛋类传播给人类。此外,吃煮熟的食物也不会感染 H7N9 病毒。①

针对社会普遍存在的恐慌心理,李克强总理在 2017 年 2 月 22 日的国务院常务会议上再次强调,要公开、透明、及时发布 H7N9 疫情权威信息:“我们应对公共卫生事件多年来的经验教训表明,公开透明是谣言的天敌。各地方和有关部门要把公开透明发布疫情作为一项制度,及时回应社会关切,指导家禽从业人员和公

① 参见新华社:《细数 H7N9 谣言套路这些谣言不能信!》,农产品期货网,2017 年 2 月 23 日,http://www.ncpqh.com。

众做好防护。""只有信息发布做到公开透明,才能让群众安心、信任,防止引起恐慌。"[①]总理反复强调应该以公开透明的"权威信息"来扼断"虚假信息"的传播。

(四)提供无效信源

有些谣言虽然交待了"知情者"或"当事人"的某种特定身份,甚至可能提供一些细节信息,但是读者却无法从中获取有效的检索方式,不可能核实信息真伪。

比如每年的高考季,都会有一则"捡到一张高考准考证"的周期性谣言在传播,2017年也不例外:"捡到一张高考准考证,刘明炜,考点在一中,请朋友们转发,让刘明炜联系这个号码18730840258。一定帮他群发一下,这孩子一家肯定急死了。扩散,扩散,别耽误孩子高考!@所有人,请转发。"[②]

这种"捡到一张某某的高考准考证,有爱心的朋友快在朋友圈转发,别让考生耽误考试"的爱心谣言,每年都在传,那个丢了准考证的学生,前年是白娅婧,去年是杨雷雷,今年就成了刘明炜。谣言中所谓的"考点在一中"就是个模糊地址,全国每个县市区基本都有一中,表面上有名有姓有地址,实际上却是无效信源,根本无法核实。

这些无效信源的谣言显得更狡猾、更具欺骗性,获取的转发量往往也更大。有研究者指出:"在传播较广的谣言中,对信源有所交代的谣言是未提及信源谣言的近乎两倍。本研究的样本中,明确具体信源的谣言占比达到总样本数的51.1%,可见,加入受到信任的信源信息成为谣言制造和传播过程中的常用手段。以往研究将谣言信源模糊性视为主要变量,然而本研究发现,明确提及信源并不会减弱其传播,'亲眼看见''亲身体会'往往更能取得公众信任。"[③]

信源倒查是识别和查证谣言最有效的手段,有传播学学者指出:"只要掌握几种'武器',就能提高对谣言的辨识能力。'武器'之一:看信息来源。有些信息来源于道听途说,有些属于个人臆想式的'孤证';有些媒体发布的信息也没有明确的信息来源,只好标明'网传',类似信息的可靠性值得怀疑,不能轻信。'武器'之

① 李之南:《李克强谈应对H7N9疫情:公开透明是谣言的天敌》,中国政府网,2017年2月25日,http://www.gov.cn。

② 嗨滁州网:《真相!滁州人别再传了!有人捡到一张高考准考证刘明炜考点在一中》,搜狐教育,2017年6月1日,http://learning.sohu.com。

③ 王理:《灾后谣言传播中的社会化辟谣研究——以"4·20"雅安地震为例》,《新媒体与社会》2014年第1期。

二:要善于搜索、比对。一些谣言属于'旧闻翻新',虚化了时间、地点重新上传以误导网民;还有一些谣言的内容情节离奇,可以用关键词搜索的方法,将不同的说法进行比对,以判断信息的可信度。"[①]可是,正所谓"道高一尺,魔高一丈",谣言家们总是会想出各种办法既规避辟谣网民的倒查,又博取普通网民的信任和转发,其最简便的做法就是提供虚假信源或无效信源。

(五)整体信源缺失的视频谣言

自从手机小视频,尤其是"快手""抖音"之类的小视频得以普及之后,大量的没有信源的短视频充斥手机网络,成为谣言传播最庞大的载体。如果我们以"中国互联网违法和不良信息举报中心"及"微信安全团队"每月公布的"十大网络谣言"作为数据,就可发现,在2017年每月谣言榜的120则上榜谣言中,计有32则视频谣言,占全年上榜谣言总数的27%。这些短视频几乎都不提供关键信源,没有信源,也就意味着为谣言提供了更多的"瞎掰"可能性。

比如2017年5月中旬,微信朋友圈突然流传一则"香蕉浸泡不明液体"的视频,从视频中可以看到,工人们不断地将香蕉浸入了一种液体中,然后再捞出来沥干装箱。很多人都担心这种不明液体有危害。可是,视频中既没有时间,也没有地点,完全没有提供任何信源,更有好事者配上这样的文字说明:"朋友圈的朋友把这视频发到你的朋友圈和所有群,视频里面泡的水是甲醇(按:也有说甲醛的),甲醇是剧毒致癌物,知道最近几年为什么癌症这么多了吧……都是这帮丧尽天良得畜生们害得……泡甲醇。"[②]那么,视频中浸泡香蕉的"不明液体"究竟是什么?是保鲜剂。据专家介绍,目前使用的香蕉保鲜剂主要是咪鲜胺、甲基硫菌灵、异菌脲,这些都是国际公认的低毒杀菌剂,符合国家标准要求,消费者大可放心食用。[③]

2017年发生在河南济源的一则闹剧更是令人哭笑不得。3月23日,在济源市民的微信朋友圈中,出现一条仅有11秒的小视频,视频中闪过一片绿油油的菠菜地,一位没有露面的女性用当地方言指菜地说:"酒务村东头菠菜地的菠菜不要

---

① 余荣华、李亚楠:《北京网站共建辟谣平台》,《人民日报》2013年8月3日。

② 来自2017年5月17日微信朋友圈截图。

③ 参见新华网:《香蕉浸泡"不明液体"吃了有毒? 揭秘真相》,环球网,2017年5月18日,http://www.huanqiu.com/。

了哈，谁要要了抓紧时间，明个儿早上赶紧来这儿整……”第二天，果然从四面八方来了许多人，像赶集似的，有人开着三轮车，还有人开着轻型卡车，跑到这片菠菜地里来摘菠菜。菠菜地的主人孙先生向《河南商报》记者还原当时的情形说：他妻子和老母亲立即前去阻止，可是根本拦不住。患有白内障的老母亲，一只手捂着眼睛，一只手拄着拐杖到地里制止，但采摘的人都无动于衷。面对阻拦，还有人说：“别人都拔了，你不让我拔？”当天大概有 100 多人来地里摘菜，直到 3 月 25 日下午，仍有多名市民前来。① 对于发布视频的女子，由于始终没有露面，光声音也听不出来是谁，13 亩菠菜就这样不明不白地被一则不知什么人录制的视频给毁了。造谣者除了菠菜地的所在地点，其他什么信息都没有提供，但是因为涉及“免费摘蔬菜”，市民们不管三七二十一，开着车就去把菠菜全抢光了。

视频因为有画面、声音，还能用字幕提供辅助信息，很容易迷惑观众，误以为“真实”。其实，视频虽然有画面，但由于镜头所及可大可小，可全可偏，而且没有可以查询的关键词等信息，追踪和查证更加困难。以前的网络谣言多是文字传播，文字谣言至少还得有主语、谓语、宾语，大致具备新闻五要素——时间(when)、地点(where)、人物(who)、事件(what)、原因(why)中的若干要素，可是，视频谣言表面看起来虽然也有地点、人物，可是，广袤大地、茫茫人海，这些信息大都是难以搜索、无法查证的。像上面两则视频，“香蕉浸泡不明液体”的地点是模糊的，只看到一群人在一个泡香蕉的池边工作，地点是中国的还是外国的，时间是今年的还是去年的，液体是有毒的还是没毒的，所有的信息全都没有提供；在“号召摘菠菜”视频中，画面中虽然出现了一个中年妇女的声音，但是并没有露面，受害者直到地里菠菜被抢光，也没能查出恶作剧是谁干的，但摘菠菜的人却完全不顾有没有信源、是不是可信，只是因为有便宜可占，法不责众，大家伙一窝蜂就把菠菜地给抢光了。

又比如 2017 年 2 月，一则“索道断裂死伤数人”的视频在微信群和朋友圈被大量转发。视频显示，有人员和担架疑似从高处坠落，死伤惨重，还有不少人在现场呼喊和搜救，场面血腥。由于视频中未提供信源，现场嘈杂，无法听清视频中所说内容，也无法辨别地点。有好事者为其编造出了多个出处。盛传事故发生在湖南张家界某景区：“张家界游览车绳索断了伤亡惨重！就在刚才。”“早上就看到这

① 参见程时培、陈朋：《朋友圈一段 11 秒小视频引来上百人“薅光”13 亩菠菜》，《河南商报》2017 年 3 月 28 日。

个视频了。""我同学发的,现场好惨!"[①]也有人指出事故发生在广西河池,还有人认为事故发生在江西明月山。事实上,这一事故发生在越南莱州省,一支送葬队伍当天早上运送一口棺木过桥途中,吊桥突然坠落,造成至少7人丧生,37人受伤。

这则视频谣言刚刚扑灭,另一则指向张家界(有时被指为江西明月山、泉州南安等)的视频谣言又来了。一辆正在行进途中的缆车突然起火,火势越来越大,浓烟滚滚。视频中并没有自带信源,看不出事故发生在哪里,这又给了网民信手瞎指的机会,有好事者在转发视频时又加上一段指向张家界的文字,称:"好惨,张家界吊缆,17位游客变'烧鸭'。关在笼里,没有逃生机会。"不过,也有网民指出,张家界的缆车是6人小轿厢,根本没有17人的大轿厢。其实,视频是2015年3月发生在巴勒斯坦的一起缆车火灾事故,系乘客在缆车内燃放鞭炮所致。起火的缆车下方虽然没有显示人群画面,却能清楚地听到人们的惊呼声都不是中文。[②]

视频谣言大约从2015年以来呈现出急剧上升的趋势,这与"快手"等短视频平台的迅速扩张,短视频大量传播有很大关系。2015年6月到2016年2月,短短半年多时间,"快手"用户就从1亿涨到了3亿。截至2017年,仅"快手"一款短视频平台,注册用户数就超过7亿,日活跃用户数超过1亿,成为"日活亿级俱乐部"成员之一,每天视频上传量超过千万条,汇集了来自全国各地用户记录生活的场景,审核压力极其繁重。[③]

手机短视频的普及,催生了海量的短视频谣言。比如2017年3月1日,保定市民微信群大范围传播一个视频,大概内容是:"一工厂突发火灾,有人称,天呐,飞机掉下来了。"视频中虽然没有提到具体是哪家工厂,但还是造成了一定的社会恐慌,扰乱了公共秩序。保定网警迅速找到了快手账号"掀起你的裤头儿来",对其处以治安罚款500元。[④]

从数据上看,或许我们更能理解辟谣工作的艰辛和复杂。根据"快手科技"

---

① 彩色的小别离:《谁说张家界铁索桥断了?快出来,张家界在找你!》,360doc个人图书馆,2017年2月21日,http://www.360doc.com。

② 参见珠海网警巡查执法:《张家界缆车起火,17位游客变"烧鸭"?别编了,真相在这里》,百度—百家号,2017年11月27日,https://baijiahao.baidu.com。

③ 参见科技快报网:《快手公布11月处罚通报对违法违规内容零容忍》,搜狐—科技,2017年12月7日,https://it.sohu.com。

④ 参见汪洋:《工厂起火飞机坠落?保定一男子网上散播谣言被罚》,《燕赵晚报》2017年3月8日。

2017年12月24日公布的“情况通报”:“快手平台12月处理违规用户及内容情况如下:平均每天清理违规内容约29.9万条;平均每天处置违规直播间2510个;平均每天关闭账号直播权限245个;平均每天接到举报约3.5万条;平均每天处理有效举报3611条;平均每天封禁账号19945个。”①

(六)反其道而行之的赌博式押注预言

赌博式谣言往往反其道而行之。预言家为了扩大影响,提高其知名度,往往会押注式地预言某项事件发生的具体时间、地点、人物等。只要偶尔押准,便能声名大噪。比如一则《预测川普当选预言家:5月13日将爆发核战》的网文称:一位名叫维利加斯的天主教徒,他曾自称对《圣经》与诺查丹玛斯(Nostradamus)等预言有研究,能据此来预测重大事件的发生。他曾经在2015年8月预言特朗普将会当选美国总统(估计全世界接近一半的人都预言到了),而且还会发生第三次世界大战。维利加斯向《每日星报》声称,最近他在梦中看到一个景象,即是从天而降的火球撞击地球,导致人们四处逃难,以躲此浩劫。他认为,这是核弹轰炸世界各地城市与人们的象征。他预测核战爆发的日期是5月13日,而这一天正是法蒂玛圣母(Our Lady of Fátima)显灵100周年的日子。他还预言这场世界大战将会于10月结束。因此,他提醒人们于5月13日至10月13日间要做好准备,因为这场战争将导致大规模破坏及死亡。②

这种赌博式的预言,只能押注似地赌一个相对准确的、大多数人不敢肯定的预言,否则他就没法将自己的“预言”从“猜测”中挣脱出来。预言家如果首鼠两端,语焉不详,就会流于俗众,无法成“家”立“业”。如果有幸赌对一次,很快就能在世界范围内成为一个著名预言家。当然,如果赌得不准的话,这些胡说八道很快就会被人忘记。比如这位名叫维利加斯的老兄,如果不在本“谣言簿”上记他一笔,估计很快就淹没在海量的网络信息和无效资讯当中了。

---

① 站长之家:《快手对违规用户及内容的处罚情况通报(2017年12月)》,站长之家,2017年12月26日,https://www.chinaz.com。

② 参见雨颐墨:《预测川普当选预言家:5月13日将爆发核战》,360doc个人图书馆,2017年4月2日,http://www.360doc.com。

五、极端化的夸张句式

谣言夸张、离奇、耸人听闻的故事风格，比那些平淡的叙述无疑更加生动，更容易取得谣言家想要达到的宣传效果。因此，谣言往往诉诸强烈的情感，体现为一种情绪化的思维和句式。比如这则抹黑民政抚恤的谣言："一位老母亲在她儿子牺牲在老山前线 20 年后，终于第一次见到自己唯一儿子的坟墓。为什么 20 年她才来看儿子的墓？因为她没去云南烈士陵园的路费。儿子的战友找到了烈士的家，看到她的屋里只有一口破锅、一个土炕、一堆棉花套。老人只靠当地民政每个月给的 28 元过日子。"[①]谣言发布者是一位作家，貌似平静的叙述中，饱含着强烈的情感暗示。

2017 年 5 月，"一张恐怖的全家福"暴红网络。这是一张所谓的"全家福照片"，据传为江苏省如东县一个光荣遵守一胎政策的家庭，照片中一个二十出头的大学生站在最前面，后面是年近五十的父母、外公、爷爷奶奶，曾祖父曾祖母，一家八口，就他一个年轻人。最早发布照片的微博博主"逸事拾遗"是这样写的："这张全家福照片，是江苏如东县一个光荣遵守一胎政策的家庭，一个二十出头的大学生，一对年近五十岁的父母，一个外公，一对爷爷奶奶，一对曾祖父曾祖母，一家八口只一个年轻人。这真是一张恐怖的全家福！"[②]最典型的网络评论是这样的："假如这个年轻人找对象的时候再找一个跟他一样的独生子女，那真是恐怖中的恐怖了。换位想一想，我要是他，面对身后这七位长辈，想想他们养老送终的责任都在自己肩上，该是怎样的心情？这张全家福，暴露的不仅仅是长期独生子女政策的弊病，更暴露了中国人目前一个最大的危机。"[③]很快，照片中这位"唯一"的年轻人"哎呀有微博了"通过微博辟谣，声明自己还有兄弟姐妹、叔叔阿姨，整个家族加起来有四五十人。至于这张照片，是几年前为了宣传孝顺老人而配合拍摄，

---

① 微博"作家熊聪颖"，2011 年 11 月 28 日，weibo. com/u/1980547921。

② 吉安老表：《这张"恐怖的全家福"刷屏了，照片是真的，故事却不是……》，搜狐一娱乐，2017 年 5 月 18 日，http://soyule. sohu. com。

③ 冰雨梦悠悠：《一张恐怖的全家福是怎么回事?》，百度知道，2017 年 5 月 17 日，https://zhidao. baidu. com。

没让其叔叔阿姨妹妹弟弟出镜。[1]

谣言都是"重口味"的。为了引起注意、刺激传播，谣言不仅迎合受传者的口味，还会将这种口味强化到极致。谣言重口味主要表现在各种故事功能的强化处理上，往往利用善恶对比，通过夸张形态、夸大程度等极端化的处理使叙述情景得到强化。在谣言的叙事中，灾难总是"最惨烈的"，受害者总是"最值得同情的"，施害者总是"最不能原谅的"，施害原因总是"最难以理喻的"。比如："七旬老汉靠卖自己种的菜为生。一个从执法车上下来了一个年轻人，朝马路边摆地摊卖青菜的老汉走来，连扇老汉几个耳光，连推倒在地。老汉到处寻找执法者，只想告诉他：'我从山里骑着烂单车到这里用了3个多小时，只想卖点钱给生病卧床的老伴买药。'"[2]

对比手法是极端化谣言最常用的手法。在上面这则谣言中，"年轻城管"的粗暴、蛮横，与"卖菜老汉"的艰辛、无助都被推向了极致，形成了鲜明的强弱对比、善恶对照，很容易激发读者对于老汉的同情，以及对于城管的憎厌。又如："【抵抗强拆，女子在公安局被扒光】一中年女子在贵州盘州市红果街上裸奔，家属称：这名女子因抗强拆被抓到公安局，她在公安局内就被扒光，公安们打赌称这名女子不会跑出公安局。最后围观人越来越多，公安感觉到事态严重性，于是把该妇女打晕抬上车，扬长而去。"[3]极其羸弱的受害者对应的是极其蛮横、无法无天的施暴者。施暴者暴行之极端，令人闻之亢阳鼓汤、血脉偾张，谣言想要的效果就是："这样的帖子看了不转，你还是人吗？"

在极端化谣言中，用作比较的对象总是那些公众日常最熟悉的、被视为极品的事物。如《这7种肉，医生已禁，比砒霜还毒》《天啊！最常吃的水果竟然比砒霜还要毒！》的比较对象是砒霜，《比三鹿奶粉毒性厉害100倍的大闸蟹，你还敢吃吗？》的比较对象是三鹿奶粉，《比德国"防洪神器"强100倍，来看看中国宋朝排水系统！》的比较对象是德国，《美国调查发现易拉罐上的细菌比马桶多》的比较对象是马桶。

类似的对比手法在民族主义谣言中表现得尤为突出。比较的对象也总是我

---

① 参见中国互联网违法和不良信息举报中心：《12377盘点5月份十大网络谣言》，《中国信息安全》2017年第6期。

② 微博"琦元宝123"，2013年5月1日，http://weibo.com/u/3202681171。

③ 微博"地被强征了"，2012年1月20日，http://weibo.com/u/1846566497。

们最熟悉的世界强国，所以，比得最多的是美国，其次是日本，再次是德国等。比如这则流传极广的谣言："美国护照中写着：'不管你身处何方，美国政府都是你强大的后盾。'在中国护照中写着：'请严格遵守当地的法律，并尊重那里的风俗习惯。'微评：美国说：出去了有人欺负你，招呼一声，咱修理他！中国说：出去了老实点，听人家话，少给老子惹麻烦！"[①]类似的谣言还有："1994 年前后，中美入世谈判最艰难的时刻，美方突然向中方提出：在全世界都实行双休日的今天，中国必须尊重人权，也给中国人双休日，并把这一项作为入世条件之一。于是，1995 年 5 月 1 日起，我国开始实行双休日工作制。我们到底应该感谢谁？"[②]

在数字处理上，谣言的极端化特征尤其容易识别。谣言偏爱使用耸人听闻的大倍数、大概率数据，强化谣言对象的"决定性作用"，暗示"情节严重"，诱导读者"一定要转"。谣言数据都偏好使用诸如"100 倍""100%""99%"等极端化的数字，如《吃了 100%得癌的食物，千万别碰》《100%的癌症患者是酸性体质，你了解多少？》《萝卜这样吃，100%得癌症》《这个东西连皮吃，可防 99%的癌，才 2 元一斤！可惜知道的人太少》《40 年 4 万倍：香港股神是怎么炒股的？》《生姜堪比还魂药，可惜 99%的人只当佐料》《老中医一绝，刮手指治百病！98%的人不知道》等。典型的谣言文本如："全国人大代表韩德云，连续 7 年提交官员财产申报公开提案，否决率达 99%。他已当选两届全国人大代表，今年他又一次提交要求官员财产公开提案，据说该提案一提出，全场立时鸦雀无声，代表们在无声中按下否决钮，否决率竟达 99.99%！——由此是否可以得出结论：官员腐败率已达 99.99%？"[③]

当然，微不足道、否定性的小概率数据也是一种逆向极端化的强调，如：《你的命不好，是因为你从来没有这样做……（据说只有 1%的人知道）》《只有不到 1%的人才知道的恐怖真相，不要说我没告诉你》等。

此外，用作对比的数字，也偏好使用整倍数来夸示其差距。如 2012 年 7 月北京暴雨，房山水灾，紧接着便是伦敦奥运会，有谣言称："有 7000 名祖国记者去伦

---

① 中国雨天：《中国护照和美国护照上面到底写的什么》，铁血网，2012 年 5 月 1 日，http://www.tiexue.net。

② 反人类犯罪：《是谁给了中国人双休日》，360doc 个人图书馆，2012 年 12 月 15 日，http://www.360doc.com。

③ 之夏：《触目惊心的中国式官场腐败》，天天观察网－天天评论，2015 年 5 月 26 日，http://www.worldhots.com/opinion。

敦，只有不到 70 个记者去房山。这说明啥？据说，光央视就去了 2000 人。伦敦奥运会新闻中心也说，前来注册和非注册外国记者几乎一半是中国面孔。”[①]谣言总是喜欢凑整数，之所以弄出个 7000 和 70，就是为了凑出“相差 100 倍”的效果。

比如，2017 年 1 月初，北京等地区严重雾霾之后，关于雾霾的话题迅速成为微信朋友圈的讨论热点。1 月 5 日 16 时，成都市气象台发布雾霾红色预警信号，这本是一次正常的雾霾预警，可是，成都地区的微信群和朋友圈迅速出现了一条严重夸大的谣言信息：“温馨提示：突发！成都市气象局发布成都历史上第一个红色雾霾预警警报，这是最高警报，预计未来 24 小时，我市将遭遇成都 2000 多年历史上最严重的雾霾，AQI 将超过 700，局部可能超过 800 的肺癌临界值。未来三天！一！定！要！戴！口！罩！”这则披着“温馨提示”外衣的谣言迅速被大量转发，引起了成都及其周边市民的担忧。其中“2000 多年历史上最严重的雾霾”的表述让许多市民感到十分惊恐。事实上，发布霾预警信号最早只能回溯到 2006 年，此前根本就没有监测数据，所谓的“2000 多年历史上最严重”的说话明显是危言耸听。所谓“AQI 将超过 700，局部可能超过 800 的肺癌临界值”的说法也是利用了数字夸示危害，成都市环保局表示：“根据我市环保部门发布的数据，我市日均 AQI 指数范围在 132～375，没有出现过全市 AQI 超过 500 的情况。”[②]

在修辞上，谣言偏好使用一些情绪性、极端化的副词或形容词，诸如“最”“绝对”“唯一”“永远”“严重”“肯定”“至少”“死定了”“断子绝孙”“无一幸免”，等等。如：“隐翅虫在你身上时绝对不要打，它身上有毒液，接触到皮肤，就死定了！跟你的孩子、朋友讲，万一身上有这虫，用嘴巴轻轻吹走就好。绝对不要用手打。如果每个收到这条信息的人，能够转给 10 个其他人，肯定至少有一条生命将会被挽救回来！”[③]

谣言的极端化修辞往往并不是从头到尾的极端化，而是表现为关键部位、关键数字的极端化，这种错位突出地表现在“题文错位”上面，即谣言的标题修辞和内文修辞显示出明显的差异。标题倾向于用一种确定性、绝对化的语气，向受众传达一种不容置疑的态度，吸引受众的眼球和点击。例如，《请一定转给你身边的

---

① 微博“深圳热点”，2012 年 7 月 30 日，http://weibo.com/u/2057384454。

② 汪兰：《气象、环保、疾控中心 3 个权威部门联合辟谣》，《成都晚报》2017 年 1 月 7 日。

③ 方与圆 623：《全球紧急通告：见到这种虫，千万不要打！100％致死！》，360doc 个人图书馆，2014 年 10 月 29 日，http://www.360doc.com。

女生看,这是最新骗局!》中的“一定”“最新”之类的词汇,就是为了传达一种紧迫感和强迫感。但是在内文中,不确定性的表述会大幅增加,说明当进入具体讨论的时候,谣言家会留有余地,对于许多证据和细节,会倾向于使用模糊性的词语,有意含糊其词,避免出现明显的漏洞,以躲避监管部门的打击。① 读者往往用“标题党”来表达对于这种文不对题现象的痛恨。

有网民模仿谣言夸张手法,戏编了这么一则耸人听闻的恶搞谣言:“紧急通知:震惊! 太可怕了! 烧开的自来水千万不要直接喝,转起来,让更多的人知道! 经国内外数名专家及几千万例临床联合实验表明,无论是城市还是农村,无论是大铁锅还是电水壶、饮水机烧开的自来水,千万不要马上直接喝! 直接喝的话——烫得很!”

六、极端化的臆想情节

谣言的夸张修辞,既包括句式,也包括情节。2017 年初,“中国青年网”和“中国网”等一些门户网站都曾发布一则《大学生娶同学妈妈　两人相差 34 岁　女儿含泪送祝福》的新闻,新闻导语中说:

> 近日,河南一酒店举办了一场特殊婚礼,大学生娶同学妈妈,这是怎么回事呢? 新郎名叫陈晓礼,而新娘叫刘芬芬,这对恋人是在大学时候认识的。刘芬芬育有一女儿,名叫吴青青,在吴青青 4 岁的时候,刘芬芬便与前夫离婚了。随后,由于吴青青是陈晓礼的大学同学,彼此之间经常有来往,由于时间久了,陈晓礼经常看到刘芬芬,因此爱上了她。“你每一次地拒绝我,都让我痛得撕心裂肺。”婚礼的当天,吴青青最为激动:感谢妈妈将我含辛茹苦地养大,如今她迎来自己的幸福,我也感到非常高兴。②

在传统社会中,大龄男子娶年轻女子似乎并不稀奇,但是,大龄女子嫁年轻男子,往往会被人拿来说嘴。传统笑话中有一部分笑话就专门讲述大龄女子如何在婚礼中隐瞒年龄,最后不慎露出破绽的。在这则“新闻”中,一个年纪 21 岁的帅气大学小伙迎娶一位比自己大了 34 岁离婚中年大妈,然而这位大妈竟然是自己大

---

① 参见黄涛:《微信年度 5 大谣言》,《华商报》2016 年 4 月 2 日。

② 陈庆贺编辑:《大学生娶同学妈妈　两人相差 34 岁　女儿含泪送祝福》,中国网,2017 年 1 月 2 日,https://www.china.com。

学同学的亲生母亲，这是一场令人感到非常尴尬、奇特的婚姻。更奇特的是，新郎的同学、新娘的女儿居然还表示"非常高兴"。那么，这场婚姻到底是什么情况呢？河南省公安厅官方微博发布消息称，类似谣言已在多地传播数年，系假新闻。经过新华社记者的追踪调查，发现自2013年起，就有类似的文章在网上传播，地点涉及广州、无锡、平潭等不同地方，且图片一致，故事情节相同，大部分文字雷同。[①] 早期的网文一般都会在文中提及同学妈妈的保养秘籍，也即使用某种保养品、进行美容治疗等，显然是一则虚构的商业推广的故事文案。但是，好事者在传播的过程中，滤去了软文的产品推介部分，于是，一则拙劣的商业软文，就被裁剪成一则夸张、猎奇、老少配的"爱情故事"。

2017年影响最大的舆论事件，应该是发生在11月下旬的"红黄蓝幼儿园虐童事件"。2017年11月22日晚开始，有十余名家长反映北京朝阳区管庄红黄蓝幼儿园的幼儿遭遇老师扎针、喂不明白色药片，并提供孩子身上针眼照片。11月26日晚，北京警方就该园虐童事件进行通报，幼儿园教师刘某某被刑拘。11月29日，红黄蓝教育机构发布道歉信。

但事情的过程却远没有这么简单，由于11月初在上海刚刚发生携程托管亲子园教师殴打孩子，强喂幼儿芥末事件。"11月8日，携程亲子园的道歉会上，一位身穿灰色外套的女性家长情绪激动。她昨晚已经哭了一夜，现在甚至有些站不稳脚，得靠另外几位家长在身边搀扶。在此之前，这位家长从一段监控视频里目睹了孩子在亲子园的情况：半小时内被喂半管芥末，一小时拉六次肚子，被脱光裤子拉到角落站着不给换尿布……她颤抖着说，自己的宝宝现在才17个月大，自己只看了两个半小时的监控视频，因为实在是看不下去。"[②]这一事件"令人发指"，遭到广大网民愤怒声讨，各种极端化的指责（包括谣言）如暴风骤雨般地砸向了"上海携程公司亲子中心"之类的办学机构，包括传老师给幼儿喂食的不明物体是某种不明药物（事后证实为谣言，最终说明是芥末）等。所以当北京红黄蓝幼儿园虐童事件刚刚曝光的时候，社会舆论并不强烈，因为多数网民刚刚就此表达过一轮愤怒和声讨，这么短的时间内要重复一次同样的愤怒和声讨，多少有些"谴责疲劳"。

红黄蓝幼儿园虐童事件想要激起新一轮的、大声势的舆论声讨，势必要有

---

① 参见马意翀：《河南警方辟谣"大学生娶同学妈妈"》，新华网，2017年1月4日，http://www.news.cn。

② PingWest品玩：《携程亲子园虐童事件始末》，搜狐一科技，2017年11月9日，http://it.sohu.com。

更新的、更加令人发指的情节爆料。舆论进展非常迅速,果然到第二天(11 月 23 日)就有了新的猛料爆出:"幼儿园园长和老师涉嫌猥亵,四个女小朋友下体红肿,其中一位猥亵至晕!"

> 2017 年 11 月 22 日,陆续十几个家长去朝阳区管庄派出所报案,朝阳区红黄蓝新天地幼儿园园长和老师涉嫌猥亵,四个女小朋友下体红肿,其中一位猥亵至晕!园里报紧急呼救,很多小朋友都知道这个词儿,很多孩子亲眼所见,描述一致!老师们平日还给孩子吃白色药片,每天吃两片,给注射棕色液体,喝褐色的糖浆,身上有无数个针眼儿,十几个小朋友承认被打针,打完针会被冰敷,这冰敷都是孩子亲口描述!打针昏迷进行猥亵,还让小朋友旁观,其中四个小朋友下体红肿,家长原还以为吃了什么东西,找班主任质问,班主任态度极其恶劣,之前有孩子跟父母说老师罚站,去学校质问老师,老师说孩子出现幻觉乱说的,事实证明是被脱光了罚站!被罚站的小朋友自己亲口说的,跟看见别人被罚站的小朋友描述一致……①

如此极端化的情节,已经完全出离普通人的想象了。猥亵儿童,而且是集体猥亵儿童,猥亵至晕!猥亵不算,还要让别的小朋友在边上旁观!上海携程托管亲子园传闻给孩子喂不明药物,到了红黄蓝幼儿园,吃白色药片(后来进一步传闻是安眠药)已经不足以骇人听闻了,只能继续加码,传言给注射棕色液体、喝褐色糖浆!打针昏迷后进行猥亵!可能是造谣者自己都觉得这样的情节实在是太离谱,很难为人相信,所以一再强调"很多孩子亲眼所见,描述一致",甚至模拟儿童语气的表述都出来了:"爷爷叔叔要打针检查身体,叔叔光溜溜,童童光溜溜。"

如此离奇的情节、出乎想象的恶行,几乎是以光速在网络上流传的,谣言激起了每一位网民的愤怒。笔者所在的各种微信群,从以教授为主的民俗学者群,到以县城机关干部为主的初中同学群,几乎每一个群都在愤怒声讨这些没有良知的"黑心办学机构",用极端的舆论逼迫政府用极端的手法(如千刀万剐)严惩残害儿童的"黑手",广大网民再次发出了"救救孩子"的呼声。

虽然也有如笔者这般质疑信息真实性的网民,但更多的网民坚持认为"没有黑心商人干不出的事""谁会拿自己孩子的贞操来编故事""这么小的孩子怎么可能编得出这样的故事"。也许这么小的孩子编不出这样恶心的故事,但是,还真不

① 方女孩陶陶:《有家长接受采访了,北京红黄蓝虐童疑似猥亵事件》,豆瓣小组,2017 年 11 月 23 日,https://www.douban.com/group。

排除有这样的家长，他们甚至愿意拿自己孩子的贞操来编故事。这些谣言生产者，深信在中国必须把事情闹得越大越好，越大越容易解决，他们不惜用最极端的故事来激起舆论的声讨，努力把事情闹大。

在中国，人们相信只要存在肆无忌惮的恶行，就一定有"背景"，有"幕后黑手"。当"猥亵"已经生效以后，更多的网民开始要求"深挖背景"，"严查幕后黑手"。很快，就有人"挖"出红黄蓝幼儿园的背后势力——红黄蓝的大老板孟亮是某国家领导人的儿子！有如此背景，难怪敢冒天下之大不韪！国家领导人谣言有效地佐证了猥亵谣言的成立：幼儿园的老师为何如此大胆？因为他们后台深厚！为了迎合网民追根溯源的心理需求，其后更为恶心的谣言被制造出来，真应了一句"没有最坏，只有更坏"，在谣言的编排上"没有最极端，只有更极端"。

谣言的逻辑是通过零碎信息的拼凑建立起来的。在红黄蓝幼儿园（新天地分园）的一个家乡群里面，有一个昵称"畅C"的家长于23日晚上11时12分（几近深夜）连发了几条群微信："我老公刚才下楼去看了一下，情况比我们想象中严重。""园长老公是老虎团的""带一群嫖客到班上选小姑娘、小男孩""小男孩肛门都流血了""女孩有一个回家晕倒了这才被发现"。还有网民将各种信息进行串联，编出更加完整、骇人的情节："丧尽天良!!! 园长和她老公勾结部队群体猥亵!!! 时长一年多！从小培养！先让孩子观看别的小朋友被扎针、注入致幻剂，然后脱光检查身体，观看猥亵全程!!! 让他们认为这是正常的课程，正常的活动，小朋友们称猥亵为活塞运动!!! 若不是亲耳所听孩子们的讲述，真让人吃惊!!!"①

11月24日，被卷入热点话题的"老虎团"政委冯俊峰出面回应了。据冯俊峰透露，对网上有关传言，团里以及上级都非常重视，专门展开了调查，调查结果包括两个方面：一是网上流传涉事红黄蓝幼儿园的园长是老虎团现役军人家属与事实不符，冯俊峰表示："准确地说，是我团退役人员家属。该干部已转业到地方工作"；二是幼儿园用地不是部队的，部队官兵及亲属没有任何人员参与该幼儿园经营等工作，部队官兵的子女也没有在该幼儿园上学的，更没有发现官兵涉及传言

---

① 水母：《王牌铁军"老虎团"居然被污蔑成虐童元凶？是时候亮剑了！》，微信公众号"水母真探社"，微信号SMZTS88，2017年11月24日。

中的所谓猥亵等行为。①

11 月 25 日晚,北京警方连续公布红黄蓝新天地幼儿园疑似虐童事件调查情况。一名幼儿园老师因涉嫌虐待被看护人罪被刑事拘留。而北京一女子刘某因编造“老虎团”人员集体猥亵幼儿虚假信息被依法行政拘留。②

此外,警方称,此前网上传播的红黄蓝幼儿园第一大股东系某领导人儿子的消息,被证实纯属谣言,编造此谣言的金某、戴某某已被警方依法查处、教育训诫,两人写下了悔过书:

> 悔过书显示,42 岁的金某系上海某影视公司总经理,现居北京,她于 11 月 23 日下午在微信群看到红黄蓝幼儿园虐童事件相关信息后,感觉非常气愤,认为幼儿园不应该发生此类事件,会对幼儿及家长产生不良影响。后看到有朋友在微信群中转发某领导人视察红黄蓝幼儿园海南分园的信息以及该幼儿园第一大股东孟亮与前述领导人同姓,于是自己主观猜测该股东系领导人儿子,并编造了相关信息发在个人朋友圈内。之后,金某意识到该内容仅是个人情绪的表达,未经任何渠道核实,于是迅速将自己编造的信息从朋友圈中删除,但万万没想到该信息已被朋友截屏转发、大量传播,在境内外造成了恶劣影响。
>
> 33 岁的戴某某系广东深圳人,对红黄蓝幼儿园虐童事件比较关注,在网上查询到该幼儿园的投资人中有人名叫孟亮,就主观臆测幼儿园与某领导人有关。为在家人面前显摆自己消息灵通,他杜撰孟亮系该领导人亲属的谣言发布在家人和朋友微信群中,后被广泛转发扩散。③

这两位谣言生产者互不相识,其造谣的动机、手法、传播途径如出一辙,都是出于义愤,从红黄蓝股东与某领导人的“孟姓”上生发联想,想当然地认为孟亮就是某领导人的儿子,然后将这种主观臆测当成“证据”发到微信群中,接着,被群友们广为散发,谣言一发而不可收,乱局一成而不可控。

仅仅一两天的时间,虐童事件已然成为 2017 年最热闹的舆论事件。在 25 日晚朝阳警方公布调查结果之后,26 日凌晨 2 点左右,自称为受害儿童妈妈的网民

---

① 参见政知圈:《出面辟谣的“老虎团”,是这样一支部队》,澎湃新闻,2017 年 11 月 24 日,https://www.thepaper.cn。

② 参见匡小颖:《红黄蓝一教师涉虐待被看护人罪被刑拘》,《北京青年报》2017 年 11 月 26 日。

③ 参见庄岸:《警方:红黄蓝幼儿园股东涉领导人亲属系谣言,两造谣者被查处》,澎湃新闻,2017 年 11 月 26 日,https://www.thepaper.cn。

"初心5566666666"(李某某,女,29岁)在微博发布公开道歉声明。这则声明和上引金某、戴某某的悔过书一样,必将成为谣言研究的经典素材:

我是中国人,我热爱我的祖国,热爱生活,爱子心切。我22号当天从别人口中得知我儿子在红黄蓝幼儿园被扎针、别的小朋友被猥亵的事情,听到其他的妈妈说这是一个团伙集体猥亵,涉及园长、园长老公及同事。那时也是我第一次知道什么是"老虎团",知道了是一支部队,刚好在幼儿园旁边,所有信息带给我的只有愤怒和难以置信!

第二天一早,因为不断有家长在群里推动大家去曝光@媒体,我难以按捺自己愤怒的心情,就把别的家长所言、微信聊天记录写了下来并发表在了微博上。可事态瞬间变的我无法控制,一条关于红黄蓝的微博一下子全国瞬间炸锅,无数的媒体疯狂联系,速度之快,对我而言,就像这个世界瞬间崩塌一样!所有一切都指向我所写内容的真伪,微博一会儿就是上万条的私信,所有质疑让我瞬间崩溃!媒体发声才让我醒悟过来!我是受害者母亲,却因为无知冲动,听信了班里女孩的妈妈所言,听别人劝说发了微博,想以这样的方式为我儿子查出真相、讨回公道!念儿心切,对不起大家。我是这样的单纯、傻到极致的母亲,单纯到只是听说未经核实就把"老虎团"和红黄蓝联系起来。事实证明并无关系,因此信息给"老虎团"带来不好的影响我深表歉!

单纯的因为别的家长微信聊天和口述就冲动发表了微博,因愤怒失去理智。经查询部分内容不符班里家长所说和我所写内容,我冲动发表微博实属不当,给大家造成的恐慌深表歉!对于网友对于我的探讨,私信未回复,非常抱歉!这几天真的度日如年、不知所措!我只想还孩子一个美丽的童年和未来![①]

根据微博"平安朝阳"官方公布的调查结果:"针对11月23日某电视台报道该幼儿园幼儿被喂食药片的情况,经核实,幼儿家长苟某(男,28岁,四川省人)承认孩子没有在园内被喂食药片,视频内容系其在家中使用家人服用的药片,以语言诱导方式询问孩子,拍摄后发至幼儿家长微信群。相关电视台记者刘某(男,36岁,北京市人)未经采访核实,直接从网上下载编发。针对涉事女童家长赵某某(女,31岁,黑龙江省人)发表的'爷爷医生、叔叔医生脱光衣物检查女儿身体'

① 微博"初心5566666666",2017年11月26日,https://weibo.com/u/6025997394。

的言论,经核实,赵某某承认系其编造,并愿意向社会澄清事实、公开道歉。”[①]

编造极端化情节的另一种方式,是故意制造离奇的“反转情节”。“反转”是一种另类的极端化叙事,是情节由一种情境转换为相反的另一种情境、人物由一种身份转换成相反的另一种身份,或者命运由一种趋势转向另一种相反趋势的逆转方式。反转手法的目的是为了强化情节的戏剧化程度,反转情节打破常理,出乎意料地转向相反方向,往往令人“大跌眼镜”,具有很好的“吸引眼球”的效果。

比如,在杭州某小区2017年6月22日的“保姆纵火案”发生之后,第二天就有一个名为“婚恋情感专家凌子”的微博营销账号发布谣言:“(特大新闻):本月22日杭州某高档小区火灾,家中女主人和三个孩子死亡,保姆逃出。经查明,男主人林某某与保姆莫某君,2013年在广东做生意时在KTV认识,后在广东姘居,后林某某将莫某君带至杭州家中以保姆名义暗渡陈仓,莫某君一直要求林某某扶正,林某某不肯,莫某君多次威胁林某某火烧全家,林某某不予理会,终于于2017年6月22日早晨4点50分,在林某某家中杀害了林某某老婆朱某某与林某某的三个小孩,分别11岁、9岁、6岁,焚烧现场,并关闭大门,保姆乘坐电梯企图逃走,被现场保安抓获……婚姻有问题,不早早解决,最后是人命关天的事情了。”[②]6月24日下午,杭州拱墅警方就发布了案件通报和辟谣,正式拘捕该账号的实际运营者章某览(女,53岁),章某览对于自己造谣的事实供认不讳。[③]

七、荒唐的逻辑与混乱的语法

一般来说,文化层次和社会地位较低的网民,率先获得重大信息的可能性也非常小。由这些人发布的重大消息,除非能确认他们是目击者或者当事人,否则基本可以判定为谣言。那么,识别网民较低文化层次的指标是什么呢?主要有三:语法不通,叙事不清,逻辑混乱!识别其较低社会地位的重要指标则是泼妇骂街似的情绪性语言,而非心平气和的事实分析。我们且看这则谣言:“瓶子将会飘(漂)向钓鱼岛一,飘(漂)向世界任何角落,里面装着人的,我们要像全世界呐喊,

① 微博“平安朝阳”,2017年6月28日,https://weibo.com/u/5556545776。

② 微博“婚恋情感专家凌子”,2017年6月23日,https://weibo.com/mdsao。

③ 微博“平安拱墅”,2017年6月24日,https://weibo.com/gsgafj。

钓鱼岛是我们的，是无耻的，人滚出钓鱼岛。如果你爱，请复制扔五个出去。"[①]该帖在用词、语法、逻辑各方面，处处都是问题，很可能是从某个QQ邮箱漂流瓶中复制出来随意粘贴的，原有的一些表情符号缺失之后，显得语义混乱不堪，但丝毫不影响它的粘贴转发。笔者通过搜索引擎一一追踪传播该帖的十几位网民的个人主页，分析其个人资料、照片及发帖历史，基本可以验证其年龄层次、文化层次和社会地位均有相对较低的特征。

比如这样一则"紧急通知"："大家一定要互相转告。这批人在318国道南陵(南站)下的车，换的和尚服，拿着香皂，到处推销，到人家里去推销，说你闻这香皂，可香了，等你一闻，一两分钟的时间，就晕过去了，他就把值钱的东西都拿走了，大家一定要转发到群里，并且告诉我们的亲人和身边的人！一定先告诉你的老人和孩子，这个一定要转，今天早上步行街李春燕女士家全部财产就几分钟的时间没了，千真万确。谁的群多，赶快转发！"[②]

这则谣言早在2016年就在华东、华北部分地区流传，谣言从江西到山东到安徽，从上饶到潍坊到九华山，从320国道到205国道到318国道，但是，每次都首选各地"步行街上"一位名叫"李春燕"的女士下手。更令人匪夷所思的是，如此猖獗的犯罪团伙，居然胆敢特意"换的和尚服"进行作案，生怕别人路上认不出他们，抓不到他们。作案地点如此明确，作案手法如此笨拙，作案服装如此显眼，可警察就是不出手。如此弱智和荒唐的谣言，居然能够传上半年而不消停。究其网络流传途径，大多出现在各地方的"百度贴吧"或"房地产网"，以及各地鱼龙混杂的微信群。以上述"紧急通知"的发布者"野蠻de男人"为例，跟踪其发帖、跟帖等，会发现这是一个文化程度较低，喜欢玩游戏，用词比较粗俗的青年男子，其发帖标题多为"容我装个逼""某些路口安装了红绿灯又有吊用""华为m3怎么玩网页游戏""狩猎多少钻一套"之类。[③]

被"微信安全团队"选入《2017年朋友圈十大谣言》中的"百余团伙抢小孩，偷器官"谣言也属此类。[④] 这则谣言符合典型的语法不通，时空交错，情理不通。既然发生这么大的案子，"冀J68815奥迪车"都清楚了，这车还能大大方方地"在各

① 开心网"连尉青"，2012年9月18日，http://www.kaixin001.com/home/4342012.html。

② 野蠻de男人：《紧急通知大家一定要互相转》，百度贴吧—贾汪吧，2017年2月13日，http://tieba.baidu.com。

③ 百度网"野蠻de男人"个人主页，www.baidu.com/p/野蠻de男人。

④ 知足才常乐：《丢孩子是真是假》，百度宝宝知道，2017年2月7日，https://baobao.baidu.com。

学校门口抢小孩”,而且,不同的盗卖器官的团伙居然不约而同地在同一时间跑到同一地区来抢小孩,好像生怕事情闹不大,生怕警察觉察不到似的。更可笑的是,这些人还特地“戴黑口罩”“穿黑裤子”,生怕别人认不出他们。如此弱智和低级的谣言,却能不断变种,如在安徽变成了:“昨天襄城县被偷了三个孩子,范湖也丢了两个孩子。有一个陌生人刚把孩子迷晕,幸好被人及时发现,偷孩子的两个人被抓了起来,现关在襄城派出所。根据他们交代……”[①]这样的谣言正应了一句网络名言:“傻子太多,骗子都不够用了。”[②]

2017 年最荒唐的一次群体性谣言事件(骗局)发生在 4 月份。自 4 月 24 日起,北京的“鸟巢”附近突然出现一批批以各地中老年为主的“特殊游客”,他们大多聚集一团窃窃私语,不时地翻看手机,对陌生人十分警惕。事实上,他们被“诓”到北京是来参加一场名为“慈善富民”专场会议的。三天前的 4 月 21 日,他们所在的各个“慈善富民会”微信群发布动员消息,宣称要在北京“鸟巢”召开 20 万人大会,只需缴纳 10 元钱的胸牌和会议组织费,就能每人领到 5 万元慈善金,来回的路费、食宿也会有人安排报销,而这些钱,全部来自刚刚解冻的海外“民族资产”。国家体育场及其周边的广播一遍遍地反复播放着声明:“本月 24 日至 25 日期间,国家体育场没有任何场地出租用于‘慈善大会’活动,请各位游客听到通知后,自行离开,不要聚集等待。”[③]在国家奥林匹克体育公园周边,还有许多民警和保安对这些中老年人群进行疏散劝导,让他们早点回家,以免家人挂念。但是,依然有许多老人坚定地相信谣言,坚守等待,希望拿到 5 万元慈善金再离开。

该骗局始于全国各地数千个所谓“慈善富民群”“民族大业群”中的微信群,在这些群里,几十万“无所事事”的中老年会员每天早上定时唱国歌、升国旗,搞得好像他们真的在复兴民族大业似的。2017 年 4 月 21 日,所谓的“慈善富民最高管理办公室”突然下发一个《紧急通知》,号召“家人”(即群友)报名前往北京“鸟巢”,参加一个“民族大业国际市场启动大会”。

紧急通知

21 号上午,全体总动员,突击完成 20 万人“鸟巢”开会报名任务!各群主、升旗手、录单员、群管、督察、副总、总管和总部,必须带领能够进京的家人

---

① 快手“桃之夭夭的情深缘浅 1”,快手 ID:396890922,2017 年 2 月 28 日。

② 吴卓平:《傻子太多,骗子都不够用了》,《杭州日报》2014 年 11 月 26 日。

③ 笔者现场记录广播通知,2017 年 4 月 24 日。

们，尽快完成报单任务！这是我们第一次完成出征任务！去“鸟巢”开最高解冻委员会组织的民族大业国际市场启动大会，缴纳10元钱，制作胸牌和会议组织费！无论您乘坐什么交道工具，国家都给予报销，安排24号的食宿，25号开会，在国内外新闻媒体现场，发放每人5万元人民币！国家相关领导人和善款老人给团队长佩戴大红花！宣布民族资产解冻工作正式启动！我们慈善富民专场会议，真正做民族大业的，坚持到底的人，终于有了出人头地的一天，希望家人们用实际行动来证明！我们慈善富民是最好最棒的!!!

慈善富民总部

2017.04.21[①]

“4月23日，据公安部通报，天津等地公安机关打掉了一个编造‘慈善富民总部’机构，以‘解冻民族资产’为由实施诈骗的犯罪团伙，抓获了陈玉英等31名犯罪嫌疑人。”[②]4月25日，公安部进一步通报称，“民族资产解冻”类诈骗是一种集返利、传销、诈骗于一体的新型混合型犯罪，极具诱惑性和欺骗性。但就算“总部”的骨干分子都已经被公安抓捕，各地微信群中却还有人继续散播谣言，说25日的“鸟巢”大会已经顺利召开，陈玉英等少部分人员已经在“鸟巢”内场举行了庆功会，他们领到了5万元善款，并受到了国家领导人的接见，进入了领导岗位。[③] 许多执迷不悟的老人们依然拎着行李聚集在“鸟巢”附近，久久不愿散去，苦苦地等待“领钱”。

如此荒唐的骗局，如此弱智的谣言，却有数万名信众趋之若鹜，不仅因为有“5万元”的巨大利益诱惑，还因为这些微信群有一个长期的“洗脑”过程。在这些“民族大业群”里，群友和群主之间的长期互动和交往，彼此建立了一种“家人”与“家长”的“亲属关系”，大家每天在群里举行诸如唱国歌、升国旗之类的仪式活动，对于这个虚拟的“集体”产生了认可感和依赖感。所以，即使确凿地得知头目们被抓，部分老人还在固执地认为：“有间谍在搞破坏，新闻里说抓了大头目，其实是政

---

① 公安部：《所有涉及“民族资产解冻”的项目均为骗局》，中国警察网，2017年5月26日，http://www.cpd.com.cn。

② 微博“平安北京”，2017年4月24日，https://weibo.com/pinganbeijing。

③ 刘林：《揭秘数万老人受骗前往北京鸟巢参加“民族资产解冻大会”的幕后真相》，新华网，2017年5月25日，http://www.xinhuanet.com。

府先将他们保护起来,组织现在叫我们不要去'鸟巢'了,先回家养精蓄锐。"①

荒唐的恶搞谣言或"钓鱼谣言"被网民不加辨识地当成"新闻"或"真事",是当代网络谣言中非常突出的现象。"钓鱼谣言"往往故意使用夸张的语气、荒唐的逻辑、震撼性的内容,引诱识别能力较低的网民当"新闻"传播。比如:"江苏省常州市第三医院:昨天凌晨1点23分,三名男女感染SK5(也有作SB5)病毒死亡,最大的31岁,最小的4岁,参与抢救的医生已被隔离,中央2台电视新闻已播出,暂时别吃虾、拌面、包子类、牛羊肉,特别是小河羊汤、鱼羊鲜、烤全羊,目前常州有8167人已感染。收到马上发给你关心的人,最好是群发。为了您的健康,请转发。"有专家表示:在传染疾病中根本不存在"SK5"病毒这个名称,该传言纯属毫无依据的谣言。②

事实上,这则谣言是从2016年的一则"钓鱼谣言"变异而成。对照这则"钓鱼谣言"的原型,我们更容易发现它的荒唐之处:"汕头市人民医院昨天凌晨2点21分,一孕妇感染SB250病毒死亡,年龄31岁,双胞胎孩子还在妈妈肚子里,参与抢救的医生已经被隔离。据悉,孕妇是在市场买草鱼回家做酸菜鱼吃后发觉呕吐头晕送院,中央250套电视新闻已播出,暂时别吃鱼肉、酸菜,特别是草鱼、酸菜鱼、水煮鱼,因汕头市到揭阳市250×10个鱼塘已感染。收到马上发给你关心的人,预防永远胜过治疗。"③在这里,所谓"鱼塘"以及各种"鱼",指的就是"钓鱼"的"鱼"。更可笑的是,其中反复出现"250"(民间俗语"傻瓜"),甚至直接出现"SB"(网络用语"傻逼"的拼音代码),明显讽刺上当者即"傻逼250",但就是挡不住网民的"一键转发"。

八、直截浅白的警示语

在我们的话语系统中,"谣言"是一种负能量的叙事,可是没有一个传谣者会承认他正在传播的是一则谣言,因为谣言总是披着正能量的道德外衣(或价值外

① 新京报记者:《"慈善富民"骗局　大批老人赴鸟巢领钱》,搜狐网,2017年4月26日,https://www.sohu.com。

② 参见美丽天成:《辟谣!我省发现SK5病毒已致多人死亡?》,搜狐健康,2017年2月22日,http://health.sohu.com。

③ 食人妖萨满:《微信谣言"SB250病毒"传播变化分析》,果壳网—谣言粉碎机,2016年4月27日,http://www.guokr.com。

衣/情感外衣)行走江湖的。笔者曾在一个微信八卦群中指出一则信息为谣言,一位邓姓网友马上驳斥道:"事件本身真不真实不重要,关键是作者指出了当代社会的现实问题,话糙理不糙!"这句话说出了谣言的一种文体属性——寓言属性。

谣言和寓言在形式上具有很高的相似度。多数寓言都是为阐释道理而编造的故事,并非真实事件;多数谣言也是经由捕风捉影、添油加醋而精心编造的,披上了"正能量"价值观的虚拟故事。寓言多有鲜明的讽刺性和教育性,借助简单的故事来阐释一个富有训诫意义的主题或道理;谣言也多是借助虚构的或者变形的故事来达到讽刺不良社会现象、抨击时政时弊的"风谣"作用。寓言大多由此及彼、借古喻今、以小见大;谣言更是热衷于张冠李戴、声东击西、指桑骂槐。两者最为关键的相似之处,都会在结尾处引出一段启示语或警示语。

不过,两者之间也有巨大的差别:寓言的结束语是一种启示,倾向于阐明一个哲理,以诉诸理性的方式来启迪读者思考;而谣言的结束语是一种警示,倾向于发出警报,以诉诸感性的方式来煽起读者的情绪,或者以激烈的言辞来恐吓、感染读者,以谋求特定的效果。谣言警示语主要可以分为以下五种。

(一)防范性警示语

警示读者注意某种潜在的危害。如:"一个人在家千万不要给陌生人开门。""为了你和家人的健康,请转发!""请当地居民提前预防,并迅速相互转告。""如果每个看到这条微博的人,能够转发10份给其他人,肯定至少有一条命将会被救回!""年关将至,请各位家长出入公共场所时务必带好孩子!""男士们注意了……珍爱生命,远离WiFi!""请火速转给你在乎的朋友,不要给孩子们喝这种饮料。""通知大家先谨慎对待这个消息,暂时别吃牛肉制品。""刚刚微博看到的,好可怕啊。""注意!!! 新区来了四个和尚,说是谁家有5分钱就换100,这几个人是偷肾的,注意,千万别让他们进屋! 快快转发告诉更多人,以免孩子、大人上当受骗!! 绝对真事!!! 千万不要填写他给你的纸,上面有麻醉药,他是偷肾的,一共四个人。接力一下。谁群多转!"[①]

还有一种是寓言式的警示。2017年8月初,一段年轻女子滑落一片火海的视频传遍微信朋友圈,随附的文字说明称:"国人不守规则的下场! 七月中旬,国

① 该谣言系中国民俗学会乡愁文化研究中心张玮博士于2017年6月17日从微信朋友圈看到之后转发给笔者的,特此表示感谢。

内某旅行团组织游客来到美国一著名火山口参观,一群年轻男女游客不顾警示,擅自越过警戒线拍照,其中一名不慎滑倒跌落滚滚熔岩中,顷刻间化作一缕青烟,灰飞烟灭!"①视频非常震撼,或者说恐怖,文字的警示意味非常明显,可惜又是一则谣言。经核实,这是早期网上流传的"女子海边拍照不慎落水"视频通过后期特效制作而成,而女子不慎落水视频的最后,女子并无大碍,也自己爬了上岸。②

9月初开始,许多微信群里开始传播"严打"谣言:"从明天上午9点开始到十九大会议结束,群里一律不允许发过于敏感的话题,明天开始网警将对所有微信群实施监控,禁止发表敏感政治话题及露点图片和广告。网警将通过技术手段追查到个人,望大家相互转告,撞到枪口上。十九大严打开始了,望各位遵守!现在微信群实行群主负责制,如果你也是群主,请提醒你群里的每个人。"③每次重大的政治事件来临之前,一定会有一大批的政治或准政治谣言遮遮掩掩地广为传播。

(二)谴责性、诅咒性警示语

这类警示语主要用于黑幕谣言,向谴责对象发出严厉警告或表达问责立场。如:"这就是大家谴责的中海油卖国事件。""评:让官员艳照来得更猛烈些吧!""在中国到底还有多少这样的外籍官员?""滚滚滚!杀杀杀!""团伙作案手法迅速,可恶的人贩子不得好死!""一起来发现屠杀食用猫咪的场所和人吧!!迅速行动起来!!""人类请降低你们的欲望吧!""女人不能乱睡。看看出事了吧!""小日本鬼子滚出中国,我们不欢迎你!"

又比如,下面这则从QQ时期传到微信时期,经历十年而不衰的关于"多菌灵"的谴责性谣言。

> 速转!十万火急!!!各群免踢:不管多忙,请转发到你的另外群。
>
> 各位朋友:中央电视台《焦点访谈》已经播出,务必把这条信息发给你知道的群。
>
> 雪花啤酒(按:此处雪花啤酒可任意替换为"日本料理""康师傅方便面"

① 山海说社会:《女子脚滑不慎跌落火山口,PS高手还原真相》,百度一百家号,2017年8月12日,https://baijiahao.baidu.com。

② 参见微信安全团队:《八月朋友圈十大谣言盘点》,《中国信息安全》2017年第9期。

③ 笔者所在微信群"民俗学论坛"中的群友发言,2017年9月16日。

等攻击对象)含有日本禁用农药"多菌灵",多菌灵可致脑麻痹、肝脏肿瘤等癌症。包括正在销售的(果粒橙),康师傅矿泉水,康师傅冰红茶,绿茶,雪碧,可乐,原丹东鸭绿江啤酒,青岛啤酒,雪花啤酒等康师傅一系列产品,里面都有多菌灵。香港食环署正在了解此事件……

速转！十万火急!!!

亲:不管多忙,请转发到你的另外群。日本鬼子太坏了,就是要慢性毒杀中国人啊！想让中国人断子绝孙啊！太坏了！有半点良心就转发吧！[①]

这则谣言通篇都在谴责日本人,但谣言中的逻辑关系却是因为"雪花啤酒含有日本禁用农药多菌灵",所以"日本鬼子太坏了"。这种混乱的逻辑在谣言传播中并不会成为其风行的障碍。谣言重在情绪表达,所以谴责和诅咒是最重要的,逻辑是无足轻重的。此外,在谣言的谴责性警示语中,反讽也是占比非常大的一种。

(三)爱心提示语

提请读者转发谣言献爱心、表忠心。如:"请帮忙转发一下!""爱心转发,抗震救灾!""爱心接力。请看了的人帮帮转给你的群,我相信转的好心人一定有好报。""也许您的一下简单转发就能给孩子们一个温暖幸福的冬天!""他的妈妈已近崩溃,望知情者提供线索,求扩散!"等。

(四)祈愿、呼吁式警示语

这类警示语主要用于强调立场,表达愿望。如:"请动一下鼠标,转发,表达一下谢意。""如果是真的,中国雄起!""日本人说中国人垃圾不团结,腾讯公司和日本打赌,转发超过两百万的话,日本人就是垃圾,是中国人的就转!""跨民族结婚,生一个孩子奖励一万。结婚吧咱。""希望警方尽快缉拿凶手,查明真相,告慰良心!""转出去,让更多人知道!"

谣言毕竟不是寓言,谣言警示语并没有什么引人深思的哲学思想,更不会含蓄委婉地轻点灵犀,它总是激情澎湃、直截了当地诉诸情绪,表达一种浅白的立场。有时,谣言也会聘请一些虚拟的"专家"或"警方"作为警示语的权威发布者,

---

① 佚名_115421:《微信疯传啤酒中含致癌的多菌灵?》,搜狐一新闻,2017 年 2 月 6 日,http://news.sohu.com。

如:“专家认为,这将成为世界历史上的不解之谜!”“专家说法:活该……”“警察提醒:这是一种新型电信诈骗。”在这里,所谓“专家”或“警察”只是谣言的代言道具,既不具备专业素质,也不代表道德高度,只是用来唬人。

(五)诱导分享

所谓诱导分享,是指发送谣言、色情、测试类、答题类等内容,诱导用户分享至朋友圈,或邀请好友一起完成某项任务,分享之后,用户可以见到答案、观看后续故事、进行下一步操作、重玩一次、得到某种利益等。这些利益包括现金奖励、实物奖品、虚拟奖品(红包、优惠券、代金券、积分、话费、流量、信息等)、集赞、拼团、分享可增加抽奖机会、中奖概率,以积分或金钱利益诱导用户分享、点击、点赞微信公众账号文章等。谣言和骗局往往使用诱导分享的模式刺激转发。

比如这则文理不通的民族主义谣言:“紧急通知:今日早上 8:30 韩国人说‘中国人是垃圾,没骨气,不团结’,今天马云和淘宝公司与韩国人打赌,如果在一天内转发‘韩国人是垃圾’,超过两百万微信的话,韩国人就认输。否则,马云和淘宝公司就彻底输了。(我是中国人,所以我转)看见就转,做个有责任心的中国人!身为中国的转起来……只要转发这个信息到 5 个群以上,微信自动加 558 元红包,发完 20 秒看自己钱包。”[①]只要学过小学数学的人都能算出来,一天 200 万人,每人发 558 元红包,意味着马云为了跟人打个赌,一天之内就得发出十几亿元的红包,马云要是如此嗜赌、豪赌,可能他早就流落在杭州街头捡矿泉水瓶了。

---

① 该谣言系北京师范大学文学院杨利慧教授于 2017 年 10 月 12 日从微信朋友圈看到之后转发给笔者的,特此表示感谢。